高等院校国际贸易类系列教材

期货、期权理论与实务

（第二版）

石榴红　主编

王新霞　武汉生
杨万平　陈小勇　副主编

科学出版社

北　京

内 容 简 介

本书在把握国内外期货与期权市场发展趋势的基础上，通过案例分析、习题演示等方式全面、系统地介绍了商品期货、金融期货及期权交易的基本原理、功能，市场结构和运行机制，操作程序与交易制度，价格走势的分析方法，以及管理价格风险和盈利途径；深入浅出地把现代国际期货与期权的经典理论和创新性研究成果融入各个章节中，使读者在迅速提高实践能力、操作能力及创新能力的同时，思维能力和理论能力也有一定程度的提升。

本书可作为经济管理类各专业研究生和高年级本科生教材，也可供具备一定证券知识并试图掌握期货与期权市场管理、交易机制、操作技巧的人士参考。

图书在版编目（CIP）数据

期货、期权理论与实务/石榴红主编. 2版. —北京：科学出版社，2016
（高等院校国际贸易类教材系列）
ISBN 978-7-03-048692-9

Ⅰ.①期… Ⅱ.①石… Ⅲ. ①期货交易-高等学校-教材②期权交易-高等学校-教材 Ⅳ.①F830.9

中国版本图书馆 CIP 数据核字（2016）第 129556 号

责任编辑：田悦红 赵 茜/责任校对：王万红
责任印制：吕春珉 / 封面设计：东方人华平面设计部

科学出版社出版
北京东黄城根北街 16 号
邮政编码：100717
http://www.sciencep.com

三河市骏杰印刷有限公司印刷
科学出版社发行 各地新华书店经销
*
2009 年 8 月第 一 版 开本：787×1092 1/16
2016 年 6 月第 二 版 印张：20
2020 年 1 月第十三次印刷 字数：557 000

定价：50.00 元

（如有印装质量问题，我社负责调换〈骏杰〉）
销售部电话 010-62136230 编辑部电话 010-62132460（HF02）

第二版前言

从 1848 年设立芝加哥期货交易所（CBOT）开始，160 多年来现代期货市场有了极大的发展。尤其是 20 世纪 70 年代以来，期货与期权交易品种不断创新，从以玉米、大豆、小麦等大宗农产品和铜、铝、铅、锌、锡等大宗金属材料交易为主转变为以利率、股票、股指、外汇等金融衍生品交易为主，传统交易品种与石油、贵金属、自然灾害等新型交易品种并重。期货与期权交易方式创新发展，从以现场交易为主转变为以电子交易平台与现场交易并重。激烈的竞争使全球范围内兼并重组风起云涌，交易所数量不断减少，规模不断扩大。新兴市场期货与期权发展波澜壮阔，交易所也从仅限于美国、英国等少数发达国家到遍布世界各地。如今，世界 500 强企业几乎没有不利用期货与期权交易来防范价格风险的，发展中国家也纷纷通过期货与期权市场来管理和化解经济金融风险。中国自 20 世纪 90 年代以来，在政府的引导和大力支持下，期货与期权交易从无到有、从小到大，现在已发展成为世界上最重要的期货市场之一，4 家期货交易所的交易量均排名在世界前 20 名以内，已拥有大豆、玉米、小麦等大宗农产品，贵金属、有色金属和黑色金属等近 50 个交易品种，截至 2004 年已有 8 个农产品期货交易量排名全球前 10，5 个金属期货交易量排名全球前 10，2 个能源期货交易量排名全球前 10，1 个金融期货交易量排名全球前 10。

随着全球期货与期权交易的蓬勃发展，一些问题陆续暴露出来。例如 1979～1980 年美国亨特兄弟操纵白银的事件，以及 2008 年揭露的未受到严格监管的场外巨量期货与期权交易对金融市场及整个经济的冲击等。为了解决这些问题，目前美国商品期货交易委员会（CFTC）正在全面改革对衍生品的监管体系，改革的结果将使期货与期权交易所和结算所日趋成为整个金融体系的中心。中国期货与期权市场在经历了几次大规模整顿后，形成了堪称世界上最为严格的监管体制，但是也产生了一系列充满争议的问题。例如，2013 年“8·16 光大证券乌龙指事件”中的期货对冲交易，2015 年股灾中的上证 50 及中证 500 股指期货的大幅贴水等。这些问题表明，期货与期权等衍生品市场越来越复杂，亟待政府监管部门、经济金融领域精英人士、期货与期权从业者及所有关注金融及衍生品风险的人们认真思考和研究。

现在世界经济还处在 2008 年全球金融危机的余震中。从国际上看，欧元区部分国家仍未走出债务危机的泥潭，德国等国又陷入欧洲难民危机，俄罗斯陷入经济困境，英国有退出欧盟的风险，美国经济复苏乏力，美联储加息阴影，石油需求的大幅减少，以及局部地区政治局势紧张等因素使全球金融市场面临很大的不确定性，这些都将导致大宗商品及金融衍生品价格波动更加频繁和剧烈，更需要充分发挥期货与期权市场在资产定价和风险管理等方面的作用。从国内看，中国经济已进入“新常态”，去产能、调结构的任务异常艰巨。去库存、去产能、去杠杆带来了不同行业、各类企业间供求矛盾激化，产品价格涨跌风险骤增；调结构、降成本、补短板最终要通过国有企业改革、资源价格改革，以及利率、汇率等市场化改革来实现。这些变革会使生产、流通、服务、金融企业及相关机构对风险管理的需求更加强烈，期货与期权市场应为中国经济的健康发展作出重大贡献。

综上所述，国内外期货与期权交易规模的扩大，衍生品市场监管难度的加大，经济风险及价格波动的频繁出现比以往任何时候都更需要大量的期货与期权交易人才、监管人才和风险管理人才，为此我们再版了《期货与期权交易——理论和实务》。

作为《期货与期权交易——理论和实务》的第二版，本书对第一版的结构和内容进行了大幅度的更改。本着理论精练，知识全面，注重实训的指导思想，删减了第一版部分章节，由原来的十六章改为十三章；在内容上补充了国内外期货与期权理论的最新研究成果，反映了国际期货与期权市场的新情况及新问题；更新了各章导入案例及教学案例，在每章最后增加了“思考与练习”及“课后阅读”。

本书由石榴红担任主编，王新霞、武汉生、杨万平、陈小勇担任副主编。其中第一章、第二章、第七章由西安交通大学、西安翻译学院石榴红编写，第三章由西安翻译学院李平女编写；第四章由西安翻译学院武汉生、李平女编写；第五章、第六章由西安交通大学杨万平编写；第八章由西安翻译学院张丽编写；第九章由武汉生、张丽编写；第十章、第十一章由西安外国语大学王新霞编写，第十二章、第十三章由西北政法大学陈小勇编写；石榴红和王新霞对全书进行了总纂。

本书受到了西安翻译学院 2014 年度教材项目的资助；在编写过程中以《期货与期权交易——理论和实务》为基础，并参考和引用了大量的文献、教材及网络资源；西安交通大学经济与金融学院的张时淼、宁宇琪等研究生为这本教材做出了贡献，在此向以上学校和作者及参与者等表示衷心的感谢。

由于编者学识浅陋，本书难免有许多不足之处，希望各位同仁和广大读者予以批评指正。

编　者

2016 年 2 月

第一版前言

从 2008 年 3 月 16 日摩根大通（JPMorgan Chase）收购贝尔斯登（Bear Stearns）公司到 9 月 15 日拥有 158 年历史的雷曼兄弟公司申请破产，美林证券以约 440 亿美元的价格出售给美国银行，美国五大投行中三家倒闭，引发全世界金融市场动荡。在这场自 1929 年以来最严重的金融危机中，全球衍生品市场开始重新洗牌，期货与期权交易在这场洗礼中，保持了自 20 世纪 90 年代以来成交量每年都递增 10%左右的发展势头，2008 年成交量仍增长了 13.7%，尤其是美国期权交易所的交易量增长达 25.1%。期货与期权市场跟其他金融市场相比，其地位得到了提升，更加凸显出其严密市场组织、系统管理制度、透明交易机制的有效性。美国商品期货交易委员会（CFTC）发布的统计数据显示，截至 1995 年 8 月 31 日，美国 255 家期货公司（FCM）持有与其他投资业务相隔离且被担保的客户保证金（segregated and secured amount funds）总量 300 亿美元；自 2007 年 7 月第一次信贷危机冲击波影响金融市场后，由期货佣金商（FCMs）持有的客户资金金额急剧上升，资金数额由 7 月的 1 130 亿美元上升到 2007 年年底的 1 342 亿美元，到 2008 年 3 月底时升至 1 570 亿美元，而 2008 年 12 月 31 日仅 134 家 FCM 持有近 2 000 亿美元的客户保证金。这些数据清楚地表明，信贷危机并没有造成客户业务从期货市场上大规模撤出。现在越来越多的人认识到场外交易（over the counter，OTC）是这次金融危机的导火线，因此美国期货业协会（FIA）亚洲总经理 Nick Ronalds 说："现在有不少人提议，所有的场外交易市场的产品都应该转入场内交易。""监管者和政府将会意识到场内交易产品的价值，这一点对于期货市场中长期的发展将会有很大的促进作用。"我们坚信，随着全球经济的发展，经历了金融危机洗礼的期货期权交易将会有更加美好的明天。

作为中国期货市场产生与发展的见证者和参与者，我们看到中国期货交易规模、制度建设、对外开放水平正在快速提高，自 2003 年中国三家商品期货交易所全部进入世界期货交易前 10 名以来，2008 年又再次全部跻身世界前 16 强。2006 年、2007 年和 2008 年中国期货交易分别实现 21 万亿元、40.97 万亿元和 70.1 万亿元。截至 2009 年 4 月 20 日，中国已上市期货品种 22 个，随着中国金融交易所的诞生，中国金融期货品种呼之欲出。2007 年国务院修订了《期货交易管理条例》，随之新修订的《期货交易所管理办法》、《期货公司管理办法》等相继出台，标志着经过近 10 年的法规和制度建设，中国期货市场的法律制度框架体系已基本确立。在中国资本市场对外开放的总体框架下，期货业对外开放的大门正在逐步打开，2004 年商务部副部长安民与香港特别行政区财政司司长唐英年在北京签署了《内地与香港关于建立更紧密经贸关系的安排》（CEPA），扩大开放磋商纪要。根据该纪要，2005 年 1 月 1 日起，香港中介机构可在内地设立合资期货经纪公司。目前中国证监会已批准了六家内地公司在香港设立机构从事期货业务，三家外资机构参与内地期货公司，31 家符合条件的国有企业到境外开展套期保值。

随着期货市场的快速发展，中国证券期货管理机构需要具有期货与期权专业素养的管理者，中国期货业需要大量的训练有素的从业人员，中国企业界需要大量的熟识期货期权交易机制的员工，为此我们编写了本书，希望通过宽广的国际视野、严谨的逻辑顺序、科学的专业知识、丰富的教学案例、深入浅出的表达方式使读者全面掌握期货基本理论、基本知识和基本技能。本书汲取国内外相关文献和教材之长处，把现代期货与期权的成熟理论和最新研究成果相结合，根据国内外期货市场发展的现状和趋势，全面、系统地介绍了世界期货与期权市场、期货与期权交易的功能、期货与期权交易机制、期货与期权交易方法以及金融期货与期权交易。

本书的编写分工如下：第一、六、七、十一章由西安交通大学经济与金融学院石榴红撰写；第二章由西安翻译学院武汉生撰写；第四～五章由西安翻译学院李平女撰写；第三章由鲁东大学赵亚明撰写；第八～十章由西北政法大学陈小勇撰写；第十二章由西安交通大学城市学院郭关科撰写，第十三～十六章由西安财经学院王勇民撰写；石榴红和陈小勇对全书进行了总纂。

本书在编写过程中，参考和引用了大量的文献和教材以及大量网络资源；很多教师和研究生为本书的出版做出了贡献，具体包括西安交通大学经济与金融学院的魏修建、彭晖、班莹、施阳、孙悦、刘佳杰、程敏、马嫣然等，在此向他们表示衷心的感谢，同时特别要感谢科学出版社给予的支持和帮助。

虽然从 1993 年参与四川商品交易所申办到现在，从事期货与期权实践和教学已经 26 年了，但由于本人学识浅陋，赶不上国际期货与期权理论与实践的飞速发展，本书难免有不足之处，希望得到广大读者的批评指正。

编　者

2009 年 6 月于西安

目　录

第一章

期货与期权交易

学习目标

- 掌握期货与期权交易的基本概念
- 掌握现货、期货与期权的联系与区别
- 掌握期货与期权交易的宏观经济功能
- 掌握期货与期权交易的微观经济功能

学习要点

- 现货、期货与期权的联系与区别
- 期货与期权交易的价格发现功能
- 期货与期权交易的转移风险功能

关键词

期货交易　期权交易　市场功能　价格发现　转移风险

引导案例

8·16光大证券“乌龙指”事件中的期货对冲交易

2013年8月16日11点06分左右，光大证券由于系统缺陷，在高位上大量买入，波及150只股票，累计申报买入234亿元，实际成交72.7亿元。随后股价大幅回落，按照当日上证50指数最终跌0.15%的幅度测算，错误交易可能导致光大证券出现近7亿元的净亏。

虽然A股交易不能撤销，同期投资者如果判断股指将回落，则可以在股指期货市场上做空获利。同日下午，光大证券把18.5亿元股票转化为ETF卖出，并由其全资子公司光大期货卖空。7130手股指期货合约价值逾48亿元。

因光大证券通过反向在ETF和期货市场中套利以减少损失，是在未公告的情况下，此操作随后被证监会认定为内幕交易。

（资料来源：http: //special. stockstar. com）

第一节　期货与期权交易概述

一、期货与期权交易的基本概念

（一）期货交易的概念

期货交易（futures）是指在期货交易所内集中买卖某种标准化期货合约的交易活动。期货交易是相对于现货交易而言的，现货可以分为即期交易（spot）、近期交易（nearby）和远期交易（forward）。即期交易也称为现金交易，即一手交钱，一手交货；近期交易是商流与物流分开，先付款后交货或先交货后付款；远期交易一般要签订合同，买方交付一定的定金后，卖方三个月或更长时间以后交货，远期交易发展到一定阶段合同可以背书转让。期货交易是从远期交易发展而来。在期货交易中，买卖双方支付一定数量的保证金，通过交易所买进或卖出期货合约，以及在合约到期前通过对冲或进行实物交割来完成交易的过程。期货按交易对象可分为商品期货和金融期货。

（二）金融期货的概念

所谓“金融期货”（financial futures），是指以各种金融工具或金融商品（如外汇、债券、存款、股票、股价指数等）作为标的物的期货。换言之，金融期货交易是指人们在集中性交易场所，以公开竞价的方式进行的标准化金融期货合约的交易。

（三）期权的概念

期权（options）是在期货的基础上产生的一种衍生工具。从本质上讲，期权实质上是对交易的权利和义务分开进行定价，使得权利的受让人在规定时间内决定是否进行交易，行使其权利，而义务方必须履行。期权交易事实上是这种权利的交易。期权的标的资产包括商品、股票、股票指数、外汇、债务工具和各种商品期货及金融期货合约。

二、期货交易与现货交易的联系与区别

（一）期货交易与现货交易的联系

1. 历史与逻辑的角度

由期货交易产生的过程可以看出，商品交易形式是随着商品交易规模、交易范围、交易时间不断扩大的产物，期货交易是在远期合同交易的基础上发展起来的。

2. 现货与期货的交易主体

期货市场的套期保值及套利交易主体，主要来源于现货市场的供给者和需求者；投机者也是从现货市场中的投机商演变而来的。

3. 现货与期货的制度及规则

期货交易的相关制度及规则必须符合现货商品的交易、交收习惯。例如，期货在交割环节，其交割方式、交割地点、交割仓库设置、交割惯例等方面应最大限度地反映和尊重现货市场习惯和物流规律；期货交割时，买方交纳现金，卖方交出符合合约规定的商品，与现货习惯一致。

4. 现货与期货的价格

期货市场价格的变动，是现货市场价格变动的反映和预期；临近期货交割月，交割及期现套利机制决定了期货价格必然向现货价格回归。

期货交易的历史表明，只有随着现货交易的不断发展，才会产生期货交易。同时，如果现货市场不够发达，商品交易标准没有形成，交易量不够大，即使人为地创建期货市场，开展期货交易也是不会成功的，还有可能出现市场操纵。因此，期货交易与现货交易有着密不可分的联系。

（二）期货交易与现货交易的区别

虽然期货交易和现货交易有着密不可分的联系，但二者有着本质上的区别（见表 1.1）。

表 1.1　期货交易与现货交易的区别

项　目	期　货	现　货
交易对象	标准化的期货合约	现货商品本身
交易地点、时间	在期货交易所、规定时间内	时间、地点非常灵活
交割方式	绝大多数对冲平仓；极小部分实物交割	现货商品交收
杠杆效应	保证金交易，杠杆效应大	现货交易，杠杆效应小
交易效率	非常高	低
市场流动性	非常高	低
结算方式	当日无负债结算（逐日盯市）	现货交收时
违约风险	几乎不存在	存在

1. 交易对象的差异

现货交易的对象是实物商品，以及外汇、股票、债券等金融产品本身，而期货交易的对象是以上述商品或金融产品为标的资产的标准化期货合约。

2. 交易目的的差异

现货交易的目的是获取商品或货币，从而实现所有权的转移。期货交易不是以所有权的转移为目的，而是以转移风险或投机获利为目的。

3. 交易程序的差异

现货交易中卖方要有商品才可以出卖，买方须支付现金才可以购买。而在期货交易中，没有商品也可以卖出，不需要商品也可以买进。要理解没有商品也可以卖，只要记住期货合约的定义，期货合约是在将来某时刻买卖特定数量和质量的商品的一项协议，并不是作某种商品的实买实卖。因此，出售期货合约即意味着签订在将来某时刻交割标的物的一项协议。

4. 保障制度的差异

现货交易虽以合同法等法律为保障，但经常出现贸易争端及履约风险，合同不能兑现时需要通过诉讼或仲裁的方式解决。而期货交易的保障措施除合同法等法律外，还有《期货交易管理条例》等法规、章程以及保证金制度、每日结算制度等期货市场交易机制，很少出现争端。期货交易所为交易双方提供结算交割服务和履约担保，实行严格的结算交割制度，违约的风险很小。

5. 交割方式的差异

现货交易是实物商品的交易活动，交易过程与商品所有权的转移同步进行。而期货交易是以各种商品或金融产品为标的物的合约买卖，无论买卖多少次，只有最后持有合约的人才有履行实物交割的义务。期货交易的最终目的并不是商品所有权的转移，绝大部分交易者并不需要商品，在合约到期前，他们只要做一个反向交易，把持有的期货合约平仓了结就行了。在全部期货交易中大约只有不到1%的交易需要履行交割义务。

6. 交易场所及时间的差异

现货交易的场所及时间完全由交易双方自行决定，有较强的灵活性。而期货交易必须在期货交易所规定的时间内进行，期货交易所把交易者组织起来，通过公开竞价，形成价格。在期货交易中买方、卖方互不见面，不存在现货贸易中买卖双方的私人关系。

三、期货市场与现货市场的联系与区别

所有的交易活动都需要在一定的市场中完成，因而也有了相应的现货市场和期货市场。对应于两种交易而言，这两个市场也有一定的区别和联系。

（一）期货市场与现货市场的联系

现货市场的规模和层次是期货市场发展的先决条件，只有大规模的现货交易市场才会产生相应的期货交易市场。目前，现货市场、远期市场、期货市场已成为现代市场体系中三个不可或缺的组成部分，三者之间构成一个完整的金字塔体系。现货市场和远期市场主要是组织商品流通，是商流和物流的统一，处于金字塔的塔基和塔身部分。而期货市场输入的是信息，产出的是价格，是信息流的集散地，处于金字塔的塔尖部分，是市场体系最高级的组织形式。三个层次市场的有机结合使得社会主义市场经济体系呈现了稳定的金字塔结构。通过期货市场，可以有效地实现实物资产、金融资产、信息资产、信用资产一体化。

（二）期货市场与现货市场的区别

1. 期货市场与现货市场的主体不同

各国对期货市场主体都有严格的规定。期货市场主体除了买者和卖者，还有期货交易所和经纪公司，有一些市场还有专门的期货结算所，涉及的层次比较多。而现货市场主体则是由买者和卖者两方面构成。

2. 期货市场与现货市场的特点不同

从二者交割的比重来看，期货交易交割量占交易量比重小，仅占到交易总额的1%左右，而现货交易的交割量一般是100%。

从两个市场的制度来看，期货市场实行会员制，而现货市场则是非会员制的，任何人都可以参与。

从二者的规范化程度来看，期货市场是高度规范化的，期货交易者必须首先了解并遵守交易程序规则才能进行交易，而现货市场规范化程度要低得多。

从二者对于交易的商品限制来看，期货交易仅限于交易量大、耐储存、价格波动大且质量规格容易区分的商品，而现货市场则对于交易商品没有严格的限制，即任何有形或者无形的商品都可以成为现货交易对象。

从二者的结算方式来看，期货交易市场必须是每日结算，而且统一结算，而现货市场不需要每日结算，是否统一结算完全取决于交易双方的约定。

从三公（即公平、公开、公正）原则的实现难度来看，期货市场交易集中，信息量大，且规范化操作，三公原则易于实现，而现货市场受人为因素影响较大，可能出现商业贿赂、暗箱操作等情况，不利于三公原则的实现。

从二者的履约情况来看，期货市场的保证金制度伴随着严格的结算制度等，使其市场上履约率非常高，而现货市场履约率低，风险大。

四、期货交易与证券交易的联系与区别

（一）期货交易与证券交易的联系

期货合约标的物是从农产品发展而来的，但随着期货交易的发展，金融产品越来越多地成为期货合约的标的资产，期货交易也越来越独立发展成为虚拟交易（农产品等初级产品为交易对象的品种和数量越来越少，如巴黎商品交易所，金融期货合约占总交易量的99%；香港商品交易所，恒生指数交易占交易总量90%以上；美国金融期货合约占成交量60%以上），人们逐渐把它作为一种金融衍生工具。由于在组织形式、参加者等方面有相同点，很多人把它归于证券交易，作为证券投资的一个组成部分。但是期货交易与股票、债券等证券交易也有很大区别。

（二）期货交易与证券交易的区别

1. 所有权转移的差异

证券交易在交易完成后标的物的所有权就转移了，而期货交易的对象是合约，在交易完成后标的物的所有权并不转移，而是到交割时买方付足全部金额才能获得所有权。

2. 保证金制度的差异

证券交易在国外是可以通过部分融资（透支）来进行的，保证金率为50%～90%。我国证券市场2008年以前实行全额交易制度，投资者购买证券必须交纳足额的资金，即保证金必须是100%。2008年10月5日，中国证券监督管理委员会（简称“中国证监会”）宣布启动融资融券试点，根据《证券公司融资融券业务管理办法》的有关规定，参与融资融券业务投资者初始保证金的最低比例为50%，维持保证金不低于130%。2015年7月1日，上海证券交易所颁布了新修订的《上海证券交易所融资融券交易实施细则》，继续对参与融资融券的投资者作出一些基本性的要求，如融资融券者从事证券交易时间必须在半年以上，最近20个交易日日均证券类资产必须高于50万元，融资、融券期限最长不得超过6个月。合约到期前，会员可以根据客户的申请为其办理展期，每次展期的期限不得超过6个月。2015年11月23日起，上海证券交易所、深圳证券交易所又将投资者融资买入证券时的融资保证金最低比例由50%提高至100%。当融资保证金比例为50%时，客户用100万元的保证金最多可以向证券公司融资200万元买入证券，该笔融资交易的杠杆率为2倍。在国外，期货交易保证金为1%～18%，在中国为5%～20%，如为了抑制股指期货市场过度投机，自2015年8月28日结算时起，沪深300和上证50股指期货各合约的非套期保值持仓的交易保证金进一步提高到合约价值的20%，中证500股指期货合约的非套期保值持仓的买入持仓交易保证金进一步提高到20%。

3. 投资效率的差异

人们意识中，一般认为证券比期货交易的风险小。事实上，经过数理计算证明证券交易与期货交易的风险幅度几乎是接近的，即损失率为投入资金的100%。但是，比较而言，在单位时间内，期货市场的波动要比股票市场的波动大得多。也就是说，期货市场一天的行情等于股票市场一年的行情，两者的区别在于投资效率，在单位时间内风险同盈利是成正比例的。因此，证券市场的资金利用效率明显低于期货市场，即证券投资的盈利（或损失）效率明显低于期货投资。

4. 市场层次和价格决定机制的差异

就市场层次而言，证券交易有一级市场，发行者通过证券公司代理发行证券，在二级市场中，投资者之间互相转让、买卖，而期货则没有一级市场和二级市场的区分。

就价格的决定因素而言，证券价格是由供求状况和经营因素共同决定的，而期货商品价格则是单纯由商品供求状况决定的。

不仅如此，二者还在空头、时间限制、价格变动限制等方面存在着一定的区别。

阅 读 资 料

中国股票交易与股指期货收费的差异。目前，A 股收费标准为：①印花税，成交金额的 1‰；②证券监管费（俗称“三费”），约为成交金额的 0.2‰；③证券交易经手费，按成交额双边收取 0.01475%；④过户费（仅上海证券交易所收取），按成交股票面值（以每股为单位）的 1‰支付。A 股收费共计：1‰＋1‰＋0.2‰＋0.15‰＝2.35‰。

沪深 300 股指期货手续费是万分之零点五。

五、远期合同与期货合约的联系与区别

（一）远期合同与期货合约的联系

远期合同（forward contract）是一个在确定的将来时间按确定的价格交易某项资产的协议。期货合约（futures contract）是由期货交易所统一制定的，规定在将来某一特定的时间和地点交割一定数量和质量标的物的标准化合约。由于远期合同与期货合约的交割或交货期都在三个月以上，因此，远期合同与期货合约的第一个相同之处就是二者都是未来契约；其次，期货合约是远期合同逐步标准化而产生的。

（二）远期合同与期货合约的区别

第一，期货合约与远期合同的最重要区别在于远期合同与期货合约的标准化程度不同。期货合约是标准化的契约，交易品种、交易数量、质量规格和交割时间都是标准化的，没有零星的交易，非常容易转让。远期合同的交易品种、交易数量、质量规格和交割时间都具有相当的灵活性，不容易转让。

第二，期货合约与远期合同的区别在于价格决定的竞争性不同。期货交易所近乎完全竞争的市场，期货交易的价格是在期货交易所内由众多的买者和卖者激烈竞价而形成的。远期合同中规定的价格一般都是由少数人自行商定的，缺乏竞争性。

第三，期货合约与远期合同的区别在于契约的制定者不同。期货合约一般是由期货交易所内的专业部门和专业人员起草，经理事会或董事会，甚至要通过国家有关部门批准的具有高度规范性的契约，一般视为共同约定的契约。而远期合同一般由交易双方谈判决定，一般视为双方约定的契约。

六、期货与期权的联系与区别

（一）期货与期权的联系

第一，两者均是以买卖远期标准化合约为特征的交易。

第二，在价格关系上，期货市场价格对期权交易合约的敲定价格及权利金的确定均有影响。一般来说，期权交易的敲定价格是以期货合约所确定的远期买卖同类商品交割价为基础，而两者价格的差额又是确定权利金的重要依据。

第三，期货交易是期权交易的基础。期货交易越发达，期权交易的基础产品就越多，因此，期货市场发育成熟和规则完备为期权交易的产生和开展创造了条件。期权交易的产生和发展又为套期保值者和投机者进行期货交易提供了更多可选择的工具，从而扩大和丰富了期货市场的交易内容。

第四，期货交易可以做多做空，交易者不一定进行实物交收。期权交易同样可以做多做空，买方不一定要实际行使这个权利，只要有利，也可以把这个权利转让出去。卖方也不一定非要履行不可，而可以在期权买入者尚未行使权利前通过买入相同期权的方法以解除他所承担的责任。

第五，由于许多期权的标的物为期货合约，因此期权履约时买方会得到相应的期货部位。

（二）期货与期权的区别

1. 权利与义务的差异

在期货交易中，交易双方的权利与义务是对称的。对其中的任何一方来说，都既有要求对方履约的权利，又有自己对对方履约的义务。在期权交易中，交易双方的权利与义务存在着明显的不对称性。买方只有权利而没有义务；卖方只有义务而没有权利。

2. 履约保证的差异

在期货交易中，交易双方均需开立保证金账户，并按规定缴纳履约保证金。但在期权交易中，只有期权出售者，尤其是无担保期权的出售者才需开立保证金账户，并按规定缴纳保证金。期权购买者无须开立保证金账户，也无须缴纳任何保证金。

在期货交易中，交易双方在成交时并不发生现金收付关系，而在成交后，则由于实行每日结算制度，交易双方将因价格的变动而发生现金流转。也就是说，随着价格的变动，买卖双方中必有一方盈利，而另一方亏损。通过逐日核算，盈利一方的保证金账户余额将增加，亏损一方的保证金账户余额将减少。当亏损方的保证金账户余额低于规定的维持保证金时，他必须按规定及时追加保证金。而在期权成交后，买方向卖方一次性交付期权费后，直到到期或履约，交易双方并不发生任何现金流转。

3. 标的物的差异

一般地说，凡可作期货交易的商品几乎均可作期权交易，然而，可作期权交易的商品却未必可作期货交易，即只有期货期权，而没有期权期货。也就是说，只有以期货合约为标的物的期权交易，而没有以期权合约为标的物的期货交易。因此，从总体而言，期权的标的物多于期货的标的物。因为期权的标的物除了可作期货交易的各种现货商品而外，还包括期货合约本身。同时，随着期权的日益发展，其标的物还有日益增多之趋势。不少期货无法交易的东西均可作为期权的标的物，甚至连期权合约本身也成了期权的标的物（即所谓的复合期权）。

4. 盈利与亏损的特点的差异

在期货交易中，无论是买方还是卖方，都无权违约，也无权要求提前交割或推迟交割，

而只能在到期前的任一时间通过反向交易而实现对冲。在对冲或到期交割前，价格的变动必使其中一方盈利，而使另一方亏损，盈利和亏损的程度就决定于价格变动的幅度。因此，从理论上说，在期货交易中，交易双方的潜在的盈利和亏损都是无限的。在期权交易中，期权购买者和期权出售者在交易中的盈利和亏损具有不对称性。期权购买者在期权交易中的潜在的亏损是有限的（仅限于他支付的期权费），而他可能取得的盈利却是无限的；相反，期权出售者在期权交易中可能取得的盈利是有限的（仅限于他所收取的期权费），而他可能遭受的损失却是无限的。当然，在现实的期权交易中，期权出售者未必总是处于不利的地位。因为在期权交易中所成交的期权合约事实上很少被执行。换言之，大部分期权购买者将自愿放弃他所拥有的权利。这样，期权出售者实际上未曾履行任何义务而白白地收取了一定期权费。

5. 套期保值的作用与效果的差异

由价格的不确定变动所引起的风险，称为“对称性风险”（symmetric risk）。套期保值，实际上就是通过期货交易而抵销这种对称性风险。但为了达到这一目的，人们也必须放弃因价格的有利变动而带来的利益。例如，某农场经营者为防范价格下跌的风险，农场经营者可在种植大豆时卖出 100 张大豆期货合约进行套期保值。等到收获大豆时，如果价格下跌，农场经营者会因套期保值而免受损失，但若价格上升，则该农场经营者亦将因此而失去他原本可以获得的那部分涨价的收益。

人们利用期权进行套期保值，实际上是将对称性风险转换为不对称性风险（asymmetric risk）。也就是说，在利用期权进行套期保值时，若价格发生不利的变动，则套期保值者可通过执行期权来避免损失；若价格发生有利的变动，则套期保值者又可通过放弃期权来保护利益。因此，人们通过期权交易，既可避免价格的不利变动造成的损失，又可在相当程度上保住价格的有利变动而带来的利益。

从保值的角度来说，期货通常比期权更为有效，也更为便宜。人们在期权交易中要真正做到既保值又获利，事实上也殊非易事。与期货交易相比，在期权交易中，人们必须对风险和报酬作出更为深入细致的分析，从而选择最适当的交易时机和最合理的价格水平。同时，期权交易成本也高于期货交易成本。

期权与期货可谓各有所长，各有所短。所以，在现实的交易活动中，人们往往将二者结合起来，通过一定的组合或搭配来实现某一特定目标。

第二节 期货与期权交易的宏观经济功能

一、市场机制的缺陷

古典经济学家描述了一个实现了一般均衡和帕累托效率的理想市场经济。市场机制不仅可以有效地调节产品的需求和供给，有效地调节生产要素的需求和供给，并且决定收入的分配。与此同时，存在着一个完全竞争的市场，市场机制可以有效地配置资源，实现经济系统的一般均衡和资源配置的帕累托最优状态。

然而市场机制充分实现其功能需要一定的条件，如消费者和生产者必须都是理性经济人、市场结构处于完全竞争、参与者拥有完全信息等，全部具备条件的市场在现实社会中是不存在的。当市场机制的作用受到限制时，经济体系就无法达到一般均衡，资源配置的帕累托效应就无法实现，“市场失灵”就产生了。“市场失灵”的存在说明市场经济的运行和经济效益的提高，既需要市场机制这只“看不见的手”发挥其基础性的调节作用，同时也需要政府这只“看得见的手”对市场进行必要的干预。政府干预的必要性体现在以下几个方面。

（一）解决收入分配不公问题

在任何一个社会都存在着无数个收入分配方案。即便在市场经济中实现了帕累托效率的最优资源配置，也会由于收入按生产要素分配而造成贫富差距问题。

因此，需要政府这个“看得见的手”根据一定的价值判断标准对收入差距过大进行调节。政府通过税收制度、社会保障制度及转移支付政策等对社会财富进行调节和再分配，这样既可以纠正市场分配的过分悬殊，又通过社会保障体系对贫困者给予生活保障，维护了社会的公平正义。

（二）促进竞争，限制垄断

在现实市场经济中存在各种形式的垄断，如自然垄断、经济垄断和行政垄断。在垄断条件下将产生与形成竞争性均衡价格相背离的垄断价格的可能性。

垄断会给社会带来效率的损失，因此政府应当制定促进竞争、限制垄断的法规。我国于2008年8月1日正式实施《中华人民共和国反垄断法》（简称《反垄断法》），2015年12月，国家发改委反垄断局根据《反垄断法》对八家国际海运企业开出4.07亿元罚单，维护了国际海运市场秩序。

（三）规制经济的外部性

在市场经济条件下，当某一市场主体的某项经济活动给其他市场主体带来好或坏的影响，而又不能使其得到相应补偿（或处罚）的时候，“外部性”就产生了，其实质是某市场主体向市场中的其他人所强加的成本或收益。

外部性分为正的外部性和负的外部性。正的外部性产品如国防、灯塔等，其私人成本大于社会成本，私人收益小于社会收益，依靠市场机制缺乏对私人企业提供激励，往往供给不足，需要政府的鼓励；具有负的外部性的产品则会供给过度，导致资源配置的无效率和社会福利的损失，需要政府制定法规或采用税收等政策对其加以限制。

（四）提供公共物品

所谓公共物品，是指具有非竞争性和非排他性的物品，即增加一个人对它分享时，并不导致成本的增加（即非竞争性），排除任何个人对它分享时都要花费更大的成本（即非排他性）。在市场经济条件下，市场调节只对私人物品的生产有效而对公共物品无效，后者的供

给与需求无法自动地或由市场机制取得平衡，并且在私人提供的时候会产生“搭便车”现象，因此，政府必须担任提供公共物品的角色。

（五）弥补市场信息不对称问题

在商品、金融保险和劳动力市场上，往往存在信息非对称性，降低市场机制的资源配置效率，并直接导致了市场的衰退，阻碍了市场的正常有序发展。政府要发挥自身的作用进行某些制度的设置，如市场管制、建立契约机制或抵押机制、建立健全产品质量保障制度、加大产品质量监察等，把信息不对称造成的效率损失降低到最小。

二、政府干预的失效

市场经济的“失灵”要求政府对经济进行干预，但政府也并非是万能的，同样也会存在“失灵”。“政府失灵”有两种表现：一是政府的无效干预，即干预的范围和力度不够，或干预的目标和方式不对；二是政府的过度干预，即超过了所需要的范围和力度。政府失灵的主要原因有以下几点。

（一）政府管理者知识的局限性

许多政府干预的初衷是好的，却经常因为政府政策制定者对于相关知识的欠缺以及对形势估计的不准确而造成制度设计的偏差。这种认识的局限性不仅会影响规则制度的设计，还会影响政策的执行。执行者的知识局限以及行政能力的差异也会导致计划得不到有效的实施，或者实施未达到预期效果，使政府干预偏离了原来的帕累托前沿。例如，为了避免和减少股市大幅波动，上海证券交易所、深圳证券交易所和中国金融期货交易所从2016年1月1日起实行熔断机制，但只实行了4天就暴露出很多问题，负面影响大于正面效应，被管理层果断叫停。

（二）政府部门工作的低效率

公共选择理论认为，政府干预的垄断性使政府处于某些必需的公共物品（如国防、公路）的垄断供给者的地位，这种没有竞争的垄断使得政府丧失对效率、效益追求的内部和外部压力。

与此同时，政府供给的公共物品是以免费和低价为特征的，即政府不能通过明确价格的交换从供给对象那里直接收回成本，而是通过财政支出维持其生产和经营，因此，政府官员缺乏降低成本从而提高效益的利益驱动，不去追求成本最小化，而是追求规模化以增加自身的升迁机会等，造成了社会资源的浪费。

（三）收买和俘虏的可能性

现实中的政府，无论是政府官员还是机构本身都有着各自的行为目标，政府官员也是“经济人”，有其自身的利益追求，而政府机构由于其成员利益的内在化，也会发展一些脱离公共职能、用以谋求内部私利而非公共利益的规则和标准。这种政府利益取向的非中立性，使得政府的干预有着被收买和俘虏的可能性。政府官员会为了追求公共权力、非货币收入最大化、预算最大化以及政府规模最大化等而减少对上述追求点影响不大的一些干预措施的实施。

（四）寻租行为的存在

寻租是指为了获取政府许可而垄断性地使用某种市场紧缺资源，或其他方面的庇护，使政府改变现有干预政策用以保证寻求租金能按自己的意愿进行生产，或防止他人对这类活动的侵犯。寻租行为的存在导致“政府失灵”，浪费社会经济资源，使本来可以用于生产性消费的资源浪费在对社会无益的非生产性消费之中。

三、期货与期权在宏观经济中解决“市场失灵”的作用

政府干预的失效使人们开始思考真正可以有效解决“市场失灵”的办法，许多学者也把眼光转回了市场经济本身，发现解决失灵最理想的方式是用市场机制自身的纠错机制来弥补其内在缺陷，期货与期权市场就是其中之一。期货与期权市场可以解决市场机制经济波动、经济风险、运行低效和信息不完全等方面的缺陷。

（一）调节市场供求，减缓价格波动

现货市场价格之所以会反复波动，主要是因为商品生产者因缺乏远期供求关系的明确信息盲目生产而造成供给波动，而供求不平衡的现货市场必然出现偏高或偏低的市场价格，由此，或是诱发生产者的盲目冲动，或者导致生产者的悲观情绪，从而又使社会商品供求发生周期性波动。以农产品为例，由于上期价格决定本期产量，本期产量决定本期价格，所以会出现价格的蛛网形波动。而期货与期权市场能在一个生产周期开始之前，就使商品的买卖双方大体知道未来的供求和收益状况，并可据此决定对生产的投入和需求，这就保证了未来供求的大体平衡，不致产生大幅波动。另外，由于投机者的参与和合约的多次转让，合同在初始签订之后产生的风险平均分摊到参与的各个交易者身上，这样每个交易者所承担的风险就大幅度减少。由此，有效地克服了现货市场的大幅度波动及生产滞后调节的问题，使供求在期货市场价格的调节下有可能达到均衡，从而有助于防止生产的盲目性，促进市场稳定。有学者认为，期货市场发现未来价格的功能可以使农产品价格波动直接收敛于均衡价格。

（二）为政府宏观调控提供参考依据

政府宏观决策部门通过期货与期权市场信息可以很方便地了解到商品、外汇、利率、股票等市场的价格及供求状况，从而为政府实施宏观调控提供参考依据；通过期货与期权市场的价格信息来调节市场供求，保证价格的相对稳定；并通过模型来对期货与期权市场的信息进行分析，从而建立宏观经济运行的预警系统。

（三）促进本国经济的国际化发展

随着经济全球化的深入发展，国际经济和金融交往越来越密切，使全世界形成了一个统一的大市场。尤其是互联网的飞速发展使交易者可以方便地从事境外市场上的期货与期权交易。期货与期权市场在通信技术、会员结构、交易时间等方面的革新，使期货与期权市场成

为大量的各国企业和投资者参与的国际性交易中心市场。例如，伦敦金属期货交易所、芝加哥商业交易所、纽约商业交易所和芝加哥期权交易所等形成的价格成为国际金属材料、农产品、原油及各种金融产品的基准价格。在国际贸易，许多谈判价格是以国际著名期货与期权交易所的价格作为基础形成的。

（四）有助于市场经济体系的发展和完善

诺贝尔奖获得者、美国著名经济学家默顿·米勒（Merton Miller）说过："真正的市场经济是不能缺少期货市场的经济体系。"期货市场是完善的市场经济体系不可或缺的组成部分，它在市场经济活动中发挥着重要的作用。没有期货市场的市场经济，是不健全、不完善的市场经济。一个健全的现代市场经济体系离不开以风险管理为核心的期货与期权市场。国际期货与期权市场一百多年的实践经验证明：规范的期货与期权市场具有价格发现和规避风险的功能。期货与期权市场对国民经济的平稳运行和稳定增长具有重要作用。期货与期权市场高效运行与国民经济发展之间存在着密切关系，表现为期货与期权市场规模扩大与国民经济增长呈非线性正相关关系。从全球情况来看，以期货与期权交易为核心的金融衍生品市场对国民经济尤其是现代金融业的影响日益加深，已经成为广义资本市场的核心组成部分。以期货与期权市场为中心的金融衍生品市场是市场经济发展到一定历史阶段的必然产物，是现货市场不断发展的必然结果，是市场经济体系和金融市场不可或缺的重要组成部分。

阅读资料

香港之所以能够在1997年的亚洲金融危机中独善其身，成功地抵制了金融风暴的冲击，有赖于香港拥有健全的金融体系、健全的资本市场，既有健全的金融现货市场又有发达的期货市场。与此形成鲜明对比的是，东南亚有些国家的金融体系不健全，缺乏期货市场体系，因而在金融危机中不堪一击。实践说明，缺乏期货市场必然使经济运行过程中存在两个明显的弊端：一是金融体系没有价格发现机制，容易形成泡沫经济；二是经济运行中存在的泡沫和风险，不能经常性地转移和化解，积累到一定程度必然会使经济危机全面爆发。

第三节　期货交易的微观经济功能

一、价格发现功能

（一）价格发现功能及其实现过程

所谓价格发现功能，是指在期货市场上通过公开、公平、公正、高效、竞争的交易机制，形成具有真实性、预期性、连续性和权威性期货价格的过程。

由于在形成过程中的分散性、时滞性和信息不对称性，现货价格真实性受到严重影响，若以其作为市场信号，就会造成不必要的损失，形成高昂的交易成本。而期货市场由于合约的标准化、交易的集中化、完善的法规、极强的竞争性，以及透明度和流动性，必然显著地降低了相关交易成本，促进了商品的交易乃至经济的发展。

价格发现功能是借助于期货交易这种完全由供求法则决定的有组织的市场形态来实现的。交易所将众多的影响供求关系的因素集中于交易场内，通过公开叫价拍卖程序和电子计算机撮合交易模拟和控制这一过程，将众多因素的信息转化为期货价格。这样形成权威性的期货价格能够准确反映真实的供求状况及其价格变动趋势，并成为市场价格变动的晴雨表。

（二）价格发现功能的理论研究

1．价格发现机制与价格发现功能

新古典经济学认为：价格机制是市场机制的核心，价格主要由供求关系决定，价格和供求关系之间是相互影响、相互制约的。当市场供过于求时，市场价格下降，而市场价格的下降将使商品的供给减少；当市场供不应求时，市场价格上升，而价格的上升将刺激商品供给增加。这种相互作用的结果使市场达到均衡状态，即当市场上产品供给与需求相当时候，市场正好处于出清状态，并存在一个理论的均衡价格。市场机制的作用之一就是形成和发现这个均衡价格。

（1）现货市场价格的特点

在期货市场产生之前，企业经营者主要根据现货市场商品价格及其变动来调整企业的经营方向和经营规模，但是，现货市场存在着很大的局限性。

1）不确定性：现货市场的交易大多是买卖双方以一对一的谈判方式私下达成价格，分散的买卖双方价格信息不仅零散，而且准确程度很低。

2）滞后性：当市场供求关系发生不均衡时，企业的生产调整需要一定时间，使价格调整供给具有一定的滞后性，并导致市场由相对均衡到失衡，循环往复地波动。

3）不完全性：现货市场价格反映的是一定时间内某一空间市场的商品供求关系，无法预测和反映未来的供给和需求。由于存在信息收集范围狭小、信息传递的隔绝和阻碍、市场分割等不利因素，现货市场的价格体系缺乏内在统一性，现货市场形成的价格在一定程度上是失真的和不完全的。

（2）期货市场价格的特点

期货市场独特的交易形式和严密的组织制度集中了众多的交易者和大量的信息，能够比较充分地保证竞争的公开、公平和公正原则。与现货市场相比，期货市场价格表现出以下不同特点。

1）预期性：期货交易者大都熟悉交易行情，有着丰富的经营知识和广泛的信息渠道以及科学的分析预测方法，经过对价格走势进行分析和判断，报出自己理想的价格，与众多的对手进行竞争。大量价格信息在场内聚集、产生、反馈、扩展，使在高质量的信息流基础上形成的期货价格能够反映供求关系的变化，期货价格实际检验了众多交易者对于未来供求状况的预测，更能反映价格的变动趋势。

2）连续性：与现货市场通过个别交易、双方谈判、分散定价的方式不同，期货价格是

众多交易者按照自己对未来供求量的预测，采取公开竞价的方式确定的，并随着潜在供求量的变化，由参与交易的各方不断共同进行修正而形成的。期货交易合约具有不同的交易月份，其价格有机、动态、连续地反映着当前的、变化中的以及变化后的供求关系，具有价格形成上的连续性和超前性。

3）竞争性：期货价格是数以千万计的交易者通过公开竞价确定的，每个交易者都力图以对自己最有利的价格成交，并完全根据价格变化来决定交易与否及交易数量。由于交易者不知道对手是谁，不存在因为某种偏好一定要向某人出售或者购买的情况，从而保证了价格的完全竞争性。

4）公开性：根据期货市场的信息披露制度，所有在期货交易所达成的交易和价格都必须及时向会员报告并且公之于众。随着现代通信技术的发展，通过传播媒介，交易者能够及时了解期货市场的价格变化和交易情况，并迅速传递到现货市场。

可以看出，由于期货价格能够真实地反映供求及价格的变化趋势，并且具有预期性、连续性、竞争性、公开性，所以在发达的市场经济国家中，期货价格被视为权威价格，成为现货交易的重要参考根据。

2. 持有成本理论与价格发现功能

所谓持有成本，是指人们为了持有实物商品而支出的相应的保管费用等成本。对于那些消费具有连续性而生产具有季节性的产品（如农产品），其期货价格与现货价格的关系可以用持有成本理论来加以说明。约翰·M.凯恩斯（John M.Keynes）提出并由约翰·R.希克斯（John R. Hicks）完善的持有成本理论认为，期货价格和现货价格有着十分紧密的联系。该理论假设如下：

1）商品的生产具有季节性，可以储存一段时间，其需求具有连续性，平均分布于全年。商品收获后必须加以储存。

2）在储存过程中，为储存商品和保证商品质量需要支付一定的成本。

3）持有期货合约所需成本较持有实物的成本小得多。

这样，在价格体系中引入期货价格后，在供求均衡的静态市场上，期货价格（F）与现货价格（P）及持有成本（CR）之间的关系表示为 $F=P+\mathrm{CR}$，而在动态的市场上，现货价格的决定则遵守 $P=F-\mathrm{CR}$，于是期货价格成为影响现货价格的主要因素。在这个意义上，期货价格成为现货价格的基准价格。

期货市场要发挥价格发现功能，必须有一种机制把交易者共同预期的信息从期货市场传递给现货市场，这个机制就是套利机制。期货价格和现货价格通过持有成本联系起来以后，如果期货价格和现货价格的偏离高于持有成本，即基差大于边际持仓成本，交易者就会采用套利策略，最终使现货市场价格能够反映出期货市场中已经得到的信息。

事实上，在一个价格因素不确定的环境中，未来某个时期的现货价格与相关的期货价格并不能完全确定，极可能出现期货价格高于现货价格的溢价现象，也可能出现期货价格低于现货价格的倒挂现象。而持有成本理论只说明了前面的一种情况，这种情况只在标准市场情况下，即仓储量在新的收获年度前正常地不断减少的情况下才成立。

对于后一种情况的解释是凯恩斯的正常交割延期费用理论，该理论假设不存在仓储问题，一段时间之后预期的现货价格（EP）大致和当前的现货价格（CP）相等，即 EP＝CP。那么，当前所确定的期货价格（FP）将低于 EP，即 FP<EP，从而有 FP<CP，可以写成 FP＝CP－r。其中，r 是套期保值者支付给投机者的风险边际收益，即正常交割费用。

3. 仓储理论与价格发现功能

霍布鲁克·沃金（Holbrook Working）提出的仓储理论深入剖析了时间因素对于基差的影响，比较系统地阐述了期货市场中可以储存的商品的期货市场价格与现货市场价格之间的关系。仓储理论认为，在完全竞争的市场条件下，企业为了获取最大的仓储收益，应在储存或者供应商品的时候使边际净持仓成本等于持仓阶段预期价格的变动，以保证边际收益等于边际成本。

边际净持仓成本包括边际仓储费用支出、边际风险成本和边际机会收益。其中，仓储费用是指存仓的实际支出，包括仓储设备费用、装卸费用、利息以及保险费用支出。该笔费用的支出与仓储量成正比。除非仓储量达到或者超过仓储设备的存仓能力。通常情况下，边际仓储费用的支出是一个恒量。风险成本是指由于经济因素变化导致仓储商品价格变动带来的财务损失，随持仓数量的增加而增加。通常情况下，边际风险成本比较小，可以近似认为是一个恒量或者忽略不计。边际机会收益是指每增加一个单位的持仓量所带来的企业机会收益数量的增量。总的持仓机会收益会随着数量的增加而增加，但当市场整体存仓数量达到一定水平时，持仓的边际机会收益则为零。

仓储理论揭示了现货市场价格和期货市场价格之间的制约关系，基差基本上受控于边际持仓成本，在临近交割期时，两个市场价格之间的差异逐步缩小，价格趋于一致。这种价格关系基本上反映了人们对于各种影响市场因素的预期以及现阶段和未来现货市场的供求关系。因此，期货市场具有很强的价格发现能力。

（三）价格发现功能的作用

中国经济体制改革的目标是建立社会主义市场经济体制，充分发挥市场机制配置资源的作用，而市场价格形成的合理性，决定了市场配置资源的优化与效率。与现货市场相比，期货价格形成机制具有制度上的优越性，我国一些上市品种的期货价格在配置资源方面发挥了较大的作用，在这些商品的生产与流通中产生了积极的影响。

1. 期货价格能够比较准确地反映市场供求状况

期货市场通过电子交易系统进行集中竞价交易，使所有交易者对供给和需求的判断都汇集在一起，有利于价格的发现。期货市场建立了较为完善的交易制度，在这种市场环境中通过公平竞争形成的价格，能较真实地反映市场供求。

2. 期货市场可以同时按时间序列形成一系列的价格

在期货市场上，可以同时推出多个未来月份的商品期货合约进行交易，还可以同时按时间序列形成一系列的价格，不仅反映交易当时的现货供求情况，也反映了交易者对期货商品未

来供求变化的预测，这种价格随着潜在供求量的变化，不断由交易双方共同进行修正，有机、动态、连续反映着当前的、变化中的及变化后的供求关系，形成了商品未来供求变化的趋势。

3. 期货市场形成的价格具有较强的辐射力和影响力

期货市场通过电子网络信息系统，不仅能及时收集全球的市场供求信息及影响供求的相关信息，而且能同步地将期货交易价格及相关信息发布到全国各地以及全世界，甚至影响到农村。相对于现货市场形成的区域的、分散的现货价格，期货市场形成的价格具有较强的辐射力和影响力。

二、回避价格风险功能

（一）回避价格风险功能的含义

商品生产经营者在生产和经营的过程中，不可避免地会遇到各种各样的风险，如信用风险、经营风险、价格风险等，其中经常遇到的风险是价格风险。供给形成期和缩减期的存在，以及现货市场价格的局限性和价格机制调节的滞后性，使现货市场经常会出现周期性的价格波动，即使有均衡，也是通过价格涨跌调整需求达到的短期均衡。现货市场中，商品让渡与其空间位移同时开始，随着商品所有权转移，风险也随之转移，因此在只有现货市场的情况下，价格风险一旦产生便很难回避。这种价格波动风险，给商品生产者、需求者和经营者带来了很大的不确定性，使得生产者不能在一个保证其合理收益的价格条件下进行简单再生产和扩大再生产，使得经营者不能在一个能补偿其经营费用并获得正常经营利润的价格条件下经营。总之，价格波动风险的存在，使得商品生产者和经营者都不能以一个合理的价格来预先确定从事生产和经营应当获得的正常利润。

对于众多的风险厌恶者来说，现货市场中的一些风险（如自然灾害）可以通过某些途径得以回避，如保险，但是保险公司一般不予受理价格风险，因此价格风险回避在商品经济中显得非常必要，尤其是生产周期较长的农产品价格风险需要一个有效转移回避和实现的调节机制。

在现实生活中，并不是每个投资者都是风险厌恶者，有的投资者愿意承担风险并赚取风险利润，而期货市场正好是一种风险转移市场。从期货交易的发展来看，从商品的远期交易到期货交易，以及后来的期权交易，实际上就是企业经营者寻求回避风险方式的历史。期货市场的出现为农产品生产者、需求者和经营者回避价格风险提供了机会和场所。

期货交易回避价格风险的功能是指生产经营者通过在期货市场上进行套期保值业务，有效地回避转移或者分散现货市场上价格波动的风险。期货套期保值通常是在期货市场买进或者卖出与现货市场数量相当但交易方向相反的期货合约，以期在未来某一时间通过卖出或者买进期货合约而补偿因现货市场价格不利变动而带来的损失。

（二）回避价格风险功能的基本原理

期货交易回避价格风险功能的发挥是以套期保值交易作为手段的。从理论上讲，套期保值能够有效地回避价格风险。

1. 套期保值的特征

1）套期保值的本质是将企业或者个人不愿意承担的市场风险从具体业务中分离出来，转移给愿意接受的投资者，同时，该市场风险的收益或者损失也转移给对方。

2）当买卖双方同时具有风险，但风险的影响方向正好相反时，套期保值都有可能达到降低风险的目的。

3）套期保值交易在转移风险的同时也将收益固定，因而失去了获得超额收益的机会，甚至由于对价格的预测失误也可能遭受损失，但从根本上讲仍达到了在事前消除风险的目的。

4）虽然套期保值交易本身也具有风险，但它并不增加套期保值者总体的风险暴露水平。

2. 套期保值的基本原理

1）期货交易过程中，期货价格与现货价格尽管变动幅度不完全一致，但变动的趋势基本一致。也就是说，当特定资产的现货价格趋于上涨时，其期货价格也趋于上涨；反之，亦然。这是因为期货市场与现货市场虽然是两个各自分开的不同市场，但对于特定的资产来说，其期货价格与现货价格的主要影响因素是相同的。引起现货市场价格涨跌的因素同样会影响到期货市场价格的涨跌。套期保值者就可以通过在期货市场上做与现货市场相反的交易来达到保值的功能，使价格稳定在一个目标水平上。

2）现货价格与期货价格不仅变动的趋势相同，而且到合约期满时，两者将大致相等或合二为一。这是因为，期货价格包含持有该商品直至交割日为止的一切费用，这样，远期期货价格要比近期期货价格高。当期货合约接近于交割日时，持有成本会逐渐减少乃至完全消失，这时，两个价格的决定因素实际上已经几乎相同了，交割月份的期货价格与现货价格趋于一致。这就是期货市场与现货市场的价格走势趋同原理。

3. 影响基差变动的因素

1）基差包含两个市场之间的运输成本和持有成本。前者反映现货市场与期货市场间的空间因素，这也就是在同一时间里，两个不同地点的基差不同的基本原因；后者反映两个市场间的时间因素，即两个不同交割月份的持有成本，包括储藏费、利息、保险费和损耗费等，其中利率变动对持有成本的影响很大。

2）现货市场中每种商品有许多种等级，每种等级价格变动比率不一样。可是期货合约却限定了一个特定等级，这样，需要套期保值的商品等级的价格在现货市场中变动快于合约规定的那种等级。

3）当地现货价格反映了当地市场状况，而这些状况可能并不影响显示全国或国际市场状况的期货合约价格。

4）当前市场状况对更远交割月份的期货价格的影响小于对现货市场价格的影响。

5）需套期保值的商品可能与期货合约规定的商品种类不尽相同。

6）套期保值的另一个限制是期货合约规定具体交易量，它可能与所需套期保值的现货量存在差异。两种价格变动的时间和幅度并不完全一致，在某一时间，基差是不确定的，套

期保值没有提供完全的保险，基差的不利变化会给保值者带来风险。

4. 基差风险的回避与转移

套期保值可以大体抵消现货市场中价格波动的风险，但不能使风险完全消失，主要原因是存在“基差”这个因素。基差是指某一特定商品在某一特定时间和地点的现货价格与该商品近期合约的期货价格之差，即基差＝现货价格－期货价格。

为了克服基差风险，可以采用基差逐利型套期保值来回避基差风险。它是由买卖双方通过协商，由套期保值者确定协议基差的幅度和确定选择期货价格的期限，由现货市场的交易者在这个时期内选择某日的商品期货价格为计价基础，在所确定的计价基础上协议基差得到双方交易现货商品的协议价格。双方以协议价格交割现货，而不考虑现货市场上该商品在交割时的实际价格。交易基本与传统的基差套期保值相同。

基差逐利型套期保值的实质是套期保值者通过协议基差交易，将套期保值者面临的基差风险通过协议基差方式转移给现货交易中的对手。套期保值者通过基差交易可以达到完全保值或盈利保值的目的。

（三）期货市场的价格风险分担框架

按照交易目的参与交易的市场主体，可以分为三类：一类是套期保值者，为回避因为市场价格波动风险造成的损失而买卖期货合约；二是套利者，主要利用市场供求关系的暂时性不均衡套取无风险利润；三是投机者，利用市场价格波动的风险进行投机活动。大多数研究者认为，投机交易与套期保值交易构成了期货市场的风险分担框架。

通过期货市场，生产经营者应用套期保值交易能够将价格风险转移出去。转移出去的风险大概有两种承担者。一种由另外一个套期保值者承担。例如，大豆生产者运用期货市场将风险转移给大豆加工商。这种价格风险的转移从根本上讲并没有解决让生产经营者转移价格风险的问题。价格风险仍由生产经营者承担，只不过实现了风险在生产经营者之间的转移。另一种风险承担者是投机者。他们是价格风险的自愿承担者，他们的活动才能够真正转移生产者的价格风险，避免社会生产的波动。

在市场经济条件下，商品的供给和需求在总量、结构、空间、时间上的矛盾是经常的、普遍的，生产经营者通过套期保值交易，可以锁定价格，放心地从事生产经营。套期保值者是以放弃获得最大利润为代价，并以避免可能遭受的最大损失的风险为补偿来实现其稳妥经营战略的。投机者则根据自己对商品价格的预期，买进或者卖出合约，承担风险回避者所不愿意承担的风险，以图分享套期保值者放弃的一部分利润，达到其投机营利的目的。期货交易运作的实践充分证明，套期保值者很难依靠与自己进行相反买卖的保值者作为交易对象，达到风险转移的目的。如果只有套期保值者作为交易对象，只有在买进套期保值者和卖出套期保值者的交易数量完全相符时，交易才能成立，风险才能得到转移。但从实际情况来看，这种情况几乎不存在，多头套期保值者和空头套期保值者之间的不平衡是经常的，而投机者的加入恰好能抵消这种不平衡，促使套期保值者的交易得以实现。

如果没有投机者的存在，套期保值回避风险的功能就很难实现。因为投机者加入期货市场，不仅提供了风险承担者，而且提供了增加市场流动性的风险资本。投机者运用这些资本进行投资，以追求风险收益，扩大了市场的交易量，使套期保值者无论买入或者卖出都能很容易地找到交易对手，自由地进入期货市场，从而增加了市场的流动性。从某种意义上讲，期货投机者是期货市场的创造者，是促进期货市场回避价格风险功能发挥的润滑剂。

事实上，套期保值交易与厌恶风险之间的联系并不像过去人们认为的那样清楚。与一般的保险业务不同，在可行的套期保值交易中，交易者不仅要付出一定的交易成本，还要为回避不确定的风险而付出同样不确定却与要回避风险等量或对称的代价。由于期货价格体现了交易者总体对远期现货价格的心理预期，且这一预期不存在系统性偏差，保值者与投机商对风险的厌恶倾向就不存在或只存在很小的偏差。那么，保值者与投机商之间的交易，实质上就不是由投机商单方面为保值者承担风险，而是双方各自为对方承担了方向相反但出现频率相同的风险。这成为一种交易者之间互施、互担风险的相互转移与承担的关系。于是，期货交易风险与利益的转移机制就可以表述为：在任何交易状态中，为全体空方承担一种方向风险的是全体多方；与此同时为全体多方承担相反方向但出现频率相同的风险的是全体空方。因此，任何期货交易对投机商和保值者的整体影响都是中性的，如果考虑交易成本因素，全体交易者还要承担可预见的净亏损。

三、其他派生功能

（一）降低流通费用，稳定产销关系

由于生产规模和市场范围的扩大，进入流通领域的商品也大量增加，商品流通渠道越来越长，转手买卖越来越多，而商品实物的大量转手必然会使商品运输、保管等费用增长，造成不必要的社会成本的增加，这不利于商品经济的发展。因此，客观上要求实现商流和物流的分离，而期货市场则是商流体系的重要组成部分。由于期货交易是商品交收期到来之前进行的期货合约的买卖，并不涉及实际商品运动，实现了商流和物流的合理分离。在期货交易过程，无论进行多少次期货合约的转手买卖，无论经过多少个商品流通环节，它仍只表现为商流过程中商品价值的转手，而商品的实物仍停留在原来的出售者手中，直到期货合约最后一次转手后，才把商品从生产领域运送到消费领域，这相对减少了物流环节，节约了商品流通时间，节省了社会商品的流通费用。另外，由于期货市场流动性强，价格透明，质量规格稳定，也为国内外生产经营企业提供了稳定的交易市场及产销关系。

（二）消除市场分割，提高营销效率

期货市场是买卖双方充分参与的交易中心，买方很自然地知道在此可以找到卖主，卖方也知道在此可以轻易地找到买主，买卖双方容易沟通供求信息。加之投机者的广泛参与，期货市场的交易量大为增加，提高了商品的流动性，促进了整个市场的有效性。

期货市场把全国、甚至全世界的各种不同且分散的产地市场联系起来，打破了地区封锁和行业限制，消除了市场分割的局面，使整个市场更具有完整性，有利于全国统一市场的形成。作为交易者来说，能很容易地进入全国市场或世界市场，有了更大的选择余地，不必依赖于某一产地市场，使垄断者无法随心所欲地控制市场。加之在交易所内一切交易都是公开进行，且交易所对交易规则、争议处理办法都有一整套系统的规定和机制，为交易者进行公

开竞争提供了保证。市场的公开透明和公平竞争，使货畅其流，促进了资源的有效利用，提高了市场运行效率。而企业要在这种信息公开、地位平等、竞争公平的市场环境中取胜，就必须不断改善生产经营管理水平，以更好地把握市场机会，妥善合理地安排好生产、销售计划，从而取得好的经济效益。

（三）吸引利用社会闲散资金

期货市场已不仅仅是一个交易市场，而且是一个沟通不同数额、不同时点上的货币交换的市场，换句话说，期货市场也是一个金融市场、投资市场。因此，居民手持的货币资金、公司经营过程中还没有使用的资金、各种养老金、投资基金等限制资金都可以投入期货市场，进行各种期限的风险投资，获取风险利润，同时也为期货合约交易增加流动性。世界上著名的期货交易所都吸引了巨额的社会闲散资金，提高了资金的使用效率，优化了资金的配置。

（四）有利于企业经营者获得稳定的经济收益

由于自然因素或人为因素的影响，现货市场波动较大，使企业经营者较难把握自己的收益。期货市场的价格发现机制，使生产者能据此估计未来的供求状况，进行决策，减少了决策的盲目性，更好地按照市场供求合理安排生产规模、品种等，估算销售价格。此外，从事期货交易，不用付出全部款项，只要付出小额保证金即可买卖期货合约，同时期货从成交到具体交割要经过一段时期，这样企业就可以减少资金积压，降低经营成本。另外，生产者利用期货进行套期保值，锁住生产经营成本，经营利润得到保障，收益稳定，信用较好，也为企业向外取得资金融通、开拓新的经营业务创造了有利条件。众多有关期货市场应用的研究表明，那些利用期货交易来预先固定成本或保住一定利润的企业，其收益比不参加期货交易的企业收益来得稳定。虽然这些企业不太容易获得最高价格，但也不会得到最低价格，因此，它的收益比较稳定，避免了大起大落。

（五）促使经济国际化

从 20 世纪末期开始，期货市场在通信技术、会员结构、交易时间等方面的革新，使其已不仅仅是某一国的期货市场，而且成为国际交易中心。大量的外国企业和投资者参与国际性期货市场的交易。例如，美国芝加哥期货交易所集中了世界农产品期货贸易和近半数的世界期货交易，所形成的价格成为国际农产品市场的基准价格，使国际农产品市场进一步国际化。在国际贸易谈判中，某种商品的谈判价格一般是以国际著名期货交易所该商品合约的期货价格再加上一定的差价确定的。

第四节　期权交易的微观经济功能

期权实质上是一种选择权，是指期权卖方在收到一定的期权购买费用（权利金）之后，承诺给期权买方一份在特定的期限内以特定的价格从期权卖方购买（看涨期权）或卖给期权卖方

（看跌期权）一定数量相关标的资产的权利，而非义务的合约或合同。期权的价值包括履约价值和时间价值两个部分：履约价值是指期权被立即执行时的标的物市价与履约价格之间的差值；时间价值是由于标的物价格波动的不确定性而带来的超过期权履约价值以上的额外价值。

期权交易的微观经济功能主要有以下几个方面。

一、套期保值功能

期权套期保值通常是套期保值者买入看涨期权或看跌期权，以期在价格不利的条件下按一个确定的价格（敲定价格）买入或卖出现货（期货），而在价格有利时放弃其交易。

期权的套期保值功能是指通过设立一个与现货数量相等、方向相反的期权头寸；买进现货时，同时持有卖权（看跌期权）；卖出现货时，同时持有买权（看涨期权）。这样，对冲组合的总价值将会保持不变。资产保值的思路是：无风险状态可以通过资产权利与义务的分离来实现。资产保值的公式为：无风险资产价值＝看跌期权价值＋风险资产现行价值－看涨期权价值。其财务含义是持有风险资产与卖权多头、买权空头的组合，具有保险的功能，是一份无风险资产的复制品。

二、套期谋利功能

套期谋利功能是通过期权机制与期货机制相结合实现的。对于期权买方来说，是买权多头与期货空头的组合、卖权多头与期货多头的组合；对于期权卖方来说，是买权空头与期货多头的组合、卖权空头与期货空头的组合。套期谋利的公式是：看涨期权价值＝风险资产价值－无风险资产价值＋看跌期权价值。其财务含义是负债投资与一个卖权多头、一个风险资产的组合，具有价值增值的功能，是一份看涨期权的复制品。

三、价值定位功能

价值定位功能是通过供求双方对标的物未来价格的预计来确定期权的执行价格，这个价格是双方达成的市场均衡价格，给现货市场标的物的价值定位提供了方向。另外，权利金的确定为资产所附属权利的价值提供了衡量方式，也为如何把不确定性转换为经济价值提供了可行性。价值定位的公式是：风险资产价值＝无风险资产价值＋看涨期权价值－看跌期权价值。其财务含义是风险资产价值由既定的无风险资产价值和风险行动的价值所构成，持有一个无风险资产与一个在买权多头和卖权空头上风险行动的组合，具有价值定位的功能，是一份风险资产的复制品。

四、激励功能

现代公司典型特征就是公司所有权与管理权的分离，由此产生了代理经营者如何才能实现股东价值最大化，在公司的管理中产生了股票期权激励制度。在股票期权制度下，经理人可以在规定时期内以股票期权的行权价购买本公司股票，这个购买过程称为行权。在行权以前，股票期权的持有人没有现金收益；行权以后，其收益为行权价与行权日市场价之间的差价。经理人员可以自行决定在何时出售所得股票。股票期权的收益主要取决于价格因素，股票未来价格

的高低直接影响经理人的收益。可见企业引入股票期权制度以后，经理人员能够享受本公司股票增值所带来的利益增长并承担相应的风险。这样，经理人的个人收益与其经营业绩和企业的未来发展建立起一种正相关关系，从而鼓励经理人更多地关注企业的长期持续发展，而不是仅仅将注意力集中在短期财务指标上。由此，企业价值最大化成为股东和经理人员的共同目标。

五、投资决策功能

期权理论完善了传统投资决策中的净现值决策方法和内含报酬率决策方法。在期权法下，管理者决策的价值将被考虑、评估，这正体现了期权理论与传统投资决策方法相结合的现实意义，能给投资者未来继续投资提供可选择性。因此，引入期权后，投资项目的价值＝传统的净现值＋期权价值。传统净现值法孤立考虑每个阶段的投资，有可能使公司丧失许多宝贵的投资与成长机会。而现实中许多项目的建设需要多期投资才能完成，这类投资决策都可以看作对复合期权的选择，每阶段完成后，企业就具有了是否完成下阶段的期权。投资决策转化为如何最有效执行期权的问题，把整个项目各阶段结合起来进行评价，将使决策更加科学。

知识拓展

期权和期货一样都是市场风险对冲工具。2009 年 4 月，国际掉期与衍生品协会（International Swaps and Derivatives Association，ISDA）的研究成果表明，世界 500 强中有 94％的公司有效地利用衍生品来管理和对冲风险，与 2003 年的调查结果相比提高了 2 个百分点。这些公司分布于全球 32 个国家，从宇航业到办公与电子设备批发业，涉及行业十分广泛。同时，一个 30 人小组在 1993 年对美国、日本、英国、德国、法国、巴西等国的 80 家自营商、72 家最终使用者的调查中，有 78％的调查对象回答他们已经将金融衍生工具用于资产负债的管理。

小　结

本章对期货交易对宏观经济和微观经济的不同功能和作用进行了阐述，并简要说明了金融期货市场和期权市场的功能。通过本章学习，学生应当能够对期货与期权的功能有全面的理解，了解期货与期权交易在宏观中和微观经济中的作用。

案例分析

诸城金鸡饲料有限公司如何利用期货市场功能

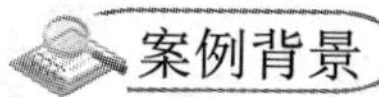

案例背景

山东诸城外贸下属企业——诸城金鸡饲料有限公司是肉鸡一体化饲料加工的专业

公司，年产肉鸡、种鸡配合饲料33万吨，年需原材料玉米20万吨、豆粕10万吨、大豆3万吨，因此，粮食价格波动对公司的生产经营具有非常大的影响。该公司积极关注期货市场，深入研究并利用期货市场的价格发现功能来控制原材料价格剧烈波动带来的市场风险，保证企业生产经营的稳定性，增强了企业的市场竞争能力。

案例解析

首先，在市场波动较大时，诸城金鸡饲料有限公司充分利用了期货市场完全开放、自由竞争形成的价格信息公开、权威的特点。公司领导及原料采购部门每天关注大连商品交易所的市场行情，并且在采购原料时将玉米、豆粕、大豆三个品种的期货价格作为指导价，有效地避免了以往现货购销中价格大多是由买卖双方私下达成形成的定价不合理、不透明的现象，遏制了腐败行为的产生。公司同时利用期货市场的价格作为现货购销长期合约的定价基准，既为企业稳定购销渠道，也为企业回避价格风险起到了积极的作用。

其次，利用期货市场的价格发现功能，有计划地调整库存量。期货市场具有价格发现功能，企业可以利用其价格趋势指导现货购销，调节现货购销量及库存。2004 年 4 月，在现货价格依然居高不下的市场行情下，诸城金鸡饲料有限公司根据大连商品交易所的期货交易情况，发现商品期货价格在经过大幅上扬以后开始走低，豆粕、大豆期价大幅下挫，尽管现货价格依然坚挺，但公司领导根据期货交易情况，认为现货价格也必将回落，因此公司随之减少豆粕采购量，并大量减少库存。2004 年年底，豆粕期货价格在 2 100～2 250 元/吨振荡，从交易状况看，其正在构筑底部，于是公司逐渐增加豆粕采购量。2005 年春节前，公司注意到大连商品交易所 2005 年 1 月豆粕合约有大量现货交割时，立即采取措施从其在山东的交割库采购了 8 000 吨豆粕，很好地缓解了春节后豆粕现货价格大幅上扬所造成的成本提高。可以说，期货市场的价格趋势极大地促进了公司原料库存的调整，使公司获得了可观的利润。

再次，诸城金鸡饲料有限公司还充分利用了期货市场的套期保值功能，锁定生产成本，降低库存成本。对于饲料加工企业来说，套期保值交易不但可以使企业提前通过期货市场锁定原材料成本，而且由于期货交易的保证金制度，购买时以期货合约换取存货，不但降低了购买原材料占用的资金，而且大大减少了原材料的库存费用，降低了企业的库存成本。2004 年年底，大连商品交易所 2005 年 5 月豆粕合约期货价格在 2 150 元/吨附近振荡，2005 年 5 月大豆合约期价在 2 600 元/吨附近振荡，为了锁定 2005 年的原材料成本，该公司利用期货交易的保证金制度，以较少的资金分期逐步买进 5 月豆粕合约 2 000 手（20 000 吨）、5 月大豆合约 3 000 手（30 000 吨）；2005 年春节过后，豆粕、大豆期货和现货价格均大幅上扬，由于公司已在期货交易中进行了套期保值，买进的豆粕、大豆合约在期货市场中的盈利，已远远弥补了原材料上升给公司造成的损失，而且节约了大量的流动资金，避免了仓储保管的压力，大大提高了企业的市场竞争力。

（资料来源：董培峰. 2005. 利用期货市场促进饲料加工企业经营创新. 黑龙江粮食，7-9）

思考与练习

一、名词解释

现货交易　期货交易　期权交易　价格发现　回避价格风险

二、简答题

1. 简述期货交易与现货交易的区别。
2. 简述期货交易与证券交易的区别。
3. 期货交易的功能主要有哪些？
4. 期货与期权交易的功能有什么异同？

三、思考题

为什么要发展期货与期权市场？

课后阅读

1. 田源. 1992. 中国期货市场. 广州：广东高等教育出版社.
2. 常青. 1993. 期货市场学. 西安：陕西人民出版社.
3. 乔娟，等. 2008. 中国农产品期货市场功能研究与现货市场关系研究. 北京：科学出版社.

第二章

期货与期权市场的产生与发展

学习目标

- 了解期货与期权市场产生的时间及其原因
- 认识期货与期权市场的发展历程与发展现状
- 掌握期货与期权市场的发展趋势

学习要点

- 期货与期权市场产生的原因
- 期货与期权市场的发展趋势

关键词

期货市场　期权市场

导入案例

中国期货市场的产生背景

我国从1985年开始，把新中国成立30多年形成的既不反映商品价值，也不反映供求关系的计划价格逐步放开，到20世纪90年代初，我国大部分商品实行了市场价格。但是从实行价格双轨制开始，农产品、原材料等商品的市场价格就出现了大幅波动，影响了经济的稳定发展和供求平衡。同时，双轨流通由于没有一个基准价作为参考，便出现一些不公正交易，导致社会分配的严重不公平。而期货市场有着减缓价格波动、形成基准价格的功能，可以在一定程度上解决市场秩序混乱、收入分配不合理的问题。在此背景下，由国家领导人倡导和支持，政策和方案研究者推动，国际期货市场发展带动，相关部门、地方政府和企业努力等直接动因的交叉促进下，我国的期货市场产生了。

（资料来源：曹廷求. 2001. 中国期货市场：历史评价与政策选择. 山东大学硕士学位论文，6-9）

第一节　商品期货交易的产生与发展概述

一、商品期货交易的产生与发展

（一）商品期货交易的萌芽

商品期货交易是商品生产和商品交换发展到一定阶段的产物，是贸易方式长期演进的结果。繁荣的商品期货市场是经历了几百年的实践，不断发展而逐渐形成的。

早在古希腊和古罗马时期，欧洲的中央交易所就出现了易货交易和货币制度，形成了按既定时间和在固定场所开展的交易活动。到12世纪，这种集中交易的形式在欧洲已相当可观。在普遍采用即期交货的基础上，已经开始出现根据样品质量而签订远期交货合同的做法。公元1215年，英国的大宪章正式规定允许外国人到英国参加季节性的交易会，商人可随时将货物运进或运出英国，从而开启了英国的贸易之门。在交易中出现了商人提前购买货物的做法，即通过双方签订买卖合同，列明货物的品种、数量、品质、价格、规格等，并预交一笔定金，待货物运到时再交收全部的货款和货物，这时交易才告以完成。随着交易的发展，买卖双方为了转嫁价格风险，牟取更大利益，往往在货物运到之前将合同转售——买者将合同卖出，卖者又买另外的合同，这就使交易进一步复杂化。其后，来自荷兰、法国、意大利和西班牙的商人还组成了一个公会，对会员买卖的合同提供公证和担保。15世纪，商人们集中在交通便利、位置适中的比利时进行商品交易，后来，由于受到西班牙无敌舰队的攻击，商人们开始向北转移至荷兰的阿姆斯特丹。荷兰的阿姆斯特丹建立了以现货交易为主的世界上第一家谷物交易所，比利时的安特卫普开设了咖啡交易所。1571年，英国创建了实际上第一家集中的商品市场——伦敦皇家交易所，在其原址上后来成立了伦敦国际金融期货期权交易所。1666年，伦敦皇家交易所毁于伦敦大火，但交易仍在当时伦敦城的几家咖啡馆中继续进行。

从历史发展来看，贸易方式的长期演进，尤其是远期交易的集中和组织化，为期货市场的组成奠定了基础。

（二）商品期货交易的产生

1. 农产品期货交易的产生

19世纪中叶，随着农业生产的发展，芝加哥已成为全美最大的谷物集散中心，商品交易量越来越大，农产品供求矛盾日益突出。在收获季节，农场主都将玉米运到芝加哥，导致玉米在短期内供过于求，价格下跌到生产成本以下，使生产者遭受重大损失；而在冬春两季又出现玉米供不应求、价格上升的现象，使消费者的利益受到损害。于是，储运经销应运而生，当地经销商在交通要道上设立商行，建立仓库。在收获季节买进玉米，存至冬春再运往芝加哥出售，这样在一定程度上缓解了季节性供求矛盾导致的价格剧烈波动。但是，由于当时交通不便，仓储不足，经销商也面临着冬季价格波动等各种风险。

1848 年，美国 82 位商人在芝加哥共同发起组建了世界上第一个现代期货交易所——芝加哥期货交易所（Chicago Board of Trade，CBOT）。芝加哥期货交易所成立之初，只是一个集中进行现货交易的场所。1851 年 3 月 13 日，芝加哥期货交易所推出了第一张远期合同。远期合同交易方式起到了稳定产销、避免价格季节性波动的作用。就供方来讲，提前卖掉产品可稳定生产利润，减少价格季节波动影响；对需方来讲，能够保证稳定的货源，锁住经营成本，在一定程度上回避价格波动的风险。远期交易方式在发展过程中，逐渐暴露出一系列问题：交易双方就商品品质、等级、价格、交货地点及时间等问题总是存在分歧，远期合同一旦签订很难转让，远期交易能否履约完全靠交易对方的信誉等。针对上述情况，1865 年 5 月，芝加哥期货交易所推出了第一张标准化期货合约。标准化合约包括标的商品的品质、数量、交货时间、交货地点以及付款条件等的标准化。标准化合约反映了最普遍的商业惯例，使得市场参与者能够非常方便地转让期货合约。在合约标准化的同时，芝加哥期货交易所还引入交易保证金制度。标准化合约和保证金制度的引入是具有历史意义的制度创新，促成了现代期货交易的诞生。

1882 年，芝加哥期货交易所允许以对冲方式免除履约责任，促进了非谷物商的加入。投机者“贱买贵卖”买卖期货合同，赚取一买一卖之间的利差物，大大提高了期货交易的市场流动性。

1891 年，明尼阿波利斯谷物交易所（Minneapolis Grain Exchange，MGEX）第一个成立了结算所。1925 年，芝加哥期货交易所结算公司（Board of Trade Clearing Corporation，BOTCC）成立，至此现代期货市场才真正完善起来。

2. 金属期货交易的产生

最早的金属期货交易诞生于英国。在 19 世纪中期，英国曾是世界上最大的锡和铜的生产国，但随着时间的推移，工业需求不断增长，英国又迫切地需要从智利和马来亚（现在的马来西亚和印度尼西亚）的矿山大量进口工业原料。在当时的条件下，由于穿越大洋运送矿砂的货轮抵达时间没有规律，所以金属的价格起伏波动很大，金属商人和加工商要面对巨大的风险。为了避免价格起落的风险和船运途中的其他风险，1876 年 12 月，300 名金属商人发起成立了伦敦金属有限公司，并于次年 7 月组建成新的公司——伦敦金属交易所（London Metal Exchange，LME）并建立了规范化的交易方式。伦敦金属交易所成立伊始，只交易锡和铜，交易所确定以三个月为标准交割日期(因当时从马来亚和智利海运至英国一般需要三个月时间)。19 世纪后期到 20 世纪初，美国经济从以农业为主转向现代工业生产体系，期货合约的种类也逐渐从传统的农产品扩大到金属、贵金属、制成品、加工品等。

现代期货交易的产生和现代期货市场的诞生，是商品经济发展的必然结果，是社会生产力发展和生产社会化的内在要求。

（三）商品期货交易的发展

1. 农产品期货交易的发展

自芝加哥期货交易所成功推出第一张玉米期货合约以来，谷物期货不断发展，芝加哥期货交易所之后又成功推出小麦、大豆等期货品种。1870 年，纽约棉花交易所（New York Cotton

Exchange，NYCE）成立并推出第一张棉花合约。1874 年 5 月，一些供应商在芝加哥又成立了一个农产品交易所，当时在该交易所上市的主要商品为黄油、鸡蛋、家禽和其他非耐储藏产品。1898 年，黄油和鸡蛋经销商退出农产品交易所，组建了芝加哥黄油和鸡蛋交易所，重新调整机构并扩大上市商品范围，后于 1919 年将黄油和鸡蛋交易所易名为芝加哥商业交易所（Chicago Mercantile Exchange，CME）。如果说芝加哥期货交易所在制度创新上有突出贡献的话，那么芝加哥商业交易所在期货品种系列创新上奠定了它的发展地位。第二次世界大战前后，芝加哥商业交易所上市了鸡蛋、黄油、奶酪、洋葱、土豆、火鸡、苹果、家禽、冷冻鸡肉、铁、废钢等期货品种，1964 年以后又推出活牛和活猪期货。到了 1969 年，芝加哥商业交易所已成为世界上最大的肉类和畜类期货交易中心。

明尼阿波利斯谷物交易所成立于 1881 年，是美国除芝加哥期货交易所和堪萨斯期货交易所（Kansas City Board of Trade，KCBT）外的第三大农产品期货交易所，其交易品种与芝加哥期货交易所和堪萨斯期货交易所不同，芝加哥期货交易所交易的是冬小麦，蛋白质含量 8%～9%，适合制作饼干；堪萨斯期货交易所交易的是红冬麦，蛋白质含量 11%～13%，适合做面包；明尼阿波利斯谷物交易所交易的是硬春小麦，蛋白质含量 13%～15%，适合做高级面包和面包混合剂。明尼阿波利斯谷物交易所对世界市场的影响很大，这里交易形成的价格就是世界春小麦的价格。

1872，纽约黄油及奶酪交易所成立，并于 1882 年成为纽约商业交易所（New York Mercantile Exchange，NYMEX）。1882 年，经营咖啡期货交易的纽约咖啡交易所应运而生，并于 1914 年增加了糖期货交易，在 1916 年更名为咖啡和糖交易所。该交易所于 1979 年与纽约可可交易所（1925 年成立）合并，共同组成咖啡、糖、可可交易所（Coffee Sugar Cocoa Exchange，CSCE）。2014 年，芝加哥期货交易所和芝加哥商业交易所的 9 个农产品期货与期权合约成交量在全球排名前 20。

2. 金属期货交易的发展

20 世纪初，伦敦金属交易所开始公开发布其成交价格并被广泛作为世界金属贸易的基准价格。1920 年伦敦金属交易所正式引进铅和锌交易，1978 年正式引入原铝交易，1979 年引入镍交易，1992 年引入铝合金交易，1999 年 5 月引入白银交易。2000 年 4 月 10 日，伦敦金属交易所在铜、铝、镍、铅、锌、锡 6 个商品的基础上创立了 LMEX——伦敦金属交易所期货指数。有色金属成为当今世界期货市场中比较成熟的期货品种之一。2014 年伦敦金属有 5 个金属期货合约成交量排名全球前 20。

纽约商品交易所（Commodity Exchange of New York，COMEX）成立于 1933 年，由经营皮革、生丝、橡胶和金属的交易所合并而成，交易品种有黄金、白银、铜、铝等，其中 1974 年推出的黄金期货合约，在 20 世纪 70～80 年代的国际期货市场上具有较大影响。与纽约商业交易所合并后黄金和白银期货与期权合约成交量至今排名居前列。

目前，在国际期货市场上上市交易的金属期货包括有色金属，主要有铜、铝、铅、锌、锡、镍、钯、铂、金、银等 10 种，其中金、银、铂、钯等期货因其标的的价值高，又称为贵金属期货。其次还有黑色金属铁、铬、锰等。2014 年全球金属期货与期权成交量达 12.43 亿张。

3. 林产品、纤维期货交易的发展

从19世纪后期到20世纪初，木材、天然橡胶等林产品期货陆续上市。芝加哥商品交易所在1969年开始推出随机长度原木期货合约，但林产品期货发展一直比较缓慢。从20世纪90年代开始，林产品期货开始迅速发展，范围扩大，更多国家陆续推出多个不同林产品的期货合约。1993年，中国上海交易所与苏州交易所推出胶合板期货合约；1994年，芝加哥期货交易所推出木制板材期货合约；1996年，芝加哥商品交易所引进软木胶合板期货合约；两个在斯堪的纳维亚半岛竞争着的欧洲交易所都引进了纸浆期货合同：芬兰期权交易所（Finnish Options Exchange，FOEX）在1997年2月引进了第一个合同，瑞典OM集团在1997年下半年引进。芝加哥商业交易所集团（CME Group）在2008年9月23日宣布，随机长度原木期货和期货期权合约将从10月20日开始扩大并在芝加哥商品交易所电子交易平台（CME Globex）上推出，这将进一步推动林产品期货的发展。

纤维期货主要包括棉花期货、蚕茧期货和生丝期货。棉花期货自1870年产生以来，纽约棉花期货价格已成为美国和世界各产棉国政府不可缺少的决策参考依据，也是除中国外其他主要产棉国棉农和涉棉企业套期保值的主要场所。美国政府一直以棉花期货价格为参考对棉农进行补贴。英国的棉花企业、澳大利亚的植棉农场主也都在纽约期货交易所从事棉花套期保值交易。1987年，纽约棉花交易所在棉花期货成功运行的基础上，推出了棉花期权交易，并取得了良好的效果，很多棉商在利用期货市场对其现货套期保值时，也经常使用期权对其期货头寸进行保护。墨西哥政府由农业部出面在纽约期货交易所对全国棉花进行套期保值操作（主要利用期权）。目前，世界上大多数棉花经营商直接参与棉花期货交易。

日本横滨生丝交易所有一百多年的历史，其在日本国内的生丝期货业务始于1951年，干茧期货交易也于1952年开始，而生丝的国际期货于2000年才开始，比日本晚了近50年。横滨商品交易所是在日本横滨生丝交易所与前桥干茧交易所合并后于1998年10月建立的非营利性会员制组织，作为世界上唯一跨国界的国际生丝期货市场。横滨商品交易所原来一直以日元报价，为方便外国商家在海外市场的交易，从2002年12月（合同月份为2003年12月）起改为以美元为基础价格，到2003年8月份，所有合同改为以美元计价。

4. 能源期货交易的发展

20世纪70年代发生的石油危机直接导致了石油等能源期货的产生。1978年，纽约商品交易所达成首笔能源期货合约。能源期货作为一种新兴商品期货品种，其交易异常活跃，交易量一直呈现快速增长之势。目前，能源期货的交易量仅次于农产品期货和利率期货，超过了金属期货，是国际期货市场的重要组成部分。

纽约商业交易所是美国第三大期货交易所，也是世界上最大的实物商品交易所。该交易所主要为能源和金属商品提供期货和期权交易，产生的价格是全球市场上的基准价格。与主要交易品种为精铜、黄金和白银的纽约商品交易所合并后，在纽约商业交易所分部，通过公开竞价来进行交易的期货和期权合约有原油、汽油、燃油、天然气、电力和煤、丙烷、钯的期货合约，在该交易所上市的还有e-miNY能源期货、部分轻质低硫原油、天然气等期货合

约，通过芝加哥商业交易所的 GLOBEX 电子贸易系统进行交易，由纽约商业期货交易所的票据交换所清算，在能源市场中作为一种有效的参与手段为小投资者和商人提供了机遇。2008 年，纽约商业交易所的低硫原油期货居首位，共成交 134 674 264 张，同比增长 10.8%；第二位和第三位是洲际交易所（Intercontinental Exchange，ICE）的布伦特原油期货和欧洲期货交易分所的 WTI 原油期货。2014 年，纽约商业交易所有 10 个原油期货与期权合约进入全球排名前 20 位。洲际交易所欧洲分部也有 5 个原油期货与期权合约进入全球排名前 20 位。中国于 2004 年推出燃料油期货，到 2009 年上海期货交易所的燃料油期货交易量仅次于纽约商业交易所上市的 WTI 轻质低硫原油期货和洲际交易所上市的伦敦布伦特原油期货，已成为全球第三大能源期货期权品种。2014 年 12 月，中国证监会批准上海期货交易所在其国际能源交易中心开展原油期货交易，中国原油期货呼之欲出。

二、中国商品期货的产生与发展

中国期货市场的发展历史可以主要分为以下三个阶段。

1. 初创时期（1990 年底至 1993 年）

1988 年 5 月 23 日，时任总理李鹏在政府工作报告中首次提出“探索期货交易”。中国借鉴国际期货交易发展的历程，设计了从发展现货市场起步进而建立期货市场的道路。1989 年 10 月 10 日，原商业部等八部委联合向国务院报送了《关于试办粮食中央批发市场的报告》。1990 年 10 月 12 日，以发展期货交易为目的的中国郑州粮食批发市场开业，1993 年 5 月 28 日，郑州商品交易所推出标准化期货合约实现了由现货到期货过渡。

1992 年 1 月 18 日，深圳有色金属交易所举行开业典礼；同年 5 月 28 日，上海金属交易所开业；同年 9 月，中国第一家期货经纪公司——广东万通期货经纪公司成立，年底中国国际期货经纪公司开业。从 1990 年开业的中国郑州粮食批发市场到以后建立的所有交易所，基本实行会员制度、保证金制度、集中交易制度、统一结算制度和自由竞价制度。

这一时期期货交易的主要特点是以现货交易为主，并很快引入期货交易机制。随后，中国期货交易所大量涌现，一度达 40 多家，上市品种 50 多个，期货经纪机构达 1 000 多家。但由于发展过快，期货市场一度比较混乱。

2. 规范整顿时期（1993 年底至 2000 年）

1993 年 4 月 28 日，国家工商行政管理局颁布了《期货经纪公司登记管理暂行办法》，当年向国家工商行政管理局申请登记的经纪公司有 330 余家；1993 年 11 月 4 日，国务院发出《关于制止期货市场盲目发展的通知》，中国期货市场开始全面整顿。

从 1994 年 4 月 6 日开始，国务院逐步关停钢材、食糖、煤炭、粳米、菜籽油等期货品种的交易。1994 年 5 月 16 日，国务院办公厅批转国务院证券委员会《关于坚决制止期货市场盲目发展若干意见的请示》，开始对期货交易所全面审核，把 40 多家期货交易所撤并为 15 家（后暂停长春联合期货交易所的经营资格），并严格控制国有企事业单位参与期货交易，严格查处各种非法期货经纪活动。

1998 年，国务院发布《关于进一步整顿和规范期货市场的通知》，将国务院定点试运行的 14 家期货交易所合并为大连、郑州、上海三家，保留 12 个交易品种，通过大幅提高注册资本金等严格措施使经纪公司由 330 家减少到 180 余家。1998 年 11 月 24 日，中国证监会批准重新修订后的大豆、小麦、绿豆、铜、铝、天然橡胶等 6 个期货合约。1999 年，国务院颁布《期货市场管理暂行条例》以及四个管理办法，使中国期货市场正式进入法制轨道。

3. 规范发展时期（2001 年至今）

从 2001 年起，随着经济全球化深入发展及经济体制改革的不断推进，我国期货市场发展加速。

第一，期货市场已成为我国经济发展战略的重要组成部分。2001 年 3 月 5 日，九届全国人大四次会议将“稳步发展期货市场”写入“十五”规划纲要；2006 年，“十一五”规划纲要继续提出要“稳步发展期货市场”；2011 年“十二五”规划纲要提出“推进发展期货市场”；2014 年 5 月 9 日，国务院颁布《关于进一步促进资本市场健康发展的若干意见》，明确提出继续推出大宗资源性商品期货品种，发展商品期权、商品指数、碳排放权等交易工具，允许符合条件的机构投资者以对冲风险为目的使用期货衍生品工具，清理取消对企业运用风险管理工具的不必要限制，逐步丰富股指期货、股指期权和股票期权品种，逐步发展国债期货。

第二，期货市场监管体系日臻完善，形成了包括中国证监会、证监会各地派出机构、中国期货业协会、交易所、保证金监控中心在内的具有中国特色的“五位一体”监管体系。五者按照职能范围分工协作，完善了监管措施和手段，保证了市场的平稳运行，共同完成对期货市场和期货行业的监管工作。

第三，期货市场法制建设取得长足的进步。2002 年 5 月 17 日，中国证监会公布《期货交易所管理办法》和《期货经纪公司管理办法》，并于同年 7 月 1 日起开始施行，2004 年 3 月，中国证监会发布《期货经纪公司治理准则（试行）》，2007 年 2 月 7 日，国务院修订了《期货交易管理条例》，将适用范围从原来的商品期货交易扩大到商品、金融期货和期权合约交易，并实行分级结算制度。与之配套《期货交易所管理办法》《期货公司管理办法》《期货公司董事、监事和高级管理人员任职资格管理办法》《期货从业人员管理办法》《期货投资者保障基金管理暂行办法》《期货公司首席风险官管理办法（试行）》等一系列部门规章与规范性文件相继出台或修订，构成了期货市场法规体系的基本框架。

第四，期货市场体系和规模不断发展和扩大。2004 年 1 月 31 日，国务院出台《关于推进资本市场改革开放和稳定发展的若干意见》，进一步促进了期货市场的发展。2006 年 9 月 8 日，经国务院同意，中国证监会批准设立的中国金融期货交易所（China Financial Futures Exchange，CFFEX）在上海正式挂牌成立。中国金融期货交易所是专门从事金融期货、期权等金融衍生品交易与结算的公司制交易所，其由上海期货交易所、郑州商品交易所、大连商品交易所、上海证券交易所和深圳证券交易所共同发起。与此同时，作为期货交易桥梁和纽带的期货公司也有了进一步发展。截至 2014 年年末，我国持续经营的期货公司共 151 家。2006 年，我国每家期货公司平均拥有 2.38 个营业部；截至 2014 年年末，全国期货营业部数量达到 1 697 家，平均每家期货公司拥有 11.23 家营业部。

第五，期货交易时间延长，新品种不断增加。为提高大宗商品国际影响力及定价能力，形成品种的连续性交易，自 2011 年上海期货交易所开展金和银的夜盘交易以来，三大商品交易所相继推出夜盘交易。截至 2014 年年底，开展夜盘交易的期货品种增至 23 个，占全部期货交易品种数量的 50%以上。自 2004 年相继上市燃料油、玉米、棉花等品种以来，到 2015 年年底，中国期货市场共有商品期货交易品种 45 个。其中，上海期货交易所 14 个品种，包括铜、铝、锌、铅、镍、锡、黄金、白银、螺纹钢、线材、热轧卷板、天然橡胶、燃料油、沥青；大连商品交易所 16 个品种，包括黄大豆 1 号、豆粕、豆油、黄大豆 2 号、玉米、玉米淀粉、鸡蛋、棕榈油、胶合板、纤维板、聚乙烯、聚氯乙烯、聚丙烯、焦炭、焦煤、铁矿石；郑州商品交易所 15 个品种，包括普通白小麦、优质强筋麦、棉花、白糖、PTA、菜籽油、菜籽粕、甲醇、玻璃、油菜籽、动力煤、粳稻、早籼稻、晚籼稻、铁合金（硅铁、锰硅）。

第六，期货交易量呈现恢复性增长并连创新高。2003 年，全国期货交易金额达 10.84 万亿元，第一次刷新了历史纪录。2004～2008 年，期货市场保持稳步发展的态势。2006 年、2007 年和 2008 年全国期货交易额分别实现 21 万亿元、40.97 万亿元和 70.1 万亿元。2010 年，我国期货市场交易量出现井喷式增长，全国期货市场累计成交量达 31.33 亿手，比 2009 年增长 45.22%，成交额超过 308 万亿元，比 2009 年增长 135.61%，一跃成为全球最大的商品期货市场。2011 年，我国期货市场交易量略有收缩，其后几年稳步增长。到 2014 年，全国期货市场累计成交量达到 50.12 亿手，累计成交额为 583.97 万亿元，同比分别增长 21.54%和 9.16%（见图 2.1）。根据美国期货业协会（Futures Industry Association，FIA）对 2014 年全球各交易所期货与其他衍生品交易/清算的合约数量排名，上海期货交易所、大连商品交易所、郑州商品交易所分列第九位、第十位、第十三位。

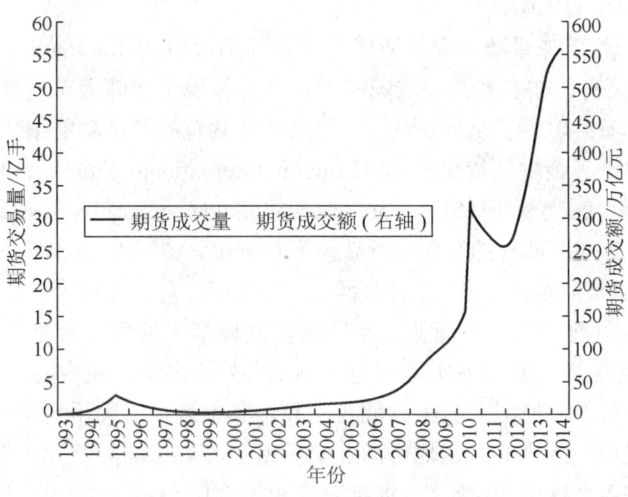

图 2.1　1993～2014 年中国期货市场成交状况

第二节　金融期货交易的产生与发展概述

一、金融期货交易的产生与发展

自从第一个金融期货品种——外汇期货产生以来，金融期货交易量和交易金额不断增长，成为期货交易的主要品种。目前，金融期货主要有三大类别：外汇期货、利率期货和股指期货。

（一）外汇期货的产生与发展

外汇期货是第二次世界大战后固定汇率制度崩溃的产物。1944 年秋，44 个国家的代表在美国新罕布什尔州的布雷顿森林举行联合国货币金融会议。会议成果之一就是签署《国际货币基金协定》，并据此成立了国际货币基金组织（International Monetary Fund，IMF）。根据《国际货币基金协定》建立了国际货币体制，实行以美元为中心的可调整的固定汇率制。固定汇率制的实行使各国的外汇汇率基本保持稳定。但是由于第二次世界大战后西方国家政治、经济发展不平衡，特别是美国经济在 20 世纪 60～70 年代陷入“滞胀”，国际收支状况不断恶化，黄金储备迅速下降，美国再也无力维持以美元为中心的固定汇率制。美国总统理查德·M. 尼克松（Richard M. Hixon）不得不在 1971 年 8 月宣布停止黄金和美元的兑换，随后美元数次大幅度的贬值，固定汇率制度瓦解了。这样，就使从事国际贸易和资金借贷的投资者面临着汇率波动的风险。

1972 年 5 月 16 日，芝加哥商业交易所成立了国际货币市场（International Monetary Market，IMM），推出了包括英镑、加拿大元、法国法郎、日元和瑞士法郎等 7 种外汇期货合约，外汇期货的成功上市标志着金融期货从此诞生了。外汇期货具有的经济功能很快引起世界各金融中心的注意，英国伦敦国际金融期货交易所（London International Financial Futures Exchange，LIFFE）、新加坡国际金融交易所（Singapore International Monetary Exchange，SIMEX）等也相继推出外汇期货。随着外汇期货的发展，新品种不断推出，1985 年纽约期货交易所（New York Board of Trade，NYBOT）推出了外汇指数合约，2003 年 3 月，芝加哥商业交易所也开始进行外汇指数期货交易。目前，芝加哥商业交易所提供全球最大的受监管外汇交易市场，也称为 FX 或 Forex 交易。芝加哥商业交易所也是全球第二大外汇电子交易中心。客户可利用超过 20 个不同国家的货币进行 54 种期货与 31 种期权交易，其中包括人民币对美元、人民币对欧元、人民币对日元等人民币期货合约。芝加哥商业交易所是外汇市场的“龙头”，有 5 个外汇期货与期权合约成交量进入全球前 20 位，占据绝对的领先地位。

近两年，发展中国家及新兴市场国家的外汇期货市场表现抢眼，特别是俄罗斯和印度的外汇期货市场发展迅速（见表 2.1）。根据美国期货业协会公布的数据，2014 年全球成交量最大的是莫斯科交易所（Moscow Exchange）的美元/俄罗斯卢布期货合约，成交量为 656 476 373 手；第二名是印度国家证券交易所（National Stock Exchange of India，NSE）的美元/印度卢比期货合约，成交量为 294 069 368 手。同时，莫斯科交易所有 4 个外汇期货与期权合约成

交量进入全球前 20 位。

表 2.1 全球外汇期货合约成交量前十名交易所

排名	合约	交易所	2013 年成交量/手	2014 年成交量/手	变化率/%
1	美元/俄罗斯卢布	莫斯科交易所	373 466 315	656 476 373	75.8
2	美元/印度卢比	印度国家证券交易所	566 399 936	294 069 368	-48.1
3	美元/印度卢比	印度孟买证券交易所	N/A	171 642 176	N/A
4	美元/印度卢比	印度大宗商品交易所	496 230 881	112 458 175	-77.83
5	美元	巴西期货交易所(圣保罗证券交易所)	83 426 499	82 365 540	-1.3
6	美元	阿根廷罗萨里奥交易所	50 360 076	64 700 492	28.5
7	欧元	芝加哥商业交易所	61 285 617	52 208 275	-14.38
8	美元	韩国交易所	51 814 466	48 663 722	-6.1
9	日元	芝加哥商业交易所	42 762 257	38 319 796	-10.4
10	欧元/美元	莫斯科交易所	66 436 523	26 179 646	-60.6

（资料来源：http://www. Futures industry ory）

（二）利率期货的产生与发展

20 世纪 60～70 年代的美国经济“滞胀”，迫使联邦储备委员会（Federal Reserve Board，简称美联储）更多地运用利率这一经济杠杆来进行宏观经济调控。当通货膨胀严重，价格大幅度上升时，美联储就采取提高利率的办法来控制贷款，鼓励存款，减少社会货币流通量，以求缓和通货膨胀；但是利率过高，又使社会经济活动萎缩，企业倒闭，失业率上升，造成严重的社会问题，美联储又不得不降低利率，但利率下降，物价又会上升。利率的波动波及债券、股票等金融证券市场的买卖价格，从而使金融证券买卖双方都面临因银行利率波动而遭受经济损失的风险，即利率风险。

1975 年 10 月 20 日，芝加哥期货交易所开始推出国民抵押协会（Government National Mortgage Association，GNMA）的抵押证券期货合约，这标志着利率期货交易的产生。1976 年 1 月，为满足人们管理短期利率风险的需要，国际货币市场推出了 3 个月期的美国国库券期货合约。该期货合约一经推出，就立即得到迅速的发展，在整个 20 世纪 70 年代后半期，它一直是交易最活跃的短期利率期货。1977 年 8 月，芝加哥期货交易所推出了美国长期国债期货合约，同样获得了空前的成功。1981 年，在这种期货合约上市 4 年后，其交易量就超过了较为成熟的谷物、黄金等期货合约。1981 年 12 月，国际货币市场推出了 3 个月期的欧洲美元定期存款期货合约。这一期货合约的成交量很快超过国库券期货合约而成为短期利率期货中交易最活跃的一个品种。1982 年，所有的利率期货合约已占期货市场的 25%以上。

利率期货市场从美国逐渐传播到世界各地。开办利率期货合约的有悉尼（1979 年）、多伦多、蒙特利尔（1980 年）、温尼伯（1981 年）、伦敦（1982 年 10 月）。利率期货合约主要有短期利率期货合约、中长期利率期货合约和利率指数期货合约。目前，美国为世界最大的利率期货市场，2014 年芝加哥商业交易所和芝加哥商期货交易所有 9 个利率期货与期权合约成交量排名全球前 20 位。其次是欧洲期货交易所（Eurex Exchange，EUREX）和洲际交易所欧洲分部有 6 个利率期货与期权合约成交量排名全球前 20 位。另外，利率类场外衍生品仍是场外市场的最主要合约品种，截至 2014 年 6 月，场外利率合约未结算交易的合约面值为 563.3 万亿手，在整个场外衍生品市场中占 81.5%，占有绝对的主导地位。

（三）股指期货的产生与发展

20 世纪 70 年代以来，西方各国受“石油冲击”的影响，通货膨胀肆虐一时，这种情况不但使企业的实际收益大幅减少，就连投资者对于股票投资的信心也大打折扣。为了适应新形势的需要，1982 年 2 月 24 日，美国堪萨斯交易所首创一种新的股票期货合约——价值线股票指数期货合约，这一期货合约受到广大股民热烈欢迎。两个月之后，芝加哥商业交易所推出标准普尔 500 种股票指数期货合约，这种指数代表了在纽约证券交易所、美国证券交易所和场外交易上市的 500 种普通股票的加权平均数。紧接着，纽约期货交易所推出纽约证券交易所综合股票指数期货，芝加哥期货交易所按著名的道・琼斯工业股票指数设计推出了主要市场股票指数期货，出现了众多交易所争揽股票指数交易的激烈竞争场面。它以全新的概念开拓了大量新的投资机会和领域，经济学家认为这是股票交易中的一场革命。

时日至今，股票指数期货交易备受各国金融界的青睐，已不再是美国的专利。1983 年，澳大利亚悉尼期货交易所（Sydney Futures Exchange，SFE）制定了自己的股票指数期货合约。1984 年 2 月，伦敦国际金融期货交易所推出“金融时报证券交易所 100 种股票指数”，这是一种在英国首次采用的以每分钟来计算的指数。这种股票指数合约在伦敦国际金融期货交易所内进行买卖。作为亚洲主要金融中心的香港于 1986 年 5 月正式在香港期货交易所（Hong kong Futures Exchange，HKFE）从事指数期货的交易，这是远东地区继悉尼期货交易所后开办的第二个股票指数期货交易的市场，它所选用的指数是香港最具代表的恒生指数。同年 8 月，新加坡国际金融交易所推出日经 225 指数期货，马来西亚衍生品交易所（BMD）于 1995 年 11 月推出了吉隆坡综合股价指数期货，1996 年 5 月 3 日韩国证券交易所（Korea Stock Exchange，KSE）推出 KOSPI200 指数期货，经过短短 10 年的发展，其单个合约的交易规模在最近几年一直占据全球期货期权市场榜首。新加坡交易所（Singapore Exchange，SGX）是亚洲最早推出指数产品的交易所，也是亚太地区首家集证券及金融衍生产品交易于一体的股份制交易所，上市多种境外标的产品。2005 年 5 月 23 日，香港交易所（Hong Kong Exchange，HKEX）又推出了新华富时中国 25 指数期货和期权。同月，芝加哥期权交易所（Chicago Board Options Exchange，CBOE）推出由在纽约股票交易所、NASDAQ 和美国证券交易所等市场上市的中海油、中国铝业、中国人寿、中国电信等 16 家中国公司股票构成的中国股指期货（CX・CBOE），2006 年 9 月，新加坡交易所推出了新华富时中国 A50 股指期货。2007 年 3 月 14 日，芝加哥商业交易所宣布，将同中国指数公司新华富时指数合作，推出“芝加哥商业交易所 E-mini 新华富时中国 25 指数期货”，并定于 2007 年 5 月 20 日开始交易。2014 年股票指数期货表现相当亮眼，美国有 9 个股指期货与期权合约进入世界成交量排名前 20。韩国交易所股指期权合约世界成交量排名第三。印度有 4 个股指期权合约进入世界成交量排名前 20。特别是印度孟买证券交易所上市的标准普尔敏感性指数期权，在交易所激励政策影响下，2014 年下半年成交量急速攀升，该合

约成交量从2013年的1.09亿手激增至2014年年底的4.39亿手。

二、中国金融期货的产生与发展

（一）中国金融期货的产生与挫折

与全球衍生品发展情况相比，中国仍有很大的差距。所以，尽管中国的国内生产总值（GDP）已列全球第二位，但金融衍生品的发展却仍处于起步阶段。

中国的金融期货市场在20世纪90年代初期开始起步。1992年12月28日，上海证券交易所首先向证券商自营推出了国债期货交易。1993年10月25日，上海证券交易所国债期货交易向社会公众开放。与此同时，北京商品交易所在期货交易所推出国债期货交易。1994年至1995年春节前，国债期货飞速发展，全国开设国债期货的交易场所从两家陡然增加到14家（包括两个证券交易所、两个证券交易中心以及10个商品交易所）。由于众所周知的原因，1995年5月17日中国证监会发出通知，暂停国债期货交易。

1993年3月10日，海南证券交易报价中心在全国首次推出股票指数期货交易。该中心当时推出的可交易品种共8种，包括深圳股价综合指数和深圳A股指数两种指数各4个到期月份的期货合约。当时进行自营代理买卖这项业务的中心结算会员（期货商）共有15家。海南证券交易中心推出股指期货后，成交量逐月上升，4月份为292手，5月份上升到851手，6月份又越过千手关口。当年9月初，深圳证券市场出现了收市前15分钟大户联手出货打压股指的行为，有关方面认为股指期货交易加大了市场的投机性，不利于股市的健康发展和股民的成熟，决定关闭海南证券交易中心的股指期货交易。1993年9月9日，中国证监会通知，券商未经批准不得开办指数期货交易业务。海南证券交易报价中心深圳综合指数和深圳综合A股指数期货交易业务在10月暂停。

（二）中国金融期货的再次起步

2010年4月16日，中国金融期货交易所正式推出沪深300指数期货；2013年9月6日，中国金融期货交易所推出5年期国债期货；2015年，中国金融期货交易所又陆续增加了上证50指数期货、中证500指数期货以及10年期国债期货。目前，中国金融期货交易所的交易品种有5种：沪深300指数期货、上证50指数期货、中证500指数期货、5年期国债期货、10年期国债期货。

2014年，中国金融期货交易所金融期货累计成交量为2.18亿手，同比增长12.42%，成为世界排名第18位的大型交易所；累计成交额为164.02万亿元，同比增长16.32%，分别占中国期货市场总成交量和成交额的8.68%和56.17%。

第三节　期权交易的产生与发展概述

一、期权交易的产生与发展

（一）期权交易的产生

18 世纪，英国南海公司的股票股价飞涨，股票期权市场也有了发展。南海“气泡”破灭后，股票期权曾一度因被视为投机、腐败、欺诈的象征而被禁止交易长达 100 多年。股票期权合约于 18 世纪 90 年代引入美国，当时美国纽约证券交易所刚刚成立。19 世纪后期，被喻为“现代期权交易之父”的拉塞尔・赛奇（Russell Sage）在柜台交易市场组织了一个买权和卖权的交易系统，并引入了买权—卖权平价概念。然而，由于场外交易市场上期权合约的非标准化、无法转让、采用实物交割方式以及无担保，这一市场的发展非常缓慢。1973 年 4 月 26 日，发生了堪称是期权发展史中划时代意义的事件。芝加哥期货交易所组织的一个以股票为标的物的期权交易所——芝加哥期权交易所正式宣告成立。这家全世界第一个集中性的场内期权市场开始进行统一化和标准化的期权合约买卖，合约的标准化使得原来买（卖）期权的交易者可以在到期日前对冲平仓，大大增加了市场的流动性；更为重要的是，芝加哥期权交易所增加了一个结算所，保证了买卖双方合约的履行。这样，交易者无需担心卖方的信用风险，因此吸引了大批的期权经纪商以及投资者。

（二）期权交易的发展

由于期权合约的标准化，期权合约也可以方便地在交易所里转让给第三人，而且交易过程变得非常简单，最后的履约也得到了交易所的担保，这样不但提高了交易效率，也大大地降低了交易成本，使期权交易得到了迅速的发展，期权市场达到一个新的层次。

随着世界经济及世界期货市场的发展，美国其他城市、英国、日本、加拿大、法国、新加坡、荷兰、德国、瑞士、澳大利亚、芬兰乃至中国香港地区等都建立了期权交易所或交易所期权交易市场。

1984 年 10 月，美国的中美洲商品交易所（the Mid-America Commodity Exchange，MidAM）、堪萨斯期货交易所和明尼阿波利斯谷物交易所先后推出小麦期权交易。芝加哥期货交易所也于 1986 年 11 月引入期权交易，奠定了小麦期权市场发展的基础。此后，其他进行小麦期货交易的交易所也效仿美国，纷纷推出小麦期权交易。1988 年 10 月，英国的伦敦国际金融期货期权交易所率先在欧洲引入小麦期权交易。1992 年，加拿大的温尼伯商品交易所（Winnipeg Commodity Exchange，WCE）与阿根廷的布宜诺斯艾利斯期货交易所（Mercado a Termina de Buenos Aires）开始交易小麦期权。1996 年，澳大利亚的悉尼期货交易所也开始小麦期权交易。至此形成了小麦现货、小麦期货和小麦期权交易并行的立体化交易体系，标志着国际小麦期权市场格局基本形成。

1987 年 5 月 29 日，伦敦金属交易所正式开办期权交易。期权交易也从最初的股票扩展到

目前包括大宗商品（农副产品、金融产品）、金融证券、外汇以及黄金白银在内的近 100 个品种。

2000 年全球期权交易量首次超过期货交易量。2011 年，全球期权交易量从 2003 年的 51.42 亿手上升至 120.27 亿手，占全球期货与期权总交易量的 48.16%，增长幅度为 133.90%，达到历史峰值。2014 年全球期货和期权总交易量约 218.67 亿手，其中期权交易量达到 97.07 亿手，占全球期货与期权总交易量的 44.39%（见图 2.2）。

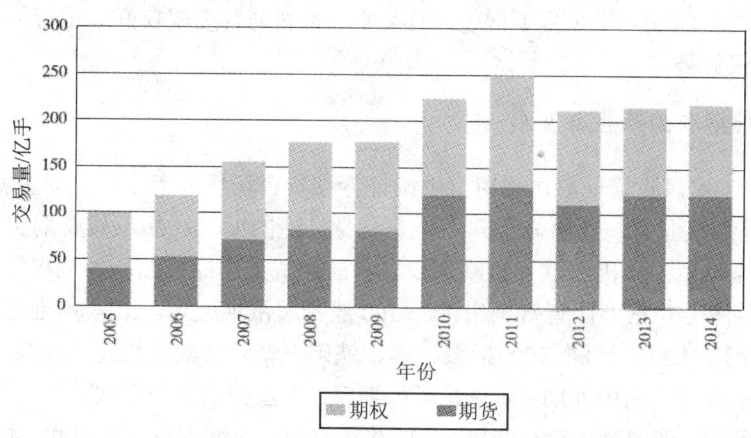

图 2.2　2005～2014 年全球期货与期权成交量

二、中国期权市场的产生与发展

（一）股票期权的产生与发展

我国最先出现的是股票期权（权证），权证是指标的证券发行人或其以外的第三人发行的，约定持有人在规定期间内或特定到期日，有权按约定价格向发行人购买或出售标的证券，或以现金结算方式收取结算差价的有价证券。我国股票期权是伴随着期货的产生而初见雏形的，一开始我国股市中的权证只是优先认购权。1992 年 10 月 30 日，深宝安公司向老股东发放宝安权证，期限为 1 年，发行数量为 2640 万张。从 1992 年 11 月 5 日上市至 1993 年 11 月 2 日停止交易，其实际价格几乎一直是在共埋论价格之上运行。宝安权证上市以 4.00 元开盘，最高曾炒到 23.60 元，几乎拉高近 20.00 元，最后又跌至 2.35 元摘牌。由于管理层认为权证投机过度，1996 年 6 月底权证被逐出证券市场。2005 年，上海证券交易所日前发布了《上海证券交易所权证管理暂行办法》，这表明权证产品重返中国证券市场。2009 年 6 月 14 日，两市交易的权证有 14 只之多。2011 年 8 月 11 日，最后一只权证——长虹 CWB1 认股权证停止交易，我国短暂的权证产品谢幕。2015 年 2 月 9 日，上证 50ETF 期权在上海证券交易所上市交易，且成交量逐步扩大，从最初的日成交 1 万多手到 6 月份的 10 万手以上，2016 年 1 月 8 日成交 32 万多手，期权受到了越来越多的机构和个人投资者的认识和追捧。

（二）外汇期权的产生与发展

2002 年 12 月，中国银行借鉴国际金融市场外汇期权产品的模式，结合国内市场个人实盘外汇买卖业务的发展特点，推出了“期权宝”和“两得宝”两个全新的私人理财业务品种，接着招商银行、交通银行、中国建设银行等纷纷效仿，标志国内金融期权业务的产生，填补了国内外汇实盘单向交易的不足，充实了国内外汇理财工具。2011年国家外汇管理局下发了《关于人民币对外汇期权交易有关问题的通知》，允许银行办理客户买入外汇看涨或看跌期权业务。2014年1月，国家外汇管理局批准中国外汇交易中心在银行间外汇市场组织开展人民币对外汇期权交易。2014年8月1日起，国家外汇管理局首度授权商业银行为客户办理实需项下的卖出期权业务。

（三）场外期权的产生与发展

2014年，7家风险管理公司采用《中国证券期货市场场外衍生品交易主协议（2014年版）》开展场外期权业务，推出一系列为企业量身打造的期权产品，如浙期实业推出大豆欧式看跌期权、金瑞资本推出锌欧式看跌期权、鲁证经贸推出棕榈油场外期权等、南华资本推出铝欧式看涨期权、申银万国智富推出沪深300股指看涨期权等。2014年推出的场外欧式看跌期权有螺纹钢、大豆、沪深300指数、锌、铁矿石、胶合板、棉花、焦煤、铜、豆油10个品种，其次还有棕榈油场外期权、豆粕场外期权、鸡蛋美式看跌期权、焦炭美式看跌期权、塑料欧式看涨期权、玻璃美式看涨期权、白糖欧式双向鲨鱼鳍期权7个品种，共签订协议106笔，合同权利金总额达到775.37万元。

第四节　期货与期权交易的发展趋势

20世纪80年代以来，期货与期权市场的发展出现了一些新的特点，并体现了期货与期权市场的发展趋势。

一、金融期货与期权发展迅速

20世纪90年代以来，期货与期权市场成长较为迅速，交易品种不断增加，交易活跃，成交量逐渐增大，辐射面变广，影响力逐步增强。

从期货交易所的交易品种看，金融类产品已成为各交易所成交的主要产品，2007年金融期货与期权占全球期货与期权成交量的91%，2014年金融期货与期权占全球市场份额下降至81%。自20世纪70年代美国芝加哥期权交易所成立并上市交易标准化期权合约以来，世界期权市场不断壮大，2014年全球场内期权成交量同比增长3.1%至94.07亿手。

二、亚太地区市场发展迅速

20世纪90年代以来，亚洲新加坡、韩国、中国香港、中国台湾、印度等期货期权市场成长较为迅速，尤其是21世纪中国期货市场的快速增长使亚太地区2012年一度成为全球成交量第一的区域。2014年，亚太地区期货与期权成交量占全球总成交量的33.17%，仅次于北美的37.56%，成为拉动全球期货交易增长的重要的因素。

三、交易全球化趋势明显

20 世纪 80 年代以来，期货交易的全球化越来越明显。各期货交易所为了适应日益激烈的国际竞争，相互间联网交易对方的上市品种已成为新潮。联网交易就是期货交易所之间通过电脑撮合主机的联网方式，建立相互对冲体系。联网后，各交易所仍保持独立法人的地位。近年来，这种相互对冲制度进一步拓展到各国交易所的双边电子交易，提供现代化的通信联系，以便各自在本交易所买卖对方最热门的交易品种，使交易所会员可以在本交易所直接交易对方交易所上市合约的一种交易形式。先后联网的交易所如下：新加坡国际金融交易所分别与芝加哥商业交易所、纽约商业交易所、国际石油交易所、伦敦国际金融期货期权交易所和德国期货交易所联网，伦敦国际金融期货期权交易所分别与芝加哥期货交易所和东京期货与期权交易所联网，中国香港期货交易所分别与纽约商业交易所和费城股票交易所联网，纽约商业交易所与悉尼期货交易所联网等。为了适应全球化趋势，芝加哥商业交易所集团开办了东京、休斯敦、纽约、伦敦、首尔、卡尔加里（Calgary）、新加坡、华盛顿、圣保罗、北京、中国香港等 11 个办事处。

四、电子交易方式日益普遍

传统交易方式向电子交易方式的转变，成为各交易所发展的又一共同特征。自 1987 年芝加哥商业交易所推出首个期货电子交易平台 CME Globex 以来，不仅交易场所及其附属机构的管理交易过程都实现了电子化，更重要的是从客户到交易所和清算所的整个交易过程和清算过程都实现了电子化。电子化的优势在于可以降低成本、减少差错，有助于交易所实现无纸化操作过程。1991 年，为了满足欧洲及远东地区投资者在本地时间进行芝加哥期货交易所和芝加哥商业交易所上市合约交易的需要，这两家交易所与路透社合作，推出了全球期货电子交易系统（GLOBEX）。此后，其他交易所纷纷效仿，并开发出各自的电子交易系统，如伦敦国际金融期货期权交易所的 APT 系统、法国国际期货交易所的 NSC 系统等。近几年来，伦敦金属交易所等全球各大期货与期权交易所纷纷加开了电子交易。美国商品期货交易委员会就曾发表报告指出，由于采用新技术而带来的资金上的节约（如节省了雇用专业场内喊价人员所支付的工资）和前所未有的流动性，交易所的市场竞争力被急速提升。境外期货市场上目前发展比较成熟的电子交易系统主要有伦敦国际金融期货期权交易所的 CONNECT 系统、伦敦金属交易所的 LME SELECT 系统、欧洲期货交易所的 EUREX 系统、泛欧交易所的 NSC 系统、CME Globex 电子交易系统、斯德哥尔摩交易所的 SAXESS 系统等。到 2014 年，上海期货交易所、大连商品交易所核心系统最高交易吞吐量提升至 6 万笔/秒，郑州商品交易所核心系统内部平均时延从 120 毫秒降至 12 毫秒。

五、交易所更多采用公司制

2000 年 4 月，伦敦国际石油交易所（International Petroleum Exchange，IPE）完成了改制，成为一家营利性公司。2000 年 3 月，香港联合交易所与香港期货交易所实现股份化。2002 年 12 月，芝加哥商业交易所控股公司正式在纽约股票交易所上市，芝加哥商业交易所也由此从会员制的非营利组织转变为营利公司。2005年，芝加哥期货交易所从会员制交易所变为挂牌上市的公司制交易所，2006年，纽约商业交易所与纽约商品交易所从会员制交易所变为挂牌上市的公司制交易所，2006年9月8日在上海成立的中国金融期货交易所也顺应这种趋势成为由五家股东共同发起成立的交易所。

六、交易所规模不断扩大

各国期货交易所进行竞争的重要手段之一是通过合并的方式扩大市场规模，提高竞争能力。如日本的商品期货交易所最多时曾达27家，到1990年，通过合并减少到16家，1997年11月减至7家，形成以东京工业品交易所（Tokyo Commodity Exchange，TOCOM）、东京谷物商品交易所（Tokyo Grain Exchange，TGE）为中心的商品期货市场。在欧洲，伦敦国际金融期货期权交易所于1992年兼并了伦敦期权市场，1996年又收购了伦敦商品交易所，其1996年的交易量首次超过历史悠久的芝加哥商业交易所，成为仅次于芝加哥期货交易所的世界第二大期货交易所。1994年，纽约商业交易所与纽约商品交易所实现合并，成为以金属和燃料油为主的期货交易所。1998年，纽约棉花交易所与咖啡、糖、可可交易所合并，成立了纽约期货交易所。1998年德国期货期权交易所（Deutsche Boerse，DTB）和瑞士期权和金融期货交易所合并成为欧洲期货交易所（European Derivatives Exchange，EUREX）。2000年9月荷兰阿姆斯特丹、法国巴黎、比利时布鲁塞尔三家证券交易所通过合并方式设立的泛欧洲证券交易所（Euronext）。自2002年起，泛欧洲证券交易所进一步扩大，其先是兼并了伦敦国际金融期货与期权交易所，后又与葡萄牙证交所（BVLP）合并，成为欧洲领先的证券与期货产品兼备、集交易与清算于一身的跨国证券交易机构。2006年10月17日，芝加哥商业交易所宣布与芝加哥期货交易所合并，合并后的交易所被称为芝加哥商业交易所集团（CME Group），规模达到250亿美元。2008年，纽约商业交易所与纽约商品交易所并入芝加哥商业交易所集团。2007年，纽约证券交易所集团（总部位于纽约）和欧洲证券交易所（总部位于巴黎）合并组成纽约——泛欧交易所集团（NYSE Euronext），于2007年4月4日在纽约证券交易所和欧洲交易所同时挂牌上市。2007年12月20日，欧洲期货交易所和美国国际证券交易所（International Securities Exchange，ISE）联合宣布，在美国证券交易委员会（U.S.Securities and Exchange Commission，SEC）批准下，欧洲期货交易所以28亿美元成功收购美国国际证券交易所。欧洲期货交易所由此顺利进入美国市场，开展以美元计价的各种股票衍生产品交易，成为股票衍生品交易量最大的全球性交易所。2013年11月13日，洲际交易所完成对纽约——泛欧交易所的收购，此举进一步扩大了洲际交易所的服务版图。

小　结

本章介绍了商品期货、金融期货以及期权在世界与中国的产生和发展，从宏观方面为读者展现了期货和期权产生与发展的历史必然性及发展趋势，为以后各章的学习奠定了基础。

案例分析

芝加哥商业交易所集团的成立

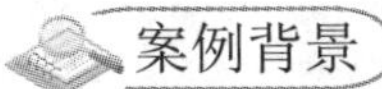

案例背景

芝加哥期货交易所成立于 1848 年，是一个具有领导地位的期货与期权交易所。其创造了无数个第一：第一个建立现代期货交易所，第一个推出标准化合约，第一个上市利率期货，第一个成立期权交易所，第一个上市期货期权，第一个推出了电子交易系统。芝加哥期货交易所除了提供玉米、大豆、小麦等农产品期货交易外，还为中长期美国政府债券、股票指数、市政债券指数、黄金和白银等商品提供期货交易市场，并提供农产品、金融及金属的期权交易。芝加哥期货交易所的玉米、大豆、小麦等品种的期货价格，不仅成为美国农业生产、加工的重要参考价格，而且成为国际农产品贸易中的权威价格。通过交易所的公开喊价和电子交易系统，超过 3600 个会员交易 50 种不同的期货与期权产品。在 2003 年，芝加哥期货交易所成交量达到创纪录的 4.54 亿张合约。在 2004 年 1 月，芝加哥期货交易所推出了另一个由领先的 LIFFE CONNECT 交易技术所支持的新的电子交易系统。在芝加哥期货交易所推出新交易系统的同时，交易所也完成了清算业务的转换。芝加哥商业交易所于 2004 年 1 月开始为芝加哥期货交易所的所有产品提供清算及相关业务服务。共同清算网将两个具有主导地位的金融机构结合起来，该清算网提高了业务、保证金和资本效率，使期货经纪商和期货产品的最终用户收获颇丰。

2006 年 10 月 17 日，美国芝加哥商业交易所控股公司宣布，同意并购芝加哥期货交易所控股公司。该收购计划耗费 80 亿美元，将通过现金和股票形式进行。

按照协议条款，芝加哥期货交易所的股票股东每股将获得 0.3006 股芝加哥商业交易所的 A 级普通股票，或者与之等额的现金。按照当时的股价水平计算，该计划将耗资约 80 亿美元。

案例解析

两家机构合并之后新成立的公司命名为芝加哥商业交易所集团（CME Group），新公司市值达 250 亿美元。新公司将成为全球涵盖面最广、产品最为丰富的衍生品交易所，总部仍设在芝加哥。新交易所涵盖的产品主要有美元利率收益曲线期货、股票指数期货、外汇期货、农产品和工业商品期货、能源以及天气和房地产指数期货。

合并后的新公司将致力于打造在国际衍生品领域的创新领导地位以及全球最具有流动性的市场。新公司将每天交易 900 万张合约，每天交易金额 4.2 万亿美元。两家期货行业的百年老店从竞争对手走向合并，从昨日的对手成为今日的战友，根源就是整体利益的最大化，面对期货行业这又一巨变，我们要理性分析同时加快追赶国际化的脚步。

2008 年，纽约商业交易所与并入芝加哥商业交易所集团。目前，芝加哥商业交易所集团旗下拥有 5 个主要交易中心，包括芝加哥商品交易所、纽约商业交易所、芝加哥期货交易所、纽约商品交易所、堪萨斯期货交易所。

（资料来源：http://www. cmegroup.com）

思考与练习

一、名词解释

期货市场　期权市场

二、简答题

1. 简述商品期货交易产生的历程及发展趋势。
2. 简述金融期货交易产生的历程及发展趋势。
3. 简述期权交易产生的历程及发展趋势。

三、论述题

论述期货与期权市场的新发展。

课后阅读

1. 中国期货业协会. 2015. 中国期货业发展报告（2014 年度）. 北京：中国财政经济出版社.

2. 常清. 2001. 中国期货市场发展的战略研究. 北京：经济科学出版社.

第三章

期货与期权市场组织结构

学习目标

- 了解期货与期权交易所的基本组织形式
- 了解期货与期权结算机构的类型与基本职能
- 熟悉期货与期权中介与服务机构的种类及功能
- 熟悉期货与期权交易者的主要类型及交易目的
- 熟悉期货与期权市场的主要机构投资者

学习要点

- 期货与期权交易所的职能与组织形式
- 期货与期权结算机构的基本职能与结算制度
- 期货与期权交易者的主要类型

关键词

交易所　结算机构　中介与服务机构　交易者

导入案例

期货与期权市场的组织结构

社会经济的快速发展和金融业的崛起，创新了一些诸如期货和期权等新型的金融衍生工具交易市场，而这些市场自产生之日起，就伴随着一定的组织形式。经过上百年不断地发展和完善，目前，期货和期权市场已经逐步形成了包括期货（期权）交易所、期货（期权）经纪公司、结算与保证公司，以及套期保值者和投机者在内的相互制衡的科学严密的四层组织结构。

（资料来源：关劼. 2008. 期货市场的组织机构. 资源再生，6: 62-63）

第一节　期货与期权交易所

随着人类经济不断发展以及社会分工日益深化，经济体之间的交易变得日趋复杂和频繁，尤其是在经济金融领域。交易目的日趋多元化，而且交易数量成倍于实物交易，在客观上要求必须有一个能够大大降低交易成本且提高交易效率的组织出现，以满足社会经济发展的日益进步和金融业的快速发展。期货与期权交易所正是在这样的大背景下产生的。

一、性质与职能

期货与期权交易所是进行期货与期权合约买卖的有组织的交易场所，是为期货、期权交易提供场地、设施、交易规则和相关服务的机构。按照章程规定实行自律管理，期货与期权交易所以其全部财产承担民事责任。在现代市场经济条件下，期货与期权交易所是一种具有高度系统性和严密性、高度组织化和规范化的交易服务组织，自身并不直接或间接参与交易活动，而致力于创造安全、有序、高效的市场机制，以营造公开、公平、公正和诚信透明的市场环境与维护投资者合法权益为基本宗旨。期货与期权交易所承担以下 5 项重要职能。

（一）提供交易的场所、设施和服务

期货与期权交易实行场内交易，所有买卖指令必须在交易所内进行集中竞价成交。因此，交易所必须为期货与期权交易提供交易场所、必要设施、通信设备、信息传递和显示设备等一整套硬件设施，再辅之以完备、周到的配套服务，以保证集中公开的期货与期权交易能够有序运行。例如，上海期货与期权交易所交易大厅的面积有 1600 多平方米，设置 340 个交易席位，可容纳 680 名交易员同时入座出市交易。

（二）设计并安排合约上市

制定标准化合约、及时安排合约上市是期货与期权交易所的主要职能之一。交易所结合市场需求开发新品种的期货或期权合约，确定合约标的物的数量、质量、品级，以及交货时间、地点和相应的付款条件，有效地避免了因合约条款发生纠纷而使交易无法进行的可能性，大大提高了市场的流动性和效率。交易所精心设计并选择合适的时间安排新的期货或期权合约上市，有助于增强期货与期权市场服务国民经济的功能。

（三）制定并实施市场制度与交易规则

期货与期权交易所制定保证金制度、涨跌停板制度、持仓限额制度、大户持仓报告制度、强行平仓制度、当日无负债结算制度、风险准备金制度等一系列制度，从各个环节控制市场风险，保障市场的平稳、有序运行。此外，期货与期权交易所进一步强化和细化管理，建立健全统一的交易规则，包括交易、风险控制、结算、交割、违约情况管理、信息管理等管理细则，以保证买卖双方交易行为的规范化，促使交易顺畅运行。

（四）组织并监督交易过程，监控市场风险

在制定市场制度与交易规则的基础上，期货与期权交易所组织并监督交易所内的交易活动，组织交易双方结算或实物交割，调解交易纠纷，包括交易者之间的纠纷、客户同经纪公司之间或经纪公司之间的纠纷等，并提供仲裁程序和仲裁机构。通过实时监控、违规处理、市场异常情况处理等措施，保障相关市场制度和交易规则的有效执行，动态监控市场风险并及时化解与防范市场风险，力求为交易者提供安全、方便的交易环境。

（五）发布市场信息

期货与期权交易所需及时把交易所内形成的价格和相关信息向会员、投资者及公众公布，以保证信息的公开、透明。

二、组织形式

经过160多年的发展，目前期货与期权交易所的组织形式主要分为会员制和公司制两种。

（一）会员制期货与期权交易所

会员制期货与期权交易所由全体会员出资组建，缴纳一定的会员资格费作为注册资本。其权力机构是由全体会员组成的会员大会，会员大会的常设机构是由其选举产生的理事会。此类交易所是实行自律性管理的非营利性的会员制法人，以全额注册资本对其债务承担有限责任。

1. 会员资格

只有取得会员资格才能进入会员制期货与期权交易所场内交易。会员制期货与期权交易所的出资者同样是交易所的会员，享有直接进场进行交易的权利。会员制期货与期权交易所会员资格的获取方式有多种：以交易所创办发起人的身份加入；接受发起人的资格转让加入；接受交易所其他会员的资格转让加入；依据交易所的规则加入。

2. 会员构成

世界各地期货与期权交易所的会员构成不尽相同，有自然人会员与法人会员、全权会员与专业会员、结算会员与非结算会员之分。欧美国家的期货与期权交易所会员以自然人为主。

3. 会员的权利和义务

通常情况下，期货与期权交易所会员的基本权利包括：①参加会员大会，行使表决权；②当自己受到不公正的对待时，拥有申诉权；③有权在交易所内从事期货交易；④使用交易所提供的交易设施；⑤获得交易所提供的信息和其他服务；⑥按规定转让会员资格；⑦联名提议召开会员大会等。此外，会员应当履行一定的义务，如遵守国家的有关法律、法规、规章和政策；遵守交易所的章程、业务规则以及其他相关规定；按要求缴纳各种费用；执行会员大会和理事会的有关决议；接受交易所的业务监督和检查等。

4. 组织架构

会员制期货和期权交易所的组织架构各不相同，但是一般来说均设有会员大会、理事会、专业委员会和业务管理部门。

（1）会员大会

按照国际惯例，会员大会由期货与期权交易所的全体会员组成，是最高权力机构。会员大会就交易所的重大事项作出决定，如制定、修改或废止章程以及业务规则、选举和更换高级管理人员、决定交易所的合并和终止等。

（2）理事会

理事会是会员大会的常设机构，按照国际惯例，由交易所全体会员通过会员大会选举产生，对会员大会负责。理事会设理事长1名，副理事长若干，由理事会选举和任免。

理事会一般行使以下职权：①召集会员大会，并向会员大会报告工作，监督会员大会决议和理事会决议的实施；②监督总经理履行职务行为；③拟定交易所章程、交易规则修改方案，提交会员大会通过；④审议期货交易所合并、分立、结算和清算和方案，提交会员大会通过；⑤决定期货交易所的变更事项；⑥违规情况下采取临时处置措施的权力；⑦异常情况下采取紧急措施的权力；⑧审定根据交易规则制定的细则和办法；⑨审定风险准备金的使用和管理办法；⑩审定总经理提出的交易所发展规划和年度工作计划等。

（3）专业委员会

理事会下设若干专业委员会，一般由理事长提议，经理事会同意设立。一般来说，会员制期货与期权交易所设立以下专业委员会。

1）会员资格审查委员会，负责审议新会员的入会申请和会员资格的转让。

2）交易规则委员会，负责审议交易规则和业务细则的修改。

3）交易行为管理委员会，监督和管理会员的交易行为以及加强风险控制措施。

4）合约规范委员会，负责审查现有合约并向理事会提出有关合约修改的意见。

5）仲裁委员会，主要负责调解会员与会员之间，以及会员与客户之间发生的交易纠纷。

对于会员制的期货与期权交易所，会员大会、理事会和专业执行委员会是交易所的权力机构，通常情况下，这些机构的人员大都是兼职。考虑到我国期货市场的特殊性，我国《期货市场管理条例》规定，期货交易所的理事长、副理事长由中国证监会提名，理事会选举产生，理事长由非会员单位的人员出任。

（4）业务管理部门

业务管理部门是受交易所最高权力机构的聘任，按照交易所的规定和最高权力机构的授权，履行交易所的日常管理工作职责，保证交易所各项业务正常运行的机构。期货与期权交易所的日常管理机构是扁平式的科层组织，最高一层是交易所的总经理和副总经理，其次是由各业务部门的负责人及其他业务管理人员构成。按照国际惯例，期货与期权交易所的高级管理人员由理事会聘任。由于我国期货市场尚处于试点阶段，因此期货交易所的总经理和副总经理由中国证监会任命。

期货与期权交易所总经理的职权通常包括：①组织实施会员大会、理事会通过的制度和

决议；②聘任期货交易所的工作人员；③决定期货交易所的机构设置；④主持期货交易所的日常工作；⑤根据交易所的章程和交易规定拟定具体的交易细则和办法；⑥拟定并实施批准的期货与期权交易所发展规划；⑦拟定期货与期权财务预算和决算报告；⑧决定期货与期权交易所工作人员的工资与奖励方案；⑨拟定期货与期权交易所合并、分立、解散和清算方案等。此外，根据交易所的业务发展需要，还要设立一些具体的业务部门，其职能主要是执行理事会和各专业委员会的决定。

以大连商品交易所为例，会员制期货与期权交易所的组织架构如图 3.1 所示。

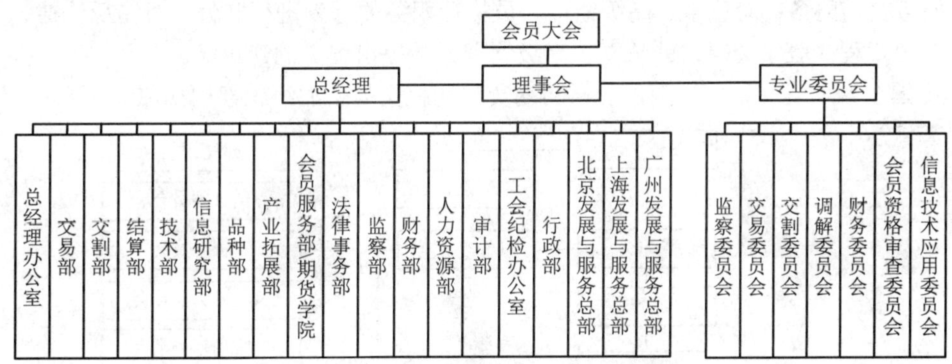

图 3.1 大连商品交易所组织架构

（二）公司制期货与期权交易所

公司制期货与期权交易所通常是由若干股东共同出资组建、股份可以按照有关规定转让、以营利为目的企业法人。公司制期货与期权交易所的盈利来自向交易者收取的各种交易费用。

1. 会员资格

与会员制期货与期权交易所类似，在公司制期货与期权交易所内进行交易或者使用交易所提供的交易设施，必须获得会员资格。

2. 组织架构

公司制期货与期权交易所一般下设股东大会、董事会、监事会、总经理等，他们各负其责，相互制约。

（1）股东大会

股东大会由全体股东共同组成，是公司制期货与期权交易所的最高权力机构。股东大会就交易所的重大事项作出决定，如修改章程、决定经营方针和投资计划、审议批准年度财务预算方案、决算方案、增加或者减少注册资本等。

（2）董事会

董事会是公司制期货与期权交易所的常设机构，对股东大会负责。董事会一般行使以下职权：①负责召集股东大会，并向股东大会报告工作；②执行股东大会的决议；③决定公司的经营计划和投资方案；④聘任或者解聘公司总经理等。

（3）总经理

总经理对董事会负责，由董事会聘任或者解聘。总经理列席董事会会议。总经理行使下列职权：主持公司的生产经营管理工作，组织实施董事会会议，拟定公司的基本管理制度等相关工作。

（4）监事会

监事会由股东代表和适当比例的职工代表组成。监事列席董事会会议。监事会行使以下职权：检查公司财务；对董事、高级经理人员执行职务的行为进行监督，对违反法律、行政法规、公司章程或股东会决议的董事、高级管理人员提出罢免的建议等。

以中国金融期货交易所为例，公司制期货与期权交易所的组织架构如图3.2所示。

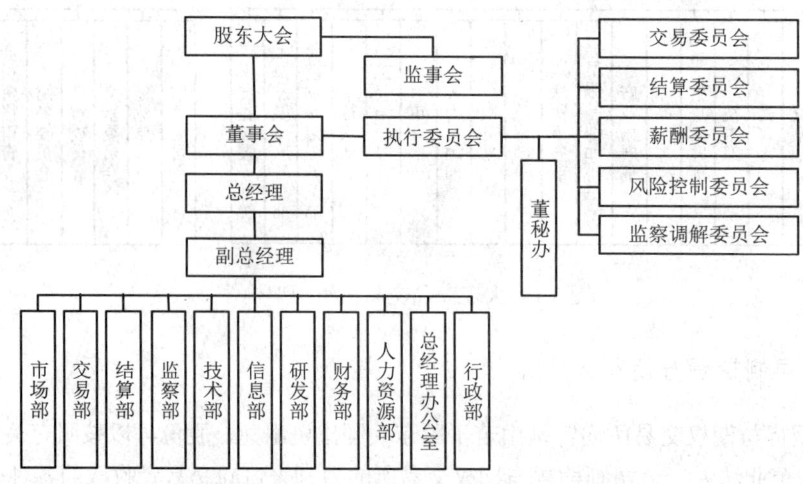

图3.2　中国金融期货交易所组织架构

（三）会员制和公司制的主要区别

会员制作为一种传统的期货与期权交易所组织形式，已有160年的历史。这种互助式的组织形式对期货市场的最初建立以及运转发挥了重要作用，因此世界上大多数期货与期权交易所采用会员制。然而，由于交易所之间的竞争日益激烈，随着交易技术革新以及电子交易技术在期货交易上的广泛运用，封闭的组织模式正遭受冲击，会员制交易所的固有局限性日益突出，故而近年来会员制交易所逐渐向公司制交易所改制成为一个趋势。截至2008年3月，已经实行公司化的期货与期权交易所有欧洲期货交易所、芝加哥期货交易所、新加坡交易所、香港交易所和芝加哥商业交易所（CME）。我国的上海期货交易所、大连商品交易所和郑州商品交易所采取会员制，2006年9月8日成立的中国金融期货交易所则是公司制。

会员制期货与期权交易所和公司制期货与期权交易所的区别主要表现在以下三个方面。

1. 是否以营利为目标

会员制期货与期权交易所通常不以营利为目标；公司制期货与期权交易所通常以营利为

目标，追求交易所利润最大化。

2. 适用法律不同

会员制期货与期权交易所一般适用民法的相关规定；公司制期货与期权交易所首先适用公司法的相关规定，只有在公司法未做规定的情况下，才适用民法的一般规定。

3. 决策机构不同

会员制期货与期权交易所的最高权力机构是会员大会，公司制期货与期权交易所的最高权力机构是股东大会。会员制期货与期权交易所最高权力机构的常设机构是理事会，公司制期货与期权交易所最高权力机构的常设机构是董事会。

尽管会员制和公司制期货与期权交易所存在上述差异，但它们在职能上基本相同，都是为期货、期权合约集中竞价交易提供场所、设施、服务、交易规则的交易服务组织，而且进入交易所场内交易都必须获得会员资格，即只有会员有权在交易所进行交易。会员制和公司制期货与期权交易所都要接受期货监督管理机构的管理和监督。

三、我国境内期货与期权交易所

我国境内现有上海期货交易所、郑州商品交易所、大连商品交易所和中国金融期货交易所4家期货与期权交易所。

（一）期货与期权交易所的组织形式

按照《期货交易管理条例》的规定，期货与期权交易所可以采取会员制或公司制的组织形式。我国4家期货与期权交易所采取不同的组织架构。其中，上海期货交易所、郑州商品交易所和大连商品交易所属于会员制期货与期权交易所，中国金融期货交易所属于公司制期货与期权交易所（见图3.3）。

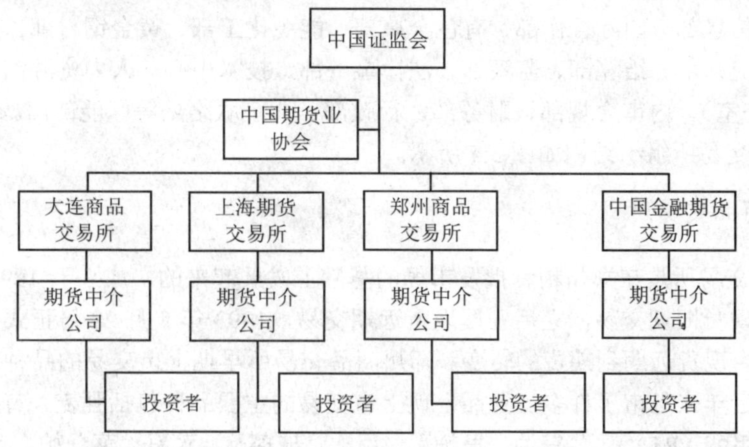

图3.3　中国期货与期权市场的组织结构

在内地4家期货与期权交易所中，总经理均是期货与期权交易所的法定代表人。总经理、副总经理由中国证监会任免。

（二）期货与期权交易所的会员管理

期货与期权交易所会员应当是在中华人民共和国登记注册的企业法人或者其他经济组织。取得期货与期权交易所会员资格，应当经期货与期权交易所批准。

会员制期货与期权交易所会员除享有上述的基本权利外，同时还应履行一定的义务，包括：①遵守国家有关法律、行政法规、规章和政策；②遵守期货与期权交易所的章程、交易规则及其实施细则及有关决定；③按规定缴纳各种费用；④执行会员大会、理事会的决议；⑤接受期货与期权交易所监督管理。

公司制期货与期权交易所会员除享有上述的基本权利外，应当履行的义务包括：①遵守国家有关法律、行政法规、规章和政策；②遵守期货与期权交易所的章程、交易规则及其实施细则和有关决定；③按规定缴纳各种费用；④接受期货与期权交易所监督管理。

（三）我国内地期货与期权交易所概况

1. 上海期货交易所

1998年8月，上海期货交易所由上海金属交易所、上海粮油商品交易所和上海商品交易所合并组建而成，于1999年12月正式营运。目前，上海期货交易所上市交易的品种有金属、能源、化工3类，包括铜、铝、锌、铅、镍、锡、黄金、白银、螺纹钢、线材、热轧卷板、沥青、天然橡胶、燃料油等14个期货合约。

上海期货交易所实行会员制。理事会下设监察、交易、会员资格审查、调解、财务、技术、有色金属产品、能源化工产品、黄金钢材产品9个专业委员会。上海期货与期权交易所现有会员200多家，其中，期货公司会员占80%以上。

总经理为交易所的法定代表人。上海期货交易所设有办公室、发展研究中心、文化建设办公室、新闻信息部、国际合作部、有色金属部、能源化工部、黄金钢材部、会员服务和投资者教育部、交易部、结算部、监察部、法律事务部、技术中心、人力资源部、党委办公室（纪律检查办公室）、内审合规部、财务部、行政部、北京联络处等职能部门。

上海期货交易所组织结构如图3.4所示。

2. 郑州商品交易所

郑州商品交易所是在郑州粮食批发市场的基础上发展起来的，成立于1990年10月12日，最初开展现货即期交易，之后开展现货远期交易，1993年5月28日正式推出标准化期货合约，实现由现货远期到期货的转变。郑州商品交易所早期上市交易的品种主要是农产品及其替代品，近年来上市了许多工业品，现上市交易的主要品种包括强麦、普麦、棉花、白糖、精对苯二甲酸（PTA）、菜籽油、早籼稻、甲醇、玻璃、油菜籽、菜籽粕、动力煤、粳稻、晚籼稻、铁合金等15个期货合约。

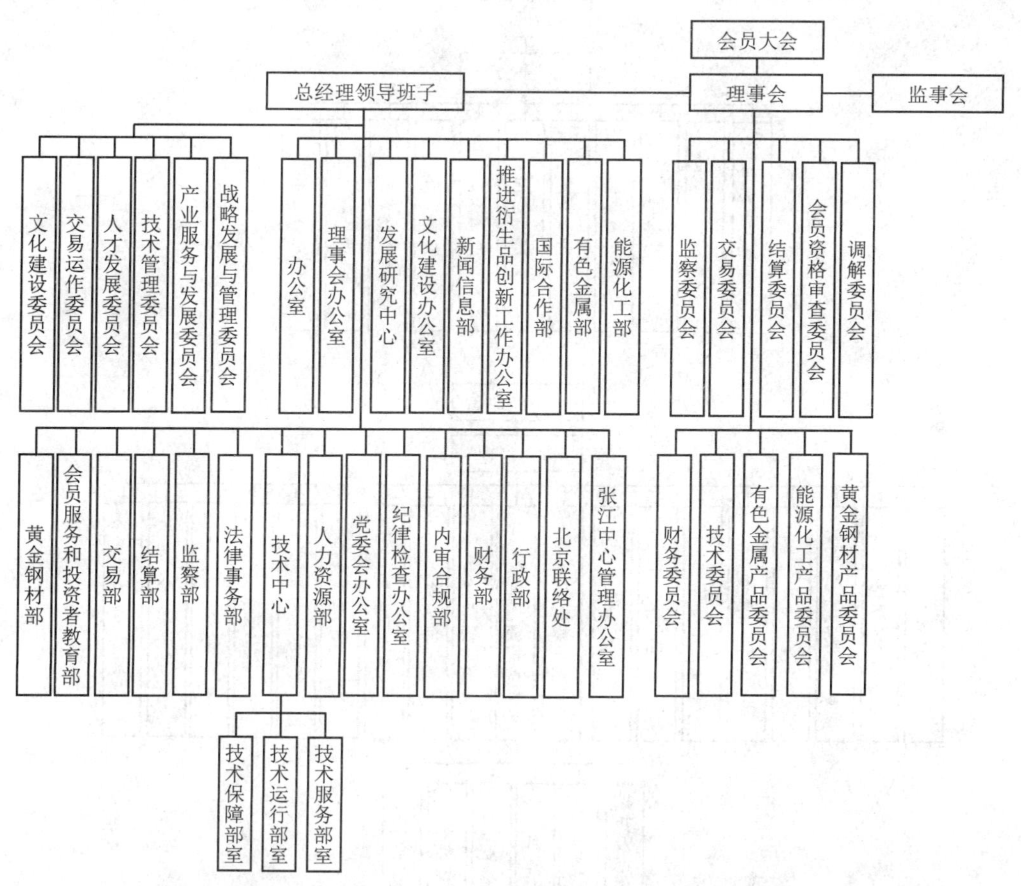

图 3.4　上海期货交易所组织结构

郑州商品交易所实行会员制。理事会下设监察、交易、交割、财务、调解、会员资格审查、技术 7 个专业委员会。截至 2010 年，郑州商品交易所共有会员 215 家，其中期货公司会员 173 家，非期货公司会员 42 家。

总经理为交易所的法定代表人。郑州商品交易所设有办公室、研究发展部、市场一部、市场二部、交易部、交割部、结算部、市场监察部、新闻信息部、法律事务部、技术一部、技术二部、财务部、人力资源部、审计室、行政部等职能部门。

郑州商品交易所组织结构如图 3.5 所示。

3. 大连商品交易所

大连商品交易所上市交易的主要品种有农业品和工业品两类，包括玉米、玉米淀粉、黄大豆 1 号、黄大豆 2 号、豆粕、豆油、棕榈油、鸡蛋、胶合板、纤维板、聚乙烯（PE）、聚氯乙烯（PVC）、聚丙烯（PP）、焦炭、焦煤、铁矿石等 16 个期货合约。

大连商品交易所实行会员制。理事会下设 7 个专业委员会，即监察、交易、交割、财务、调解、会员资格审查、信息技术应用委员会。截至 2010 年，大连商品交易所共有会员 182 家。

总经理为交易所的法定代表人。大连商品交易所设有总经理办公室、理事会办公室、交

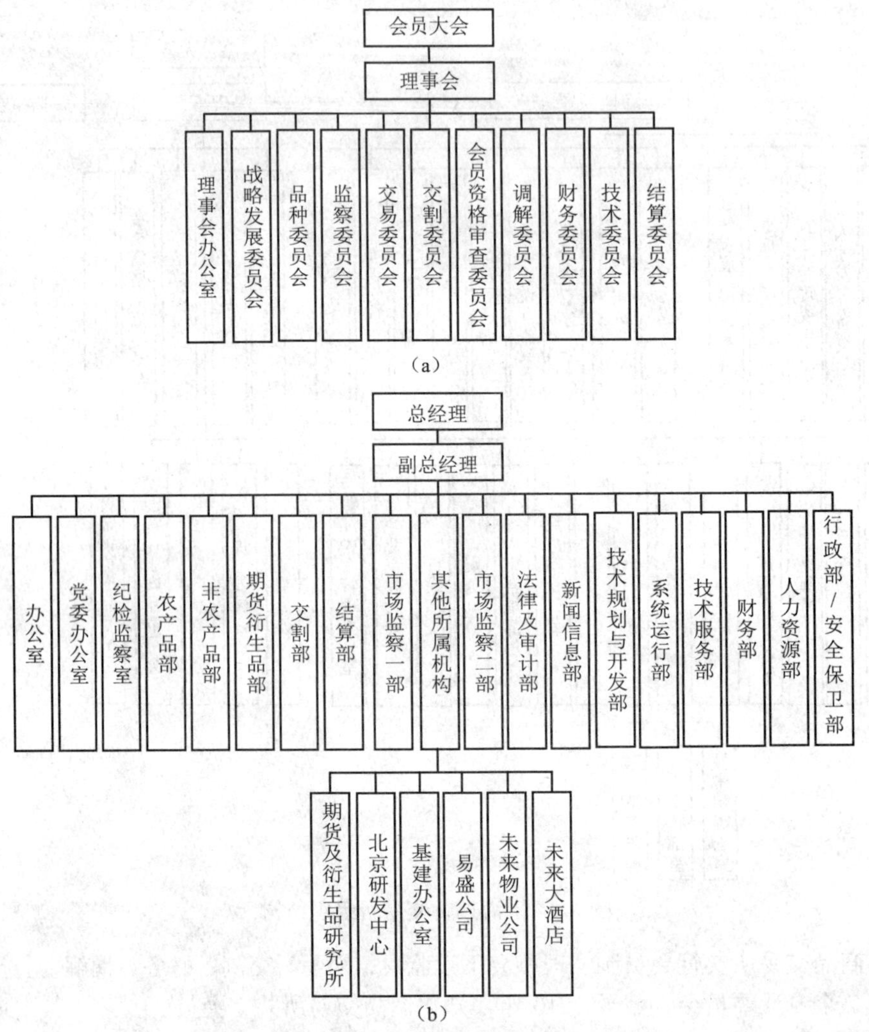

图 3.5　郑州商品交易所组织结构

易部、交割部、结算部、技术运维中心、新闻信息部、品种部、产业拓展部、监察部、财务部、人力资源部和审计部等职能部门。

大连商品交易所的组织结构如图 3.1 所示。

4. 中国金融期货交易所

中国金融期货交易所是经国务院同意，中国证监会批准，由上海期货交易所、郑州商品交易所、大连商品交易所、上海证券交易所和深圳证券交易所共同发起设立的金融期货交易所。中国金融期货交易所于 2006 年 9 月 8 日在上海成立，注册资本为 5 亿元人民币。

中国金融期货交易所上市交易的是金融期货品种，目前主要有沪深 300 指数期货、上证 50 指数期货、中证 500 指数期货、5 年期国债期货、10 年期国债期货等 5 种期货合约。

中国金融期货交易所属于公司制期货与期权交易所。股东大会是公司的权力机构。公司设

董事会，对股东大会负责，并行使股东大会授予的权力。董事会设执行委员会，作为董事会日常决策、管理、执行机构。期货交易所设监事会。监事会行使职权包括：①检查期货与期权交易所财务；②监督期货与期权交易所董事、高级管理人员执行职务行为；③向股东大会会议提出提案；交易所章程规定的其他职权。董事会下设交易、结算、薪酬、风险控制、监察调解等专门委员会。总经理为交易所的法定代表人。中国金融期货交易所设有市场部、交易部、结算部、监察部、技术部、信息部、研发部、财务部、人力资源部、总经理办公室、行政部等部门。

中国金融期货交易所的组织结构如图 3.2 所示。

第二节　期货与期权结算机构

成立专门的期货与期权结算机构是源于日益增加的市场交易所导致的越来越复杂的结算需求，以及提供交易结算交割安全性的要求。1883 年，美国成立了专门的结算协会，1925 年，芝加哥期货交易所结算公司宣告成立。由于结算是期货与期权交易的灵魂，因此要求有高效、安全、对风险有控制力的结算制度，所以建立科学合理的结算体系也是期货与期权交易市场规范化建设的一个重要内容。

一、性质与职能

结算机构是负责期货与期权交易的统一结算、保证金管理和结算风险控制的机构，主要职能包括担保交易履约、结算交易盈亏和控制市场风险。

（一）担保交易履约

期货期权交易一旦成交，买卖双方缴纳一定的保证金，结算机构便承担起保证每笔交易按期履约的责任。交易双方并不发生直接关系，只和结算机构发生关系，结算机构成为所有合约卖方的买方和所有合约买方的卖方。对于交易者来说，由于对手违约的风险已经完全由结算机构承担，只要结算机构能够保证合约的履行，就可以完全不用了解对方的资信状况，也不需要知道对手是谁，这就是结算机构的替代作用。正是由于结算机构替代了原始对手，结算会员及其客户才可以随时对冲合约而不必征得原始对手的同意，使得期货期权交易的对冲平仓方式得以实施。

（二）结算交易盈亏

期货期权交易的盈亏结算包括平仓盈亏结算和持仓盈亏结算。平仓盈亏结算是当日平仓的总值与原持仓合约总值的差额的结算。当日平仓合约的价格乘以数量与原持仓合约价格乘以数量相减，结果为正则为盈利、结果为负则为亏损，作为实际盈亏记入会员账户。

（三）控制市场风险

结算机构担保履约，往往是通过对会员保证金的结算和动态监控实现的。在此过程中，尽管市场状况一直是不断变化的，但结算机构要求会员保证金一直处于规定的水平之上。当市场价格发生不利变动导致亏损使得会员保证金不能达到规定水平时，结算机构会向会员发出追加保证金的通知。会员收到通知后必须在下一交易日规定时间内将保证金缴齐，否则结算机构有权对其持仓进行强行平仓。结算机构通过对会员保证金的管理、控制而有效控制市场风险，以保证期货期权市场的平稳运行。

二、组织形式

依据结算机构与交易所的不同关系，期货期权结算机构多采取以下三种组织形式。

第一种是结算所隶属于交易所，交易所的会员也是结算会员。我国商品期货市场采取的便是这种组织形式，所有的交易所会员都是结算会员，交易所对会员进行结算，而经纪会员则对投资者进行结算，属于分级结算制度。

第二种是结算所隶属于交易所，但交易所的会员只有一部分财力雄厚者才成为结算会员。我国金融期货交易所采用的是这种组织形式，会员根据资格的不同又可分为三种：全面结算会员、结算会员、特别结算会员。全面结算会员是指不仅能帮自己公司的所有客户进行结算还可以代理其他不能结算的交易会员结算；结算会员则不能代理交易会员客户的结算业务，只能为自己公司的客户进行结算；特别结算会员则是为不能进行结算的交易会员进行结算的机构。中国金融期货交易所的会员结构是分层级的，根据结算资格可以分为全面结算会员、交易结算会员、特别结算会员、结算会员。

第三种是结算所独立于交易所之外，成为完全独立的结算所。在欧洲期货与期权市场中，很多都是采取这种结算体系，因为结算所独立于交易所之外能够更好地对市场风险进行控制。

三、主要结算制度

期货与期权交易所的结算实行保证金制度、当日无负债结算制度、结算担保金制度、风险准备金制度和最高持仓制度等。此外，交易所实行会员分级结算制度，交易所对结算会员结算，结算会员对其受托的客户、交易会员结算，交易会员对其受托的客户结算。

1. 结算保证金制度

交易所实行保证金制度，保证金分为结算准备金和交易保证金。结算准备金是指结算会员在交易所专用结算账户中预先准备的资金，是未被合约占用的保证金。我国结算会员的结算准备金最低余额标准为人民币 200 万元，应当以自有资金缴纳。交易所有权根据市场情况调整结算会员结算准备金最低余额标准。交易所根据结算会员每日结算准备金余额中的货币资金部分，以不高于交易所与银行协商确定的利率标准计算利息，在每年的 3 月下旬、6 月下旬、9 月下旬、12 月下旬将利息划入结算会员专用资金账户或者转入结算会员结算准备金。交易保证金是指结算会员存入交易所专用结算账户中确保履约的资金，是已被合约占用的保证金。当买卖双方成交后，交易所按照保证金标准向双方收取交易保证金。交易所按照买入和卖出的持仓量分别收取交易保证金。结算会员向客户、交易会员收取交易保证金的标准不得低于交易所向结算会员收取交易保证金的标准。交易会员向客户收取交易保证金的标准不得低于结算会员向交易会员收取交易保证金的标准。

2. 当日无负债结算制度

交易所实行当日无负债结算制度。当日交易结束后，交易所按照当日结算价对结算会员结算所有合约的盈亏、交易保证金及手续费、税金等费用，对应收应付的款项实行净额一次划转，相应增加或者减少结算准备金。结算会员在交易所结算完成后，按照前款原则对客户、交易会员进行结算；交易会员按照前款原则对客户进行结算。

3. 结算担保金制度

交易所实行结算担保金制度。结算担保金是指由结算会员依交易所规定缴纳的用于应对结算会员违约风险的共同担保资金。交易所在银行开立结算担保金专用账户，对结算会员缴纳的结算担保金进行专户管理。交易所在结算担保金专用账户下为每一结算会员设立明细账户，并按照中国证监会和交易所有关规定进行管理，所得收入在扣除必要费用和税费后依照相关规定返还结算会员。交易所按照季度核算每一结算会员的结算担保金变化。交易所、结算会员应当按照有关规定和期货保证金存管银行签订期货保证金存管协议。交易所有权在不通知结算会员的情况下通过期货保证金存管银行从结算会员专用资金账户中收取各项应收款项，并且有权随时查询该账户的资金情况。结算会员开立、更名、更换或者注销专用资金账户，应当凭交易所签发的专用通知书到期货保证金存管银行办理。

4. 风险准备金制度

交易所实行风险准备金制度。风险准备金是指由交易所设立，用于为维护期货市场正常运转提供财务担保和弥补因交易所不可预见风险带来亏损的资金。风险准备金的来源：一是交易所按照手续费收入的20%的比例，从管理费用中提取；二是符合国家财政政策规定的其他收入。当风险准备金达到一定规模时，经中国证监会批准后可以不再提取。风险准备金应当单独核算，专户存储。此外，风险准备金的动用应当经交易所董事会批准，并报告中国证监会后，按照规定的用途和程序进行。

5. 限仓制度

交易所实行限仓制度。限仓是指交易所规定结算会员或投资者可以持有的，按单边计算的某一合约持仓的最大数额。例如，当结算会员在某一月份合约上的单边持仓量大于等于50 000手，且大于等于该合约单边持仓总量的20%时，该结算会员应于第二个交易日闭市前用自有资金缴纳超额结算准备金。不能按时缴纳的，结算会员原则上应于下一交易日按合计数与限仓数之差除以合计数所得比例，由该会员监督其投资者减仓，应减仓而未减仓的，由交易所按有关规定执行强行平仓。

四、我国境内期货与期权结算概况

（一）期货与期权结算机构

我国境内4家期货与期权交易所的结算机构均是交易所的内部机构，因此交易所既提供交易服务，也提供结算服务。这意味着我国境内期货与期权交易所除了具有组织和监督期货交易的职能外，还具有下述职能。

1）组织并监督结算和交割，保证合约履行。

2）监督会员的交易行为。

3）监管指定交割仓库。

（二）期货与期权结算制度

我国境内期货与期权结算制度分为两类：全员结算制度和会员分级结算制度。

1. 全员结算制度

上海期货交易所、郑州商品交易所和大连商品交易所实行全员结算制度，即期货与期权交易所会员均具有与交易所进行结算的资格。实行全员结算制度的期货与期权交易所对会员结算，会员对其受托的客户结算。交易所会员不作结算会员和非结算会员的区分；交易所的会员既是交易会员，也是结算会员（见图 3.6）。

实行全员结算制度的期货与期权交易所会员由期货公司会员和非期货公司会员组成。期货公司会员按照中国证监会批准的业务范围开展相关业务，可以代理客户进行期货交易；非期货公司会员不得从事《期货交易管理条例》规定的期货公司业务。

2. 会员分级结算制度

中国金融期货交易所采取会员分级结算制度，即交易所会员由结算会员和非结算会员组成。结算会员可以从事结算业务，具有与交易所进行结算的资格；非结算会员不具有与交易所进行结算的资格。交易所对结算会员结算，结算会员对非结算会员结算，非结算会员对其受托的客户结算。由此可见，中国金融期货交易所的会员分级结算制度与国际上普遍采用的结算制度较为接近（见图 3.7）。

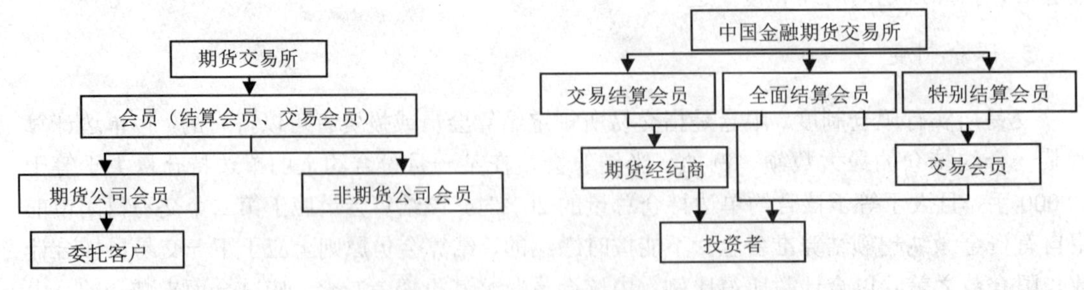

图 3.6　全员结算制度　　　图 3.7　会员分级结算制度

按照业务范围不同，结算会员分为交易结算会员、全面结算会员和特别结算会员。交易结算会员只能为其受托客户办理结算、交割业务；全面结算会员既可以为其受托客户也可以为与其签订结算协议的交易会员办理结算、交割业务；特别结算会员只能为与其签订结算协议的交易会员办理结算、交割业务。结算会员权限不同，交易所对其资本金、盈利状况、经

营合法性等方面的要求不同。结算权限越大，相应的资信要求越高。除了结算会员，中国金融期货交易所还有非结算会员，即交易会员。交易会员可以从事经纪或者自营业务，不具有与交易所进行结算的资格。

实行会员分级结算制度的期货与期权交易所应当配套建立结算担保金制度。结算担保金由结算会员以自有资金向期货与期权交易所缴纳，属于结算会员所有，用于应对结算会员的违约风险。当市场出现重大风险时，所有结算会员都有义务共同承担市场风险，确保市场能够正常运行。结算担保金包括基础结算担保金和变动结算担保金。基础结算担保金是指结算会员参与交易所结算交割业务必须缴纳的最低结算担保金数额；变动结算担保金是指结算担保金中超出基础结算担保金的部分，随结算会员业务量的变化而调整。

第三节　期货与期权中介与服务机构

期货与期权交易具有复杂性和高风险性的特点，不得不建立较为严格的期货与期权会员交易制度，而这又使得如何吸引更多的投资者和风险规避者参与交易从而扩大市场交易规模成为期货与期权交易所面临的一个现实问题。在这种背景下，一个新的专业化组织机构——以期货公司为首的期货与期权中介服务机构随之诞生。在美国商品期货交易委员会（Commodity Futures Trading Commission，CFTC）注册的衍生品中介机构主要包括：①业务代理机构，如期货佣金商（futures commission merchant，FCM）、场内经纪商（floor broker，FB）以及场内交易商（floor trader，FT）；②客户开发机构，如介绍经纪商（introducing broker，IB）和助理中介人（associated person，AP）；③管理服务型中介机构，如商品交易顾问（commodity trading advisors，CTA）以及商品基金经理（Commodity pool operators，CPO）。以下以中国期货公司及中介服务公司为例分别予以介绍。

一、期货公司

期货公司是指以期货和期权经纪代理业务为主业的公司，具体讲，就是依法成立，代理客户，用自己的名义进行期货与期权合约的买卖，以收取客户的佣金为主业的独立核算的经济实体。期货公司的概念有狭义和广义之分。从狭义上讲，期货公司仅指代客从事期货与期权交易的中介机构。从广义上讲，期货公司指为客户从事期货和期权交易提供服务的所有机构，即也包括了期货与期权咨询机构及经纪公司等。我国《期货交易管理条例》规定，期货公司是依照《中华人民共和国公司法》（以下简称《公司法》）规定设立的经营期货业务的金融机构。

（一）职能

期货公司的职能主要表现在以下两个方面。

一方面，在期货与期权市场中充当交易媒介，起桥梁和纽带的作用。期货公司往往承上启下，连接交易所和客户，代理客户办理买卖期货与期权合约的各类手续，向客户介绍和揭示期货与期权合约的主要内容及其交易规则，向客户通报市场信息，并且帮助客户发现有利的交易机会，另外还要向客户及时通报合约的执行和盈亏情况。总之，期货公司是交易市场的润滑剂，它们的作用就是进一步降低市场的交易成本，促进交易的顺利完成。

另一方面，在期货与期权市场的风险控制中起核心作用。期货与期权市场存在着三类风险，即交易所风险、期货公司风险和客户风险，这三类风险又集中表现为期货公司风险。只要期货公司坚决按照交易所的各项制度开展代理业务，那么，它们不仅可以规避自己的风险，而且能够有效地防止交易所的风险，减少客户的风险。

（二）部门设置

通常而言，期货公司设置以下部门：交易部门、结算部门、交割部门、财务部门、客户服务部门、研发部门、风险管理及合规部门、网络工程部门（或IT技术部）、行政部门等。各部门的主要职责如下：

1）交易部门负责代理客户交易，将客户指令下达到期货与期权交易所内，并将成交状况及时传达给客户。

2）结算部门承担着期货公司对全体客户的结算职能，每交易日根据交易结果和交易所的有关规定对客户的交易保证金、盈亏、手续费和其他有关款项进行计算、划拨，结算结果以账单或电子传输方式送达客户。

3）交割部门负责到期未平仓期货合约的标的商品交收和货款的交接，处理有关交收文件和货物往来。

4）财务部门的主要职责是负责制订、实施、监督、检查各项财务管理制度，保证公司财务管理的规范化；正确进行会计核算，对公司的各项财务收支和经济活动进行反映和监督；定期编制各项财务报表和监管报表；合理调度资金；为客户出入金等提供相关服务；着眼于企业未来的经营活动，有效地履行预测、考核等职能，对企业现在和未来的财务状况及获利能力作出评价。按照规定，每个客户的保证金账户须单独设立，封闭运行。

5）客户服务部门负责客户开户，向客户揭示期货交易风险，向客户介绍期货市场交易规则和流程，为客户办理开户手续，签订期货经纪合同，审验有关证明，并为客户分配交易编码；负责客户资料档案管理，并将有关客户资料通知相关业务部门；进行市场调研及客户回访工作，了解客户需求，反馈市场信息；负责客户接待，公平、公正、及时稳妥地处理客户纠纷等客户服务性质的工作。

6）研发部门负责收集、分析、研究期货市场的信息，进行市场分析与预测，研究期货市场及本公司的发展规划等。

7）风险管理及合规部门对期货公司的业务风险进行监控，并对其经营管理行为的合法合规性进行审查、稽核。

8）网络工程部门（或IT技术部门）负责公司网络、计算机系统的规划，交易系统、行情信息系统的安全运行及客户数据信息的备份，并注意做好相应的技术维护工作。

9）行政部门负责公司人力资源、行政管理、后勤保障等工作。

（三）我国对期货公司经营管理的特别要求

1. 对期货公司业务实行许可制度

在我国，期货公司业务实行许可制度，由国务院期货监督管理机构按照其商品期货、金融期货业务种类颁发许可证。期货公司除可申请经营境内期货经纪业务外，还可以申请经营境外期货经纪、期货投资咨询以及国务院期货监督管理机构规定的其他期货业务。

2. 期货公司要对营业部实行“四统一”

所谓“四统一”，是指期货公司应当对营业部实行统一结算、统一风险管理、统一资金调拨、统一财务管理和会计核算，建立规范、完善的营业部岗位责任制度和业务操作规程。期货公司不得与他人合资、合作经营管理营业部，不得将营业部承包、租赁或者委托给他人经营管理。

3. 完善法人治理结构

期货公司采取现代公司的组织形式，遵循《公司法》关于公司治理结构的一般要求，即建立由股东会、董事会、监事会、经理层甚至公司员工组成的合理的公司治理结构（见图 3.8），明确股东会、董事会、监事会、经理层的职责权限，完善决策程序，形成协调高效、相互制衡的制度安排，并确立董事、监事、高级管理人员的义务和责任。期货市场是高风险的市场，期货公司作为专门从事风险管理的金融机构，对投资者利益保护、市场稳定乃至社会稳定都有重要影响。因此，期货公司能否有效发挥作用，关键在于适应市场和行业特点，构建行之有效的法人治理结构。

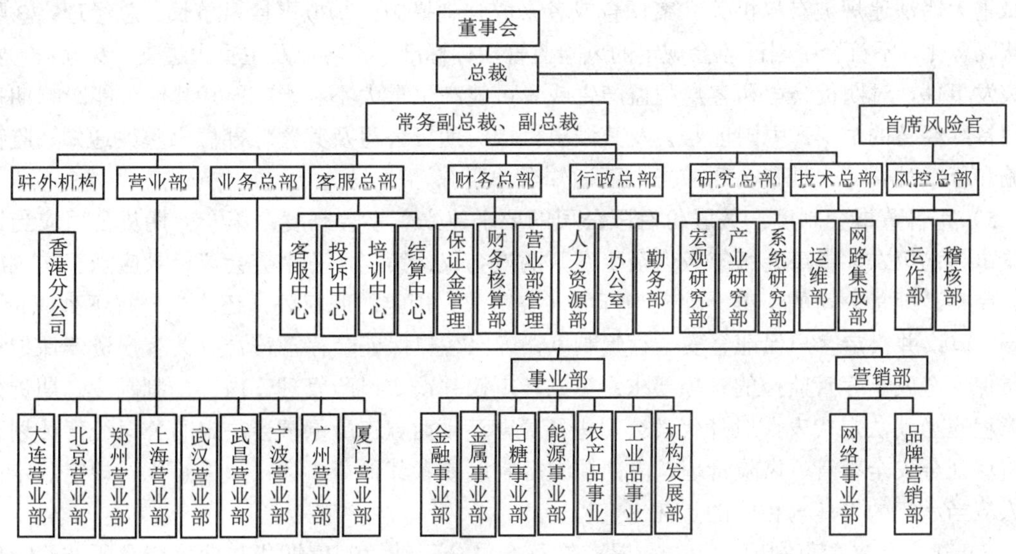

图 3.8 中国国际期货经纪有限公司组织结构

1）突出风险防范功能。《期货公司管理办法》明确规定，期货公司应当按照明晰职责、强化制衡、加强风险管理的原则，建立并完善公司治理结构。风险防范是期货公司法人治理结构建立的立足点和出发点，风险控制体系成为公司法人治理结构的核心内容。这是期货公司法人治理结构建设与其他形态公司法人治理结构的特别之处。

2）强调公司的独立性。期货公司与控股股东之间保持经营独立、管理独立和服务独立。经营独立是指期货公司与其控股股东在业务、人员、资产、财务、场所等方面应当严格分开、独立经营、独立核算；管理独立是指期货公司的控股股东、实际控制人不得超越期货公司股东会、董事会任免期货公司的董事、监事、高级管理人员，或者非法干预客户保证金存管、交易、结算、风险管理、财务会计和营业部管理等经营管理活动；服务独立是指期货公司不得向股东作出最低收益、分红的承诺，期货公司向股东、实际控制人及其关联人提供期货经纪业务的，不得降低风险管理要求。

3）强化股东职权履行责任。第一，明确对股东会职权行使的硬性要求，即期货公司股东会应当按照《公司法》和公司章程，对职权范围内的事项进行审议和表决，一定程度上约束股东会的任意授权行为。第二，确定股东会会议制度，要求股东会每年应当至少召开一次会议。第三，限定股东表决权的行使，规定期货公司股东应当按照出资比例行使表决权。第四，禁止控股股东等滥用权利。期货公司的控股股东、实际控制人和其他关联人不得滥用权力，不得占用期货公司的资产或者挪用客户保证金和其他资产，不得损害期货公司、客户的合法权益。第五，设定股东及实际控制人在出现重大事项时的通知义务，即期货公司的股东及实际控制人出现规定情形的重大事项时，应当在规定时间内通知期货公司。

4）保障股东的知情权。当期货公司有下列情形之一时，应当立即书面通知全体股东，并向期货公司住所地的中国证监会派出机构报告：①公司或其董事、监事、高级管理人员因涉嫌重大违法违规被有权机关立案调查或者采取强制措施；②拟更换董事长、总经理；③财务状况恶化，不符合中国证监会规定的风险监管指标标准；④客户发生重大透支、穿仓；⑤发生突发事件，对期货公司和客户利益产生或者可能产生重大不利影响；⑥其他可能影响期货公司持续经营的情形。中国证监会及其派出机构对期货公司及其营业部做出整改通知、监管措施和行政处罚等，期货公司应当书面通知全体股东。

5）完善董事会制度。按股份有限公司的要求建立董事会制度：第一，期货公司应当设立董事会；第二，董事会每年应当至少召开两次会议；第三，董事会会议记录应当真实、准确、完整。期货公司的董事会除应当行使《公司法》规定的职权外，还应当履行下列职责：第一，审议并决定客户保证金安全存管制度，确保客户保证金存管符合有关客户资产保护和期货保证金安全存管监控的各项要求；第二，审议并决定风险管理、内部控制制度。期货公司章程应当就法定代表人对外代表公司进行经营活动时，违反董事会决定的公司经营计划和期货保证金安全存管、风险管理、内部控制等制度或者其他董事会决议的行为，规定法定代表人应当承担的责任与相应的责任追究程序。

6）建立独立董事制度。第一，具有实行会员分级结算制度期货与期权交易所结算业务资格的期货公司和独资期货公司等应当设独立董事。第二，独立董事应当保持独立性，不得在期货公司担任除董事以外的其他职务，不得与期货公司及其控股股东、实际控制人或者其

他关联人存在可能妨碍其进行独立客观判断的关系。第三，独立董事应当遵守法律、行政法规和中国证监会的规定，遵守公司章程，对期货公司负有忠实义务和勤勉义务，维护客户、期货公司和全体股东的合法权益。期货公司的其他董事、监事和高级管理人员应当积极配合、协助独立董事履行职责。

7）强调依法建立监事会制度。期货公司应当按照《公司法》的规定设立监事会或监事，切实保障监事会和监事对公司经营情况的知情权。监事会或者监事应当按照《公司法》和公司章程的规定履行其职责。

8）设立首席风险官。期货公司应当设首席风险官，对期货公司经营管理行为的合法合规性、风险管理状况进行监督、检查。首席风险官向期货公司董事会负责。首席风险官发现涉嫌占用、挪用客户保证金等违法、违规行为或者可能发生风险的，应当立即向中国证监会派出机构和公司董事会报告。期货公司拟解聘首席风险官的，应当有正当理由并向中国证监会派出机构报告。首席风险官不履行职责的，中国证监会及其派出机构有权责令更换。

9）建立董事、监事、高级管理人员的资格准入制度。期货公司董事、监事和高级管理人员应当在任职前取得中国证监会核准的任职资格。高级管理人员包括期货公司的总经理、副总经理、首席风险官、财务负责人、营业部负责人以及实际履行上述职务的人员。

4. 建立健全的风险防范体系

期货公司应当按照审慎经营的原则，健全风险防范的控制体系，有效执行风险管理、内部控制、期货保证金存管等业务制度及相关流程，保持财务稳健，确保客户交易安全和公司资产安全。风险防范体系主要体现为：①建立以净资本为核心的风险监控体系，符合资本充足的要求；②保护客户资产；③建立内部风险控制机制；④保障信息系统安全；⑤按规定进行信息披露。这些方面均从不同角度体现了期货公司对风险的控制能力和管理能力，其中前两个内容是期货公司风险控制的核心。

中国证监会以期货公司风险控制指标为基础，综合考量期货公司的治理结构、市场影响力和持续合规状况，将期货公司分为 A、B、C、D、E 共 5 类 11 个级别，对期货公司施行分类监管综合评价。

二、其他中介与服务机构

（一）介绍经纪商

在国际上，介绍经纪商既可以是机构也可以是个人，但一般都以机构的形式存在。介绍经纪商的主要业务是为期货公司开发客户或接受期货、期权指令，但不能接受客户的资金，且必须通过期货公司进行结算。介绍经纪商可分为独立执业的介绍经纪商（IIB）和由期货公司担保的介绍经纪商（GIB）。前者必须维持最低的资本要求，并保存账簿和交易记录；后者则与期货公司签订担保协议，借以免除对介绍经纪商的资本和记录的法定要求。

在我国，为期货公司提供中间介绍业务的证券公司便是介绍经纪商。证券公司将客户介绍给期货公司，并为客户开展期货交易提供一定的服务，期货公司因此向证券公司支付一定的佣金。根据《证券公司为期货公司提供中间介绍业务试行办法》，证券公司受期货公司委托从事中间介绍业务，应当提供下列服务：①协助办理开户手续；②提供期货行情信息和交易设施；③中国证监会规定的其他服务。证券公司不得代理客户进行期货交易、结算或交割，不得代期货公司、客户收付期货保证金，不得利用证券资金账户为客户存取、划转期货保证金。

证券公司只能接受其全资拥有或者控股的，或者被同一机构控制的期货公司的委托从事介绍业务，不能接受其他期货公司的委托从事介绍业务。证券公司申请介绍业务资格应当符合一系列的条件和风险控制指标，如“净资本不低于 12 亿元”等条件。证券公司从事介绍业务，应当与期货公司签订书面委托协议。委托协议应当载明下列事项：①介绍业务的范围；②执行期货保证金安全存管制度的措施；③介绍业务对接规则；④客户投诉的接待处理方式；⑤报酬支付及相关费用的分担方式；⑥违约责任；⑦中国证监会规定的其他事项。

（二）期货居间人

现阶段，在我国期货公司的运作中，使用期货居间人进行客户开发是一条重要的渠道。期货居间人是指独立于期货公司和客户之外，接受期货公司委托进行居间介绍，独立承担基于居间法律关系所产生的民事责任的自然人或组织，其主要职责是介绍客户，即凭借手中的客户资源和信息渠道优势为期货公司和投资者“牵线搭桥”。居间人因从事居间活动付出劳务，有按合同约定向公司获取酬金的权利。

居间人从事居间介绍业务时，应当客观、准确地宣传期货市场，不得向客户夸大收益、不进行风险告知、以期货居间人的名义从事期货居间以外的经纪活动等。居间人无权代理签订期货经纪合同，无权代签交易账单，无权代理客户委托下达交易指令，无权代理客户委托调拨资金，不能从事投资咨询和代理交易等期货交易活动。需要注意的是，居间人与期货公司没有隶属关系，不是期货公司订立期货经纪合同的当事人。期货公司的在职人员不得成为本公司和其他期货公司的居间人。

（三）期货信息资讯机构

期货信息资讯机构主要提供期货行情软件、交易系统及相关信息资讯服务，是投资者进行期货交易时不可或缺的环节，也是网上交易的重要工具，其系统的稳定性、价格传输的速度对于投资者获取投资收益具有重要的影响。现在，期货信息资讯机构正通过差异化信息服务和稳定、快捷的交易系统达到吸引客户的目的。

（四）期货保证金存管银行

期货保证金存管银行（简称“存管银行”）属于期货服务机构，是由期货交易所指定，协助交易所办理期货交易结算业务的银行。经期货交易所同意成为存管银行后，存管银行须与交易所签订相应协议，明确双方的权利和义务，以规范相关业务行为。期货交易所有权对存管银行的期货结算业务进行监督。期货保证金存管银行的设立是期货市场保证金封闭运行的必要环节，也是保障投资者资金安全的重要组织机构。

我国四家期货与期权交易所采用的结算制度存在全员结算制度和会员分级结算制度之分，期货保证金存管银行享有的权利和应当履行的义务在两种结算制度下略有差异。

1. 期货保证金存管银行的权利

全员结算制度下期货保证金存管银行享有的权利包括：①开设交易所专用结算账户、会员专用资金账户及其他与结算有关的账户；②吸收交易所和会员的存款；③了解会员在交易所的资信情况。

会员分级结算制度下期货保证金存管银行享有的权利包括：①开设交易所专用结算账户和会员期货保证金账户；②存放用于期货交易的保证金等相关款项；③了解会员在交易所的资信情况；④法律、行政法规、规章和交易所规定的其他权利。

2. 期货保证金存管银行的义务

全员结算制度下期货保证金存管银行应当履行的义务包括：①向交易所提供会员专用资金账户的资金情况，根据交易所要求对会员保证金实施必要的监管措施；②根据交易所提供的票据优先划转会员的资金；③协助交易所核查会员资金的来源和去向；④向交易所及时通报会员标准仓单的质押情况；⑤向交易所及时通报会员在资金结算方面的不良行为和风险；⑥交易所出现重大风险时，必须协助交易所化解风险；⑦保守交易所和会员的商业秘密；⑧接受交易所对其期货业务的监督。

会员分级结算制度下期货保证金存管银行应当履行的义务包括：①根据交易所提供的票据或者指令优先划转结算会员的资金；②及时向交易所通报会员在资金结算方面的不良行为和风险；③保守交易所、会员和客户的商业秘密；④在交易所出现重大风险时，协助交易所化解风险；⑤向交易所提供会员期货保证金账户的资金情况；⑥根据交易所的要求，协助交易所核查会员资金的来源和去向；⑦根据中国证监会或者交易所的要求，对会员期货保证金账户中的资金采取必要的监管措施；⑧法律、行政法规、规章和交易所规定的其他义务。

（五）交割仓库

交割仓库是当期货品种进入实物交割环节时提供交割服务和生成标准仓单的期货服务机构。在我国，交割仓库又称为指定交割仓库，是指由期货与期权交易所指定的、为期货或期权合约履行实物交割的地点。实物交割由期货与期权交易所统一组织进行。期货与期权交易所不得限制实物交割总量，并应当与交割仓库签订协议，明确双方的权利和义务。

为保障交割环节的有序运行，成为期货与期权交易所的指定交割仓库，需要进行申请和审批。根据《上海期货交易所指定交割仓库管理办法》，申请交割仓库必须具备的条件包括：①具有工商行政管理部门颁发的营业执照；②固定资产和注册资本必须达到交易所规定的数额；③财务状况良好，具有较强的抗风险能力；④具有良好的商业信誉，完善的仓储管理规章制度；⑤近三年内无严重违法行为记录和被取消指定交割仓库资格的记录；⑥承认交易所的交易规则、交割细则等；⑦仓库主要管理人员必须有五年以上的仓储管理经验及有一支训练有素的专业管理队伍；⑧有严格、完善的商品出入库制度、库存商品管理制度等；⑨堆场、库房有一定规模，有储存交易所上市商品的条件，设备完好、齐全。计量符合规定要求及良好的交通运输条件；⑩交易所要求的其他条件。郑州商品交易所、大连商品交易所和上海期货与期权交易所制定交割仓库的申请条件大致相同。

交割仓库享有一定的权利，并需承担相应的义务。其权利包括：①按交易所规定签发标准仓单；②按交易所审定的收费项目、标准和方法收取有关费用；③对交易所制定的有关实物交割的规定享有建议权；④交易所交割细则和指定交割仓库协议书规定的其他权利。其承担的义务包括：①遵守交易所的交割细则和其他有关规定，接受交易所的监管，及时向交易所提供有关情况；②根据期货合约规定的标准，对用于期货交割的商品进行验收入库；③按规定保管好库内的商品，确保商品安全；④按标准仓单要求提供商品，积极协助货主安排交割商品的运输；⑤保守与期货交易有关的商业秘密；⑥参加交易所组织的年审；⑦缴纳风险抵押金；⑧变更法定代表人、注册资本、股东或股本结构、仓储场地等事项，应及时向交易所报告；⑨每年年初向交易所提交经审计的上年年度财务报告；⑩出现法律纠纷时，在三个工作日内应向交易所报告；⑪对外出具有关货物所有权证明函件时，应在证明函件落款日期的前三个工作日内向交易所报告；⑫交易所交割细则和指定交割仓库协议书规定的其他义务。此外，交割仓库不得有下列行为：出具虚假仓单；违反期货交易所业务规则，限制交割商品的入库、出库；泄露与期货交易有关的商业秘密；违反国家有关规定参与期货交易；国务院期货监督管理机构规定的其他行为。

除了上述中介与服务机构外，会计师事务所、律师事务所、资产评估机构等服务机构向期货与期权交易所和期货公司等市场相关参与者提供相关服务，应当遵守期货法律、行政法规及国家有关规定，并按照国务院期货监督管理机构的要求提供相关资料。

第四节　期货与期权交易者

期货与期权交易者是指在期货与期权市场进行交易活动的机构和个人。期货市场是一个高风险的市场，某些机构投资者因为具有较强的资金实力、风险承受能力和专业投资能力，成为该市场的重要力量。在介绍交易者的分类后，本节还将简要介绍国际期货与期权市场上的几类重要机构投资者。

一、主要类型

基于不同角度，期货交易者可以划分为不同类型。

（一）套期保值者和投机者

根据进入市场的目的不同，期货与期权交易者可分为套期保值者和投机者。

套期保值者是指那些把期货和期权看做一个风险转移的交易市场，在现货市场上买进或卖出某种商品的同时，在期货或期权市场上同时进行与现货交易数量相等、方向相反、期限相近的交易，以期货或期权市场的盈利来对冲现货市场上由于价格波动而造成的损失。他们进入期货与期权市场的目的不是为了通过期货或期权交易盈利，而是为了对冲现货市场中价格波动产生的交易风险，从而保证生产和经营活动的正常运行。商品期货的套期保值者通常

是该商品的生产商、加工商、经营商或贸易商等，金融期货的套期保值者通常是金融市场的投资者、证券公司、银行、保险公司等金融机构。

投机者是在期货与期权市场上利用价格变动，通过低买高卖或高卖低买的买空卖空交易行为，来赚取价格差额，达到获取利益目的的投资者。由于期货合约价格变动频繁，且期货交易实行以小搏大的保证金制度，使得期货交易的参与者众多，市场的流动强，有大量的投机获利机会。对于期权合约的投机者来说，通过预期标的物价格波动的趋势，通过买进看涨期权和看跌期权来从中获利，也具有以小搏大的特点，且投机亏损的风险要小于期货合约，因此期权交易的参与者也较多，市场的流动情较好。对于期货与期权投机者来说，投机是否能够获利，最为关键的因素在于对未来价格波动的预期，只有在对未来价格变动趋势判断正确的情况下，才能投机获利，否则将会形成亏损。

（二）个人投资者和机构投资者

交易者按照是自然人还是法人，可分为个人投资者和机构投资者。个人投资者即自然人交易者。从理论上讲，与自然人相对的法人投资者都可称为机构投资者，其范围涵盖生产者、加工贸易商（对于商品期货而言），以及金融机构、养老基金、对冲基金、投资基金（对于金融期货而言）等多种类型。

由于期货市场是一个高风险的市场，与个人投资者相比，机构投资者一般在资金实力、风险承受能力和交易的专业能力等方面更具有优势，因此，成为稳定期货市场的重要力量。在机构投资者中，对冲基金和商品投资基金是最重要的两大类型，鉴于此，有必要了解这两类机构投资者的含义及其运作特点。

除了上述分类方法外，交易者还可按照其他方法进行划分。例如，按照交易头寸划分，期货与期权交易者可分为多头交易者和空头交易者。买入期货或期权合约的交易者被称为多头交易者；卖出期货或期权合约的交易者被称为空头交易者。

二、主要机构投资者

在国际期货与期权市场中，对冲基金（hedge fund）和商品投资基金（commodity pool）已成为非常重要的机构投资者。对冲基金将期货或期权投资作为投资组合的组成部分，而商品投资基金是以期货或期权投资为主的基金类型。

（一）对冲基金

1. 含义

对冲基金，又称避险基金，是指“风险对冲过的基金”。最初，对冲基金的运作宗旨是利用期货、期权等金融衍生产品对相关联的不同股票进行买空卖空及风险对冲的操作，在一定程度上规避和化解证券投资风险。经过几十年的发展，对冲基金已转变为一种充分利用各种金融衍生品的杠杆效应，承担较高风险、追求较高收益的投资模式。

关于对冲基金尚没有一个统一的定义。美联储前主席艾伦格林斯潘（Alan Greespan）给出了对冲基金的间接定义，即一家通过将客户限定于少数十分老练而富裕个体的组织安排

（采用有限合伙的形式）以避开管制，并追求大量金融工具投资和交易运用下的高回报率的基金形式。换言之，对冲基金通常是不受监管的组合投资，其出资人一般在100人以下，而且对投资者有很高的资金实力要求。《路透金融词典》将对冲基金解释为：“一种私人投资基金，目标往往是从市场短暂快速的波动中获取高水平的回报，常常进行高杠杆比率的操作，运用如卖空、互换、金融衍生工具、程序交易和套利等交易手段。因最低投资额往往很高，对冲基金的投资者通常限于金融机构和富人”。

对冲基金是私募基金，将所有合伙人的资本集合起来，通过做多、做空及杠杆交易（融资交易）等手段投资于公开市场上的证券、货币和衍生工具等任何资产品种。因此，期货和期权市场等衍生品市场实际上是对冲基金资产组合配置中的重要组成部分。此外，对冲基金还有一个显著特征——经常运用对冲的方法抵消市场风险，锁定套利机会。

随着对冲基金的发展，对冲基金的组合基金（funds of hedge fund）出现了。对冲基金的组合基金是将募集的资金投资于多个对冲基金，通过对对冲基金的组合投资，而不是投资于股票、债券实现分散风险的目的。目前，对冲基金的组合基金已成为对冲基金行业的一股重要力量，约占对冲基金行业份额的22%。

2. 对冲基金和共同基金的区别

对冲基金和共同基金（mutual fund）有类似的地方，即基金管理者都将客户的资金进行投资，都是金融市场的重要参与者。共同基金是一种利益共享、风险共担的集合投资方式，即通过发行基金单位，集中投资者的资金，由基金托管人管理和运用资金，从事股票、债券、外汇、货币等投资，以获得投资收益和资本增值。

对冲基金和共同基金的差异主要体现为两个方面：一是对冲基金并不需要在《美国联邦投资法》下注册，而共同基金则受到监管条例的限制。究其原因，对冲基金的资金来自较成熟的客户，并且对冲基金是私募基金，不能进行公众融资；共同基金要受到监管条约的限制，以保证基金份额定价的合理性，基金份额随时可以兑现，必须公布投资策略等。二是共同基金投资组合中的资金不能投资期货、期权等衍生品市场，对冲基金可投资期货、期权等衍生品市场。尽管共同基金不能投资期货市场进行投机交易，但当共同基金为其持有的股票、债券、外汇等相关资产避险时，可以套期保值者的身份参与期货或期权交易。

（二）商品投资基金

1. 含义

商品投资基金是指广大投资者将资金集中起来，委托给专业的投资机构，并通过商品交易顾问（commodity trading advisor，CTA）进行期货或期权交易，投资者承担风险并享受投资收益的一种集合投资方式。

从组织形式上看，它类似于共同基金公司和投资公司。商品投资基金与共同基金在集合投资方面存在共同之处，其明显差异是商品投资基金专注于投资期货和期权合约，既可以做多也可以做空，可以投资于如外汇期货、利率期货、股指期货，或商品期货中的某一类市场。商品投资基金从他人手中募集资金以投资于衍生品市场获取投资收益，它给予中小投资者通

过专业机构参与期货和期权市场投资、获取多元化的好处。

2. 组织结构

商品投资基金在不同国家的组织结构有一定差异，现以美国为例进行介绍。

1）商品基金经理（commodity pool operators，CPO）。商品基金经理是基金的主要管理人，是基金的设计者和运作的决策者，负责选择基金发行方式，选择基金主要成员，决定基金投资方向等。

2）商品交易顾问。商品交易顾问是可以向他人提供买卖期货、期权合约指导或建议，或以客户名义进行操作的自然人或法人。在商品投资基金中，商品交易顾问受聘于商品基金经理，对商品投资基金进行具体的交易操作、决定投资期货的策略。商品交易顾问不能接受客户资金，客户资金必须以期货佣金商的名义存入客户账户。商品交易顾问必须遵守期货监管机构商品期货交易委员会的一系列规则。商品交易顾问是期货投资方面的专家，不同的商品交易顾问有不同的风险偏好和工作方式。例如，商品交易顾问可以对其他人就买卖期货或期权合约的可行性或营利性进行指导，间接地为客户期货交易的买卖提供建议，也可以通过书面出版物或其他媒介为大众提供咨询，通过建议和咨询获取报酬。

3）交易经理（trading manager，TM）。交易经理受聘于商品基金经理，主要负责帮助商品基金经理挑选商品交易顾问，监视商品交易顾问的交易活动，控制风险，以及在商品交易顾问之间分配基金。

4）期货佣金商（futures commission merchant，FCM）。期货佣金商和我国期货公司类似，是美国主要的期货中介机构。许多期货佣金商与商品基金经理有着紧密的联系，并为商品交易顾问提供进入各交易所进行交易的途径。期货佣金商负责执行商品交易顾问发出的交易指令，管理期货头寸的保证金。实际上，许多期货佣金商同时也是商品基金经理或交易经理，向客户提供投资项目的业绩报告，同时也为客户提供投资于商品投资基金的机会。

5）托管人（custodian）。为了充分保障基金投资者的权益，防止基金资产被挪用，商品基金经理通常委托一个有资格的机构负责保管基金资产和监督基金运作，托管人一般是商业银行、储蓄银行、大型投资公司等独立的金融机构。其主要职责包括：①记录、报告并监督基金在证券市场和期货市场上的所有交易；②保管基金资产，计算财产本息，催缴现金证券的利息；③办理有关交易的交割事项；④签署基金决算报告等。

3. 商品投资基金和对冲基金的区别

商品投资基金同对冲基金比较类似，但也存在明显区别，主要体现在以下几个方面。

1）商品投资基金的投资领域比对冲基金小得多，前者的投资对象主要是在交易所交易的期货和期权而不涉及股票债券和其他金融资产，因而其业绩表现与股票和债券市场的相关度更低。

2）在组织形式上，商品投资基金运作比对冲基金规范，透明度更高，风险相对较小。

正是由于商品投资基金给投资者提供了一种投资传统的股票和债券所不具有的特殊的

获利方式，并且其投资资产同传统资产相关度很低，商品投资基金和对冲基金通常被称为另类投资工具或其他投资工具（alternative investment asset）。

小　结

期货与期权交易所是为期货或期权交易提供场所、设施、相关服务和交易规则的机构。在现代市场经济条件下，期货与期权交易所已成为具有高度系统性和严密性、高度组织化和规范化的交易服务组织。结算机构是负责期货与期权交易所交易的统一结算、保证金管理和结算风险控制的机构，主要职能包括担保交易履约、结算交易盈亏和控制市场风险。为吸引更多的投资者和风险规避者参与期货与期权交易，诞生了以期货公司为首的期货与期权中介服务机构。期货与期权交易者是指在期货与期权市场进行交易活动的机构和个人。依据不同标准，期货与期权交易者可以细分为套期保值者与投机者、个人投资者与机构投资者。

案例分析

中国金融期货交易所

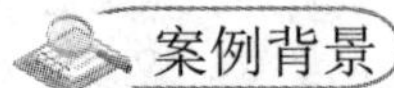

案例背景

中国金融期货交易所是经国务院同意，中国证监会批准设立的，专门从事金融期货、期权等金融衍生品交易与结算的公司制交易所。中国金融期货交易所由上海期货交易所、郑州商品交易所、大连商品交易所、上海证券交易所和深圳证券交易所共同发起，于 2006 年 9 月 8 日在上海正式挂牌成立。成立中国金融期货交易所，发展金融期货，对于深化金融市场改革，完善金融市场体系，发挥金融市场功能，适应经济新常态，具有重要的战略意义。

案例解析

中国金融期货交易所以服务实体经济需要、服务多层次资本市场体系建设为宗旨，通过向市场提供安全、高效、完善的金融衍生产品及服务，促进金融风险合理转移与配置，提升金融市场效率，促进社会经济繁荣。

中国金融期货交易所的主要职能是：组织安排金融期货等金融衍生品上市交易、结算和交割，制订业务管理规则，实施自律管理，发布市场交易信息，提供技术、场所、设施服务，以及中国证监会许可的其他职能。

中国金融期货交易所按照“高标准、稳起步”的原则，积极推动金融期货新品种的上市，努力完善权益、利率、外汇三条产品线，满足参与者多样化风险管理需求。采取全电子化交易方式，以高效安全的技术系统为强大后盾，在借鉴国内外交易所先进技术成果和设计理念的基础上，建立了一个结构合理、功能完善、运行稳定的金融期货交易运行平台。中国金融期货交易所建立了投资者适当性、跨市场协调监管、异常交易监控等一系列制度，维护金融

市场正常秩序，维护市场公开、公平、公正，维护投资者特别是中小投资者合法权益，牢牢守住不发生系统性风险的底线。

（资料来源：http://www.cffex.com.cn）

思考与练习

一、名词解释

期货交易所　期货结算所　期货公司　套期保值者　投机者

二、简答题

1．简述期货与期权交易所的主要职能。
2．会员制期货与期权交易所和公司制期货与期权交易所的主要区别有哪些？
3．简述期货与期权结算机构的主要职能。
4．简述期货与期权结算机构的主要组织形式
5．对冲基金和共同基金的区别体现在哪些方面？
6．以美国为例，简述商品投资基金的组织结构。

课后阅读

1. 上海财经大学产业经济研究所. 2005. 中国期货业的产业组织分析. 上海：上海财经大学出版社.

2. 童宛生，常清，胡俞越. 2006. 期货市场前沿问题研究. 北京：中国商务出版社.

第四章

期货与期权合约及交易制度

学习目标

- 了解期货与期权的主要品种
- 熟悉期货与期权合约的主要内容及差异
- 熟悉期货与期权市场的基本制度
- 了解期货与期权的交易流程

学习要点

- 期货与期权品种的上市条件
- 期货及期权合约的主要特点及设计原则
- 期货与期权市场的基本制度

关键词

交易品种　交易合约　交易制度　交易流程

引导案例

原油期货呼之欲出，金融期货创新提速

2015年商品期货品种创新稳步推进，新品种有望取得实质性进展。原油期货推出几无大碍，锡、镍、棉纱期货引弓待发，另有上期所有色金属指数期货、郑商所尿素、水泥等新品种积极备战，商品期货品种结构日益完善，产业链品种体系日趋健全，服务实体经济能力逐步提高。2015年，随着上证50股指期货、中证500股指期货、10年期国债期货、欧元对美元和澳元对美元的外汇期货等品种全市场仿真交易陆续启动，金融期货品种有望通过双向发力优化产品线。

（资料来源：张力鹏，刘志超. 2015-02-26. 期货市场2015年十大看点. 上海证券报，A05）

第一节 期货与期权的品种

一、期货商品的上市条件

期货商品是指期货合约的标的资产或基础产品。商品现货市场中的品种不计其数，但并不是所有商品都能够成为期货交易的品种。事实上，能够上市的期货商品需要满足诸多条件。

（一）易储藏、保存且不易变质

期货合约从开始上市到实物交割经历的时间比较长，一般为3～6个月，甚至1年以上。在期货市场卖方交割现货时，商品从入库换成标准仓单然后到标准仓单的转让、提货要经历较长时间，甚至有些交易者被迫接受实物交割而获得的现货仍然希望通过期货市场进行转手，这将至少要等到下个交割月。因此，只有容易储藏且不易变质的商品方适合做期货品种。在期货交易初期，只有小麦、玉米等易存储的商品可以进行期货交易。随着保鲜、冷冻技术的发展，不仅橙汁、牛奶、猪五花肉等商品已进入了期货市场，而且由于农场交割、厂库交割等交割方式的创新，生猪、活牛、豆粕等不易储存的鲜活商品也进入了期货市场。

（二）品质易于划分，质量可以评价

期货合约的标准化条款之一是交割等级。量化和评级商品的规格、质量，对大宗初级产品如小麦、大豆、金属等容易做到，但对于加工程度高，品质、属性等方面存在诸多差异的工业制成品则存在很大难度。因此，目前期货与期权市场上市的主要是同质化的金融产品及品种、质量、规格差别较小的初级产品。

（三）商品供应量较大，不易被控制和垄断

能够作为期货品种的商品在现货市场上必须有较大的供应量，否则很容易被投机者操纵市场，即通过垄断现货在期货市场进行买空交易，一直持仓到交割月，致使交易对手无法进行实物交割，由此可能会引发违约风险，增加期货市场的不稳定性。

（四）买卖参与者众多

在交易量足够大，买入者想要购买某种商品的期货合约时，总有人愿意卖出；在出售者愿意卖出某种商品的期货合约时，总有人愿意买入。买卖参与者众多可以增强市场的流动性，促使期货市场功能得以发挥。

（五）价格波动频繁

依据交易目的不同，期货交易者可以分为套期保值者和投机者。利用期货交易规避价格风险；没有价格波动，套期保值者便没有价格风险，从而没有了规避价格风险的需要，没有价

格波动也就没有差价及利润空间，对投资者而言也就失去了参与期货交易的动力。所以，价格频繁波动既吸引套期保值者又刺激投机者投身于期货市场，否则期货市场便不能生存发展。

阅读材料

2014年中国市场上有“五大僵尸品种”——线材、豆二、普麦、油菜籽、燃料油，三年来的累计成交额占期货市场总成交额的比例均不到0.05%。

为了激活期货“僵尸品种”，2013年8月底，上海期货交易所将铅期货的交易单位从25吨/手降为5吨/手，改为小合约，以激活一些投机者，然而并没有产生起死回生的效果。

统计显示，铅期货在未变成小合约之前，也就是2013年前8月的铅期货的成交金额占交易所同期总成交金额的0.04%，而瘦身成小合约后，份额并没有得到有效的改善，9月、10月、11月这三个月的铅期货累计成交金额为102.6亿元，占交易所份额还略有下降。

二、期货的品种

（一）商品期货

商品期货是期货市场最先上市的类别。随着期货市场的发展，商品期货品种不断创新，从传统的谷物期货，发展到经济作物、畜产品、有色金属和能源等大宗产品。

农产品期货种类很多，仅芝加哥商业交易所集团就上市了166个品种，包括谷物及油籽（grains and oilseeds），豆油、豆粕等特色品种（featured），家畜（livestock），奶制品（dairy），木材（forest）及咖啡等软饮料。

谷物期货是产生最早的期货品种，也是目前全球商品期货市场的重要组成部分。芝加哥商业交易所集团旗下芝加哥期货交易所是全球最大的谷物期货交易所，交易玉米、大豆、小麦、燕麦、糙米等多个谷物期货合约。随着期货市场的发展，很多经济作物及加工品也陆续被推出，如芝加哥商业交易所的鸡蛋、黄油、奶酪、牛奶、奶粉及木材期货，芝加哥商业交易所集团旗下纽约商业交易所的食糖、棉花、可可、咖啡等期货品种。2014年农产品合约表现十分优异，全球前五名最活跃的合约均是出自中国，郑州商品交易所的菜粕期货合约成交量3.03亿手居于首位；大连商品交易所的鸡蛋合约以3 518.9万手的成交量位于第九。

金属期货主要包括有色金属和黑色金属，有色金属期货除了铜、铝、铅、锌、镍、锡外，还包括金、银、铂、钯等贵金属期货。目前，仅芝加哥商业交易所集团就上市了74个金属期货品种。世界上的有色金属期货交易主要集中在伦敦金属交易所、纽约商业交易所、东京工业品交易所及上海期货交易所。除此之外，黑色金属（铁、铬、锰）期货交易也非常活跃。2014年，大连商品交易所的铁矿石期货成交量达9 635.91万手，位列全球金属期货交易量第三。

能源期货产生较晚但发展较快，2013年全球能源期货交易量共计13.15亿手。能源期货包括原油、取暖油、燃料油、汽油、天然气等多个品种，其中原油期货合约最为活跃。2013年，能源期货曾是全球最大的商品期货品种，芝加哥商业交易所集团的纽约商业交易所、洲际交易所集团、迪拜商品交易所（Dubai Mercantile Exchange，DME），是全球最主要的原油

期货交易所。三家期货交易所分别推出的WTI原油期货、布伦特原油期货和阿曼原油期货。印度大宗商品交易所（Multi Commodity Exchange，MCX）的原油期货和天然气期货成交量也进入全球排行榜前20名。

（二）金融期货

20世纪70年代，期货市场实现了突破性发展，金融期货出现并逐渐占据了期货市场的主导地位。

1972年5月16日，芝加哥商业交易所的国际货币市场率先推出外汇期货合约。目前，芝加哥商业交易所集团上市交易的外汇期货合约有54种之多，其中欧元、日元、英镑、澳元及加拿大元期货合约成交量均进入世界前20名。

1975年10月20日，为了规避利率频繁波动的风险，芝加哥期货交易所首次推出利率期货。利率期货发展极其迅速，几年时间就成为交易量最大的期货品种。目前，芝加哥商业交易所集团上市交易的外汇期货合约包括利率掉期期货（swap futures）有35种之多。其中芝加哥商业交易所的欧洲美元利率期货合约成交量排名世界第一，芝加哥期货交易所的十年期美国国债期货和五年期美国国债期货合约成交量分别排名世界第二、第四。

股指期货是1982年2月由美国堪萨斯城期货交易所率先推出的。随着全球证券市场的发展和股票价格波动的日益剧烈，投资者规避股市风险的愿望格外强烈，各国交易所开始尝试推出股指期货。股指期货在20世纪90年代以来发展格外迅速，2014年全球股指期货合约成交量达58.28亿手，按品种排名仅次于个股期货成交量排在第二名。目前，芝加哥商业交易所集团上市交易的股指期货合约有24种。电子迷你标准普尔500指数期货是世界上交易量最大的股指期货合约之一。

（三）其他期货新品种

随着期货市场的不断发展，期货品种不断创新，一些与传统的商品期货和金融期货有所不同的新的期货品种应运而生。

1. 保险期货

1985年，芝加哥贸易学院推出了世界上第一种巨灾风险期货。该产品是以国家服务局将全国各地有代表的灾难风险保单汇集起来，通过分析其损失赔付率的波动情况从而定期发布的一种动态指数作为买卖的对象，以使保险公司可以将保险风险进行套期保值，投资者从保险风险中获利，这标志着新一代保险衍生品的诞生。1992年，芝加哥期货交易所推出包括东部灾难保险、中西部灾难保险、全国灾难保险和西部灾难保险等保险期货品种。

2. 经济指数期货

经济发达国家各项经济发展指标体系健全，且其对经济生活影响越来越大。特别是在资本市场上，成为投资者投资的重要参考指标。由此，出现了一批以经济发展指标为合约标的资产的指数期货上市新浪潮。例如，在商品指数期货方面，1986年纽约期货交易所开发出

CRB（commodity research bureaus）合约，新合约使用户无须购买一种或多种商品即可更加全面地把握商品市场。CRB 合约曾经是一个非常成功的合约，后来由于各成分商品的权数固定不变并且各成分商品的权数相等，没有考虑到各成分商品的价格和市场价值的变化，久而久之它失去了与现货市场的相关性。之后，芝加哥商业交易所推出了 GOLDMAN-SACHS 商品指数（GSCI），芝加哥期货交易所推出了道·琼斯 AIG 商品指数（DJ-AIG），纽约期货交易所推出了 S&P 商品指数（SPCI）。现在，芝加哥期货交易所是推出经济指数期货最多的期货交易所，其上市交易的合约有农业指数期货、作物产量期货、全球商品指数期货、建筑用面板指数期货、通胀指数期货、航运价格指数期货等。

另外，一些交易所上市了交易天气、污染指数、自然灾害等没有基础现货市场的衍生产品。

全球主要期货品种及上市交易所如表 4.1 所示。

表 4.1　全球主要期货品种及上市交易所

期货分类	品种		上市交易所
商品期货	农产品	玉米、大豆、小麦、豆粕、豆油	芝加哥期货交易所
	林产品	木材	芝加哥商业交易所
	经济作物	棉花、糖、咖啡、可可	纽约期货交易所
	畜产品	生猪、活牛、嫩鸡	芝加哥商业交易所
	有色金属	黄金、白银、钯	纽约商业交易所 纽约商品交易所
		铜、铝、锌、锡	伦敦金属交易所
	能源	石油、天然气	纽约商业交易所 伦敦国际石油交易所
金融期货	外汇	美元、欧元、日元、英镑、瑞士法郎	芝加哥商业交易所 伦敦国际金融期货交易所
	利率	美国十年期国债、五年期国债、长期国债、欧洲美元、三个月期欧洲银行间欧元汇率	芝加哥期货交易所 欧洲期货交易所 泛欧交易所
	股票指数	标准普尔 500 指数、KOSPI200 股指、Euro stoxx50 指数	芝加哥商业交易所 韩国证券交易所 欧洲期货交易所
	股票	各国个股股票	ONECHICAGO 伦敦国际金融期货期权交易所

三、期权的品种

1973 年，芝加哥期权交易所的正式成立，标志着以股票期权交易为代表的真正意义上的场内期权交易开始进入了完全统一化、标准化及管理规范化的全面发展新阶段。

期权交易先从股票开始，逐渐扩散到其他品种，又通过与期货交易相融合，衍生出期货期权交易。可以说，几乎所有形式的资产和负债都有期权交易存在。

最近几年，世界期权交易量增长很快。以美国为例，商品期权中芝加哥期货交易所的玉米期权和大豆期权成交量在全球农产品期货与期权排行榜上名列第 15 和第 17 名，纽约商业

交易所的原油期权、欧式天然气期权在全球能源期货与期权排行榜上名列第 10 和第 11 名，美国多家交易所交易的美国石油基金 ETF 期权及美国石油天然气基金 ETF 期权名列第 14 和第 17 名。芝加哥商业交易所的外汇期权有 31 种之多，股指期权中美国多家交易所交易的 SPDR 标普 500 ETF 期权、安硕罗素 2000 指数 ETF 期权、Power shares QQQ ETF 期权、iPath 标普 500 波动率指数短期期货 ETN 期权和安硕 MSCI 新兴市场 ETF 期权在全球股指期货与期权排行榜上名列第 2、第 12、第 15、第 16 和 17 名，CBOE 的标普 500 指数期权、波动率指数期权排名第 9 和第 13 位。

第二节　期货与期权的合约内容

一、期货与期权合约的概念

期货合约（futures contract）是指由期货交易所统一制定的、规定在将来某一特定的时间和地点交割一定数量和质量标的物的标准化合约。期货合约是期货交易的对象。期货交易参与者通过在期货交易所买卖期货合约，转移价格风险，获取风险收益。期货合约的标准化便利了期货合约的连续买卖，使之具有很强的市场流动性，极大地简化了交易过程，降低了交易成本，提高了交易效率。

期权合约（options contract）是关于在未来某一时间以某一特定价格买卖特定商品的权利的契约。期权合约是一种赋予买方权利而非义务的标准化契约，即在某一特定时间内，期权的买方以期权合约成交时双方同意的期权费，拥有买卖特定价格、特定数量与质量的相关产品的权利的标准化契约。

二、期货与期权合约的特点及设计原则

（一）期货合约的主要特点

期货合约的主要特点包括以下几个方面。

1）期货合约的品种、数量、质量、等级、交货时间、交货地点等条款都是既定的，是标准化的，唯一的变量是价格。期货合约的内容通常由期货交易所设计，国外一般采用核准上市，我国采用审批上市。

2）期货合约是在期货交易所组织下进行交易的，具有法律效力。期货价格是在期货交易所的交易厅内或电子交易平台上通过公开竞价方式产生的。

3）期货合约的履约由期货交易所或期货结算所担保。

4）期货合约可通过实物交割、现金交割或对冲交易等方式来了结期货交易。

（二）期权合约的主要特点

期权合约的主要特点包括以下几个方面。

1）期权买方要想获得权利必须向期权卖方支付一定的费用，即期权费或期权价格。

2）期权买方取得的权利是在未来的，即在未来某一时间内，或在未来某一特定日期。

3）期权买方在未来买卖标的物是由期权合约事前约定的。

4）期权买方在未来买卖标的物的价格是事先规定好的。

5）期权买方取得的是买卖的权利，而不负有必须买进或卖出的义务；期权买方有执行的权利，也有不执行的权利。

6）期权买方拥有权利并为此支付权利金，仅承担有限的风险。

（三）期货与期权合约的设计原则

期货与期权合约设计必须遵循一定的原则。在合约设计方案拟出后，应当组织一个由期货交易所有关人员、会员单位代表和外部专家等组成的合约论证小组，对合约方案进行全面、系统的论证，并提出相应的修改意见，以保证合约的严密性、完备性和可操作性。期货与期权合约的设计必须遵循以下五大原则。

1）社会原则，必须符合国家利益和社会公众利益。

2）政策原则，必须符合国家相关政策、法律和法规，与国家相关政策相适应。

3）功能原则，必须有助于期货市场充分发挥发现价格和规避风险的功能。

4）科学原则，必须符合期货市场运行规律的基本要求。

5）操作原则，必须充分适应期货交易所现有的制度、设施结构等条件。

三、期货与期权合约的主要条款

（一）期货合约的主要条款

1. 合约名称

合约名称也称合约标的（contract underlying asset），一般包括该合约的品种及其上市的期货交易所。例如，铜合约名称为上海期货交易所阴极铜期货合约。金融期货合约标的有时会包括合约规模，如五年期国债期货合约标的为面值为 100 万元人民币、票面利率为 3%的中期国债。

2. 合约单位

合约单位（contract unit）或合约规模（contract size），是指在期货交易所的每手期货合约所代表的标的资产的数量。例如，大连商品交易所豆粕期货合约的交易单位为“10 吨/手”，芝加哥期货交易所谷物期货合约单位一般为 5 000 蒲式耳。当豆粕期货价格为 3 000 元/吨时，每手豆粕期货合约的价值为 30 000 元。期货价格乘以交易单位等于期货合约的价值。沪深 300 指数期货合约的价值为“沪深 300 指数×300 元（合约乘数）”。

确定期货合约交易单位的大小主要应当考虑合约标的物的市场规模、交易者的资金规模、会员结构、商品现货交易习惯等因素。一般来说，某种商品的市场规模较大，交易者的资金规模较大，愿意参与该期货交易的会员单位较多，则该期货合约的交易单位可以设计得大一些；反之，则小一些。

3. 报价单位

报价单位（price quotation）是指在公开竞价过程中对商品期货合约报价所使用的单位，即每计量单位的货币价格。我国阴极铜、铝、小麦、大豆等期货合约的报价单位以元（人民币）/吨表示，沪深300指数期货合约的报价单位为指数点。

4. 最小变动价位

最小变动价位（tick size，minimum price fluctuation）是指在期货交易所的公开竞价过程中，期货合约每计量单位报价的最小变动数值。在期货交易中，最小变动价位乘以交易单位，便是合约价值的最小变动值。例如，上海期货交易所锌期货合约的最小变动价位是5元/吨，则每手合约的最小变动值是25元（5元/吨×5吨）。

最小变动价位的确定通常取决于合约标的物的种类、性质、市场价格波动情况和商业规范等。设置最小变动价位主要是为了保证市场有适度的流动性。一般而言，较小的最小变动价位有利于增加市场流动性，但过小的最小变动价位又有可能增加交易协商成本；较大的最小变动价位一般会减少交易量，影响市场的活跃程度，不利于交易。

5. 每日价格最大波动限制

每日价格最大波动限制（daily price limit，daily price fluctuation）规定了期货合约在一个交易日中的价格波动不得高于或低于的涨跌幅度。每日价格最大波动限制一般是以合约上一交易日的结算价为基准。期货合约上一交易日的结算价加上允许的最大涨幅构成当日价格上涨的上限，称为涨停板；该合约上一交易日的结算价减去允许的最大跌幅则构成当日价格下跌的下限，称为跌停板。在我国期货市场，每日价格最大波动限制一般设定为合约上一交易日结算价的一定百分比。

每日价格最大波动限制的确定主要取决于该种标的物市场价格波动的频繁程度和波幅的大小。一般来说，标的物价格波动越频繁、越剧烈，期货合约允许的每日价格最大波动幅度应设置得越大一些。

6. 交割月份

交割月份（delivery month）是指某种期货合约到期交割的月份。期货合约交割月份的确定一般受合约标的物的生产、使用、储藏、流通等方面因素的影响。例如，许多农产品期货的生产与流通具有很强的季节性，其交割月份的规定也具有季节性特点。例如，美国的小麦6月收获，其年度第一个交割月份为7月，其余为9月、12月、3月、5月；大豆9月收获，其年度第一个交割月份为1月、3月、5月、7月、8月、9月；而工业品基本上是全年每个月；金融期货一般按季度，如3月、6月、9月、12月。

7. 交易时间

交易时间（trading hours）由期货交易所统一规定。交易者只能在规定的交易时间内进行交易。例如，芝加哥商业交易所农产品场内期货与期权的交易时间为周一至周五 9:30a.m.～1:15p.m.（时间），外汇期货与期权电子交易平台的交易时间为周日至周四 5:00p.m.～隔日 4:00p.m.（美国中部时间）。

8. 最后交易日

最后交易日（last trading day）是指期货合约在合约交割月份中进行交易的最后一天的交易时间，过了这个期限的未平仓期货合约必须按规定进行实物交割或现金交割。期货交易所根据不同期货合约标的物的现货交易特点等因素确定其最后交易日。

9. 交割日

交割日（delivery date）是指期货合约标的物所有权进行转移，以实物交割或现金交割方式了结未平仓合约的时间。

10. 交割等级

交割等级（deliverable grades）是指合约标的物的质量等级。期货交易所在制定合约标的物的质量等级时，常常采用国内或国际贸易中最通用和交易量较大的标准品的质量等级为标准交割等级。

为了保证期货交易顺利进行，许多期货交易所都允许实际交割的标的物质量等级与期货合约规定的标准交割等级有所差别，即允许用与标准品有一定等级差别的商品作替代交割品。交货人用期货交易所统一规定质量等级的替代品进行实物交割时，收货人不能拒收；交易所根据市场情况统一规定并适时调整替代品与标准品之间的升贴水标准。

11. 交割地点

交割地点（delivery point）是由期货交易所统一规定的进行实物交割的指定地点。

商品期货交易大多涉及大宗实物商品的买卖，统一指定交割仓库（delivery warehouse）可以保证卖方交付的商品符合期货合约规定的数量与质量等级。期货交易所在指定交割仓库时主要考虑其所在地区的生产或消费集中程度，以及储存条件、运输条件和质检条件等。

金融期货交易中期货交易所一般会指定交割银行。交割银行必须具有良好的金融资信、较强的进行大额资金结算的业务能力，以及先进、高效的结算手段和设备。

12. 交易手续费

交易手续费（commission）是期货交易所按成交合约金额的一定比例或按成交合约手数收取的费用。交易手续费的高低对市场流动性有一定影响，交易手续费过高会增加期货市场的交易成本，扩大套利区间，降低市场交易量，不利于市场活跃。

13. 交割方式

交割方式分为实物交割和现金交割两种。商品期货、股票期货、外汇期货、中长期利率

期货通常采取实物交割方式，欧洲美元、股票指数、商品指数、天气指数、污染指数等难以实现实物交割的品种通常采用现金交割方式。

14. 交易代码

交易代码（product code）是期货交易所为便于交易对每一期货品种规定的。我国期货市场的各期货合约代码如表 4.2 所示。

表 4.2　我国期货品种及其代码（截至 2015 年 7 月 2 日）

期货交易所	品种及代码
上海期货交易所	铜(cu)，铝(al)，锌(zn)，铅(pb)，镍(ni)，锡(sn)，黄金(au)，白银(ag)，螺纹钢(rb)，线材(wr)，热轧卷板(hc)，燃料油(fu)，沥青(bu)，天然橡胶(ru)
郑州商品交易所	强麦(wh)，普麦(pm)，棉花(cf)，白糖(SR)，精对苯二甲酸（PTA）(ta)，菜籽油(oi)，早籼稻(ri)，甲醇(me)，玻璃(fg)，油菜籽(rs)，菜籽粕(rm)，动力煤(tc)，粳稻(jr)，晚籼稻(lr)，硅铁(sf)，锰硅(sm)
大连商品交易所	玉米(c)，玉米淀粉(cs)，黄大豆 1 号(a)，黄大豆 2 号(b)，豆粕(m)，豆油(y)，棕榈油(p)，鸡蛋(jd)，胶合版(bb)，纤维板(fb)，聚乙烯 1 聚氯乙烯(v)，聚丙烯(pp)，焦炭(j)，焦煤(jm)，铁矿石(i)
中国金融期货交易所	沪深 300 指数(if)，上证 50 指数(ih)，中证 500 指数(ic)，面值为 100 万元人民币、票面利率为 3%的名义中期国债(tf)，面值为 100 万元人民币、票面利率为 3%的名义长期国债(t)

15. 保证金

保证金（margin）是指买卖期货合约所需缴纳的保证金水平。在期货交易中任何交易者必须按照一定金额或期货合约价格的一定比例缴纳押金（通常为 5%～15%），作为其履行期货合约的财力担保。例如，大连商品交易所规定豆粕期货的交易保证金为合约价值的 5%，沪深 300 指数期货的交易保证金为合约价值的 12%。

（二）期权合约的主要条款

期权合约几乎包括了相关期货合约的所有标准化要素，但有三项要素是期权合约中所特有的。

1. 权利金

权利金（premium）是指期权的价格，是期权买方为获取期权合约所赋予的权利而必须支付给卖方的费用，又称为期权价格、期权费、保险费。对于期权买方而言，权利金是其买入期权可能遭受损失的最高限度；对于卖方而言，权利金是卖出期权的报酬，是期权的成交价。卖出期权立即可以获得一笔收入，而不必马上进行期权合约的交割。

2. 执行价格

执行价格又称为敲定价格（strike price）、履约价格、约定价格，是指期权买方有权从卖方买入或卖出一定数量标的资产的价格，执行价格一经确定，无论期权标的资产的市场价格上涨或下跌到什么水平，只要买方要求执行该期权，卖方都必须以此执行价格履行其必须履行的义务。

3. 到期日

到期日（expiration date）是指期权合约必须履行的时间，是期权合约的终点，一般是在相关期货合约交割日期前一个月的某一时间。这是为了让期权卖方为履行义务而必须买入或卖出相关期货合约时，有一定的时间在期货市场上进行反向的期货合约交易来对冲平仓，尽可能避免他不愿或不准备进行实物交割局面的出现。欧式期权规定只有在合约到期日方能执行期权，美式期权规定在合约到期日之前的任何一个交易日（含合约到期日）均可执行期权。

四、期货合约与期权合约的差异

期货合约与期权合约虽然都是标准化的，有相似之处，但二者也有差异，如表 4.3 所示。

表 4.3 期货合约与期权合约的比较

条款	期货合约	期权合约
权利义务	买卖双方均负有接收或交付标的物的义务	买方有执行期权合约的权利而非负有履行合约的义务，卖方则负有履约义务
风险	风险巨大	买进看涨期权或看跌期权时，风险有限，仅限权利金
价格保护	价格锁定	得到最低买价或最高卖价
保证金	不论多头或空头均需支付保证金	仅卖方支付保证金
交割时间	在交割月份内	在期权合约到期日前任何时间内（美式期权），或在最后交易日（欧式期权）
交收与结算方法	交收标的物（指数期货除外）	执行期权合约的权利时，可取得多头或空头期货合约

第三节 期货与期权市场的基本制度

为了维护期货与期权交易“公开、公平、公正”的原则及市场的高效运行，对期货与期权市场实施有效的风险管理，期货交易所制定了相关制度与规则。本节重点介绍保证金制度、当日无负债结算制度、涨跌停板制度、持仓限额及大户报告制度、强行平仓制度、风险警示制度、信息披露制度等基本制度。

一、保证金制度

（一）保证金制度的内涵

保证金制度是指期货交易所为防范交易风险所设计的一系列保证金种类，以及调整和追加保证金的制度与方法。

（二）保证金制度的特点

1. 保证制度的基本特点

在国际期货市场上，保证金制度的通常具备以下特点。

1）对交易者的保证金要求与其面临的风险相对应。一般来说，交易者面临的风险越大，对其要求的保证金越多。比如，美国期货市场，对投机者要求的保证金要大于对套期保值者和套利者要求的保证金。

2）期货交易所根据合约特点设定最低保证金标准，并可根据市场风险状况等调节保证金水平。价格波动越大的合约，投资者交易面临的风险越大，设定的最低保证金标准越高；当投机过度时，期货交易所可提高最低保证金标准，提高入市成本，抑制投机行为。

3）保证金的收取是分级进行的。一般而言，期货交易所或结算机构只向其会员收取履约保证金（performance bond margin）或结算保证金（clearing margin），作为会员的期货公司则向其客户收取客户保证金（customer margin）。保证金的分级收取与管理，对于市场风险的分层次分担与管理具有重要意义。

4）为了防范交易风险，交易所必须把保证金维持在一定水平。因此，当交易者发出交易指令时，交易所即根据成交金额按比例收取初始保证金（initial margin），当价格波动使保证金比例低于维持保证金（maintenance margin）时，就会发出追加保证金通知（margin call），要求交易者补足保证金。

2. 我国保证金制度的独特特点

我国期货交易的保证金制度借鉴国际通行的做法，在实行过程中形成了自身特点。

1）距交割月份越近，交易者面临到期交割的可能性越大，为防止实物交割中可能出现的违约风险，促使不愿进行实物交割的交易者尽快平仓了结，保证金比率随着交割期临近而提高。例如，《郑州商品交易所期货交易风险控制管理办法》（2012 年 7 月 11 日公告）规定，期货合约的交易保证金按照该期货合约上市交易的“一般月份”“交割月前一个月份”“交割月份”三个期间依次管理。一般月份，普麦、强麦、早籼稻、菜籽油期货合约的交易保证金为 5%，甲醇期货合约的交易保证金为 6%；交割月份，所有品种的期货合约交易保证金均为 30%；交割月前一个月份，期货合约按上旬、中旬和下旬的不同，分别适用不同标准的交易保证金。

2）一般来说，随着合约持仓量增加，尤其是当持仓合约所代表的标的商品数量超过相关商品现货数量时，表明期货市场投机交易过多，蕴涵较大的风险。因此，期货交易所将逐步提高该合约的交易保证金比例，以控制市场风险。根据《大连商品交易所风险管理办法》（2009 年 5 月 25 日施行）的规定，黄大豆 1 号、豆粕、聚氯乙烯合约持仓量变化时交易保证金收取标准如表 4.4 所示。

表 4.4 期货合约交易保证金比例随持仓量变化而变化

合约月份双边持仓总量（n）/万手	交易保证金
n≤100 万手	合约价值的 5%
100 万手＜n≤150 万手	合约价值的 8%
150 万手＜n≤200 万手	合约价值的 9%
200 万手＜n	合约价值的 10%

3）当某一期货合约连续出现涨跌停板时，交易保证金比率相应提高。

4）当某一期货合约连续若干个交易日的累积涨跌幅达到一定程度时，期货交易所有权视具体情况提高交易保证金水平。例如，《上海期货交易所风险控制管理办法》（2009 年 3 月 27 日开始实施）规定，当黄金期货合约连续三个交易日（即 D1、D2、D3、D4 交易日）的累计涨跌幅达到 14%时，交易所可以根据市场情况，采取单边或双边、同比例或不同比例、部分会员或全部会员提高交易保证金。

5）当某一期货合约交易出现异常情况时，期货交易所可按规定的程序调整交易保证金的比例。

二、当日无负债结算制度

（一）当日无负债结算制度的内涵

当日无负债结算制度又称“逐日盯市”制度，是指在每个交易日结束后，结算机构对期货交易保证金账户当天的盈亏状况进行结算，若交易发生亏损导致保证金账户资金不足，则要求参与者必须在规定时间内追加保证金，以做到“当日无负债”。

（二）当日无负债结算制度的特点

当日无负债结算制度的实施呈现出以下特点。

1）对所有账户的交易及头寸按不同品种、不同月份的合约分别进行结算，在此基础上汇总，使每一交易账户的盈亏都能得到及时、具体且真实地反映。

2）在对交易盈亏进行结算时，不仅对平仓头寸的盈亏进行结算，而且对未平仓合约的浮动盈亏也进行结算。

3）通过期货交易的分级结算体系实施。期货交易所（结算所）对会员进行结算，期货公司根据期货交易所（结算所）的结算结果对客户进行结算。期货交易所会员（客户）的保证金不足时，会被要求及时追加保证金或者自行平仓；否则，其合约将会被强行平仓。

三、涨跌停板制度

（一）涨跌停板制度的作用

涨跌停板制度又称每日价格最大波动限制制度，其能够有效地减缓、抑制部分突发性事件和过度投机行为所造成的期货价格狂涨暴跌，减小交易当日的价格波动幅度，以及将会员和客户的当日损失控制在相对较小的范围内。涨跌停板制度为保证金制度和当日结算无负债制度的实施创造了有利条件，因为向会员和客户收取的保证金数额只要大于在涨跌幅度内可能发生的亏损金额，便能够保证当日期货价格波动达到涨停板或跌停板时也不会出现透支。

（二）涨跌停板制度的特点

涨跌停板一般设定为期货合约上一交易日结算价的一定百分比。对价格波动幅度较大的期货品种及合约，设定的涨跌停板幅度也相应大些。在我国期货市场涨跌停板制度具有以下特点。

1）对于新上市的品种和新上市的期货合约，其涨跌停板幅度一般为合约规定涨跌停板幅度的2倍或3倍。如合约有成交则于下一交易日恢复到合约规定的涨跌停板幅度；如合约无成交，则下一交易日继续执行前一交易日涨跌停板幅度。

2）在交易过程中，当合约价格同方向连续涨跌停板、遇国家法定长假，或期货交易所认为市场风险明显变化时，期货交易所可以根据市场风险调整其涨跌停板幅度。

3）对同时适用期货交易所规定的两种或两种以上涨跌停板情形的，其涨跌停板按照规定涨跌停板中的最高值确定。

四、持仓限额及大户报告制度

（一）持仓限额及大户报告制度的内涵

持仓限额制度是指期货交易所规定会员或客户可以持有的、按单边计算的某一品种或某一合约投机头寸的最大数额，以防范期货市场风险过度集中于少数投资者。大户报告制度是指当期货交易所会员或客户对某合约持仓达到交易所规定的持仓报告标准时，会员或客户应向交易所报告。通过大户报告制度，可以使期货交易所对持仓量较大的会员或客户进行重点监控，了解其持仓动向、意图，有效防范操纵市场价格的行为。

（二）持仓限额及大户报告制度的特点

1. 持仓限客及大户报告制度的基本特点

在国际期货市场，持仓限额及大户报告制度的实施具有以下特点。

1）期货交易所可以根据不同期货品种及合约的具体情况和市场风险状况制定和调整持仓限额和持仓报告标准。

2）通常来说，一般月份合约的持仓限额及持仓报告标准高；临近交割时，持仓限额及持仓报告标准低。

3）持仓限额通常只针对一般投机头寸，而套期保值头寸、风险管理头寸及套利头寸可以向期货交易所申请豁免。

2. 我国对策仓限客及大户报告标准设定的规定

我国大连商品交易所、郑州商品交易所和上海期货交易所，对持仓限额及大户报告标准的设定有以下规定。

1）交易所可以根据不同期货品种的具体情况，分别确定每一品种每一月份的限仓数额及大户报告标准。

2）当会员或客户某品种持仓合约的投机头寸达到交易所对其规定的投机头寸持仓限量80%以上（含本数）时，会员或客户应向交易所报告其资金情况、头寸情况等，客户须通过期货公司会员报告。

3）市场总持仓量不同，适用的持仓限额及持仓报告标准不同。当某合约市场总持仓量大时，持仓限额及持仓报告标准设置得高一些；反之，当某合约市场总持仓量小时，持仓限额及持仓报告标准也低一些。

五、强行平仓制度

（一）强行平仓制度的内涵

强行平仓制度是指期货交易所出现巨大风险或投资者保证金不足及违规操作时，期货交易所对有关持仓实行平仓的一种强制性措施。强行平仓可分为以下两种类型。

1）因交易保证金不足而被强行平仓，这是最常见的情形。当价格发生不利变动导致当日结算后保证金不足，而会员（客户）又未能按照期货交易所（期货公司）的通知及时追加保证金或主动减仓，且市场行情仍朝其持仓不利的方向发展时，期货交易所（期货公司）强行平掉会员（客户）部分或者全部头寸，将所得资金填补保证金缺口。

2）因交易所调整持仓限额，而会员（客户）因未自行减仓并违反持仓限额制度而被强行平仓，即超过了规定的持仓限额且并未在期货交易所（期货公司）规定的期限内自行减仓，其超出持仓限额的部分头寸将会被强制平仓。从这个角度来讲，强行平仓制度是持仓限额制度的有力补充。

（二）我国期货强行平仓制度的执行过程

我国期货交易所强行平仓的执行过程如下。

1）通知。期货交易所以强行平仓通知书的形式向有关会员下达强行平仓要求。

2）执行及确认。开市后，有关会员必须首先自行平仓，直至达到平仓要求，执行结果由期货交易所审核；超过会员自行强行平仓时限而未执行完毕的，剩余部分由期货交易所直接执行强行平仓；强行平仓执行完毕后，期货交易所记录执行结果并存档；强行平仓结果发送。

在我国，期货公司有专门的风险控制人员实时监督客户的持仓风险。当客户除保证金外的可用资金为负值时，期货公司会通知客户追加保证金或自行平仓；如果客户没有自己处理，而价格又朝不利于持仓的方向继续变化，期货公司会根据具体的强行平仓标准，对客户进行强行平仓。强行平仓操作流程如图 4.1 所示。

六、风险警示制度

风险警示制度是指期货交易所认为必要的，分别或同时采取要求报告情况、谈话提醒、书面警示、公开谴责、发布风险警示公告等措施中的一种或多种，以警示和化解风险的制度。

我国期货交易相关制度规定出现下列情形之一的，期货交易所有权约见会员的高管人员或客户谈话提醒风险，或者要求会员或客户报告情况：①期货价格出现异常；②会员或者客户交易异常；③会员或者客户持仓异常；④会员资金异常；⑤会员或者客户涉嫌违规、违约；⑥交易所接到涉及会员或者客户的投诉；⑦会员涉及司法调查；⑧交易所认定的其他情况。

发生下列情形之一的，期货交易所有权发出风险警示公告，向全体会员和客户警示风险：①期货价格出现异常；②期货价格和现货价格出现较大差距；③会员或者客户涉嫌违规、违约；④会员或者客户交易存在较大风险；⑤交易所认定的其他情形。

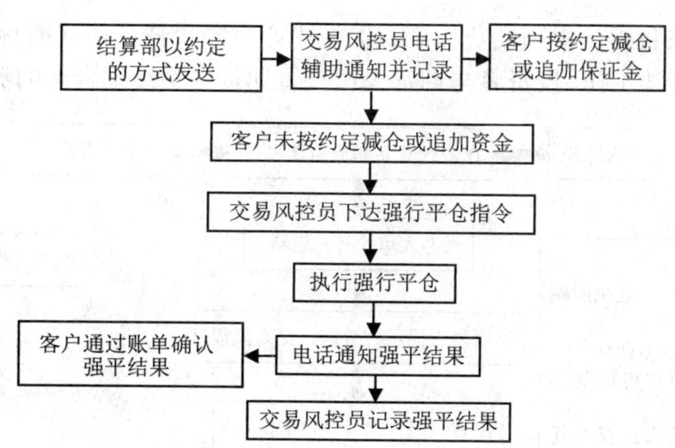

图 4.1　强行平仓操作流程

发生下列情形之一的，期货交易所有权在指定媒体上对有关会员和客户进行公开谴责：①不按交易所要求报告情况和谈话的；②故意隐瞒事实，瞒报、错报、漏报重要信息的；③故意销毁违规违约证明材料，不配合交易所调查的；④经查实存在欺诈客户行为的；⑤经查实参与分仓和操纵市场的；⑥交易所认定的其他违规行为。期货交易所对相关会员或客户进行公开谴责的同时，按交易所违规处理办法处理其违规行为。

七、信息披露制度

信息披露制度是指期货交易所按有关规定公布期货交易有关信息的制度。我国《期货交易管理条例》规定，期货交易所应当及时公布上市品种合约的成交价、最高价与最低价、开盘价与收盘价和成交量、持仓量及其他应当公布的即时行情，并保证即时行情的真实、准确。期货交易所不得发布价格预测信息。未经期货交易所许可，任何单位和个人不得发布期货交易即时行情。

根据《期货交易所管理办法》的规定，期货交易涉及商品实物交割的，期货交易所还应当发布标准仓单数量和可用库容情况。期货交易所应当编制交易情况周报表、月报表和年报表，并及时公布。期货交易所对期货交易、结算、交割资料的保存期限应当不少于 20 年。

第四节　期货与期权的交易流程

通常而言，客户进行期货交易涉及开户、下单、竞价、结算、交割等多个环节。在实际操作中，大多数期货交易都是通过对冲平仓的方式了结履约责任，进入交割环节的比重非常小，所以交割环节并不是交易流程中的必经环节。

一、开户

因为只有期货交易所的会员方能够直接进入交易所进行交易，普通投资者在进入期货市场交易之前，需首先选择一个具备合法代理资格、信誉好、资金安全、运作规范和收费比较合理的期货公司。在我国，中国期货保证金监控中心有限责任公司（简称“监控中心”）负责客户开户管理的具体工作。投资者与期货公司签署期货交易经纪合同的流程如图 4.2 所示。

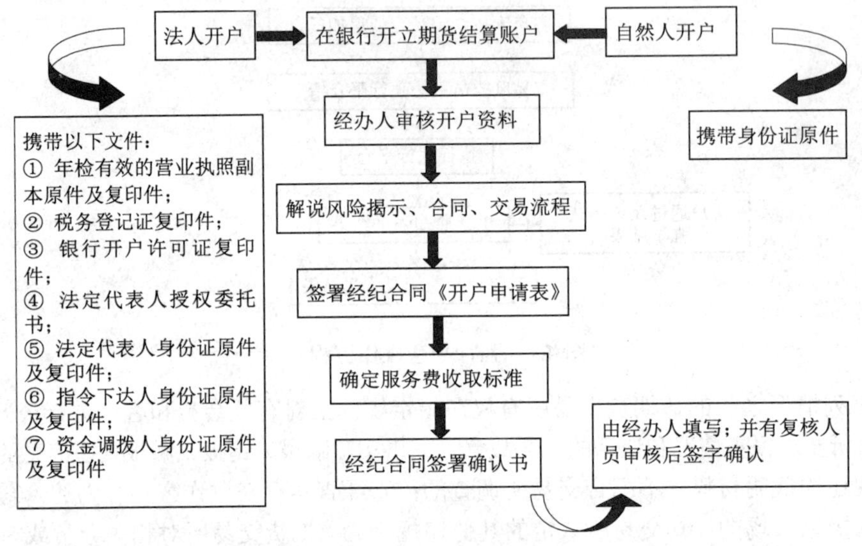

图 4.2 经纪合同签署流程

一般来说，期货公司会员为客户开设账户的程序及所需的文件细节虽不尽相同，但其基本程序是相同的，如图 4.3 所示。

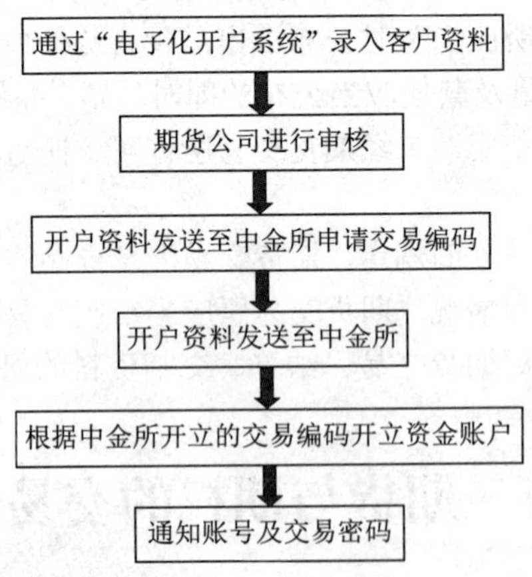

图 4.3 期货开户流程

（一）申请开户

投资者在经过对比、判断、选定期货公司之后，即可向该期货公司提出委托申请，开立账户，成为该公司的客户。开立账户实质上是确立投资者（委托人）与期货公司（代理人）之间的一种法律关系。

期货公司的客户可分为自然人客户和法人客户。自然人开户应提供本人身份证，留存印鉴或签名样卡；法人开户应提供“企业法人营业执照”影印件，并提供法定代表人及本单位期货交易业务执行人的姓名、联系电话、单位及其法定代表人或单位负责人印鉴等内容的书面材料，以及法定代表人授权期货交易业务执行人的书面授权书。期货公司应当对客户开户资料进行审核，确保开户资料的合规、真实、准确和完整。

（二）阅读“期货交易风险说明书”并签字确认

期货公司在接受客户开户申请时，必须向客户提供“期货交易风险说明书”，自然人客户应在仔细阅读并理解后，在该期货交易风险说明书上签字；法人客户应在仔细阅读并理解之后，由单位法定代表人或授权他人在该“期货交易风险说明书”上签字并加盖单位公章。

（三）签署“期货经纪合同书”

期货公司在接受客户开户申请时，双方必须签署“期货经纪合同书”。自然人客户应在合同书上签字，法人客户应由法人代表或授权他人在合同书上签字并加盖公章。

客户在与期货公司签署期货经纪合同之后，在下单交易之前，应按规定缴纳开户保证金。期货公司应将客户所缴纳的保证金存入期货经纪合同指定的客户账户中，供客户进行期货交易之用。

（四）申请交易编码并确认资金账号

期货公司为客户申请各期货交易所的交易编码，应当统一通过监控中心办理。监控中心建立和维护期货市场客户统一开户系统，对期货公司提交的客户资料进行复核，并将通过复核的客户资料转发给相关期货交易所。期货交易所收到监控中心转发的客户交易编码申请资料后，根据期货交易所业务规则对客户交易编码进行分配、发放和管理，并将各类申请的处理结果通过监控中心反馈给期货公司。监控中心应当为每一个客户设立统一的开户编码，并建立统一开户编码与客户在各期货交易所交易编码的对应关系。当日分配的客户交易编码，期货交易所应当于下一交易日允许客户使用。

二、下单

客户按规定足额缴纳开户保证金后，即可开始委托下单。所谓下单，是指客户通过期货公司或交易系统向交易所下达的交易指令。交易指令的内容一般包括拟交易期货的品种及合约月份、交易方向、数量、价格、开平仓等。因此，客户必须先熟悉和掌握有关的交易指令。

（一）常用交易指令

1. 市价指令

市价指令是指按当时市场价格即刻成交的指令。客户在下达这种指令时无须指明具体的价位，而是要求以当时市场上可执行的最有利的价格达成交易。这种指令的特点是成交速度快，一旦指令下达后不可更改或撤销。

2. 限价指令

限价指令是指必须按限定价格或更有利的价格成交的指令。下达限价指令时，客户必须指明具体的价位。它的特点是可以按客户的预期价格成交，但成交速度相对较慢，有时甚至无法成交。

3. 停止限价指令

停止限价指令是指当市场价格达到客户预先设定的触发价格时，即变为限价指令予以执行的一种指令。它的特点是可以将损失或利润锁定在预期的范围，但成交速度较止损指令慢，有时甚至无法成交。

4. 止损指令

止损指令是指当市场价格达到客户预先设定的触发价格时，即变为市价指令予以执行的一种指令。客户利用止损指令，既可以有效地锁定利润，又可以将可能的损失降至最低限度，还可以相对较小的风险建立新的头寸。

5. 触价指令

触价指令是指在市场价格达到指定价位时，以市价指令予以执行的一种指令。触价指令与止损指令的区别在于预先设定的价位不同。例如，就卖出指令而言，卖出止损指令的止损价低于当前市场价格，而卖出触价指令的触发价格高于当前市场价格；买进指令则与此相反。此外，止损指令通常用于平仓，而触价指令一般用于开新仓。

6. 限时指令

限时指令是指要求在某一时间段内执行的指令。如果在该时间段内指令未被执行，则自动取消。

7. 长效指令

长效指令是指除非成交或由委托人取消，否则持续有效的交易指令。

8. 套利指令

套利指令是指同时买入和卖出两种期货合约的指令。一个指令执行后，另一个指令也立即执行。

9. 取消指令

取消指令又称为撤单，是指客户要求将已发出的某一特定指令取消的指令。通过执行该指令，客户以前下达的指令完全取消，并且没有新的指令取代原指令。

目前，我国各期货交易所普遍采用了市价指令、限价指令和取消指令。此外，郑州商品交易所还采用了套利指令；大连商品交易所不仅采用了套利指令，还采用了止损指令和停止限价指令。我国各交易所的指令均为当日有效。在指令成交前，投资者可以提出变更和撤销。

（二）指令下达方式

目前，我国客户的下单方式主要有书面下单、电话下单、网上下单和自助终端下单 4 种，其中网上下单是最主要的方式。

1. 书面下单

客户亲自填写交易单，填好后签字交由期货公司交易部，再由期货公司交易部通过电话报单至该期货交易所场内的出市代表，由出市代表输入指令进入交易所主机撮合成交。

2. 电话下单

客户通过电话直接将指令下达到期货公司交易部，再由交易部通知出市代表下单。期货公司须将客户的指令予以录音，以备查证。事后，客户应在交易单上补签姓名。

3. 网上下单

客户通过互联网或局域网，使用期货公司配置的网上下单系统进行网上下单。进入下单系统后，客户需输入自己的客户号与密码，经确认后即可输入下单指令。下单指令通过互联网或局域网传到期货公司后，通过专线传到交易所主机进行撮合成交。客户可以在期货公司的下单系统获得成交回报。

4. 自助终端下单

客户通过期货营业部设置的专用委托电脑终端，输入交易密码等，自行将委托内容输入电脑交易系统，以完成交易。

三、竞价

（一）竞价方式

期货价格的形成主要有公开喊价方式和计算机撮合成交两种方式。公开喊价属于传统的竞价方式。21 世纪以来，随着信息技术的发展，越来越多的期货交易所采用了计算机撮合成交方式，而原来采用公开喊价方式的期货交易所也逐步引入了电子交易系统。

1. 公开喊价方式

公开喊价方式可分为两种形式：连续竞价制（动盘）和一节一价制（静盘）。

连续竞价制是指在期货交易所交易池内由交易者面对面地公开喊价，表达各自买进或卖出合约的要求。按照规则，交易者在报价时既要发出声音，又要作出手势，以保证报价的准确性。由于价格变化一般是连续、递进的，因此报价商在喊价时通常只叫出价格的一部分即可。价格和数量的喊声还要在报价人和要价人之间进行反馈，以减少误听所引起的差错。这种公开喊价属于传统的竞价方式，在欧美期货市场较为流行，对活跃场内气氛，维护公开、公平、公正的定价原则十分有利。

一节一价制是指把每个交易日分为若干节，每节只有一个价格。每节交易由主持人最先叫价，所有场内经纪人根据其叫价申报买卖数量，直至在某一价格上买卖双方的交易数量相等时为止。一节一价制在每一节交易中一种合约一个价格，没有连续不断的竞价。这种竞价方式在日本较为普遍。

2. 计算机撮合成交方式

计算机撮合成交是根据公开喊价的原理设计而成的一种计算机自动化交易方式，是指期货交易所的计算机交易系统对交易双方的交易指令进行配对的过程。这种交易方式相对公开喊价方式来说，具有准确、连续等特点，但有时会出现交易系统故障等因素造成的风险。

国内期货交易所均采用计算机撮合成交方式。计算机交易系统一般将买卖申报单以价格优先、时间优先的原则进行排序。当买入价大于、等于卖出价则自动撮合成交，具体成交价格是从买入价（BP）、卖出价（SP）和前一成交价（CP）三者中选择居中的一个价格，即

当 BP≥SP≥CP 时，则最新成交价=SP；

当 BP≥CP≥SP 时，则最新成交价=CP；

当 CP≥BP≥SP 时，则最新成交价=BP。

开盘价和收盘价均由集合竞价产生。开盘集合竞价在某品种某月份合约每一交易日开市前 5 分钟内进行。其中，前 4 分钟为期货合约买、卖价格指令申报时间，后 1 分钟为集合竞价撮合时间，开市时产生开盘价。收盘集合竞价在某品种某月份合约每一交易日收市前 5 分钟内进行。其中，前 4 分钟为期货合约买、卖价格指令申报时间，后 1 分钟为集合竞价撮合时间，收市时产生收盘价。交易系统自动控制集合竞价申报的开始和结束，并在计算机终端上显示。

集合竞价采用最大成交量原则，即以此价格成交能够得到最大成交量。高于集合竞价的买入申报全部成交；低于集合竞价的卖出申报全部成交；等于集合竞价的买入或卖出申报，根据买入申报量和卖出申报量的多少，按少的一方的申报量成交。集合竞价产生价格的方法如下。

1）交易系统分别对所有有效的买入申报按价格由高到低的顺序排列，申报价相同的按照进入系统的时间先后排列；所有有效的卖出申报按价格由低到高的顺序排列，申报价相同的按照进入系统的时间先后排列

2）交易系统逐步将排在前面的买入申报和卖出申报配对成交，直到不能成交为止。如最后一笔成交是全部成交的，取最后一笔成交的买入申报价和卖出申报价的算术平均价为集合竞价产生的价格，该价格按各期货合约的最小变动价位取整；如最后一笔成交是部分成交的，则以部分成交的申报价为集合竞价产生的价格。

（二）成交回报与确认

期货公司的出市代表收到交易指令，在确认无误后以最快的速度将指令输入计算机内进

行撮合成交。当计算机显示指令成交后，出市代表必须马上将成交的结果反馈回期货公司的交易部。期货公司交易部将出市代表反馈回来的成交结果记录在交易单上并打上时间戳记后，将记录单报告给客户。成交回报记录单应包括成交价格、成交手数、成交回报时间等。

客户对交易结算单记载事项有异议的，应当在下一个交易日开市前向期货公司提出书面异议；客户对交易结算单记载事项无异议的，应当在交易结算单上签字确认或者按照期货经纪合同约定的方式确认。客户既未对交易结算单记载事项确认，也未提出异议的，视对交易结算单的确认。对于客户有异议的，期货公司应当根据原始指令记录和交易记录予以核实。

四、结算

（一）结算概念与程序

结算是根据交易结果和交易所有关规定对会员交易保证金、盈亏、手续费、交割货款和其他有关款项进行的计算、划拨。目前，大连商品交易所、郑州商品交易所和上海期货交易所实行全员结算制度，交易所对所有会员的账户进行结算，收取和追收保证金；中国金融期货交易所实行会员分级结算制度，期货交易所只对结算会员结算，向结算会员收取和追收保证金，由结算会员对非结算会员进行结算、收取和追收保证金。

期货公司根据期货交易所的结算结果对客户进行结算，并应当将结算结果按照与客户约定的方式及时通知客户。在我国，会员（客户）的保证金可以分为结算准备金和交易保证金。结算准备金是交易所会员（客户）为了交易结算，在交易所（期货公司）专用结算账户预先准备的资金，是未被合约占用的保证金；交易保证金是会员（客户）在交易所（期货公司）专用结算账户中确保合约履行的资金，是已被合约占用的保证金。在实际中，客户保证金可能有不同的说法，如结算准备金被称为可用资金，交易保证金被称为保证金占用。

下面以郑州商品交易所、大连商品交易所和上海期货交易所的结算制度为例，对具体的结算程序进行介绍。

（二）结算公式与应用

1. 相关术语

（1）结算价

结算价（settlement price）是当天交易结束后对未平仓合约进行当日交易保证金及当日盈亏结算的基准价。我国三家商品交易所规定，当日结算价取某一期货合约当日成交价格按照成交量的加权平均价；当日无成交价格的，以上一交易日的结算价作为当日结算价。中国金融期货交易所规定，当日结算价是指某一期货合约最后一小时成交价格按照成交量的加权平均价。

（2）开仓、持仓、平仓

开仓又称建仓，是指期货交易者新建期货头寸的行为，包括买入开仓和卖出开仓。交易者开仓之后手中持有头寸，即持仓。若交易者买入开仓，则构成了买入（多头）持仓；反之，则形成了卖出（空头）持仓。平仓是指交易者了结持仓的交易行为，了结的方式是针对持仓方向作相反的对冲买卖。

2. 结算公式及应用

（1）结算公式

结算准备金余额的计算公式为

当日结算准备金余额＝上一交易日结算准备金余额＋上一交易日交易保证金
－当日交易保证金+当日盈亏＋入金－出金－手续费等

在结算准备金余额的计算公式中，当日盈亏是核心。它包括两部分：一部分是对所持有的合约在当日平仓所产生的盈亏，称为平仓盈亏；另一部分是一直持有合约到当日交易结束所产生的盈亏，称为持仓盈亏。对平仓盈亏来说，又可以分为对以前交易日开仓的合约进行平仓所产生的盈亏（平历史仓盈亏）和当天开仓当天平仓所产生的盈亏（平当日仓盈亏）。对持仓盈亏来说，也分为两种情况：一种是以前交易日开仓的合约一直持有到当天交易结束所产生的历史持仓盈亏，另一种是当天开仓一直持有到当天交易结束产生的当日开仓持仓盈亏。具体计算公式为

当日盈亏＝平仓盈亏＋持仓盈亏

其中：

平仓盈亏＝平历史仓盈亏＋平当日仓盈亏

平历史仓盈亏＝∑[（卖出平仓价－上一交易日结算价）×卖出平仓量]
＋∑[（上一交易日结算价－买入平仓价）×买入平仓量]

平当日仓盈亏＝∑[（当日卖出平仓价－当日买入开仓价）×卖出平仓量]
＋∑[（当日卖出开仓价－当日买入平仓价）×买入平仓量]

持仓盈亏＝历史持仓盈亏＋当日开仓持仓盈亏

历史持仓盈亏＝（当日结算价－上一日结算价）×持仓量

当日开仓持仓盈亏＝∑[（当日卖出开仓价－当日结算价）×卖出开仓量]
＋∑[（当日结算价－当日买入开仓价）×买入开仓量]

将上述公式综合起来，可构成当日盈亏的总公式为

当日盈亏＝∑[（卖出成交价－上一当日结算价）×卖出量]
＋∑[（当日结算价－买入成交价）×买入量]
＋（上一交易日结算价－当日结算价）×（上一交易日卖出持仓量
－上一交易日买入持仓量）

当日交易保证金计算公式为

当日交易保证金＝当日结算价×当日交易结束后的持仓总量×交易保证金比例

（2）结算公式的应用

【例 4.1】 某会员在 4 月 1 日开仓买入大豆期货合约 40 手（每手 10 吨），成交价为 4 000 元/吨，同一天该会员平仓卖出 20 手大豆合约，成交价为 4 030 元/吨，当日结算价为 4 040 元/吨，交易保证金比例为 5%。该会员上一交易日结算准备金余额为 1 100 000 元，且未持有任何期货合约。试计算该客户的当日盈亏（不含手续费、税金等费用）情况。

解：当日盈亏＝（4 030－4 040）×20×10＋（4 040－4 000）×40×10＝14 000（元）

当日结算准备金余额＝1 100 000－4 040×20×10×5%＋14 000＝1 073 600（元）

【例 4.2】　4 月 2 日，该会员再买入 8 手大豆合约，成交价为 4030 元/吨，当日结算价为 4 060 元/吨。试计算其账户情况。

解：当日盈亏＝（4 060－4 030）×8×10＋（4 060－4 040）×（40－20）×10＝6 400（元）

当日结算准备金余额＝1 073 600＋4 040×20×10×5%－4 060×28×10×5%＋6 400
＝1 063 560（元）

【例 4.3】　4 月 3 日，该会员将 28 手大豆合约全部平仓，成交价为 4 070 元/吨，当日结算价为 4 050 元/吨。试计算其账户情况。

解：当日盈亏＝（4 070－4 050）×28×10＋（4 050－4 060）×28×10＝2 800（元）

当日结算准备金余额＝1 063 560＋4 060×28×10×5%＋2 800＝1 123 200（元）

五、交割

（一）交割的定义

所谓交割，是指当期货合约到期时，交易双方通过合约标的物所有权的转移或按照结算价进行现金差价结算，了结到期未平仓合约的过程。其中，以标的物所有权转移方式进行的交割为实物交割；按结算价进行现金差价结算的交割方式为现金交割。

交割是联系期货与现货的纽带。期货交割是促使期货价格和现货价格趋向一致的制度保证。当市场过分投机，期货价格严重偏离现货价格时，交易者会在期货和现货两个市场间进行套利交易。

（二）实物交割

1. 实物交割的方式

实物交割方式包括集中交割和滚动交割两种。

1）集中交割。集中交割又叫一次性交割，是指所有到期合约在交割月份最后交易日过后一次性集中交割的方式。目前，我国上海期货交易所均采取集中交割方式，郑州商品交易所的棉花、白糖和 PTA 期货品种采取集中交割方式。

2）滚动交割。滚动交割是指除了在交割月份的最后交易日后对所有到期合约全部配对交割外，在交割月第一交易日至最后交易日之间的规定时间也可进行交割的方式。滚动交割制度使交易者在交割月的第一个交易日就可进行交割，交割时间的选择更为灵活，可减少储存时间，降低交割成本。目前，大连商品交易所的所有品种以及郑州商品交易所的小麦期货均可采取滚动交割方式。

2. 实物交割结算价

实物交割结算价是指在进行交割时用于商品交收时所依据的基准价格。对于不同的交易所以及不同的实物交割方式，交割结算价的选取不尽相同。郑州商品交易所的 PTA、白糖和棉花期货集中交割结算价是期货合约交割月第一交易日起至最后交易日所有结算价格的加权平均价。上海期货交易所集中交割结算价是该期货合约最后交易日的结算价。大连商品交易所的滚动交割结算价为期货合约配对日结算价；若在最后交易日之后进行的交割，交割结算价是期货合约自交割月第一个交易日起至最后交易日所有结算价的加权平均价。郑州商品交易所的小麦期货滚动交割和最后交易日之后进行交割，交割结算价均为配对日结算价。交割商品计价以交割结算价为基础，再加上不同等级商品质量升贴水，以及异地交割仓库与基准交割仓库的升贴水。

3. 实物交割的流程

采用集中交割方式时，各期货合约最后交易日的未平仓合约必须进行交割。实物交割要求以会员名义进行，所以客户的实物交割必须由会员代理，并以会员名义在期货交易所进行。实物交割必不可少的环节包括：

1）期货交易所对交割月份持仓合约进行交割配对。

2）买卖双方通过期货交易所进行标准仓单与货款交换。买方通过其会员期货公司、期货交易所将货款交给卖方，而卖方则通过其会员期货公司、期货交易所将标准仓单交付给买方。

3）增值税发票流转。交割卖方给买方开具增值税专用发票，客户开具的增值税专用发票由双方会员转交、领取并协助核实，期货交易所负责监督。

在实物交割的具体实施过程中，买卖双方并不直接进行实物商品的交收，而是交收代表商品所有权的标准仓单。标准仓单可以有不同形式，其中最主要的形式是仓库标准仓单。仓库标准仓单是指依据期货交易所的规定，由指定交割仓库完成入库商品验收、确认合格后，在交易所标准仓单管理系统中签发给货主的，用于提取商品的凭证。厂库标准仓单则是指经过交易所批准的、指定厂库按照交易所规定的程序签发的、在交易所标准仓单管理系统生成的实物提货凭证。在我国大连商品交易所，豆粕、豆油、棕榈油期货除可采用仓库标准仓单外，还可用厂库标准仓单。上海期货交易所的螺纹钢、线材期货合约允许采用厂库标准仓单交割。郑州商品交易所的标准仓单分为通用标准仓单和非通用标准仓单。通用标准仓单是指标准仓单持有人按照期货交易所的规定和程序可以到仓单载明品种所在的交易所任一交割仓库选择提货的财产凭证；非通用标准仓单是指仓单持有人按照期货交易所的规定和程序只能到仓单载明的交割仓库提取所对应货物的财产凭证。

（三）现金交割

现金交割是指当合约到期时，交易双方按照期货交易所的规则、程序及其公布的交割结算价进行现金差价结算，了结到期未平仓合约的过程。中国金融期货交易所的股指期货合约采用现金交割方式，规定在股指期货合约最后交易日收市后，期货交易所以交割结算价为基准，划付持仓双方的盈亏，了结所有未平仓合约。其中，股指期货交割结算价为最后交易日标的指数最后 2 小时的算术平均价。

（四）交割违约的处理

1. 交割违约的认定

期货合约的买卖双方有下列行为之一的，构成交割违约：①在规定交割期限内卖方未交付有效标准仓单的；②在规定交割期限内买方未解付货款的或解付不足的；③卖方交付的商品不符合规定标准的。

2. 交割违约的处理

会员在期货合约实物交割中发生违约行为的，期货交易所应先代为履约。期货交易所可采用征购和竞卖的方式处理违约事宜，违约会员承担由此引起的损失和费用。期货交易所对违约会员还可处以支付违约金、赔偿金等处罚。

小　结

本章主要介绍了期货与期权品种以及交易制度方面的知识。首先，介绍了期货商品的上市条件、期货品种及期权品种；其次，介绍了期货与期权合约的概念、特点及设计原则，重点分析了期货与期权合约的主要条款，并比较分析了两类合约的差异所在；再次，全面系统地介绍了期货与期权市场的基本制度，包括保证金制度、当日无负债结算制度、涨跌停板制度、持仓限额及大户报告制度、强行平仓制度、风险警示制度、信息披露制度等；最后，对期货与期权的交易流程进行了详细介绍，涉及开户、下单、竞价、结算与交割。

案例分析

郑州绿豆期货品种的成败
——郑州绿豆合约"1·18"事件震惊世界期货界

案例背景

1993 年，郑州商品交易所推出绿豆期货交易，是我国第一批上市交易的期货品种之一。1998 年，绿豆期货年成交量创出 5276.5 万手的历史最高水平，且 1998～1999 年连续两年，绿豆期货占当时全国期货交易量的一半以上。1999 年 1 月初，绿豆期货的日成交量创出 70 多万手的最高纪录，持仓量最高也达到 69 万多手。

1999 年 1 月 18 日下午，郑州商品交易所发布《中郑商交字（1999）第 10 号》文宣布："1999 年 1 月 18 日闭市后，交易所对绿豆 9903、9905、9907 合约的所有持仓以当日结算价对冲平仓。"这意味着，这些合约的所有交易将在一夜之间全部对冲为零，并终止一切现货交割。1999 年年底，中国证监会将小麦期货交易保证金由 10%下调到 5%，而绿豆交易保证金则由 5%提高到 20%。目前，绿豆期货 6 个合约品种的总持仓量仅微不足道的 4 手，其交易实际上已名存实亡。

案例解析

郑州商品交易所绿豆期货交易为何在如此短暂的时间里发生了如此剧烈的波动，并迅速退出了交易市场。其原因可以从两个方面来分析。

其一，基本要素方面。从基本面看，现货市场绿豆价格逐月下跌，期市仓单逐月增加，与往年同期相比，仓单增幅越来越大。造成这种状况的原因主要是，前一时期绿豆价格涨势过猛、在高价区停留时间过长，使消费结构发生很大变化；出口量的减少和国内现货市场上绿豆销路不畅，导致需求减少。同时，由于现货商和广大农民“卖涨不卖跌”的心理，进一步促使期货市场仓单压力增加。

从绿豆长期价格走势看，1994 年 7 月～1997 年 8 月底，郑豆大盘长期处于一个大牛市行情之中，直至 1997 年 9 月转熊。以 5D 为例，从历史最低价 23 480 点涨到最高价 54 080 点，并长期维持在近 5 000 左右。认真分析 3 年左右牛市行情的成因，可以看出：

1994～1995 年年初，绿豆价格处于一个历史的低价区，其与大豆的价格差价约为 800 元/吨左右。由于绿豆单产低，单位成本高。对农民来说，种绿豆不如种大豆，种大豆不如种玉米，故 1995 年绿豆种植面积减少，从而推动了其价格的上涨。1996 年年初，又因各粮食品种的价格与绿豆价格同步上涨，绿豆可比价格过低的状况未能得到改善，与大豆的价格差同上年相比并无大的区别，所以 1996 年绿豆种植面积进一步减少，其后价格也进一步上涨。但到了 1997 年年初，情况发生了极大的变化。现货市场上绿豆价格持续走高，而大豆价格却停步不前，玉米价格持续下跌。绿豆与大豆价差扩大为 1 800 元/吨左右，与玉米的价差更进一步扩大。这时，对农民来说，种玉米不如种大豆，种大豆不如种绿豆。因此，1997 年我国绿豆种植面积较上年扩大了 13%左右。1997 年中期，当国家粮油信息中心公布绿豆种植面积扩大时，曾一度使得绿豆期货价格深度下跌。后来受厄尔尼诺现象、黄河断流等因素影响，绿豆期货价格止跌反涨。直至同年 9 月，当人们得知，绿豆单产虽受影响，但总产比上年略有增加时，绿豆期货价格才开始急跌。

经过 4 个月的下跌，绿豆期货价格虽然比 1997 年年初的价格略低，但其与大豆等品种的巨幅价差相对 1997 年年初并未缩小。也就是说，如果绿豆价格停留在目前的价格区内，受比较效益的驱动，1998 年的绿豆种植面积将在 1997 年增加 15%的基础上进一步扩大。通过以上分析，不难看出，绿豆期货价格因比价过低而涨，也将因比价过低而跌。虽然当年前期仓单的成本较高，但未来绿豆期货价格必将继续下跌，而且下跌空间极大。

其二，从市场人气方面看。从郑豆 7D 的历史价格走势中便能得到极其深刻的认识。7 月，绿豆进入消费淡季，同时由于 9 月与 11 月合约旧绿豆贴水交割后将退出市场，市场人气对 7 月绿豆合约普遍看跌。综观郑豆 7D 历史走势，我们会发现 1995 年、1996 年、1997 年郑豆 7D 的走势总是先逆基本面上涨，然后暴跌。而且，暴跌的时间总是逐年后移。1997 年郑豆 7D 因提前炒作以及当年特有的情势，具体走势自然有别于往年。同时，往年这种相似形态，对改变人们的观念同样具有极大的作用。可见，市场人气对期货市场具体合约的价

格走势影响极大，反映了期货市场多空双方力量的对比。

（资料来源：http://www.chinavalue.net）

思考与练习

一、名词解释

期货商品　商品期货　期货合约　期权合约　公开喊价　计算机撮合成交方式
实物交割　现金交割

二、简答题

1．简述期货商品的上市条件。
2．简述期货合约与期权合约的差异。
2．期货与期权交易都有哪些基本制度？
3．简述期货交易的基本流程。

课后阅读

1. 中国期货业协会. 2013. 期货市场教程. 8 版. 北京：中国财政经济出版社.
2. 中国期货业协会. 2015. 法律法规汇编. 8 版. 北京：中国财政经济出版社.

第五章

期货与期权的套期保值

学习目标

- 了解套期保值的原则
- 熟悉套期保值的基本原理
- 理解基差变化对套期保值效果的影响
- 掌握不同类型的基差交易

学习要点

- 套期保值的基本原理
- 套期保值的主要类型
- 基差交易的主要类型

关键词

套期保值　多头保值　空头保值　基差保值　叫价交易

导入案例

为玉米套期保值

山东省某粮库打算从农民手中收购50万吨玉米，交货日期定于3个月后玉米收割之时。签订收购合约时，粮库与农民共同商定了一个收购价格。为规避从签订合约至收割期间玉米价格下跌的风险，该粮库在大连商品交易所出售玉米期货合约。如果玉米价格上涨，该粮库可以向农民以一个固定的价格收购。如果未来玉米价格下跌，期货市场的盈利可以弥补现货市场的亏损，不必担心因玉米价格下跌而导致原定收购成本过高。

（资料来源：http://www.chnym.com）

第一节　套期保值概述

一、套期保值的定义

在市场经济条件下，未来价格带有很强的不确定性，而价格波动可能给企业的商品或资产带来收益或损失，被称为价格风险。具体而言，价格风险可分为直接价格风险和间接价格风险。当资产、负债中存在物质商品形态时，商品价格的任何变动都将直接对企业的资产价值产生影响，由此产生的价格风险称为直接价格风险。另有部分企业并不直接生产和消费风险性商品，甚至并不拥有风险性商品资产和负债，但它们同样因价格的非确定性而遭受收益或损失。这种对特定范围的企业形成间接影响的价格风险称为间接价格风险。

价格风险的存在是客观的，生产商、批发商、贸易商或大宗商品需求者等实物经营者纷纷把期货市场当作转移价格风险的场所，把期货合约作为将来在现货市场上买卖商品的临时替代物，对其现在买进准备以后售出的商品或对现在卖出将来需要买进的商品进行保险交易活动。商品生产经营者在期货市场上买进或卖出与现货商品或资产相关、数量相当、方向相反、时间相近的期货合约，进而将价格风险转移的交易行为，被称为套期保值（hedge）。

套期保值有“两边下注”“脚踩两只船”之意。“两边下注”本质上是一种分散风险的方法，力求价格波动的风险最小化。套期保值者通常是现货交易商。确切地说，他们真正要进行的是现货交易，即在现货市场上买入或卖出现货商品；他们参与期货交易的目的是规避未来现货市场上价格波动的风险。为尽可能避免未来现货市场的价格波动不利于自己，套期保值者便在现货市场和期货市场对同一种类的商品同时进行数量相等但方向相反的买卖活动——在买进或卖出实物的同时，在期货市场上卖出或买进同等数量的期货合约，等到他们有可能或者决定买卖现货时对冲期货合约，进而退出期货市场。假如当价格变动使得现货买卖出现盈亏时，期货交易的盈亏可对其进行抵销或弥补。

套期保值帮助现货生产经营者在“现货”与“期货”之间、近期和远期之间建立一种对冲机制，以使价格风险降到最低限度，因此套期保值是现货市场中生产经营者规避风险最常用、最基本的办法。

二、套期保值的原则

（一）商品品种相同

在套期保值操作中，期货合约标的物必须同将要在现货市场上买卖的商品在品质、规格等方面相同。因为，只有这样期货与现货的价格才会保持较为一致的走势，在两个市场上采取相反的买卖行动方能取得保值效果。

（二）商品数量相等

套期保值所选取期货合约的标的物数量应与现货市场交易的商品数量相等，以确保一个市场的盈利能够弥补另一个市场的亏损。

（三）交易方向相反

该原则要求套期保值者在现货市场和期货市场进行买卖方向相反的交易行为——在现货市场买入（卖出）商品的同时，在期货市场卖出（买入）以该商品为标的物的期货合约。

（四）月份相同或相近

该原则是指套期保值所选取期货合约的交割月份应与现货市场的交易时间相同或相近。在月份相同或相近的前提下，期货价格和现货价格的联系会更加紧密，套期保值的效果才更加理想。

三、套期保值理论的发展

（一）基差套期保值理论

20 世纪五六十年代，美国人沃金（Working）提出了基差套期保值策略（basis hedge strategy），又称选择性套期保值理论。

在现实的期货交易中，期货价格和现货价格的变动不完全一致，存在基差风险(basis risk)。沃金认为套期保值的核心不在于能否消除价格风险，而在于能否通过预期基差的变化来谋取利润。套期保值者只有在他认为有获利机会时，才会去进行套期保值，因此套期保值是投机的一种，只是它不是投机于价格，而是投机于基差而已。

因此，保值者可以在保值商品种类、合约到期月份、多空头寸（即交易方向）及持仓数量 4 个变量上作出适时有效的选择和调整。

（二）组合套期保值理论

20 世纪中期，利兰·约翰逊（Leland Johnson）和杰姆罗·斯坦因（Jerome Stein）采用马科维茨（Maxkowitz）投资组合方法对套期保值进行了研究，提出了组合投资理论。该理论认为，套期保值者在期货市场上的套期保值比率是可以选择和调整的，最优套期保值比率取决于套期保值的交易目的以及现货市场和期货市场价格的相关性。

随后，路易斯·埃德灵顿（Louis Ederington）将 Johnson 和 Stein 的方法推广到金融头寸的套期保值中。组合投资套保理论的主要论题有三个：套期保值比率、套期保值是否有效、套期保值的成本。其中，最优套期保值比率是套期保值理论研究的核心问题。

四、套期保值的基本原理

套期之所以能保值，是因为一种特定商品的期货和现货差异主要在于交货日期不同，但变化趋势仍是相同的；期货价格与现货价格随着到期日的临近将逐渐趋于一致。在期货与现货两个市场中，进行方向相反的操作，盈亏结果必然有相互冲销的效果。

（一）两个市场中同一商品的价格变化趋势是一致的

对于同一品种商品，因受相同经济因素影响，虽然现货市场和期货市场的价格波动幅度会有所不同，但是价格变动趋势和方向具有一致性。

如图 5.1 所示，某一商品的现货价格与某一月份同一商品的期货价格有相同的变化趋势。当保值者在一个市场上遭受“亏损”时，另一个市场上就会获取“盈利”，因此当套期保值者对价格变动有正确预测时，便可用图中的 f 段来弥补 s 段。

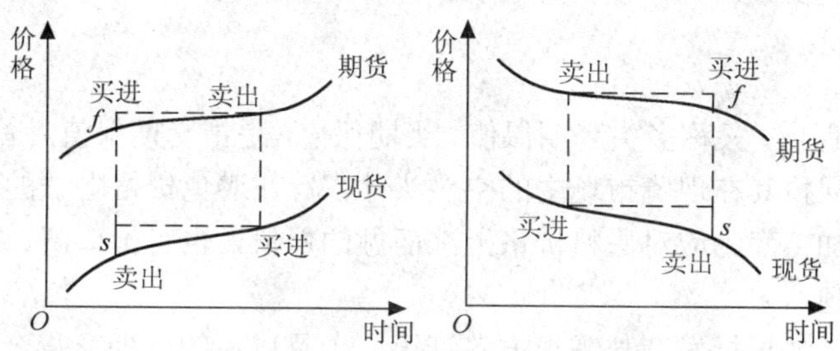

图 5.1　同一商品的期货价格与现货价格走势

（二）临近交割日两个市场中同一商品的价格将聚合为一

因为期货合约持有到期必须进行交割，所以随着到期日的临近，期货价格与现货价格将逐渐聚合，在到期日当天二者大致相等；在期货合约到期日进行“一手交钱，一手交货”的实物交割，实质上与现货市场交易是完全相同的。此时期货合约已没有“未来”的含义，如果这时候买入或卖出期货合约，实际上相当签订现货交易合同。如果期货市场价格与现货市场价格不一致，则会引发两市场间的套利行为。众多交易者低买高卖的结果，必定大大缩小两市场间的价差，使之微乎其微，如图 5.2 所示。

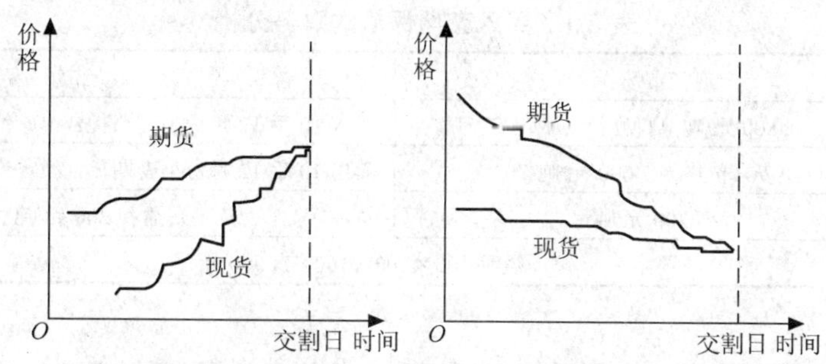

图 5.2　临近交割日时同一商品的期货价格与现货价格走势

不难发现，市场交易者对某一商品进行套期保值能否达到既定的目标，取决于该商品期货价格与现货价格的联动关系，取决于期货与现货两市场的状况及有关交易规则是否利于套利行为的发生。假如临近交割日，期货价格与现货价格有明显差异进而存在套利机会，套利行为便会使这种差异变小，从而使得期货价格和现货价格趋于一致。

第二节　套期保值的主要类型

生产商、批发商、贸易商或大宗商品需求者等实物经营者把期货市场当作转移价格风险的场所，通过套期保值操作实现对其现在买进准备以后售出的商品或对将来需要买进的商品进行价格风险的转移。具体而言，套期保值可分为买入套期保值和卖出套期保值。

一、买入套期保值

所谓买入套期保值，又称多头套期保值、买期保值，是指套期保值者首先买进期货合约，持有多头头寸，以保护其在现货市场中的空头头寸，旨在避免价格上涨的风险。在此类套期保值交易中，既有加工商为应对原料价格上涨而做的保值，也有出口商、批发商因签订远期交货合同而做的保值。

以批发商为例，如果批发商与需求方签订了三个月以后的远期交货合约，那么在交割期到来之前，该批发商可以等待适当价格出现之时在现货市场购入商品。假如商品价格持续上升，批发商定会亏损；在预期价格上涨的情况下，批发商可考虑增加库存，但是大量库存不仅占用资金，而且需要较多的利息、仓储费等。另一种情形是，批发商在现货市场签约的同时，在期货市场进行买入套期保值。到期货市场交割实物时，可以实现与库存同样的效果，却可以避免库存的弊端。

【例 5.1】　9 月份，某面粉加工厂预计 12 月份需要 100 吨小麦作为原料。9 月份小麦的现货价格为 2 800 元/吨，该面粉加工厂对此价格比较满意。因预测 12 月份小麦价格可能上涨，该面粉加工厂决定在商品交易所进行小麦套期保值交易，以求避免将来价格上涨导致原材料成本上升的风险。交易情形如表 5.1 所示。

表 5.1　买入套期保值的财务分析

日期	现货市场	期货市场
9 月份	小麦价格为 2 800 元/吨（目标价格）	买入 10 手 12 月份小麦期货合约，价格为 2 840 元/吨
12 月份	买入 100 吨小麦，价格为 3 000 元/吨	卖出 10 手 12 月份小麦期货合约，价格为 3 040 元/吨
损益	亏损 200 元/吨	盈利 200 元/吨
	盈亏 100×200－100×200=0 元	

注：1 手=10 吨。

虽然现货市场的价格变动对面粉加工厂不利，价格上涨了 200 元/吨，原材料的成本提高了 20 000 元，但是在期货市场上的交易实现盈利 20 000 元，恰好足以弥补现货市场上的损失。综合来看，该面粉加工厂的有效小麦购买价格为 2 800 元/吨，正是其目标价格，可见期货市场上的套期保值操作消除了现货市场上价格不利变动的影响。需要注意的是，假如现货市场中小麦价格不但没有上涨反而下跌。那么该面粉加工厂不做套期保值交易，只是在现货市场采购小麦，原料价格将更为便宜。可是，一旦现货市场价格上升，该厂就必须承担由此造成的损失。该面粉加工厂在期货市场上做买入套期保值，虽然失去了获取现货市场价格

有利变动的盈利，但避免了现货市场价格不利变动的损失。因此，买入套期保值规避了现货市场价格变动的风险，同时失去了一些有利的机会（如获得更便宜的原料、节约进货成本等）。

从例 5.1 不难看得出：第一，完整的买入套期保值涉及两笔期货交易，第一笔为买入期货合约，第二笔为买入现货时在期货市场上卖出原先持有的合约。第二，因为在期货市场上的交易顺序是先买后卖，所以上例是一个买入套期保值。需要说明的是，该例只用于说明买入套期保值的基本原理，具体实际操作中还应当考虑交易手续费等问题。

二、卖出套期保值

所谓卖出套期保值，又称空头套期保值、卖期保值，是指套期保值者首先卖出期货合约，持有空头头寸，以保护其在现货市场中的多头头寸，旨在避免价格下跌的风险。卖出套期保值通常为农场主、矿业主等生产者和仓储商等经营者采用，主要意图是保护正处于生长、生产或库存中的商品的价值。

以农场主为例。粮食在春天播种、秋后才能收割。但是，农业受自然环境影响较大，时歉时丰，所以收割时期的粮食价格波动难以准确估计。在期货市场准许的条件下，农场主可自播种时起便时刻关注期货市场，一旦出现“满意的价格”，就可以此价格在期货市场上做卖出套期保值，以对其产量范围内的粮食进行价格风险转移。如此，即使秋后粮食价格下降，农场主也不必担心，因为从期货市场上获取的利润可以弥补现货市场上降价所带来的亏损。这种保值法不仅适用于农场主，也适用于以粮食为原料的面包、饲料、食用油等生产厂家或进出口企业。例如，某进口公司以 3 000 元/吨的价格进口 5 万吨大米。为了防止大米价格下跌，该进口公司可在进口的同时以 3 000 元/吨的价格在期货市场上卖出 5 万吨大米。这样，假设当大米价格下降 200 元变成 2 800 元/吨，其损失额 1 000 万元可由卖期保值来弥补。

【例 5.2】　6 月份，大豆的现货价格为 3000 元/吨，某种植大豆的农场主对该价格比较满意，但是其大豆要到 9 月份才能收割出售。由于担心 9 月份现货价格可能下跌导致收益减少或亏损，该农场主决定在大连商品交易所进行大豆期货的卖出套期保值交易。交易情形如表 5.2 所示。

表 5.2　交易情况与盈亏分析表

时间	现货市场	期货市场
6 月份	大豆价格为 3 000 元/吨（目标价格）	卖出 10 手 9 月份大豆期货合约，价格为 3 030 元/吨
9 月份	卖出 100 吨大豆，价格为 2 890 元/吨	买入 10 手 9 月份大豆期货合约，价格为 2 920 元/吨
损益	亏损 110 元/吨	盈利 110 元/吨
	盈亏 100×110－100×110＝0 元	

注：1 手=10 吨。

通过上述套期保值交易，虽然现货市场价格出现了对该农场主不利的变动，价格下跌 110 元/吨导致收入减少 11 000 元，但是在期货市场上盈利 11 000 元，消除了价格不利变动的影响。最后，该农场主的大豆销售实现了 3 000 元/吨的目标价格。如果 9 月份大豆价格没有下跌反而上涨，现货市场和期货市场价格都上涨了 100 元/吨，则该农场主的交易情况如表 5.3 所示。

表 5.3　交易情况与盈亏分析表

时间	现货市场	期货市场
6 月份	大豆价格为 3 010 元/吨（目标价格）	卖出 10 手 9 月份大豆期货合约，价格为 3 040 元/吨
9 月份	卖出 100 吨大豆，价格为 3 110 元/吨	买入 10 手 9 月份大豆期货合约，价格为 3 140 元/吨
损益	盈利 100 元/吨	亏损 100 元/吨
	盈亏 100×100－100×100=0 元	

在上述情况中，该农场主在期货市场上亏损 100 元/吨，但现货市场上 9 月份卖出价格比 6 月份高了 100 元/吨，综合来看大豆销售的实际有效价格仍然是 3 000 元/吨。卖出保值能够帮助保值者在价格发生变动（不管是上升还是下跌）时，仍能实现目标价格，达到转移价格波动风险的目的。然而，卖出套期保值者所需承担的代价是放弃日后价格发生有利变动时获得更高利润的机会。

从例 5.2 可以看出，第一，完整的卖出套期保值涉及两笔期货交易：第一笔为卖出期货合约，第二笔为在卖出现货时在期货市场买进对冲原先持有的合约。第二，在期货市场上的交易顺序是先卖后买，所以上例属于卖出套期保值。需要说明的是，上例只用于说明卖出套期保值的基本原理，具体实际操作中还应当考虑交易手续费等问题。

三、套期保值的效果

套期保值者转移出去的风险由期货市场中的投机商承担，但这并不意味套期保值者永远处于有利地位而投机商永远处于不利地位。究其原因，套期保值的本质是将现货市场的价格波动风险转移到期货市场，套期保值者在现货市场和期货市场中做完全相反的买卖操作，从而实现盈亏抵销。套利保值的结果，要么是以期货市场交易的盈利来弥补现货市场的亏损，要么是以现货市场的额外收益来抵销期货市场的亏损。

假如套期保值成功，其效果大致有三种情况：①期货市场上的盈利弥补现货市场上的亏损并有盈余，实现盈利保值；②期货市场上的盈利正好弥补现货市场上的亏损，实现持平保值。持平保值是一种理想状态，在现实中很少出现；③期货市场上的盈利不足以弥补现货市场上的亏损，实现减亏保值。

如果对期货市场缺乏足够的了解，套期保值也可能会失败。一般来说，引起套期保值失败的因素主要有：①对价格变动趋势的预期错误，不该做保值而做了保值；②资金规划和管理不当，对期货价格的大幅度波动缺乏足够的承受力，当期货价格短期内朝不利方向变动时，囿于追加保证金不足而被迫斩仓，致使保值计划中途停止。

第三节　基差与套期保值

一、基差的定义

所谓基差，是指在某一特定时间和地点某种商品的现货价格与以该商品为标的物的期货合约的价格之间的差异，即

基差＝现货价格－期货价格

基差的取值取决于现货价格与期货价格之间的大小关系。若现货价格高于期货价格，则基差为正，称为远期贴水或现货升水；若现货价格低于期货价格，则基差为负，称为远期升水或现货贴水。现货价格与期货价格变动不同步，变动幅度不一样，会引起基差不断变动。基差包含两个成分：运输成本和持有成本（见图 5.3）。运输成本反映现货市场与期货市场的空间因素，是同一时间两个不同地点的价格存在基差的基本原因；持有成本反映两个市场间的时间因素，即两个不同交割月份的持有成本，具体包括储藏费用、利息、保险费用和损耗费等，其中利率变动对持有成本的影响很大。由此可知，不同地区的基差随运输费用的不同而不同；就同一市场而言，不同时期的基差在理论上应充分反映持有成本，而持有成本是随着时间变动的。距离期货合约到期的时间越长，持有成本越大；当非常接近合约到期日时，持有成本几乎为零。

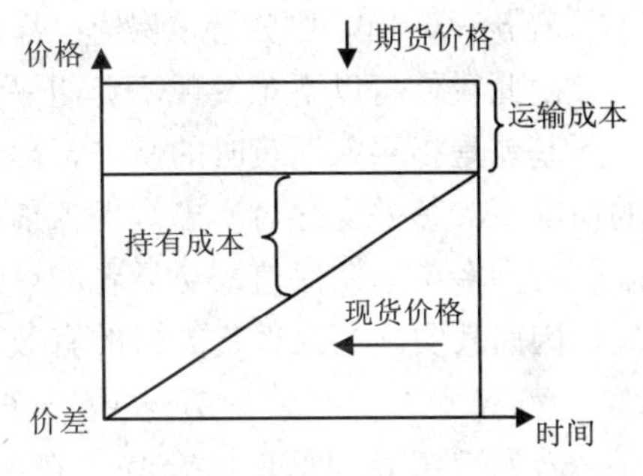

图 5.3 基差的构成

一般情况下，一种商品能够正常供给，基差为负，这种市场被称为正向市场；当供求关系中出现短缺现象时，持有成本将消失，甚至反过来形成负的持有成本，现货价格或近期的期货价格高于远期的期货价格，基差为正，这种市场被称为反向市场。

二、基差变化与套期保值效果

通常而言，在套期保值操作中，被保值资产应同期货合约的标的资产相一致，才能保证基差在合约到期日趋于 0。若被保值资产与合约标的资产有差异，则在理论上基差在合约到期日将不为 0。在整个套期保值过程中若基差发生变化，保值者有可能因亏损而被迫追加保证金，也有可能在账户上有大量盈余，因此套期保值效果与基差变化有很大关系。

为了便于讨论，我们暂且忽略保证金、手续费、佣金等对套期保值效果的影响。若基差不变，则期货市场的盈利恰好完全弥补了现货市场的亏损，可达到持平保值；若基差有变，则保值效果将有所不同。设计如下套期保值的情形（见表 5.4）。

表 5.4 套期保值的假设情形

时间	现货市场	期货市场	基差
t_1 入市开仓	S_1	F_1	b_1
t_2 平仓出市	S_2	F_2	b_2

在表 5.4 中，保值者在时间 t_1 时入市开仓建立第一个期货部位，此时现货价格和期货价格分别为 S_1、F_1；保值者在 t_2 时平仓，此时现货价格和期货价格分别为 S_2、F_2。t_1、t_2 时刻的基差分别为 b_1、b_2。

对于买入套期保值者来说，保值效果可以用以下模型来表示：

$$F_2-F_1+S_1-S_2=(S_1-F_1)-(S_2-F_2)=b_1-b_2$$

若 $b_1-b_2=0$，则为持平保值；若 $b_1-b_2>0$，则为有盈保值；若 $b_1-b_2<0$，则为减亏保值。

对于卖出套期保值者来说，保值效果可以用以下模型来表示：

$$F_1-F_2+S_2-S_1=(S_2-F_2)-(S_1-F_1)=b_2-b_1$$

若 $b_2-b_1=0$，则为持平保值；若 $b_2-b_1>0$，则为有盈保值；若 $b_2-b_1<0$，则为减亏保值。

由此我们可以不难发现，套期保值的结果取决于买入基差与卖出基差的大小关系，其中买入基差是指买入期货时的基差，卖出基差是指卖出期货时的基差。在现货与期货数量相等的情况下，基差变强对卖出套期保值有利，基差变弱对买入套期保值有利。

若为多头套期保值，交易者欲以期货市场的盈利（F_2-F_1）弥补现货价格上涨带来的损失，因而其实际买入现货支付的有效价格为

$$S_2-(F_2-F_1)=F_1+(S_2-F_2)=F_1+b_2$$

若为空头套期保值，交易者在期货市场盈利（F_1-F_2），而实际卖出现货收到的有效价格为

$$S_2+(F_1-F_2)=F_1+(S_2-F_2)=F_1+b_2$$

交易者在进行套期保值后，F_1是已知因素，所以最终交易的有效价格取决于 b_2。我们把由于 b_2 的不确定性给套期保值者所带来的风险称为基差风险。对于多头套期保值者来说，基差变弱有利，意味着实际支付的有效价格降低；对于空头套期保值者来说，基差变强有利，意味着卖出现货收到的有效价格升高。

有时，被保值资产不同于期货合约的标的资产，基差风险就会很大。设 S_2^*为 t_2 时刻期货合约标的资产的价格，则保值者购买或出售资产的实际有效价格为 $S_2+F_1-F_2$，可以变换为

$$F_1+(S_2^*-F_2)+(S_2-S_2^*)$$

式中，$S_2^*-F_2$ 和 $S_2-S_2^*$代表了基差的两个组成部分。当被保值资产与期货合约的标的资产一致时，存在的基差为 $S_2^*-F_2$；当被保值资产与期货合约的标的资产不一致时，除了存在基差 $S_2^*-F_2$ 外，还存在基差 $S_2-S_2^*$。

在上述分析的基础上，将基差不同变化情形下买入套期保值和卖出套期保值的效果归纳于表 5.5 中。

表 5.5　基差变化对套期保值效果的影响

套期保值类型	基差变化	套期保值效果
买入套期保值	基差不变	期货市场与现货市场盈亏相抵，完全套期保值
	基差变弱	期货市场与现货市场盈亏不能相抵，存在净盈利
	基差变强	期货市场与现货市场盈亏不能相抵，存在净损失
卖出套期保值	基差不变	期货市场与现货市场盈亏相抵，完全套期保值
	基差变弱	期货市场与现货市场盈亏不能相抵，存在净损失
	基差变强	期货市场与现货市场盈亏不能相抵，存在净盈利

三、基差的叫价交易

根据前文分析，就同一市场而言，不同时期的基差在理论上应充分反映持有成本，而持

有成本是随着时间变动的。距离期货合约到期的时间越长，持有成本越大；当非常接近合约到期日时，持有成本几乎为零。在套期保值过程中，若基差的减少量大于持有成本，则对买入套期保值者有利而对卖出套期保值者不利；若基差的减少量小于持有成本时，则对买入套期保值者不利而对卖出套期保值者有利。可是，在现实中套期保值者并不知道基差的减少量是大于持有成本还是小于持有成本。所以，当历史数据表明与某期货合约有关的基差变化无常时，我们便不能指望仅通过套期保值就能够规避未来现货市场的价格波动风险。

针对基差变化无常的情况，人们设计了一种新的交易方式——基差交易。具体而言，基差交易可分为买方叫价的基差交易和卖方叫价的基差交易。在叫价交易中，不事先选定期货价格，而是由交易的一方在另一方允许的时间内选定期货价格，由买方选定价格的做法称为“买方叫价”，而由卖方选定价格的方法称为“卖方叫价”。

下文将分别介绍两类基差交易的原理。为简单起见，我们假设持有成本为0。

（一）买方叫价的基差交易

买方叫价的基差交易一般是与卖出套期保值交易配合使用。现货卖方事先针对将要卖出的现货做了卖出套期保值，希望基差保持不变，于是做基差保值。

1. 数学分析模型

【例5.3】　某农场主将于6月份收获小麦并进行出售，为了防止未来小麦价格下跌，他于3月份做了空头套期保值，以每蒲式耳8.65美元的价格卖出7月份小麦期货合约（当时小麦现货价格为每蒲式耳为8.60美元）。6月1日，某加工商向该农场主预订一批小麦，考虑到小麦价格可能会下跌，还不想马上买进小麦。经协商达成协议：基差为低于7月份期货价格5美分，买方有权选定未来30天之内的任何一天的7月小麦期货价格作为计价基础。10天以后，价格下跌，现货价格为6.80美元，期货价格为6.95美元，基差为－15美分。该加工商决定以当日价格为计价基础，并通知农场主结束套期保值交易。该农场主交易结果如表5.6和表5.7所示。

表5.6　农场主未进行基差交易的结果

交易时间	现货市场	期货市场	基差
3月	8.60 /蒲式耳	8.65 /蒲式耳	−5 美分
6月11日	6.80 /蒲式耳	6.95 /蒲式耳	−15 美分
交易结果	−1.80 /蒲式耳	1.70 /蒲式耳	

表5.7　农场主进行基差交易的结果

交易日期	现货市场	期货市场	基差
3月	8.60 /蒲式耳	8.65 /蒲式耳	−5 美分
6月11日	6.90 /蒲式耳	6.95 /蒲式耳	−5 美分
交易结果	−1.70 /蒲式耳	1.70 /蒲式耳	

下面我们将通过数学分析模型来解释买方叫价的基差交易原理。

（1）基本假设

假设下述交易都是针对同一商品、同一交割期的期货合约进行的，所谈价格均为一张期货合约的价格或对应数量的现货商品价格。

令 S_1 表示现时现货市场价格，S_2 表示未来现货市场价格，F_1 表示现时期货市场价格，F_2 表示未来期货市场价格。假设持有成本为 0，基差变化无常。

（2）基本操作

卖出套期保值者按现时期货市场价格 F_1 卖出商品期货合约后，在他愿意或有能力提供现货商品前，与现货商品买入者约定如下：

1）现货商品买入者可以（且一定要在）未来约定时间内任意时刻的期货市场价格 F_2 平仓套期保值者的期货合约，由此产生的盈亏由卖出套期保值者承担。

2）期货平仓后，现货商品买入者以 F_2-C 的价格买入卖出套期保值者的现货商品，C 由双方事先协商确定（为简单起见，我们将 C 称为基差交易常数）。

（3）保值结果

卖出套期保值者在期货市场的盈利为 F_1-F_2，正值为盈利，负值为亏损。在现货市场上卖给现货商品买入者的价格为 F_2-C。故卖出套期保值者账面收入为在期货市场的盈利加实际在现货市场上的卖出价格，即

$$(F_1-F_2)+(F_2-C)=F_1-C$$

与现时现货市场价格 S_1 比较，$(F_1-C)-S_1=0$ 表示账面收入恰好等于现时现货市场价格，$(F_1-C)-S_1<0$ 表示账面收入未能达到现时现货市场价格，$(F_1-C)-S_1>0$ 表示收入大于现时现货市场价格。不考虑持有成本，卖出套期保值者的综合收入变动为

$$(F_1-C)-S_1=(F_1-S_1)-C=\text{现时基差}-C$$

所以，当 C 等于现时基差时，卖出套期保值者刚好保值成功；当 C 小于现时基差时，表示综合收入大于现时现货市场价格；当 C 大于现时基差时，表示综合收入未能达到现时现货市场价格。

需要指出的是，一旦 C 确定，卖出套期保值者的综合收入也就随之确定，为 (F_1-C)，综合收入既与未来现货市场价格 S_2 无关，也与未来期货市场价格 F_2 无关。换言之，当卖出套期保值者与现货商品买入者商定了 C 时，卖出套期保值者已完成了价格风险转移。当然，与现货商品买入者协商 C 时，C 越小对卖出套期保值者越有利；但即使 C 大于现时基差、卖出套期保值者的综合收入未达到现时现货市场价格，他的综合收入还是事先确定了且达到了令他满意的水平（否则，卖出套期保值者是不会接受约定的 C 的）。

【例 5.4】 4 月份，大米的现货市场价格为 1 800 元/吨，此价格为农民甲可以接受的价格并希望今年 7 月份收割的大米能以此价格出售。为避免现货市场价格下跌造成损失，甲于 4 月份在期货市场上卖出 2 张（10 吨/张）9 月份交割的大米期货合约，成交价格为 1 900 元/吨。甲意识到基差变化不定，套期保值不能完全保证有效规避未来现货市场的价格波动风险。于是甲与大米现货购买者进行协商，约定在 7 月份期货市场的任一营业时间内，大米现货购买者可按当时期货市场价格对甲的期货合约进行平仓，期货市场上的盈亏由甲承担；且大米现货购买者必须在 7 月份内平掉甲的期货合约；平仓后，大米现货购买者按期货合约平仓价

减 100 元作为现货交易价，从甲处购买 20 吨大米现货。此处 $C=100$，等于现时基差，该甲通过基差交易实现了成功保值。

事实上，设期货合约的平仓价为 F_2，甲在期货市场盈利为

$$(F_1-F_2)\times 20=(1\,900-F_2)\times 20\text{（元）}$$

在现货市场 20 吨大米的实际卖出收入为

$$F_2\times 20-C\times 20=F_2\times 20-2\,000\text{（元）}$$

故甲的综合收入为“期货市场盈利+现货市场的实际卖出收入”，即

$$(1\,900-F_2)\times 20+F_2\times 20-2\,000=38\,000-2\,000=36\,000\text{（元）}$$

假设到了 7 月份，基差果真朝着不利于卖出套期保值者的方向变化，$S_2-F_2=-200$。按卖出套期保值数学分析模型的结论，基差的减少量为－100，小于期间持有成本，对卖出套期保值者不利。在这种情况下，如果甲做了如上基差交易，他的综合收入将不受影响（在基差交易的情况下，甲的综合收入与 S_2、F_2 无关，也就与基差变化无关）。若甲没有进行基差交易，只进行了套期保值，那么 7 月份收获大米后，他只能按当时期货市场的价格 F_2 平掉其期货合约，按当时的现货市场价格 S_2 出售大米。甲的综合收入为

$$(F_1-F_2+S_2)\times 20=[F_1+(S_2-F_2)]\times 20=(1\,900-200)\times 2=34\,000\text{（元）}$$

较之做了基差交易的情况，甲的综合收入少 2 000 元，所以保值算不得成功。

2. 需要注意的问题

1）在上述模型中，最终现货交易价格由 C 和期货合约平仓价格构成，C 是卖出套期保值者与现货买入者事先约定的，所以最终现货交易价格事实上只由期货合约平仓价确定；而平仓时机和平仓价格是由现货买入者选定的，故这种基差交易称为买方叫价的基差交易。

2）现货买入者之所以与卖出套期保值者进行基差交易，主要基于以下两方面原因：①他们认为期货市场价格会下降，而同期现货市场价格未必会下降或未必有足够大的下降幅度（所谓“足够大”，是指下降的绝对值大于或等于 C）。在这种情况下，与套期保值者进行基差交易是有利可图的。②他们获得了一个叫价权利，即可以在同一个时间内选择期货市场价格较低的时机平掉卖出套期保值者的期货合约，从而使自己的买入价格也相应较低。

3）卖出套期保值者进行基差交易，在规避了基差变化可能带来的风险的同时，也失去了基差可能朝着有利方向变化而带来额外收入的机会。

从理论上看，卖出套期保值者进行基差交易的综合收入是 F_1-C，卖出套期保值者不进行基差交易而只做套期保值的综合收入是 $(F_1-F_2)+S_2$。后者与前者的差为 $(S_2-F_2)+C$ 或 $C-(F_2-S_2)$，即 $C-$将来基差。如果将来基差大于 C，说明不做基差交易而只做套期保值的结果要好过做基差交易的结果。所以，做基差交易固化了收入，减少了因基差变化可能产生的风险或消除了风险（当 C 等于现时基差时），甚至可能带来额外收入（当 C 小于现时基差时），但只要将来基差变得足够大（大于 C），不做基差交易而只做套期保值的结果要好过做基差交易的结果。

现在我们回到例 5.4。我们曾假设到了 7 月份，基差朝着不利于卖出套期保值者的方向变化。现在我们假设基差朝着有利于卖出套期保值者的方向变化，$S_2-F_2=-50$。按卖出套期

保值数学分析模型的结论，基差的减少量 50 大于持有成本，对卖出套期保值者有利。在这种情况下，如果甲做了上述基差交易，综合收入将不会发生变化（在基差交易的情况下，甲的综合收入与 S_2、F_2 无关，与基差变化无关）。如果甲没有进行基差交易而只进行了套期保值操作，那么 7 月份他按当时期货市场的价格 F_2 平掉期货合约，又按当时现货市场价格 S_2 出售大米，综合收入为

$$(F_1-F_2+S_2)\times 20=[F_1+(S_2-F_2)]\times 20=(1\,900-50)\times 20=37\,000（元）$$

较之做基差交易的情况，该农民的综合收入多了 1 000 元，不做基差交易的收入反而要多一些。

（二）卖方叫价的基差交易

卖方叫价的基差交易一般是与买入套期保值交易配合使用。现货买方事先针对将要买入的现货做了买入套期保值，希望基差保持不变，于是做基差保值。

1. 数学分析模型

【例 5.5】 某加工商预计 9 月份买进一批铝锭。为了防止价格上涨，他在 6 月份做了买入套期保值，以 2 800 美元/吨的价格买进 10 月份铝期货合约（当时现货价格为 2 500 美元/吨，基差为-300 美元/吨）。7 月 5 日他向储存商订购铝锭，储存商认为价格会上涨，不同意马上出售，双方决定做基差交易。双方约定买方可以低于 10 月份期货价格 300 美元/吨的价格买入，而卖方有权任选一天 10 月份期货价格作为计价基础。两周后，铝价上涨，7 月 25 日 10 月份期货价格涨至 2 900 美元/吨，基差为-200 美元。储存商决定履行协定，卖出铝锭，并通知加工商结束买入套期保值（见表 5.8 和表 5.9）。

表 5.8　加工商未进行基差交易的结果

时间	现货市场	期货市场	基差
6 月	铝锭现价 2 500 美元/吨	买入 10 月份期货合约，价格为 2 800 美元/吨	-300 美元
7 月 25 日	买进现货，价格为 2 700 美元/吨	卖出期货合约，价格为 2 900 美元/吨	-200 美元
结果	亏损 200 美元/吨	盈利 100 美元/吨	

表 5.9　进行了基差交易的结果

时间	现货市场	期货市场	基差
6 月	铝锭现价 2 500 美元/吨	买入 10 月份期货合约，价格为 2 800 美元/吨	-300 美元
7 月 25 日	买进现货，价格为 2 600 美元/吨	卖出期货合约，价格为 2 900 美元/吨	-300 美元
结果	亏损 100 美元/吨	盈利 100 美元/吨	

我们可以模仿买方叫价的基差交易数学分析模型来建立卖方叫价的基差交易数学分析模型。

（1）基本假设

假设下述交易都是针对同一商品、同一交割期的期货合约进行的，所谈价格均为一张期货合约的价格或对应数量的现货商品价格。

令 S_1 表示现时现货市场价格，S_2 表示未来现货市场价格，F_1 表示现时期货市场价格，F_2 表示未来期货市场价格。假设持有成本为 0，基差变化无常。

（2）基本操作

买入套期保值者按现时期货市场价格 F_1 买入商品期货合约后，在他愿意或有能力买入现货商品前，与现货商品卖出者约定如下：

1）现货商品卖出者可在（且一定要在）未来约定时间内任意时刻的期货市场价格 F_2 平仓套期保值者的期货合约，由此产生的盈亏由买入套期保值者承担。

2）期货平仓后，现货商品卖出者以 F_2-C 的价格向买入套期保值者卖出他的现货商品，C 由双方事先协商确定。

（3）保值结果

买入套期保值者在期货市场的盈利为 F_2-F_1，正值为盈利，负值为亏损；在现货市场上买入现货商品的价格为 F_2-C。故买入套期保值者的综合支出为在现货市场上的买入价格减掉在期货市场的盈利，即

$$(F_2-C)-(F_2-F_1)=F_1-C$$

与现时现货市场价格 S_1 比较，$(F_1-C)-S_1=0$ 表示综合支出恰好等于现时现货市场价格，$(F_1-C)-S_1<0$ 表示综合支出小于现时现货市场价格，$(F_1-C)-S_1>0$ 表示综合支出大于现时现货市场价格。不考虑持有成本，买入套期保值者的综合支出价格变动为

$$(F_1-C)-S_1=(F_1-S_1)-C=\text{现时基差}-C$$

所以，当 C 等于现时基差时，买入套期保值者刚好保值成功；当 C 小于现时基差时，表示综合支出价格大于现时现货市场价格；当 C 大于现时基差时，表示综合支出价格小于达到现时现货市场价格。

需要指出的是，一旦 C 确定，买入套期保值者的综合支出价格也就随之确定，为 (F_1-C)，综合支出价格既与未来现货市场价格 S_2 无关，也与未来期货市场价格 F_2 无关。换言之，当买入套期保值者与现货商品卖出者商定了 C 时，买入套期保值者已完成了价格风险转移。当然，与现货商品卖出者协商 C 时，C 越大对买入套期保值者越有利；但即使 C 大于现时基差、买入套期保值者的综合支出未达到现时现货市场价格，他的综合支出还是事先确定了且达到了令他满意的水平（否则，买入套期保值者是不会接受约定的 C 的）。

【例 5.6】 10 月份小麦现货市场价格为 2 000 元/吨，面粉加工商希望明年 1 月份能以此价格买入小麦。为防止现货市场价格上升，该面粉加工商于 10 月份在期货市场上买入了 10 张（每张 10 吨）明年 3 月份交割的小麦期货合约，成交价格为 2 300 元/吨。意识到基差变化不定，套期保值将不能完全保证他能规避未来现货市场的价格波动风险，于是面粉加工商与小麦现货供应者进行协商，并达成约定：在明年 1 月份期货交易市场的任何营业时间内，小麦现货供应者均可按当时期货市场价格平仓面粉加工商的期货合约，期货市场上的盈亏由面粉加工商承担；与此对应，小麦现货供应者也必须在 1 月份内平仓面粉加工商的期货合约；平仓后，小麦现货供应者按期货合约平仓价减 300 元作为向面粉加工商供应现货小麦的价格。

此处 $C=300$，等于现时基差，面粉加工商的综合价格支出等于现时现货市场价格 2 000 元/吨（不计交易成本，如佣金税费、资金成本），通过基差交易实现了成功保值。

事实上，设期货合约的平仓价为 F_2，面粉加工商在期货市场盈利为

$$(F_2-F_1)\times 100=(F_2-2\,300)\times 100\text{（元）}$$

在现货市场 100 吨小麦的实际买入价格为

$$F_1\times 100-C\times 100=F_2\times 100-30\,000\text{（元）}$$

故该面粉加工商的综合支出为“实际在现货市场上的买入价格扣掉期货市场盈利”，即

$$(F_2\times 100-30\,000)-(F_2-2\,300)\times 100=230\,000-30\,000=200\,000\text{（元）}$$

假设到了 7 月份，基差果真朝着不利于买入套期保值者的方向变化，$S_2-F_2=-100$。按买入套期保值数学分析模型的结论，基差的减少量 200 大于期间持有成本，对买入套期保值者不利。在这种情况下，如果面粉加工商做了如上基差交易，其综合支出将不受影响（在基差交易的情况下，面粉加工商的综合支出与 S_2、F_2 无关，也就与基差变化无关）。若面粉加工商没有进行基差交易，而是只进行了套期保值，那么 1 月份他只能按当时期货市场价格 F_2 平仓其期货合约，再按当时现货市场价格 S_2 买入小麦。按买入套期保值数学分析模型的结论，该面粉加工商的综合支出为

$$[S_2-(S_2-F_1)]\times 100=[F_1+(S_2-F_2)]\times 100=(2\,300-100)\times 10=220\,000\text{（元）}$$

较之做了基差交易的情况，该面粉加工商的综合支出多 20 000 元，所以保值算不得成功。

2. 需要注意的问题

1）在上述模型中，最终现货交易价格由 C 和期货合约平仓价格构成，C 是买入套期保值者与现货卖出者事先约定的，所以最终现货交易价格事实上只由期货合约平仓价确定；而平仓时机和平仓价格是由现货卖出者选定的，故这种基差交易叫作卖方叫价的基差交易。

2）现货卖出者之所以与买入套期保值者进行基差交易，主要基于以下两方面原因：①他们认为期货市场价格会上升，而同期现货市场价格未必会上升或未必有足够大的上升幅度（所谓“足够大”，是指上升的绝对值大于或等于 C）。在这种情况下，与套期保值者进行基差交易是有利可图的。②他们获得了一个叫价权利，即可以在同一个时间选择期货市场价格较高的时机平掉买入套期保值者的期货合约，从而使自己的卖出价格也相应较高。

3）买入套期保值者进行基差交易，在规避了基差变化可能带来的风险的同时，也失去了基差可能朝着有利方向变化而带来支出减少的机会。

从理论上看，买入套期保值者进行基差交易的综合支出是 F_1-C，买入套期保值者不进行基差交易而只做套期保值的综合支出是 $S_2-(F_2-F_1)$。后者与前者的差为 $C-(S_2-F_2)$，即 C 的将来基差。如果将来基差大于 C，说明不做基差交易而只做套期保值的结果要好过做基差交易的结果。所以，基差交易固化了收入，减少了因基差变化可能产生的风险或消除了风险）当 C 等于现时基差时），甚至可能带来额外收入（当 C 小于现时基差时），但只要将来基差变得足够大（大于 C），不做基差交易而只做套期保值的结果要好过做基差交易的结果。

现在我们回到例 5.6。我们曾假设到了 1 月份，基差朝着不利于买入套期保值者的方向变化。现在我们假设基差朝着有利于买入套期保值者的方向变化，$S_2-F_2=-400$。按买入套期保值数学分析模型的结论，基差的减少量－100 小于持有成本，对买入套期保值者有利。

在这种情况下，如果面粉加工商做了上述基差交易，综合支出将不会发生变化（在基差交易的情况下，面粉加工商的综合支出与 S_2、F_2 无关，与基差变化无关）。如果面粉加工商没有进行基差交易而只进行了套期保值操作，那么，1 月份他按当时期货市场价格 F_2 平掉期货合约，又按当时现货市场价格 S_2 买入小麦，综合支出为

$$S_2-(F_1-F_2)\times100=[F_1\times(S_2-F_2)]\times100=(2\,300-400)\times100=190\,000\text{（元）}$$

较之做基差交易的情况，该农民的综合支出少了 1 000 元，不做基差交易的支出反而要少一些。

小　结

商品生产经营者在期货市场上买进或卖出与现货商品或资产相关、数量相当、方向相反、时间相近的期货合约，进而将价格风险转移的交易行为，被称为套期保值。套期保值是现货市场中生产经营者规避风险最常用、最基本的办法。具体而言，套期保值又可分为买入套期保值和卖出套期保值。在某一特定时间和地点某种商品的现货价格与以该商品为标的物的期货合约的价格之间的差异，称为基差。针对基差变化无常的情况，人们设计了一种新的交易方式——基差交易，可分为买方叫价的基差交易和卖方叫价的基差交易。

案例分析

利用套期保值天津聚龙集团成为国内棕榈油“巨龙”

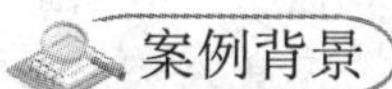

利用套期保值规避价格波动风险是国际大型公司惯常做法，在国内也有不少先行者以此来稳定经营，保障企业的生产活动，其中比较成功的当属天津聚龙集团。天津聚龙集团成立于 1993 年，主营业务为棕榈油，范围已覆盖种植、码头、仓储、贸易、加工、小包装产品等各环节。它的棕榈油分提厂在全球领先，拥有中国唯一的海外棕榈种植园，正在建设华东地区最大油脂综合加工基地与物流配套园区，每年进口 100 万吨毛油进行加工，是国内进口量最大的棕榈油企业。

在 2008 年国际棕榈油价格经历了百年不遇的大起大落，油价从 2007 年的 4 000 元/吨左右，一路飙升为 2008 年 3 月初的近 14 000 元/吨；2008 年 7 月棕榈油价格又迅速掉头下撤，到 2008 年 10 月中旬，棕榈油价格暴跌至 4 200 元/吨。7 月到 10 月仅三个月，每吨棕榈油的损失至少为 6 000 元。作为一家大型棕榈油企业，如果只依靠现货市场，三个月的损失就在 6 亿元左右。这次暴跌让国内的大部分棕榈油生产企业损失惨重，而天津聚龙集团却逆市独欢，凭借期货套期保值成为国内棕榈油企业的王者。在 2008 年 6 月国际棕榈油价格仍在高位之时，不同于国内同行增加库存等待更高价位的做法，天津聚龙集团保持了正常的出货量，并开始进行下半年期货套期保值计划的制订，这一计划有力地保证了天津聚龙集团在此次下跌行情中锁定了风险。不仅如此，作为一家稳健经营的公司，为了应对棕榈油价格上涨的不确定性风险，天津聚龙集团在7～10月的上涨行情中也通过期货套期保值，将利润锁定。在2013年1月，马来西亚的棕榈油期货价格一度比国内期货价格低200～300元/吨，这也意味着棕榈油贸易企业通过在两个市场间的运作就能够赚取200～300元/吨的利润。期货市场为天津聚龙集团提供了一个安全的经营模式，既防范了价格风险，又防范了数量风险。

案例解析

棕榈油厂商利用期货套期保值的一般做法如下：假定10月10日，国内某棕榈油贸易商，在国内棕榈油现货价格为8 270元/吨的时候与马来西亚的棕榈油供货商签订了1万吨11月船期的棕榈油订货合同，棕榈油CNF价格为877美元，按照当日的汇率及关税可以计算出当日的棕榈油进口成本价在8 223元/吨，按照计算可以从此次进口中获得47元/吨的利润。由于从订货到装船运输再到国内港口的时间预计还要35天左右，如果价格下跌就会对进口利润带来很大的影响。于是，该贸易商于10月10日在国内棕榈油期货市场卖出12月棕榈油合约1 000手进行保值，成交均价为8 290元/吨。到11月15日，进口棕榈油到港卸货完备，该贸易商卖掉10 000吨棕榈油现货，价格为7 950元/吨；同时在期货市场上买入1 000手12月棕榈油合约进行平仓，成交均价为7 900元/吨。

通过以上案例我们可以看出：第一，一笔完整的卖出套期保值涉及两笔期货交易，第一笔为卖出期货合约；第二笔为在现货市场抛售现货的同时，在期货市场买入期货合约，对冲原先持有的头寸。第二，该套期保值操作过程中，基差从10月10日的-20元/吨转换为11月15日的50元/吨，卖方套期保值操作结果是盈利大于亏损，保值者得到了完全的保护。

通过此次保值，该贸易商规避了棕榈油市场下跌的风险，保住了该贸易商的47元/吨的进口利润并从期货市场额外获得了70万元赢利。这里需要强调的是，卖出套期保值关键在于销售利润的锁定，其根本目的不在于赚多少钱，而在于价格下跌中实现自我保护。如果企业没有参与套期保值操作，一旦现货价格走低，它必须承担由此造成的损失。因此，卖出套期保值规避了现货价格变动的风险，锁定了未来的销售利润，可以帮助贸易商实现稳健经营。

（资料来源：何伊凡，史小兵. 2010. “棕榈油大王”破围记．中国企业家，21：92-99）

思考与练习

一、名词解释

套期保值　多头保值　空头保值　基差保值　正向市场　反向市场　叫价交易

二、简答题

1．简述期货套期保值的基本原理。
2．分析套期保值适用条件。
3．举例说明买入套期保值和卖出套期保值。
4．简述基差保值模型。

三、计算题

1．黑龙江农垦局某农场估计9月大豆成本为1.80元/公斤。4月，他们看到9月大豆期货合约以2 400元/吨的价格交易，便利用这个有利价格进行了套期保值。大豆价格在收割后显著下跌。该农场在当地售出5万吨大豆现货，每吨低于成本100元，但期货价格为2 300元/吨，期货合约盈利帮助冲销了出售大豆现货所得到的较低价格损失。该农场应该怎样做才能达到目的？试作财务分析。

2．5月1日，某公司预计将在7月下旬购买铜300吨。由于害怕价格上涨，该公司决定立即在上海期货交易所进行保值交易，买入9月铜期货合约，价格为19 000元/吨。7月28日公司在现货市场买入铜300吨，价格为20 100元/吨，同时将期货以20 200元/吨对冲平仓。试作财务分析。

课后阅读

1. 中国期货业协会. 2013. 期货市场教程. 北京：中国财政经济出版社.

2. 李一智，侯晓鸿．1998. 套期保期数量风险与控制．中国证券与期货，（5）：9-11.

第六章

期货与期权的投机及套利

学习目标

- 了解期货投机的概念和功能
- 熟悉期货套利的概念和类型
- 掌握期货套利的基本原理
- 了解期货投机与套利的发展趋势

学习要点

- 期货投机交易的功能
- 期货套利交易的类型
- 期货套利交易的基本原理

关键词

投机　套利　跨期套利　跨市套利　跨商品套利

导入案例

股指期货仿真交易

中国金融期货交易所10月30日开始正式向投资者推出了股指期货仿真交易。一个半月的单边行情让多头资金大赚了一笔。在仿真交易中，中国国际期货公司从10月30日以来仿真交易总成交量为113 308手，客户虚拟资金总共注入2.23亿元人民币，11月15日交易保证金为近8 000万元人民币，公司客户总体交易是盈利的，盈利额约为587万元人民币。

（资料来源：http://www. cffex. com. cn）

第一节 期货投机交易

期权合约的大量参与者并不都是为了规避价格风险，部分参与者仅仅是为了在买进和卖出合约的交易过程中赚取差价。这些交易者称为期货投机者，他们在客观上成为市场风险的承担者。投机者的交易行为包括投机和套利两大类。

一、期货投机的定义与类型

（一）期货投机的定义

所谓期货投机，是指投机者对市场动向加以预测并买入（或卖出）标准化的期权合约，然后待价格有利时再对冲平仓，希望从价格变化中获取利润的行为。因此，期货投机者纯粹以谋取利润为目的。

较之一般商品市场的投机交易，期货市场上的投机交易所占比重要大得多，无论从交易笔数还是从交易金额来看都是如此。这主要是由于期货市场实行保证金制度。交易者买卖期货合约通常只需缴纳相当于合约总金额 5%～18%的保证金，资金的作用可放大 6～20 倍；同时，由于实行保证金制度，在期货市场上可以做空——卖者手中并不需要持有现货商品。其次，虽然从原理上讲，期货市场上的投机与一般商品市场上尤其是现货市场上的投机并无实质性区别，但在期货市场上投机者无须进行商品的储存、运输、交割验收等烦琐的程序，这使得期货市场投机交易比现货市场投机交易在操作上要简单得多。

（二）期货投机的类型

依据投机者所采用的获利原理，期货投机可被分为两大类：单一品种投机和套期图利投机。

1. 单一品种投机

单一品种投机者的每次投机交易都是针对一个期货品种进行，所采用的获利原理是：如果预期某期货合约的市场价格会上升，就先买入该期货合约，等到价格上升后进行平仓，从而获利；如果预期某期货合约的市场价格会下降，就先卖出该期货合约，等到价格下降后进行平仓，从中获利。

按平仓前持仓时间的长短，单一品种投机者大致分为以下几种类型。

1）当日交易者（day trader）：通常只在交易时间内持仓，很少持仓过夜。在美国，大多数当日交易者是期货交易所的会员，他们获准在期货交易所的交易池内进行交易。

2）抢帽子者（scalper）：利用市场价格的微小波动来赚取差价，每次交易获利小、亏损也小，但是因为他们的交易量很大，在投机性交易中占有很大比重，因此加大了市场的风险。同当日交易者一样，抢帽子者很少持仓过夜。在美国，抢帽子者通常也是期货交易所的会员，他们获准在期货交易所的交易池内进行交易，但他们只为自己进行交易，不接受他人委托。

3）部位交易者（position trader）：又称长线交易者，交易者开仓后，根据各种标的物的长期价格走势进行交易。部位交易者的持仓时间较长，可能长达数月，甚至数年之久。部位交易者可能是一般公众投资者，也可能是专家投资者。

2. 套期图利投机

套期图利投机又称套利投机，是指同时买进和卖出两种相关商品，并希望在日后对冲交易部位时有所获利。套期图利者获利的理论基础是：一般情况下，有关联的期货合约价格关系相对较稳定，如果他们发现或认为两个或多个有关联的期货合约的价格关系出现了异常变化，那么这种异常是暂时现象，未来这些期货合约的价格关系将会回到相对稳定的正常水平。因此，在期货合约价格关系出现异常时，套期图利者会做多一种（或一些）合约，同时做空另一种（或另一些）合约，等到期货合约的价格关系回到相对稳定的正常水平时，他们就平仓从而获利。

二、期货投机的功能

（一）期货投机的积极作用

1. 投机者是风险承担者

期货市场的发展初衷是为风险规避者提供规避价格风险的工具。但是，如果期货市场中只有风险规避者而没有投机者，可能出现这样一种情形：套期保值者买卖期货合约时找不到交易对手，结果导致期货合约卖出者可能不得不一再降低卖出价格以创造交易对手，因为很少有人买；期货合约买入者可能不得不一再提高买入价格以创造交易对手，因为很少有人卖。即使最后找到了交易对手，保值效果也大多不理想。如此，市场中没有投机者不但提高了交易成本，而且有可能引发套期保值交易根本无法进行（在交易不活跃的市场，交易成本是很高的）。投机者的存在，为市场提供了大批交易对手，使交易更容易达成、交易成本更低。所以，从一定程度来讲，投机者创造了市场，没有适度投机的市场不是成熟的。

2. 更好地发挥价格发现功能

期货投机者的获利结果完全取决于他们对未来价格走势判断的准确性，因此投机者往往会深入研究与期货合约相关的商品供求状况。大批投机者的存在使研究商品供求状况的力量大大增强，商品供求状况得到了比仅有套期保值者和现货厂商时更为广泛和更为深入的研究。期货投机者将他们的研究成果反映到期货价格中，如此期货市场的成交价格便更能反映商品的实际供求关系及商品的价值。此外，由于存在大量的期货投机者，期货价格很难大幅度偏离合理的价格水平，因为任何较大幅度的偏离都会产生投机获利空间并立即引来投机交易行为，而这些投机交易行为会使期货价格很快恢复到合理的水平。例如，当市场普遍认为某种谷物的合理价格水平是 2 000 元/吨时，价格很难大幅超过 2 000 元/吨，如在 2 100 元/吨水平上站稳，因为当市场价格是 2 100 元/吨而大家公认的价格是 2 000 元/吨时，期货投机者会立即做空，这种做空行为将使价格很快向 2 000 元/吨回归；同样，价格很难大幅低于 2 000

元/吨，如在 1 900 元/吨水平上站稳，因为当市场价格是 1 900 元/吨而大家公认的水平是 2 000 元/吨时，期货投机者会立即做多，这种做多行为也会使价格很快向 2 000 元/吨回归。

（二）期货投机的消极作用

简单来讲，期货投机的消极作用主要表现为投机过度导致价格风险转移功能和价格发现功能不能得到有效发挥，从根本上遏制了期货市场对经济发展的积极作用，淡化了期货市场存在的意义。

1. 过度投机会抑制期货市场的风险转移功能

因为过度投机，期货市场的价格波动频率加快、幅度加大，致使期货市场价格偏离商品内在价值的时间更久幅度更大。在这种情况下，真正的套期保值者可能被要求不断追加保证金以免被强制平仓。如此，套期保值的成本会很高；或者是套期保值者被迫平仓终止套期保值操作而退出期货市场。这样，期货市场的风险转移功能便不可能发挥作用。

2. 过度投机会抑制期货市场的价格发现功能

过度投机可能导致期货市场价格长期居高不下或长期低迷不起，尤其是在投机者大量做多或做空的情形下。假如期货市场价格长期严重偏离商品的内在价值，期货市场的价格发现功能就不可能正常发挥作用，期货市场的价格也就失去了对经济活动的指导作用。在现实期货交易中，即使没有投机，期货市场价格也是波动的，这种波动源自于商品供需关系的变化（合约商品固有的价格风险）。

期货投机可能使期货市场价格波动扩大，也可能使期货市场价格波动减弱，但期货市场固有的风险并非投机引发，抑制了过度投机，期货投机行为将有助于降低期货市场的价格风险。

三、期货投机的应用

交易者预期期货合约价格会上升，先买入期货合约然后等待时机卖出对冲获利，称为多头投机；交易者预期期货合约价格会下降，先卖空期货合约然后等待时机补进对冲获利，称为空头投机。

（一）多头投机操作示例

【例 6.1】 某投机者预测黄金期货看涨，于 4 月 20 日在上海期货交易所买入 6 月份黄金期货合约 40 张，共计 40 000 克，每克 197 元。随后金价一路上扬，5 月 27 日 6 月份黄金每克涨至 214 元，该投机商抛出合约对冲，如表 6.1 所示。

表 6.1　多头投机效果分析

时间	期货市场操作
4 月 20 日	买入 40 手 6 月份黄金期货合约，价格为 197 元/克
5 月 27 日	卖出 40 手 6 月份黄金期货合约，价格为 214 元/克
最终结果	盈利＝（214－197）×40 000＝680 000 元

（二）空头投机操作示例

【例 6.2】 某投机商预计原油价格可能下跌，于 9 月 29 日在纽约商业交易所卖出 6 月份原油期货合约 5 张，共计 5 000 桶，每桶价格 105.35 美元。两周后，油价下跌至每桶 85.25 美元，该交易商对其卖出合约进行平仓，如表 6.2 所示。

表 6.2　空头投机效果分析

时间	期货市场操作
9 月 29 日	卖出 5 手 6 月份原油期货合约，价格为 105.25 美元/桶
10 月 13 日	买入 5 手 6 月份原油期货合约，价格为 85.25 美元/桶
最终结果	盈利＝（105.25－85.25）×5 000＝100 000 美元

第二节　期货套利交易

单一品种投机主要是指投机者根据对某一期货合约的价格预测来决定买入还是卖出。如果预测期货合约价格将要上升，即买入该期货合约，等合约价格真的上升后平仓，从而获利；如果预测期货合约价格将要下降，即卖出该期货合约，等合约价格真的下降后平仓，从而获利。单一品种的期货投机原理较为简单。以下主要介绍期货套利的原理。

一、期货套利的定义与类型

（一）期货套利的定义

期货套利是指同时买进和卖出两种相关商品，并希望在日后对冲交易部位时有所获利。套期图利者获利的理论基础是：一般情况下，有关联的期货合约价格关系相对较稳定，如果他们发现或认为两个或多个有关联的期货合约的价格关系出现了异常变化，那么这种异常是暂时现象，未来这些期货合约的价格关系将会回到相对稳定的正常水平。因此，在期货合约价格关系出现异常时，套期图利者会做多一种（或一些）合约，同时做空另一种（或另一些）合约，等到期货合约的价格关系回到相对稳定的正常水平时，他们就平仓从而获利。

（二）期货套利的类型

根据操作方式的不同，期货套利的类型主要有以下几种。

1. 跨期套利

跨期套利是指投机者在同一市场（即同一期货交易所）同时买入、卖出同一品种不同交割月份的期货合约，以期在有利时机同时将这两个交割月份的合约对冲平仓从而获利。根据所买卖的交割月份及买卖方向的差异，跨期套利可以分为牛市套利、熊市套利、蝶式套利和跨作物年度套利，后续章节将一一介绍。

2. 跨市套利

跨市套利是指投机者利用两个市场中同一期货合约价格的趋同性进行套利。以股指期货跨市套利为例，由于股市信息获得的时效性、准确性及心理预期的不同，新加坡中国 A50 指数期货和中国深沪 300 指数期货的价格走势可能不同，从而产生套利机会。一般来讲，这些品种在不同交易所间的价格会有一个稳定的差额，通过历史统计分析能合理地判断两市股指期货价格的区间。一旦这些差额发生短期变化，投机者便可以通过市场间操作进行套利：购买价格相对低的合约，卖出价格相对高的合约，等待两者之间的价差恢复到合理水平时双向平仓从而获利。

3. 跨商品套利

跨商品套利是指投机者利用同一期货市场（同一期货交易所）、相同交割期、不同品种但相互关联的期货合约之间的价格差异进行套利，即买入某一交割月份某种期货合约，同时卖出另一相同交割月份、相互关联的期货合约，以期在有利时机同时将这两种合约对冲平仓从而获利。

4. 期现套利

期现套利是指当期货市场价格与现货市场价格的差距出现异常时，投机者在两个市场中分别进行买卖从而缩小期货市场与现货市场之间的价差。期现套利是跨市套利的扩展，只是把套利行为拓展到现货与期货两个市场而已。

（三）期货套利的功能

1. 发挥市场稳定器的作用

期货套利者重点关注相关合约或相关市场之间的相对价格差异，当价差偏离正常范围时，敏锐的套利交易者就会进入市场进行套利。价差越大，进行套利交易的人越多。期货套利交易客观上促使各种价差回归到合理水平，即具有价格纠偏功能，有助于促进期货市场的稳定，起到“市场润滑剂”的作用。

2. 提高市场流动性

套利机会的存在增加了期货市场的交易量，提高了期货市场的活跃程度，承担了价格变动的风险，有助于套期保值操作的顺利实现以及促进期货市场价格的理性化。

二、期货套利与期货投机、套期保值的区别

期货套利、期货投机与套期保值是期货市场中最重要的三种交易行为，三者联系紧密，相辅相成。但是，三者有着根本性区别，主要表现在以下 4 个方面。

（一）交易目的不同

期货套利与期货投机的目的主要在于从期货市场获得利润，而套期保值则是为了转移现

货市场的风险，并不以营利为目的。在套期保值交易中，只要现货市场与期货市场盈亏基本相抵，则该交易行为就是成功的。

（二）风险程度不同

期货投机交易承担单个期货合约价格变动的风险，期货套利交易承担相关市场或相关期货合约价差变动的风险。由于相关市场或相关期货合约价格变动方向的一致性，价差变动幅度会小于单个期货合约价格变动幅度，因此期货套利交易的风险程度要小于期货投机交易。套期保值则是通过参与期货市场，避免现货市场价格变动较大的风险，通过承担基差变动这一较小的风险，达到规避风险的目的。

（三）交易依据不同

期货投机交易中，投机者主要是依据已知情况，运用自己的智慧对期货价格走势进行分析、判断；期货套利交易中，交易者主要依据期货与现货之间、不同期货合约之间的不合理的价差来获取利润；套期保值交易中，参与者主要依据期货市场与现货市场的价格联动性。

（四）涉及市场范围不同

期货投机交易指涉及期货市场上的单一期货合约，套期保值则同时涉及期货市场与现货市场。在期货套利交易中，既有同时涉及期货市场和现货市场的期现套利，也有只涉及期货市场的跨期套利、跨市套利或跨品种套利。

第三节　期货套利的基本原理

现实操作中，期货套利主要有三种类型：跨期套利、跨商品套利和跨市套利。下面我们将运用数学模型分别介绍这三类期货套利方式的原理。

一、跨期套利的基本原理

（一）数学模型分析

跨期套利是指投机者在同一市场（即同一期货交易所）同时买入、卖出同一品种不同交割月份的期货合约，以期在有利时机同时将这两个交割月份的合约对冲平仓从而获利。例如，大连商品交易所的6月份交割大豆合约和9月份交割大豆合约属于同一期货交易所同一商品（大豆）不同交割期（6月份和9月份）的两个期货合约。买入其中一种合约的同时卖出另一种合约，待有利时机分别将两个合约对冲平仓从而获利，便是典型的跨期套利。

1. 基本假设

假设 S_1 表示每张A交割期合约的当前期货市场价格，S_2 表示每张A交割期合约的未来

期货市场价格，F_1表示每张 B 交割期合约的当前期货市场价格，F_2表示每张 B 交割期合约的未来期货市场价格。

2. 基本判断

未来期货市场的价格走势有以下两种判断：

甲：A 交割期合约和 B 交割期合约的价格差将会变小，即 $S_1-F_1>S_2-F_2$。

乙：A 交割期合约和 B 交割期合约的价格差将会变大，即 $S_1-F_1<S_2-F_2$。

3. 投机操作

1）在基本判断为甲的情况下，当前卖出一张 A 交割期合约、买入一张 B 交割期合约；未来平仓所有合约。

2）在基本判断为乙的情况下，当前买入一张 A 交割期合约、卖出一张 B 交割期合约；未来平掉所有合约。

4. 投机结果分析

1）在基本判断为甲并进行投机操作①，则投机者在 A 交割期合约上获利 S_1-S_2，在 B 交割期合约上获利为 F_2-F_1，总获利为投机者在两个合约上的获利之和，即

$$(S_1-S_2)+(F_2-F_1)=(S_1-F_1)-(S_2-F_2) \tag{6.1}$$

根据基本判断，式（6.1）>0，意味着在忽略交易税费和交易佣金的情况下，上述操作将给投机者带来收益。

2）在基本判断为乙并进行投机操作②，则投机者在 A 交割期合约上获利 S_2-S_1，在 B 交割期合约上获利 F_1-F_2，总获利为投机者在两个和约上的获利之和，即

$$(S_2-S_1)+(F_1-F_2)=(S_2-F_2)-(S_1-F_1) \tag{6.2}$$

根据基本判断，式（6.2）>0，意味着在忽略交易税费和交易佣金的情况下，上述操作将给投机者带来收益。

【例 6.3】　201×年 1 月份，某投机者通过观察芝加哥期货交易所 5 月份交割的和 8 月份交割的大豆期货合约的市场价格发现，前者价格为 7.25 美元/蒲式耳，后者价格为 7.45 美元/蒲式耳，前后价差为−20 美分，这个价差较之正常水平太小，而且找不到合理的理由来解释价差变小。因此，该投机者判断这种价差的减少是暂时现象，不久价差就会回到正常水平。于是，该投机者立即（1 月份）买入 10 张 5 月份交割的大豆期货合约（每张合约数量是 5 000 蒲式耳），同时卖出 10 张 8 月份交割的大豆期货合约。到了 4 月份，不出所料，价差回到了−10 美分的正常水平，5 月份交割的大豆期货合约价格为 7.60 美元/蒲式耳，8 月份交割的大豆期货合约价格为 7.70 美元/蒲式耳。这时，该投机者平掉所有仓位。

假如我们将 5 月份交割的期货合约定义为 A 交割期期货合约，将 8 月份交割的期货合约定义为 B 交割期期货合约时，上述案例就属于跨期套利数学分析模型中的基本判断为乙的情形，按“投机结果分析”的结论，该投机者在每张合约上获利：

$$(S_2-F_2)-(S_1-F_1)=(7.60\times 5\,000-7.70\times 5\,000)$$

$$-（7.25×5\,000-7.45×5\,000）$$
$$=500（美元）$$

现在每种合约的交易量是10张，所以该投机者共获利5 000美元。

抛开跨期套利的数学分析模型，我们通过直接计算也能得到相同的结果：

该投机者在5月份交割的合约上获利＝（7.60－7.25）×5 000×10＝17 500（美元）

该投机者在8月份交割的和约上获利＝（7.45－7.70）×5 000×10＝-12 500（美元）

故该投机者的获利之和为5 000美元。

通常而言，在以下三种情形中A交割期期货合约与B交割期期货合约的价差会扩大：①A交割期期货合约的价格与B交割期期货合约的价格同时上升，但前者的上升幅度大于后者的上升幅度。②A交割期期货合约的价格与B交割期期货合约的价格同时下降，但前者的下降幅度小于后者的下降幅度。③A交割期期货合约的价格上升，而B交割期期货合约的价格下降。

如果预期A交割期期货合约与B交割期期货合约的价差会扩大，投机者的投机操作是：现时买入A交割期合约、卖出B交割期合约；待有利时机分别平仓A交割期合约和B交割期合约；如果预期A交割期期货合约与B交割期期货合约的价差会减少，则进行与前者相反的操作。

（二）跨期套利的类型

根据买卖的交割月份及买卖方向的差异，跨期套利可分为牛市套利（bull spread）、熊市套利（bear spread）、蝶式套利（butterfly spread）和跨作物年度套利（intercrop spread）。

1. 牛市套利

对于大多数商品期货来讲，当市场处于牛市时，近期月份的合约价格上涨幅度往往要大于远期月份的合约。具体来说，在正向市场（也叫正常市场）中，期货价格高于现货价格（或者近期月份合约价格低于远期月份合约价格），基差为负值。随着时间的推移，远期月份合约价格与近期月份合约价格之间的价差往往会缩小；在反向市场（又称逆向市场）中，现货价格高于期货价格（或者近期月份合约价格高于远期月份合约价格），基差为正值。随着时间的推移，近期月份合约与远期月份合约的价差往往会扩大。

无论是正向市场还是反向市场，买入近期月份合约的同时卖出远期月份合约，实现套利盈利的可能性比较大，称为牛市套利。一般来说，牛市套利对于可储存的商品并且是在相同的作物年度最有效。例如，买入3月份交割小麦期货同时卖出5月份交割小麦期货。可以适用于牛市套利的可储存的商品，除了包括小麦在内的谷物类之外，还有大豆及其产品、糖、橙汁、胶合板、木材和铜等。对于不可储存的商品，如活牛、生猪等，不同交割月份的期货价格间的相关性很低或根本不相关，进行牛市套利是没有意义的。

【例6.4】 201×年10月1日，某交易者发现次年3月份交割的玉米期货合约价格为2.16美元/蒲式耳，次年5月份交割的玉米期货合约价格为2.25美元/蒲式耳，两者价差为-9美分。该交易者预计玉米价格将上涨，3月份与5月份交割的玉米期货合约的价差将有可能缩小。于是，该交易者买入1手（1手为5 000蒲式耳）3月份交割的玉米期货合约的同时卖

出 1 手 5 月份交割的玉米期货合约。到了 12 月 1 日，3 月份和 5 月份交割的玉米期货合约价格分别上涨为 2.24 美元/蒲式耳和 2.30 美元/蒲式耳，两者的价差缩小为-6 美分。该交易者同时将两种期货合约平仓，从而完成套利交易。交易的结果如表 6.3 所示。

表 6.3　牛市套利盈亏分析

时间	次年 3 月份交割的玉米期货合约	次年 5 月份交割的玉米期货合约	价差
10 月 1 日	买入 1 手，价格为 2.16 美元/蒲式耳	卖出 1 手，价格为 2.25 美元/蒲式耳	-9 美分
12 月 1 日	卖出 1 手，价格为 2.24 美元/蒲式耳	买入 1 手，价格为 2.30 美元/蒲式耳	-6 美分
盈亏状况	每蒲式耳盈利 8 美分	每蒲式耳亏损 5 美分	缩小 3 美分
最终结果	每蒲式耳盈利 3 美分，总盈利为 0.03×5 000＝150（美元）		

针对例 6.4 中的情形，我们也可以使用买进套利或卖出套利的概念进行判断。该交易者在 10 月 1 日卖出 5 月份交割的玉米期货合约的价格要高于买入 3 月份交割的玉米期货合约，因而可以判断是卖出套利。价差缩小 3 美分，可以很容易判断出该套利者是盈利的，每蒲式耳盈利为 3 美分，总盈利为 150 美元。很显然，例 6.4 的套利是在正向市场中进行的。如果在反向市场中，近期月份合约价格要高于远期月份合约价格，牛市套利的操作同样是买入近期月份合约同时卖出远期月份合约。在这种情况下，牛市套利可以归入买进套利这一类中，在价差扩大时能够盈利。

在进行牛市套利时，需要注意的是，在正向市场中牛市套利的损失相对有限而获利的潜力巨大。究其原因，在正向市场进行牛市套利实质上是卖出套利，而卖出套利实现获利的条件是价差缩小；如果价差扩大，该套利则可能会亏损。在正向市场中，价差扩大的幅度受到持仓费水平的制约，而价差缩小的幅度则不受限制。在上涨行情中很有可能出现近期月份合约价格上涨幅度远远超过远期月份合约，使得正向市场变为反向市场，价差从负值变为正值，投机者获利巨大。

2. 熊市套利

一般来讲，当市场处于熊市时，近期月份合约的价格下降幅度往往要大于远期月份合约。在正向市场中，远期月份合约与近期月份合约之间的价差往往会扩大；在反向市场中，近期月份合约与远期月份合约之间的价差往往会缩小。无论是在正向市场还是在反向市场，卖出近期月份合约的同时买入远期月份合约，实现套利盈利的可能性比较大，称为熊市套利。在进行熊市套利时需要注意，如果近期月份合约的价格已经相当低，不可能进一步偏离远期月份合约时，熊市套利是很难获利的。

【例 6.5】　201×年 10 月 1 日，某交易者发现次年 3 月份交割的玉米期货合约价格为 2.16 美元/蒲式耳，5 月份交割的玉米期货合约价格为 2.25 美元/蒲式耳，前者比后者低 9 美分。该交易者预计玉米价格将下降，3 月份与 5 月份交割的玉米期货合约的价差可能进一步扩大。于是，该交易者卖出 1 手（1 手为 5 000 蒲式耳）3 月份交割的玉米期货合约，同时买入 1 手 5 月份交割的玉米合约。到了 12 月 1 日，3 月份和 5 月份交割的玉米期货合约价格分别下降为 2.10 美元/蒲式耳和 2.22 美元/蒲式耳，两者的价差为－12 美分，价差果然扩大了。

该交易者同时将两种期货合约平仓，从而完成套利交易。交易的结果如表 6.4 所示。

表 6.4　熊市套利盈亏分析

时间	次年 3 月份交割的玉米期货合约	次年 5 月份交割的玉米期货合约	价差
10 月 1 日	卖出 1 手，价格为 2.16 美元/蒲式耳	买入 1 手，价格为 2.25 美元/蒲式耳	－9 美分
12 月 1 日	买入 1 手，价格为 2.10 美元/蒲式耳	卖出 1 手，价格为 2.22 美元/蒲式耳	－12 美分
盈亏状况	每蒲式耳盈利 6 美分	每蒲式耳亏损 3 美分	扩大 3 美分
最终结果	每蒲式耳盈利 3 美分，总盈利为 0.03 ×5 000＝150（美元）		

在例 6.5 中，该交易者在 10 月 1 日买入 5 月份交割的期货合约价格要高于卖出 3 月份交割的期货合约价格，因而可以判断是买进套利。我们知道买进套利实现获利的前提是价差扩大，在例 6.5 中价差扩大 3 美分，可以很容易判断出该套利者是盈利的。很显然，例 6.5 的套利是在正向市场中进行的。如果在反向市场中，近期月份合约价格要高于远期月份合约价格，熊市套利的操作同样是卖出近期月份合约同时买入远期月份合约。在这种情况下，熊市套利可以归入卖出套利这一类中，在价差缩小时能够盈利。

3. 蝶式套利

蝶式套利是跨期套利的一种常见形式，是由两个方向相反、共享居中交割月份的跨期套利组成。蝶式套利与跨期套利的相似之处在于它们都是基于不同交割月份的同一种期货合约之间的价差出现了不合理的情况，不同之处在于跨期套利只涉及两个不同交割月份期货合约的价差，而蝶式套利涉及三个不同交割月份期货合约的价差，认为中间交割月份期货合约的价格与两旁交割月份期货合约的价格之间的关系将会出现差异。

蝶式套利涉及的三个不同交割月份的合约分别被称为近期月份合约、居中月份合约和远期月份合约。具体操作方法如下：买入（或卖出）近期月份合约，卖出（或买入）居中月份合约，并买入（或卖出）远期月份合约；其中，居中月份合约的数量等于近期月份合约和远期月份合约的数量之和。蝶式套利相当于在近期月份合约与居中月份合约之间进行牛市（或熊市）套利和在居中月份合约与远期月份合约之间进行熊市（或牛市）套利的组合。例如，蝶式套利者买入 2 份 5 月份交割的玉米期货合约、卖出 6 份 7 月份交割的玉米期货合约，同时买入 4 份 9 月份交割的玉米期货合约；或者卖出 2 份 5 月份交割的玉米期货合约、买入 6 份 7 月份交割的玉米期货合约，同时卖出 4 份 9 月份交割的玉米期货合约。因为近期月份和远期月份的期货合约分居于居中月份期货合约的两侧，形同蝴蝶的两个翅膀，故称之为蝶式套利。

不难发现，蝶式套利是两个跨期套利的互补平衡的组合，可以说是“套利的套利”。其特点是：①蝶式套利实质上是同种期货合约跨交割月份的套利活动；②蝶式套利由两个方向相反的跨期套利构成，一个卖空套利和一个买空套利；③连接两个跨期套利的纽带是居中月份的期货合约，在合约数量上，居中月份合约等于两旁月份合约之和；④蝶式套利必须同时下达买空/卖空/买空或卖空/买空/卖空的指令，并同时对冲。

从理论上讲，较之普通的跨期套利，蝶式套利的风险和利润都较小。

【例 6.6】　201×年 2 月 1 日，3 月份、5 月份、7 月份交割的大豆期货合约价格分别为 2 850 元/吨、2 930 元/吨和 2 975 元/吨。某交易者认为 3 月份和 5 月份交割的大豆期货合

约之间的价差过大，而5月份和7月份交割的大豆期货合约之间的价差过小，并预计前者会缩小而后者会扩大，于是该交易者在2月1日以当时的价格买入5手3月份交割的大豆期货合约、卖出15手5月份交割的大豆期货合约，并买入10手7月份交割的大豆期货合约。到了2月18日，三个合约的价格均出现不同幅度的下跌，3月份、5月份和7月份交割的大豆期货合约价格分别跌至2 650元/吨、2 710元/吨和2 770元/吨，于是该交易者同时将三个合约平仓。在该蝶式套利操作中，交易者的盈亏状况如表6.5所示。

表6.5　蝶式套利盈亏分析

时间	3月份交割的大豆期货合约	5月份交割的大豆期货合约	7月份交割的大豆期货合约
2月1日	买入5手，2 850元/吨	卖出15手，2 930元/吨	买入10手，2 975元/吨
2月18日	卖出5手，2 650元/吨	买入15手，2 710元/吨	卖出10手，2 770元/吨
盈亏状况	亏损200元/吨 总亏损为200×5＝1 000（元）	盈利220元/吨 总盈利为220×15＝3 300（元）	亏损205元/吨 总亏损为205×10＝2 050（元）
最终结果	净盈利为－1 000＋3 300－2 050＝250（元）		

4. 跨作物年度套利

所谓作物年度，是指从农作物大量收获月的第一天到次年收获月的前一日这一段时间。例如，在美国，小麦、燕麦的作物年度是从7月1日到次年6月30日，棉花的作物年度是从8月1日开始到次年7月31日，大豆的作物年度是从9月1日到次年8月31日，玉米的作物年度是从10月1日到次年9月30日。由于作物年度关系，农产品期货便有新、旧产期货之分。旧产期货是在次年农产品收获之前到期的合约，因其交割月在收获季节之前，只能以上年度所产农产品办理交割；新产期货是以新产农产品办理交割的期货合约。例如，在芝加哥商品交易所上市的小麦期货合约有3月份、5月份、7月份、9月份、12月份等5个交割月份，2月1日这一天几种交割月的小麦期货合约均在场内交易，其中3月份、5月份交割的小麦期货合约为旧产期货，后三个月份交割的小麦期货合约为新产期货。

跨作物年度套利，又称持仓费套利（carrying charge spread），是指根据新作物年度期货合约价格一般低于上一作物年度期货合约价格的原理，利用新旧作物年度农作物期货合约的价差来赚取利润的套利交易。这种交易通常是在同一交易所买进和卖出同一商品期货合约，这两个合约的标的物分别来自不同的作物年度。

影响新旧作物年度的期货合约价格差异的因素主要有上年度结转审存量、来年的收成情况、消费量以及未来的需求量等。套利者可以根据这些因素来预测新旧作物年度期货合约价格差异是否正常从而寻找套利机会。如果预期旧作物年度期货合约价格相对于新作物年度期货合约上涨，则可以买进旧作物年度期货合约，同时卖出新作物年度的期货合约；反之，则买进新作物年度期货合约，卖出旧作物年度期货合约。在这种套利交易中，由于影响价格因素较多，农作物的期货价格波动较大，因此常常要求缴纳较高的保证金。

二、跨市套利的基本原理

跨市套利是指投机者利用两个市场中同一期货合约价格的趋同性进行套利。例如，同是

6 月份交割的玉米期货合约，一个在上海期货交易所交易，另一个在郑州商品交易所交易，这样两个玉米期货合约的价格走势可能不同，从而产生套利机会。我们可以用类似跨期套利的数学分析模型建立跨市套利的数学分析模型。

1. 基本假设

假设 S_1 表示同商品同交割期的期货合约在 A 交易所的当前价格，S_2 表示同商品同交割期的期货合约在 A 交易所的未来价格，F_1 表示同商品同交割期的期货合约在 B 交易所的当前价格，F_2 表示同商品同交割期的期货合约在 B 交易所的未来价格。

2. 基本判断

未来期货市场的价格走势有以下两种判断：

甲：A 交易所合约和 B 交易所合约的价格差将会变小，即 $S_1-F_1>S_2-F_2$。

乙：A 交易所合约和 B 交易所合约的价格差将会变大，即 $S_1-F_1<S_2-F_2$。

3. 投机操作

1）在基本判断为甲的情况下，当前卖出一张 A 交易所合约、买入一张 B 交易所合约；未来平仓所有合约。

2）在基本判断为乙的情况下，当前买入一张 A 交易所合约、卖出一张 B 交易所合约；未来平仓所有合约。

4. 投机结果分析

1）在基本判断为甲并进行投机操作，则投机者在 A 交易所合约上获利 S_1-S_2，在 B 交易所合约上获利 F_2-F_1，总获利为投机者在两个合约上的获利之和，即

$$(S_1-S_2)+(F_2-F_1)=(S_1-F_1)-(S_2-F_2) \tag{6.3}$$

根据基本判断，式（6.3）>0，意味着在忽略交易税费和交易佣金的情况下，上述操作将给投机者带来收益。

2）在基本判断为乙并进行投机操作，则投机者在 A 交易所合约上获利 S_2-S_1，在 B 交易所合约上获利 F_1-F_2，总获利为投机者在两个和约上的获利之和，即

$$(S_2-S_1)+(F_1-F_2)=(S_2-F_2)-(S_1-F_1) \tag{6.4}$$

根据基本判断，式（6.4）>0，意味着在忽略交易税费和交易佣金的情况下，上述操作将给投机者带来收益。

【例 6.7】 201×年 4 月份，某投机者通过观察芝加哥期货交易所 9 月份交割的大豆期货合约和芝加哥商业交易所 9 月份交割的大豆期货合约的市场价格发现，芝加哥期货交易所交割的大豆期货合约价格为每蒲式耳 7.35 美元，芝加哥商业交易所交割的大豆期货合约价格为 7.65 美元/蒲式耳，前者与后者的价差为−30 美分。经过一番分析，该投机者认为这个价差较之正常的价差显得太小，找不到合理的理由来解释价差的减少，他判断这种价差的减少是暂时现象，不久价差将会回到正常水平。于是，该投机者在 4 月份买入 20 张芝加哥期货

交易所9月份交割的大豆期货合约（每张合约数量是5 000蒲式耳），价格为7.35美元/蒲式耳，同时卖出20张芝加哥商业交易所9月份交割的大豆期货合约， 7.65美元/蒲式耳。到了6月份，如预期所料，价差回到了-15美分的正常水平，芝加哥期货交易所9月份交割的大豆期货合约价格为7.70美元/蒲式耳，芝加哥商业交易所9月份交割的大豆期货合约价格为7.85美元/蒲式耳。这时，该投机者平仓掉所有仓位。

在例6.7中，将芝加哥期货交易所定义为A期货交易所，将芝加哥商业交易所为B期货交易所，案例中的情形就属于跨市套利数学分析模型中基本判断为乙的情形。按“投机结果分析”的结论，该投机者在每张期货合约上获利：

$$(S_2-F_2)-(S_1-F_1)=(7.70\times5\,000-7.85\times5\,000)-(7.35\times5\,000-7.65\times5\,000)=750\text{（美元）}$$

现在每种合约的交易量是20张，所以投机者共获利15 000美元。

抛开跨市套利的数学分析模型，我们通过直接计算也能得到相同的结果。

该投机者在芝加哥期货交易所交割的期货合约上获利＝（7.70－7.35）×5 000×20＝35 000（美元）

该投机者在芝加哥商务交易所交割的期货合约上获利＝（7.65－7.85）×5 000×20＝－20 000（美元）

故该投机者的获利之和为15 000美元。

一般来说，在下述三种情形中A交易所期货合约与B交易所期货合约的价差会扩大：①A交易所期货合约的价格与B交易所期货合约的价格同时上升，但前者的上升幅度大于后者；②A交易所期货合约的价格与B交易所期货合约的价格同时下降，但前者的下降幅度小于后者；③A交易所期货合约的价格上升而B交易所期货合约的价格下降。

如果预期A交易所期货合约与B交易所期货合约的价差会扩大，投机者的投机操作是：现时买入A交易所期货合约、卖出B交易所期货合约；待有利时机分别平仓；如果预期A交易所期货合约与B交易所期货合约的价差会减少，则进行与前者相反的操作。

三、跨商品套利的基本原理

跨商品套利是指投机者利用同一期货市场（同一期货交易所）、相同交割期、不同品种但相互关联的商品期货合约之间的价格差异进行套利，即买入某一交割月份某种商品的期货合约，同时卖出另一相同交割月份、相互关联商品的期货合约，以期在有利时机同时将这两种合约对冲平仓从而获利。例如，同是芝加哥期货交易所6月份交割期货合约，一个是大豆期货合约，一个是豆粕期货合约，判断这两个商品期货合约的价格走势，发现套利机会。下面我们将采用类似跨期套利的数学分析模型建立跨商品套利的数学分析模型。

1. 基本假设

假设S_1表示同一期货交易所、相同交割期，每张A商品期货合约的当前价格，S_2表示同一期货交易所、相同交割期，每张A商品期货合约的未来价格，F_1表示同一期货交易所、相同交割期，每张B商品期货合约的当前价格，F_2表示同一期货交易所、相同交割期，每张B商品期货合约的未来价格。

2. 基本判断

未来期货市场的价格走势有以下两种判断。

甲：A商品合约和B商品合约的价格差将会变小，即$S_1-F_1>S_2-F_2$。

乙：A商品合约和B商品合约的价格差将会变大，即$S_1-F_1<S_2-F_2$。

3. 投机操作

1）在基本判断为甲的情况下，当前卖出一张A商品合约、买入一张B商品合约；未来平仓所有合约。

2）在基本判断为乙的情况下，当前买入一张A商品合约、卖出一张B商品合约；未来平仓所有合约。

4. 投机结果分析

1）在基本判断为甲并进行投机操作，则投机者在A商品合约上获利S_1-S_2，在B商品合约上获利F_2-F_1，总获利为投机者在两个合约上的获利之和，即

$$(S_1-S_2)+(F_2-F_1)=(S_1-F_1)-(S_2-F_2) \tag{6.5}$$

根据基本判断，式（6.5）>0，意味着在忽略交易税费和交易佣金的情况下，上述操作将给投机者带来收益。

2）在基本判断为乙并进行投机操作，则投机者在A商品合约上获利S_2-S_1，在B商品合约上获利F_1-F_2，总获利为投机者在两个和约上的获利之和，即

$$(S_2-S_1)+(F_1-F_2)=(S_2-F_2)-(S_1-F_1) \tag{6.6}$$

根据基本判断，式（6.6）>0，意味着在忽略交易税费和交易佣金的情况下，上述操作将给投机者带来收益。

【例6.8】 201×年2月份，某投机者观察某期货交易所9月份交割的大豆期货合约和9月份交割的豆粕期货合约，大豆期货合约的价格为2 300元/吨，豆粕期货合约的价格为1 500元/吨，前者与后者的价差为800元。该投机者认为，这个价差较之正常的价差显得太大，找不到合理的理由来解释价差的扩大，判断这种价差的扩大是暂时现象，不久就会回到正常水平。于是，该投机者在2月份卖出10张9月份交割的大豆期货合约（每张合约数量10吨），同时买入10张9月份交割的豆粕期货合约。到了6月份，价差如预期所料回到了500元的正常水平，9月份交割的大豆期货合约价格为2 400元/吨，9月份交割的豆粕期货合约价格为1 900元/吨，届时该投机者平掉所有仓位。

在例6.8中，将大豆定义为A商品、豆粕为B商品，案例中的情形就属于跨市套利数学分析模型中基本判断为甲的情形。按“投机结果分析”的结论，该投机者在每张期货合约上获利：

$$
\begin{aligned}
(S_1-F_1)-(S_2-F_2) &= (2\,300\times 10-1\,500\times 10)\\
&\quad -(2\,400\times 10-1\,900\times 10)\\
&=3\,000\text{（元）}
\end{aligned}
$$

现在每种合约的交易量是 10 张，所以投机者共获利 30 000 元。

抛开跨商品套利的数学分析模型，我们通过直接计算也能得到相同的结果。

该投机者在大豆期货合约上获利（2 300－2 400）×10×10＝-10 000（元）

该投机者在豆粕期货合约上获利（1 900－1 500）×10×10＝40 000（元）

故该投机者的获利之和为 30 000 元。

一般来说，在下述三种情形中 A 商品期货合约与 B 商品期货合约的价差会扩大：①A 商品期货合约的价格与 B 商品期货合约的价格同时上升，但前者的上升幅度大于后者；②A 商品期货合约的价格与 B 商品期货合约的价格同时下降，但前者的下降幅度小于后者。③A 商品期货合约的价格上升而 B 商品期货合约的价格下降。

如果预期 A 商品期货合约与 B 商品期货合约的价差会扩大，投机者的操作是：现时买入 A 商品期货合约、卖出 B 商品期货合约；待有利时机分别平仓；如果预期 A 商品期货合约与 B 商品期货合约的价差会减少，则进行与前者相反的操作。

第四节　投机与套利交易的发展趋势

随着期货与期权市场的交易活跃度不断上升以及金融衍生品市场的不断创新，期货与期权投机及套利的交易方式逐步完善，未来发展趋势呈现出投资组合交易、程序化交易、量化交易等特点。

一、投资组合交易

（一）现代投资组合理论

现代投资组合理论主要由投资组合理论、资本资产定价模型、套利定价模型、有效市场理论以及行为金融理论等内容组成。现代投资组合理论的发展极大地改变了过去主要依赖基本分析的传统投资管理实践，使现代投资管理朝着系统化、科学化、组合化的方向发展。

美国经济学家哈里·马柯维兹（Harry Markowitz）发表论文《证券组合选择》，被视为现代投资组合理论的开端。他对风险和收益进行了量化，建立了均值方差模型，并提出了确定最佳资产组合的基本模型。这一方法要求计算所有资产的协方差矩阵，严重制约了其在实践中的应用。尔后，威廉·夏普（William Sharpe）提出了可以对协方差矩阵加以简化估计的单因素模型，极大地推动了投资组合理论的实际应用。威廉·夏普、约翰·林特纳（John Lintner）和简·莫森（Jan Mossin）分别于 1964、1965 和 1966 年提出了资本资产定价模型（capital asset pricing model，CAPM）。该模型不仅提供了评价收益-风险相互转换特征的可运作框架，也为投资组合分析、基金绩效评价提供了重要的理论基础。针对 CAPM 模型的不可检验性这一缺陷，斯蒂芬·罗斯（Stephen Ross）提出了一种替代性的资本资产定价模型，即 APT（arbitrage pricing theory）模型。该模型直接推动了多指数投资组合分析方法在投资实践中的广泛应用。

根据现代投资组合理论，合理的投资组合应当是在风险相同的情况下收益最高，或在收益相同的情况下风险最小。在投资组合管理实践中，涉猎更多的投资品种虽然能够降低风险，但是其投资组合的管理成本会不断上升，因此，选择一个最优的投资组合规模是投资者的重要目标。

（二）构建投资组合的步骤

1. 选择投资品种

选择投资品种是投资组合成功的关键点。根据现代投资组合理论，对备选投资品种进行相关性分析，相关系数值的大小反映了投资品种之间相关性的强弱程度。相关系数取值范围为[－1，1]，绝对值越大，相关性越强。过往的投资经验表明，投资组合标的的相关性越弱，投资组合的效果越好。

2. 构建投资组合

根据均值方差理论，构建投资组合模型需要用到的数据包括不同投资品种的期望收益率、收益率标准差、协方差，投资权重作为未知项。建立关于投资组合期望收益率与标准差的线性规划，求解可得到一系列的目标投资组合方案。

3. 确定最优投资组合

借助夏普指数对投资组合方案进行绩效评估，计算公式为

$$S=(R_{P}-R_{F})/\sigma_{p}$$

式中，S 表示夏普绩效指数；R_{P} 表示某投资组合的平均收益率；R_{F} 表示无风险收益率；σ_{p} 表示某投资组合收益率的标准差，即组合的风险水平。在同样的风险条件下，夏普指数越大，投资组合的绩效越好。由此，可确定最优投资组合。

二、程序化交易

程序化交易是指把投资者的投资策略或交易思路编译成电脑语言，通过电脑运算并发出交易指令，然后由操作者自己下单实现半自动交易或完全电脑下单实现全自动交易。程序化交易排除了人为情感因素（贪婪、恐惧、迟疑等）的影响，同时严守既定的交易策略及原则，确保交易的一致性。

开展程序化交易，首先投资者应提出交易策略，该策略可以是基于对市场的长期观察形成的某种理论观点，也可以是基于市场数据的统计特征总结而来的。其次，将交易策略思想转化成数学公式或计量模型，并用计算机程序语言表达出来，使之成为计算机可识别和检验的程序；再次，检验已建立的程序化系统，选取不同的参数对系统进行调试，根据测试结果确定最终参数，随后用统计检验期之后的市场数据检验系统，观察检验结果有无显著变化，

进而将系统用于实战检验。此时投资者应做好交易记录，以便日后进行统计分析。最后，根据交易情况和市场变化对程序化交易系统进行优化，若交易系统的设计思想与市场发生偏离，则应进行调整，以保持最优状态。

依据交易者的投资策略，程序化交易系统可分为价值发现型、趋势追逐型、高频交易型和低延迟套利型 4 种类型。

1. 价值发现型

由于现货市场价格数据在采集和整理方面常存在误差，期货价格的高低是相对的，因此，价值发现型的程序化交易系统并不普遍应用于期货交易中。

2. 趋势追逐型

该类系统通常根据技术指标设计而成，通过研究判断期货价格走势来发现趋势，通过价格波动特征触发交易信号。趋势追逐型的程序化交易系统在投机领域有着广泛的应用，并与高频交易型及低延迟套利型交易系统成为期货程序化交易的主要研究内容。

3. 高频交易型

高频交易型程序化交易系统具有投资组合持有期短的特点，成功的关键在于系统可处理的信息量和交易通道的速度。该类系统多用于做市套利、触发式套利和统计套利。

4. 低延迟套利型

低延迟套利型程序化交易系统主要依靠计算机和网络的性能，在毫秒级的时间内执行交易，高度依赖低延迟的网络，利用所获得的信息获取利润。

三、量化交易

（一）量化交易的主要思想

根据量化投资理论，借助现代统计学和数学的方法，利用计算机技术从庞大的历史数据中海选能带来超额收益的多种“大概率”事件以制定策略，用数量模型验证及固化这些规律和策略，然后严格执行已固化的策略来指导投资，可以获得可持续的、稳定且高于平均的超额回报。量化交易策略几乎覆盖了投资的全过程，包括量化选股、量化择时、股指期货套利、商品期货套利、统计套利、算法交易、资产配置、风险控制等。

以统计套利为例，介绍量化交易的应用情况。统计套利是将套利建立在对历史数据进行统计分析的基础之上，估计相关变量的概率分布，并结合基本面数据进行分析以指导套利交易。较之无风险套利，统计套利增加了少量风险，但其可获得的套利机会将数倍于无风险套利。统计套利的局限性在于其是依据对历史数据的统计分析来判断套利机会，而历史并不代表未来，同时价差回归均衡关系所需的时间跨度难以被准确预知。

（二）量化交易的特点

1. 纪律性

所有的决策都依据模型作出，能够克服投资者在进行交易时出现的贪婪、恐惧、迟疑等人性弱点，也能克服对市场的认知偏差。

2. 系统性

系统性具体表现为“三多”。首先是多层次，包括在大类资产配置、行业选择、精选个股三个层次上都运用模型；其次是多角度，定量投资的核心思想包括宏观周期、市场结构、估值、成长、盈利质量、分析师盈利预测、市场情绪等多个角度；再次是多数据，即海量数据的处理。

3. 套利思想

量化投资能够通过寻找估值洼地，全面、系统性地扫描、捕捉错误定价或错误估值带来的机会，通过买入低估的、卖出高估的资产实现获利。

4. 概率取胜

量化交易不断地从历史数据中挖掘有望在未来重复的市场规律并加以利用，依靠资产组合的理念获取更多收益。

小　结

期货投机是投机者纯粹以谋取利润为目的，在期货市场上买卖标准化期货合约的交易行为，可被分为两大类：单一品种投机交易和套期图利投机交易。期货投机既具有积极的作用也有消极的作用。期货套利、期货投机与套期保值是期货市场中最重要的三种交易行为，三者联系紧密，相辅相成，但又有着根本性区别。期货套利交易包括跨期套利、跨市套利和跨商品套利等主要类型；根据交割月份及买卖方向的差异，跨期套利又可分为牛市套利、熊市套利、蝶式套利和跨作物年度套利四种。组合投资、程序化交易和量化交易是今后期货市场投机和套利的主要发展趋势。

案例分析

327国债期货风波

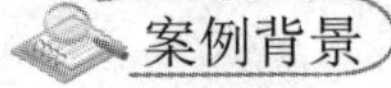

1992年12月28日，上海证券交易所率先向券商自营推出了国债期货交易。但是，由

于国债期货不对公众开放，交易极其清淡，并未引起投资者的兴趣。

1993 年 10 月 25 日，上海证券交易所国债期货交易向社会公众开放。与此同时，北京商品交易所期货交易所推出国债期货交易。1994 年至 1995 年春节前，国债期货飞速发展，全国开设国债期货的交易场所从 2 家陡然增加到 14 家（包括 2 个证券交易所、2 个证券交易中心以及 10 个商品交易所）。由于股票市场的低迷和钢材、煤炭、食糖等大宗商品期货品种相继被暂停，大量资金云集国债期货市场尤其是上海证券交易所。1994 年全国国债期货市场总成交量达 2.8 万亿元。

“327” 国债是指 1992 年发行的三年期国库券，发行总量为 240 亿元，1995 年 6 月到期兑付，利率是 9.5%的票面利息加保值贴补率，但财政部是否对之实行保值贴补，并不确定。1995 年 2 月后，“327” 国债期货的价格一直在 147.80～148.30 元徘徊，但随着对财政部是否实行保值贴补的猜测和分歧，“327” 国债期货的价格发生大幅变动。以万国证券公司为代表的空方主力认为 1995 年 1 月通货膨胀已见顶回落，不会贴息，坚决做空，而其对手方中经开则依据物价翘尾、周边市场 “327” 品种价格普遍高于上海以及提前了解财政部决策动向等因素，坚决做多，不断推升价位。

1995 年 2 月 23 日，一直在 “327” 国债期货上联合做空的辽宁国发（集团）有限公司抢先得知 “327” 贴息的消息，立即由做空改为做多，使得 “327” 国债期货品种在 1 分钟内上涨 2 元，10 分钟内上涨 3.77 元。做空主力万国证券公司立即陷入困境，按照其当时的持仓量和价位，一旦期货合约到期，履行交割义务，其亏损高达 60 多亿元。为维护自己利益，“327” 国债期货合约空方主力在 148.50 元价位封盘失败后，在交易结束前最后 8 分钟，空方主力大量透支交易，以 700 万手价值 1400 亿元的巨量空单，将价格打压至 147.50 元收盘，暴跌 3.8 元使得当日开仓的多头全线爆仓，造成了传媒所称的 “中国的巴林事件”。

“327” 国债期货交易中的异常情况震惊了证券市场。事发当晚，上海证券交易所召集有关各方紧急磋商，最终权衡利弊，确认空方主力恶意违规，宣布最后 8 分钟所有的 “327” 国债期货交易无效，各会员之间实行协议平仓。

案例解析

造成 “327” 事件的原因主要有：第一，国债期货市场投机风气盛行，违规造市、超额持仓、内幕交易现象相当严重。个别券商恶性投机，蓄意违规，对此却缺乏监督，甚至可以在没有相应保证金的情况下短时间内进行巨额交易，更没有即时预警机制；第二，期货业务的推出相当仓促，不仅缺乏经验，也缺乏相应的监管法规，更重要的是对市场风险缺乏基本的认识；第三，没有正常的信息披露机制，致使传闻遍布。有关 “327” 国债分段计息加息及贴息消息的泄露便是例证。

（资料来源：http: //wiki. hexun. com）

思考与练习

一、名词解释

投机　套利　跨期套利　跨市套利　跨商品套利　投资组合　程序化交易　量化交易

二、简答题

1．简述期货投机的作用。

2．简述套利的适用条件。

3．举例说明跨期套利、跨市套利、跨商品套利。

4．简述套利的数学模型分析。

课后阅读

1. 中国期货业协会. 2013. 期货市场教程. 8 版. 北京：中国财政经济出版社.

2. 郭鸿. 2002. 期货市场运作与投资. 北京：中国物价出版社.

3. 张茂. 2005. 期货：财富永动机. 北京：中国经济出版社.

第七章

期货与期权价格走势的基本分析法

学习目标

- 了解期货及期权价格的形成机制
- 掌握期货及期权价格的构成和影响因素
- 掌握期货及期权价格走势的基本分析法

学习要点

- 期货与期权价格构成及其影响因素
- 期货与期权价格走势的基本分析法

关键词

期货价格　基本分析　影响因素

导入案例

2015 年国内棉花期货价格走势分析

2015 年春节过后，国内棉花价格受棉花库存高企、棉花流通企业复工缓慢、采购滞缓等多种因素影响，棉价振荡走低。进入 4 月以来，受美棉上涨带动，国内棉价在棉花种植面积下降、需求回暖、订单增大等因素影响，振荡走高，郑棉指数从 1 月初的 13 000 元/吨振荡上扬，至 5 月 7 日郑棉指数收于 13 640 元/吨，涨幅为 4.92%。与此同时，郑棉仓单呈增加态势，从 1 月 5 日的 606 张增加至 6 月 26 日的 1 628 张。由此可见，棉花期货价格受到种植面积、库存、流通渠道、国内需求、国外价格等各种微观及宏观因素的影响。

（资料来源：http://info.texnet.com.cn）

第一节　期货价格基本分析法

期货交易成功的关键在于对市场的正确分析，尤其是对市场价格走势的正确预测。价格是期货交易的焦点，交易者在期货市场中的盈亏状况要由对价格走势的判断来决定，因此对价格走势的分析非常重要。人们分析预测价格走势的方法主要有基本分析法和技术分析法，本章主要介绍价格走势的基本分析法。要掌握基本分析法必须了解期货价格构成理论并深刻认识期货价格形成机制，掌握影响期货价格变化的因素。

一、期货价格构成理论

一般来说，期货的价格主要由商品的现货生产成本、现货正常利润、期货交易费用（手续费、佣金、保证金利息、结算费、交易所管理费）、期货收益等要素构成。

（一）现货生产成本

1. 现货价格构成

亚当·斯密（Adam Smith）在《国富论》第六章中讨论了商品价格的组成，他认为在人类社会初期野蛮社会，劳动是决定价格的唯一标准；资本出现后，价格就由工资和利润两部分组成；土地一旦成为私有，获取森林、野草等大地上的各种果实就必须付出代价，地租就成为价格的第三个组成部分。他认为："无论在什么社会，商品价格归根到底都分解成为那三个部分或其中之一。在进步社会，这三者都或多或少地成为绝大部分商品价格的组成部分。"

让·巴蒂斯特·萨伊（Jean Baptiste Say）继承了亚当·斯密的价格构成理论，并把土地、劳动和资本归结为生产的三个要素。在萨伊"三位一体"公式的基础上，阿尔弗雷德·马歇尔（Alfred Marshall）增加了第四个生产要素——工业组织，而成为"四位一体"公式。这个公式概括了经济学生产理论和分配理论的核心，即在商品生产中，工人提供了劳动，获得了工资；资本家提供了资本，获得了利息；地主提供了土地，获得了地租；企业家提供了才能，获得了利润。

因此，现代经济学家普遍认为，生产要素包括劳动、土地、资本和企业家才能。

马克思主义经济学家把商品价格构成概括为成产成本、流通费用、利润和税金。

2. 现货生产成本

一般而言，成本是指厂商在生产活动中所使用的各种生产要素的价格之和。从生产要素所有者来看，成本是要素所有者必须得到的要素补偿，也叫作生产费用。所以，成本包括工资、地租、利息和企业家才能的报酬。从这个意义上讲，成本是厂商为了生产产品或提供劳务性服务而获得生产要素时必须付出的代价或费用支出。

从经济学和管理学的角度上讲，成本具有多种含义。生产成本既是生产过程中各种资源

利用情况的货币表示，又是厂商投资消耗补偿的最低限额，也是计算收入时必须从销售收入扣除的部分。

国际通行的成本项目编制主要采用要素成本法和制造成本法。要素成本法按耗费的初始形态——要素来分类。制造成本法把那些与生产、销售活动直接有关的耗费计入制造成本单独考核，而把那些与生产、销售活动无直接关系的耗费作为费用计入当期损益。

根据我国的会计制度，工业品生产成本包括制造成本和期间费用，制造成本包括直接材料、直接工资和制造费用；期间费用包括营业费用、财务费用和管理费用（见图 7.1）。

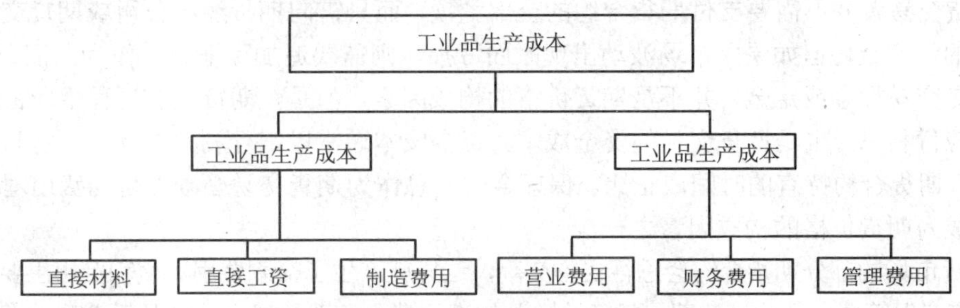

图 7.1　工业品生产成本构成

农业企业生产成本核算的方法如同制造企业一样，采用制造成本法，所以农业企业的生产成本由直接材料、直接工资、其他直接支出和制造费用四部分内容构成（见图 7.2）。

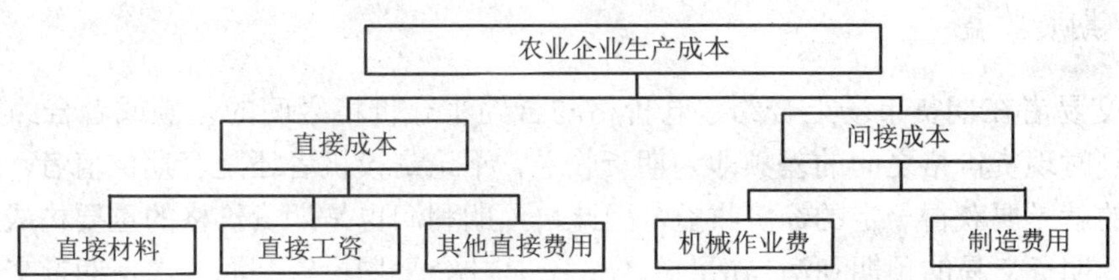

图 7.2　农产品成本构成

生产成本是商品价格的最低经济界限，如果商品价格低于生产成本，生产者就不愿生产和出售这些商品，期货交易也就失去了现实依托而无法进行。因此，生产成本通常与期货价格成正比关系，是决定各种商品期货价格的最基本因素。

（二）现货正常利润

商品在离开生产领域后是带着平均利润来到期货市场的，所以，对于商品生产者来说，他之所以要在期货市场上进行交易，首要的目的就是要对商品进行保值，就是要锁定已经生产出来、属于他的社会平均利润。或者说，就是要通过期货交易把流通中可能出现的各种价格风险转移出去，以保证他的既得利润。所以，在商品的期货价格构成之中，必须能够保证这部分利润实现。否则，生产商进入市场就会劳而无功，到头来是“竹篮打水一场空”。在这一点上，对于贸易商来说，情况也是一样的，期货交易也必须能够实现他从事商品经营的正常利润，如果期货交易不能保证这种利润的实现，那么交易者就会认为期货交易并没有对他的经营活动进行保值，结果会使交易者回到现货市场去。从这种意义上来说，现货商品的正常利润（包括生产利润和商业利润）也是期货价格的必要组成部分。

（三）期货交易费用

期货交易费用是在期货交易过程中发生和形成的费用，主要包括交易手续费、佣金、保证金利息和交割费用等。交易手续费是期货交易者通过期货经纪公司或经纪人向期货交易所支付的交易费用。佣金是期货交易者支付给期货经纪公司或经纪人的报酬。在进行期货交易时，期货交易者并不需要支付期货合约的全部款项，而只需向期货经纪公司或期货交易所缴付一定的保证金，但如果因市场波动出现账面亏损，则需要追加保证金。作为保证金本身，其性质是交易押金或定金，并不是期货价格的构成因素，但是，期货交易过程中所占用的保证金的应付利息，也是期货交易的资金成本。资金成本通常以银行利率来计算，它与期货交易金额、期货合约持有的时间成正比。保证金的利息作为期货交易必须支付的费用理应得到补偿，成为期货价格的构成因素之一。

期货市场的部分期货合约会进行实物交割，这样就产生了交割费用。交割费用主要包括运杂费和库存保管费。商品运杂费包括运费、装卸搬运费、杂费等费用。商品运杂费的存在，使不同地区交易所的同一商品期货价格存在着一定的差异。库存保管费也称为存货成本，由资金成本、存货服务成本、仓库成本及存货风险成本等四个方面组成。随着库存时间的增加，大多数商品价值一般表现出递减的趋势，库存保管费率则迅速升高。

（四）期货收益

期货交易者在期货市场上合约建仓价格与合约平仓价格之间的差额或者合约建仓价格与实物交割时现货价格之间的差额即为期货收益。不论是投机者还是套期保值者，从事期货交易的目的就是要获得一定的经济收益，因此，预期利润也是期货价格的重要构成要素。从理论上讲，期货交易的预期利润包括两部分：一是社会平均投资利润，二是期货交易的风险利润。应该指出的是，期货交易中的预期利润，并不是均等地分配在各种期货价格或不同时间的期货价格之中的，对于每个期货交易者而言，能否获得预期利润或超额利润，主要取决于他的市场判断能力和操作技巧。

小 贴 士

大豆是大连商品交易所主要的交易品种，其次是豆粕，而且豆粕的仓量规模越来越大。对大豆和豆粕之间的成本关系进行分析，可以探究跨品种套利的可能性。

大豆可以用来加工豆油和豆粕。国产大豆按18%的出油率和78.5%的出粉率，其产出关系可以用以下关系来表示：

大豆成本价格＝18%豆油＋78.5%豆粕＋3.5%损耗

或

大豆成本＋加工费用＋加工利润＝18%豆油价格＋78.5%豆粕价格

二、期货价格基本分析

期货价格基本分析是根据商品的估计产量、库存量、进口量等预计供给量和消费量、出口量等预计需求量来预测未来价格，即根据商品实际供给和需求关系以及影响供求关系变化的种种因素来预测商品价格走势的一种分析方法。它以西方经济学中的供求理论为基础，利用市场供求关系等各种因素来解释和预测期货价格的变化趋势。在众多影响期货价格的因素中，供求因素是最基本也是最重要的因素。其他因素对期货价格的影响最终都是通过影响市场的供求因素来实现的。

期货价格的波动对期货交易者的收益起着直接的制约作用，因此，研究和掌握期货价格的影响因素，有助于期货交易者预测价格走势和制订可获利的交易计划及战略。

（一）期货价格的影响因素

在期货市场中，影响商品价格的因素，主要有宏观经济因素，包括经济发展现状及趋势、经济波动周期、经济政策、政治因素，还有具体商品的供求因素、包括自然条件因素、产量、库存、进口量等微观因素，以及投机心理等其他因素。这些因素最终都是通过供求影响期货市场价格的。

1. 经济发展现状及趋势

经济发展现状主要通过一系列宏观经济指标来反映。我国重要的经济指标主要有国内生产总值、美国非农就业指数（USA non-agricultural employment index）、克强指数、消费者价格指数（consumer price index，CPI）、生产者价格指数（producer price index，PPI）、全社会固定资产投资（total investment in fixed assets）、社会消费品零售总额（total retail sales of consumer goods）、贸易差额（balance of trade）、广义货币供应量等。

（1）国内生产总值

国内生产总值是指一个国家在国界范围内所有常驻单位在一定时期内生产的所有最终产品和劳务的市场价值，是衡量一个国家或地区总体经济状况的重要指标。因此，该指标对利率、汇率、股指期货等价格有较直接的影响。一国的国内生产总值大幅增长，反映出该国经济发展蓬勃，国民收入增加，消费能力也随之增强。在这种情况下，该国中央银行将有可能提高利率，紧缩货币供应，国家经济表现良好及利率的上升会增加该国货币的吸引力，会推动本国货币汇率的上涨；反过来说，如果一国的国内生产总值出现负增长，显示该国经济处于衰退状态，消费能力减低。这时，该国中央银行将可能减息以刺激经济再度增长，利率下降加上经济表现不振，该国货币的吸引力也就随之降低，会造成该国货币汇率下跌。

（2）美国非农就业指数

美国非农就业指数反映出美国制造行业和服务行业的发展及其增长。指数减少便代表企业降低生产，经济步入萧条；在没有发生恶性通胀的情况下，如指数大幅增加，显示一个健康的经济状况，理论上对汇率应当有利，并可能预示着更将提高利率，加息则将对美元有利。非农就业指数若增加，反映出经济发展的上升，反之则下降。

（3）克强指数

克强指数是英国著名政经杂志《经济学人》在2010年推出的用于评估中国国内生产总值增长量的指标，源于李克强总理任辽宁省委书记时，喜欢通过三个指标分析当时辽宁省的经济状况。该指数主要是工业用电量新增、铁路货运量新增和银行中长期贷款新增的结合。与国内生产总值的统计相比，由于这三个指标涉及电网、铁路、银行的具体业绩核算，与地方政府的“GDP崇拜”并无干涉，也近乎没有做假的空间和动机，故而所取得的具体数据更为真实，同时也更真实反映经济的走势。因此，自推出后受到花旗银行在内的众多国际机构认可。

（4）消费者价格指数

消费者价格指数是反映消费者购买一般商品和服务价格水平变动情况的宏观经济指标。该指数是度量居民家庭购买消费商品及服务的价格水平随时间变动的相对数，也是进行经济分析和决策、价格总水平监测和调控及国民经济核算的重要指标。消费者价格指数变动率在一定程度上反映了通货膨胀或通货紧缩的程度。该指标对利率、汇率等也有较大的影响。

（5）生产者价格指数

生产者价格指数是衡量工业产品出厂价格变动趋势和变动程度的指数，是反映某一时期生产领域价格变动情况的重要经济指标。因此，对原料、能源及材料价格有较大的影响。理论上来说，整体价格水平的波动一般先出现在生产领域，然后通过产业链向下游产业扩散，最后波及流通领域与消费品领域。工业品价格向CPI的传导途径为：原材料→生产资料→生活资料。因此，生产者价格指数是消费者价格指数之先声，其波动必将反映到最终产品的价格上，观察该指数的变动情形将有助于预测未来物价的变化状况。

（6）全社会固定资产投资

全社会固定资产投资是以货币表现的建造和购置固定资产活动的工作量，是反映固定资产投资规模、速度、比例关系和使用方向的综合性指标。固定资产投资的规模与结构会形成近期对生产资料工业品及一定比例的消费资料的需求，因此对原料、能源及材料价格有较大的影响；同时其规模与结构对远期来讲也会增加新的生产能力，即增加潜在供给。

（7）社会消费品零售总额

社会消费品零售总额是指各种经济类型的批发零售贸易业、餐饮业、制造业和其他行业对城乡居民和社会集团的消费品零售额和农民对非农业居民零售额的总和。它反映各行业通过多种商品流通渠道向居民和社会集团供应的生活消费品总量，即反映社会商品购买力的实现程度，以及零售市场的规模状况，是研究国内零售市场变动情况、反映经济景气程度的重要指标。

（8）贸易差额

贸易差额是一国在一定时期内出口总值与进口总值之间的差额。当出口总值与进口总值相等时，称为“贸易平衡”。当出口总值大于进口总值时，出现贸易盈余，称“贸易顺差”。当进口总值大于出口总值时，出现贸易赤字，称“贸易逆差”。一国的进出口贸易收支是其国际收支中经常项目的重要组成部分，是影响一个国家国际收支的重要因素。贸易顺差增加了外汇储备，有利于汇率稳定和实施较为宽松的宏观调控政策。

（9）广义货币供应量

广义货币是与狭义货币相对应的经济学概念，通常以M2来表示。在中国广义货币是指

M1（即社会流通现金加上活期存款）加上机关、团体、部队、企业和事业单位在银行的定期存款、城乡居民储蓄存款、外币存款和信托类存款。M2 可用来作为观察和调控中长期金融市场均衡的目标，通常 M2 的增幅应控制在经济增长率、物价上涨率、货币流通速度变化程度三者之和的范围内。若 M2 增速较快，表明投资和中间市场活跃，或有通货膨胀的风险，利率可能调高；该指标低表明投资过热、需求不旺，或有通货紧缩的风险，利率可能调低。

2. 经济波动周期因素

经济形势的好坏与社会总供求状况、期货商品供求关系存在着密切的联系。由于期货市场是与国际市场紧密联系的开放市场，因此，期货市场价格波动不仅受国内经济波动周期的影响，而且还受世界经济景气状况的影响。

经济周期一般由四个阶段构成，即危机、萧条、复苏、高涨。在危机阶段，由于需求萎缩，供给大大超过需求，库存增加导致价格的猛烈下降；在萧条阶段，价格下跌停止，但这一阶段社会购买力仍然很低，商品销售仍然困难，因此，价格仍处于低水平上；进入复苏阶段，由于生产的恢复和发展以及需求的增大，促使价格逐渐回升；到了高涨阶段，由于商品需求不断增长，而供应满足不了日益增长的需求，从而刺激价格迅速上涨至较高水平。

商品价格在经济周期各个阶段的变化导致期货市场出现短期的价格上涨或下跌的现象。因此，当我们分析较长时期期货价格走势时，应该密切注意国内外经济情况的变化。我们一般可以通过各国的经济增长率、国内生产总值等指标判断经济的繁荣与萧条，而通过货币供应量、物价指数的高低来判断通货膨胀的情况。

3. 政策因素

政策因素包括经济政策因素和货币政策因素。两种政策使用越频繁，对期货价格影响也越大。

（1）经济政策因素

各国为了维护自身的政治和经济利益，常常会制订和修改某些政策和措施。有些政策和措施会对期货价格产生不同程度的影响。除了国内政策措施变化外，国际性商品协定和组织机构的政策变化也对期货市场价格产生影响。世界上一些大宗商品如石油、铜、橡胶、咖啡、可可等的主要生产国和消费国，大都订立了贸易协定，成立了国际性行业组织，如石油输出国组织、国际锡生产国协会、天然橡胶生产国协会等。这些国际性商品协定成员和国际组织，为维护其利益，经常采取一致的政策措施来影响国际市场的商品供求关系和市场价格，如削减产量、出口管制、限制价格波幅等。这些政策措施，对期货市场商品价格产生不同程度的影响，如石油输出国组织经常召开部长级会议，经协商规定各成员国最高日产量，以防止因生产过剩而造成油价下跌。

小 贴 士

对转基因大豆的进口实行新管理规定引起国内大豆期货价格的波动。2002 年 1 月 7 日，我国宣布自 2002 年 3 月 20 日起对转基因大豆的进口实行新的管理规定，并将对转基因大豆进口实行申报制。此消息一经公开，大连商品交易所大豆价格连续出现两个半涨停板，由 1 984 元/吨暴涨至 2 124 元/吨，升幅达到 7%。

（2）货币政策因素

商品期货交易与金融货币市场有着紧密的联系。利率的高低、汇率的变动都直接影响商品期货价格变动。在期货市场中，货币政策因素对期货价格的影响主要表现在货币供应量、贴现率、利率和汇率等方面。美元、欧元、日元、英镑等主要国际流通货币的利率或汇率的波动，对期货市场价格有着极为明显的制约作用。货币量的多少决定商品期货价格的大体走势，因此在分析期货市场的价格走势时，必须注意各国金融货币变动的情况及其对商品价格可能带来的影响。

第一，货币供应量。货币供应量的多少决定期货价格的大体走势。当货币供应量增加时，商品价格随之上升；反之亦然。货币供应量与商品价格成正比关系。货币供应量对金融期货的影响最大，货币供给量的多寡直接影响金融期货的价格。如股指期货，货币供应量增加，股指期货价格上扬；反之，则下跌。因为货币供应量增加，说明社会游资相应增加，股价则随之上扬，处于牛市的股指期货价格自然会向上攀升。

第二，利率。当银根紧缩时，利率上升，加重了期货交易商的利息负担，提高了交易成本，迫使交易商尽早平仓或退出市场，使期货价格趋跌；当银根放松时，利率降低，又会刺激投资者积极参与期货交易，使市场活跃，期货价格趋升。对于投机性期货交易者来说，保证金利息是其交易的主要成本。因此，利率的高低变动将直接影响期货交易者的交易成本：如果利率提高，交易成本上升，投机者风险增大，就会减少期货投机交易，使交易量减少；如果利率降低，交易成本降低，交易量就会放大。利率的变化对金融衍生品交易影响较大，而对商品期货的影响较小。

第三，汇率。期货市场是一种开放性市场，期货价格与国际市场价格紧密联系。国际市场价格比较必然涉及各国货币的交换比值——汇率。汇率是本国货币与外国货币交换的比率。当本币贬值时，即使外国商品价格不变，但以本国货币表示的外国商品价格将上升，反之则下降，因此，汇率的高低变化必然影响相应的期货价格变化。据测算，美元对日元贬值 10%，日本东京谷物交易所的进口大豆价格会相应下降 10%左右。同样，如果人民币对美元贬值，那么国内大豆期货价格也会上涨。

小 贴 士

如果某国的货币相对于美元贬值，即美元升值，那么贬值国商品在美国商品交易所中的期货价格因美元升值而下跌，而在国内商品交易所本币表示相应商品的期货价格则上升。例如，1976 年 11 月 11 日英镑被迫贬值 143%，1978 年 3 月份羊毛的期货价格在纽约商品交易所由原来的每单位羊毛 114 美元下降至每单位羊毛 102 美元，而在伦敦商品交易所由原来的每单位羊毛 97 英镑上升至贬值后的每单位羊毛 103 英镑。

第四，贴现率。贴现率提高，从事期货交易的成本高。另外。贴现率提高预示着市场利

率的提高。经济趋于紧缩时，调低贴现率，资金成本低，期货价格下跌，即经济趋于扩张，期货价格上涨。

4. 政治因素

政治与经济历来都是密不可分的，一个地区、一个国家乃至世界政局形势对经济的影响都是很大的。期货市场对政治气候的变化异常敏感，各种政治性事件的发生常常对价格造成不同程度的影响。当政局动荡时，经济整体受影响，期货市场也受冲击，期货价格也会剧烈动荡。国内政治局势的变化，如政变、内战、罢工、大选、劳资纠纷等；国际方面包括战争、冲突、经济制裁、政坛重要人物的变故等，所有这些因素都会导致期货价格的波动。

5. 市场供求因素

商品的供求与价格是相互影响、相互制约的。从短期看，市场上商品的供求决定价格；从长期来看，价格决定着市场商品的供给和需求。

（1）供给方面

供给方面主要考察本期商品供给量的构成及其变化。本期商品供给量主要由前期库存量、本期产量和本期进口量三部分组成。

第一，前期库存量。它是指前期积存下来可供社会消费的商品实物量，它是构成总供给量的重要部分。根据存货持有者身份的不同，可分为生产者存货、经营者存货和政府存货。前期库存量的多少，体现着供应量的紧张程度，供应短缺将导致价格上涨，而充裕的供应将导致价格下跌。因此，对于能够储藏的小麦、玉米、大豆等农产品以及能源和金属矿产品等，研究前期库存是非常重要的。

第二，本期产量。它是指当期商品的生产量，是市场商品供给量的主体。由于期货合约所交易的商品是在合约成交时刚投产或即将投产的产品，与前期库存量不同，本期产量可能受各种因素的影响，因此本期产量是个变量。这一点对于受自然因素影响较大的农产品而言尤为明显。对于农产品期货，必须注意分析研究播种面积、气候情况和作物生产条件、生产成本以及政府政策等因素的变动情况，这样才能较好地把握本期生产量。

第三，本期进口量。本期进口量是对国内生产量的补充，通常会随着国内市场供求平衡状况的变化而变化。同时，进口量还会受到国际国内市场价格差、汇率、国家进出口政策以及国际政治因素的影响而变化。此外，某种商品进口数量占社会消费总量的比重越大，表明进口依赖程度高，则进口量的变化对市场商品供给和商品价格的影响就越大，因此，对国际形势、进口贸易政策、进口数量等要及时了解掌握。

（2）需求方面

商品市场的需求量通常由国内消费量、出口量和期末结存量三部分组成。

第一，国内消费量。它主要受消费者的收入水平、购买能力、消费者人数、消费结构变化、商品新用途发现、替代品的价格及获取的方便程度等因素的影响。一般来说，这些因素的变化对期货商品需求及价格的影响要大于对现货市场的影响。

第二，出口量。在产量一定的情况下，某种商品出口量的增加会减少对国内市场的供应；

相反，出口量减少，会增加国内市场供应量。因此，它是影响国内需求总量的重要因素之一。分析其变化应综合考虑影响出口的各种因素的变化情况，如国际、国内市场供求状况，内销和外销价格比，本国出口政策和进口国进口政策变化，关税和汇率变化等。

第三，期末结存量。它是分析期货商品价格变化趋势最重要的数据之一。一般来说，当本期商品供不应求时，期末结存将会减少，商品价格往往就会上升，此时投资者就可以考虑买入期货合约；反之，若期末结转增加，则意味着当年的供应量大于需求量，商品价格一般会处于下跌趋势，此时投资者就可以考虑卖空期货合约。因此，分析本期期末存量的实际变动情况，即可从商品实物运动的角度看出本期商品的供求状况及其对下期商品供求状况和价格的影响。

6. 自然条件因素

自然条件主要是指气候条件、地理变化及自然灾害等，具体包括洪涝灾害、干旱、台风、霜冻、虫灾、地震等因素。由于期货商品大多为初级大宗物资，如大豆、小麦、铜、铝及橡胶等，其生产消费与自然条件密切相关。有时候因自然条件出现的变化，会对这些产品的正常生产和消费带来较大影响。此外，一些商品因为产地与交易所交割仓库相距较远，因为气候条件的变化，一时耽误正常运输，造成短期供应紧张，也会对期货价格产生明显影响。自然因素对期货交易商品，尤其是受自然因素影响大的农产品，具有相当的制约性：当自然条件不利时，农作物的产量就会受到影响，从而使供给趋紧，刺激期货价格上涨；反之，如气候适宜，又会使农作物增产，增加市场供给，促使期货价格下跌。例如，巴西灾害性天气的发生，对国际上咖啡和可可的价格影响很大。

当今世界科技水平迅速提高，但对自然环境的突发性变化，特别是对各种自然灾害的抗争能力是十分有限的。因此，自然因素对期货交易商品，尤其是受自然因素影响较大的农产品，仍具有相当的制约性：自然因素对期货价格形成的刺激作用是剧烈的，但往往又是短暂的，除非因自然条件的改变对商品的长期供求产生深远影响，否则价格原先的趋势一般会慢慢恢复。

7. 投机因素

期货市场有大量的投机者，他们参与交易的目的就是利用期货价格上下波动来获利。当价格看涨时，投机者迅速买进合约，以期价格上升时抛出获利，而大量投机性的抢购，又会促进期货价格的进一步上升；反之，当价格看跌时，投机者迅速卖空，当价格下降时再补进平仓获利，而大量投机性的抛售，又会促使期货价格进一步下跌。在期货市场中，大投机商经常利用某些消息或价格的波动，人为地进行买空和卖空，从而对期货价格的变动起着推波助澜的作用。例如，1979 年美国“白银大王”纳尔逊·亨特兄弟，在纽约和芝加哥的期货交易所以 6～7 美元/盎司的价格大量收购白银，到年底已控制了纽约商品交易所 53%的存银和芝加哥商品交易所 69%的存银。由于投机大户的操纵，使白银价格逐步上升，至 1980 年 1 月 17 日，已上升到 48.7 美元/盎司。这种与实际完全脱节的需求之所以这么大，价格不断地上涨，完全是由于交易大户投机行为造成了市场需求旺盛的虚假现象。

8. 心理因素

投机者的心理因素会对期货市场价格产生影响。心理因素是指投机者对市场的信心。一旦人们对市场信心十足，即使没有什么利好的因素刺激，价格也可能因投机者的心理因素作用而上涨；反之，当人们对市场缺乏甚至失去信心时，价格即有可能因此而下降。一般在期货交易中，投资者的心理变化往往与期货投机因素交织在一起，产生综合效应。也就是说，一方面，投资者随着市场的变化，其心理因素也在不断地发生变更，但最终还是希望利用期货市场价格发生变动的时机，迅速地抛出和补进期货，形成一种“投机心理”。投资者的这种心理变化，通常还会成为其他交易者捕捉的交易机会和分散价格风险的时机，从而促进投机交易的形成。另一方面，期货市场中的投机方式经常翻新，不断变化，以适应不同时期的交易特点，这又会反过来影响交易者的投资心理。投资者的心理变化与投机行为是期货交易中所形成的互相制约、相互依赖的“共生现象”，他们共同作用于期货市场，影响和制约期货市场价格。所以，心理因素是影响期货价格的一个重要因素。在心理因素分析中，我们着重需要分析的是市场大众参与者的心理因素，俗称“市场散户人气”，这是衡量市场牛熊的重要参考指标。大众心理往往更能够客观地反映广大期货交易者对期货价格走向的看法，我们可以借用一些调查工具来进行动态跟踪。

（二）期货价格基本分析方法

为了更好地把握进行期货交易的有利时机，交易者在利用上述各项因素对期货价格走势进行定性分析的同时，还应利用统计技术进行定量分析，提高预测的准确度，甚至还可以通过建立经济模型，系统地描述影响价格变动的各种供求因素之间相互制约、相互作用的关系。计算机的应用，使基本因素分析中的定量分析变得更加全面和精确。利用计量经济模型来分析各经济要素之间的制约关系，已成为基本因素分析法的重要预测手段之一。

在基本分析的领域中，涵盖着一系列交织的信息网。这些信息不同于技术分析的范畴，它的组成是以导致行情变动的基本原因为主的。一段行情中价格的涨跌，其影响原因是不同的，但它往往是某些基本因素综合结果的反映。例如，中央银行公布消费者物价指数过高，则投资人便会有一个预期的心理，即央行将于未来某时调高利率，以防止通货膨胀继续升高。此时，心理因素和货币政策因素起了主要的作用。因此，在做交易决策时，若能了解基本因素对价格的影响，使市场行情明朗化，就可以作出正确的交易决策，提高获利能力。

当然，投资者应当将基本分析作为交易决策的工具之一，不可以过度坚持基本面的看法。一个有效的交易决策，是必须结合基本面与技术面的分析。具体原因如下。

1. 市场可能不会真实反映基本面情况

市场会反映所有已知的信息，但是由基本面所引发的重大价格走势，也往往会发生在实际价格走势之前。

【例 7.1】 在能源市场上经常发生以下情形，如石油输出国组织公布原油减产，价格将于下一季开始上涨。此时在市场上，一些与石油相关类股的价格，会因为受到原油价格将要上涨及投资人的预期心态影响而有所变动。虽然当时原油价格尚未调整，随着时间的推移，消息与原油价格涨跌幅度会出现较大变化，之所以出现这一状况，是因为消息与原油价格实际调整有一段相当长的时差。而且，一波行情经常让价格远离基本面的均衡水准，之后再出现折返走势。

因此，基本面的变化并不一定引起价格的相应波动。反之，市场上也经常出现价格大幅波动但基本面并没有显著变化的情况。一个较合理的理论应该是：价格有时会落后或领先既有信息所隐含的市场价格水准。事实上，当市场受到基本面的影响，使得价格远离均衡水准，而这时又出现类似的基本面消息，价格将会朝反向调整，如利空消息出现后市场价格反而涨了。

2. 基本面的发展也分长期与短期两方面

从长期角度来看，假设其他条件维持不变，利多消息有助于价格的上涨。而短期的解释就有所不同了，它主要考虑是市场对消息面的反应。因此，将重点放在了基本面上的消息与价格之间的背离。由此，也可以解释为何利多（利空）的基本面反而造成了价格的下跌（上涨），或价格上涨（下跌）不如预期强势的状况。投资者在操作过程中要因地制宜，具体问题具体分析。

例如，在一波上涨的行情中，低利率、经济复苏等基本面的因素开始显现了，可是，当这些基本面因素明朗化时，价格已经上涨了一段。为减少决策的误差，投资人就应将这利多的基本面行情适当做空平仓。所谓“利好出尽是利空”即是如此。因此，投资者在作决策时应结合基本面的背景等综合考虑相关因素，来提升交易的绩效。

三、期货价格基本分析法的不足

期货价格基本分析法并非是一种完美的方法，还存在种种缺陷，其缺陷主要表现在以下两个方面。

1. 理论缺陷

古典经济理论认为，供给与需求相等时会形成均衡价格，但在现实的价格波动中，不均衡是经常现象。所以，经济学上的供需原理很难应用于证券市场和期货市场，原因在于这些市场的价格变动十分不规则，供需未必对价格变动有影响，相反价格的波动也不一定对供求的变化有所影响。也就是说，当价格下跌时，商品供给数量不一定减少；当价格上涨时，供给也不一定增加，尤其在形成利多市场或利空市场时更为明显。如果出现利多市场，价格上涨并不一定会马上引起供给的增加，原因是交易者预测价格会更进一步爬升，持有该部位比脱手更有利。如果出现利空市场，价格下跌则不一定导致供给量减少，因为交易者担心价格还会下跌而引发更多的供给量，便纷纷抛出，使价格进一步下跌。

2. 应用缺陷

基本分析除了理论本身的缺陷外，在实际操作上也有困难和不足。例如，基本分析是对那些足以影响商品的实际供给和需求的因素加以研究，以确定其价格水平。但由于影响供求的因素太多，关系也太复杂，一般交易者很难了解所有要素及其关系，如果有一两个重要因素被遗漏，即使所有供需因素都被涵盖了，并且进行了正确的分析预测，但所得结果未必是

正确的。有时交易者利用小道消息作为评价价格波动的依据。然而，在信息为众人所获知之前可能已被多人了解，它对价格的影响效果已反映在价格上了。所以，除非是第一手的消息，否则依据消息来交易时，等于是在消息已调整过市价之后才进入市场，这时可能已比别人慢了半拍。同时，在对消息的解释上，一些交易者很可能简单地把某类消息解释成利多消息，而其他交易者可能会认为是利空消息。这样，交易者如在市场上采取错误的行动，将造成严重的损失。

在进行基本分析时，还极易忽略一个价格决定力量，即大众的交易心理。有时一个强劲的上升走势正在形成时，市场可能会对某些利空消息毫无反应，这时投资者根本不容易接受任何理智的统计预测。同样，当出现下跌走势时，市场也可能对利多消息毫无反应。另外，一些突发事件如自然灾害、国际政治冲突等对期货市场的冲击，是事先无法估计到的。

虽然基本分析法存在种种缺陷，不能单纯地凭借基本分析来判断价格走势，但是从基本因素考虑，价格走势若是由于基本的供给与需求变动引起的。因此，利用基本分析法收集准确、及时和全面的影响供给和需求变动因素的信息，用以预测价格走势仍不失为一种重要的分析方法。

第二节　期权价格基本分析法

权利金是期权合约要素中唯一的变量，权利金就是期权的价格。因此，期权的定价就是对权利金的理论值进行计算。影响权利金的因素很多，使期权定价成为一个很复杂的问题。

一、期权价格的构成

根据持有成本理论，期货理论价格是由标的物价格（现货价格）和持有成本决定的。期权价格也要受其标的物价格的影响。期权敲定价与现时标的物价格的关系常用内涵价值这个概念来分析，与未来标的物价格的关系则用时间价值来分析。期权价格主要由内涵价值（intrinsic value）和时间价值（time value）两部分构成。

（一）内涵价值

内涵价值是期权买方立即履行合约时可获取的收益，它反映了期权合约敲定价格与标的物市场价格之间的关系。对看涨期权而言，内涵价值＝标的物市价－合约敲定价；对看跌期权而言，内涵价值=合约敲定价－标的物市价。实值期权的内涵价值大于零，虚值期权和平值期权的内涵价值等于零。

【例 7.2】　当小麦期货合约结算价格为 1 220 元/吨时，敲定价为 1 170 元/吨的看涨期权的内涵价值为 50 元/吨（1 220－1 170）；敲定价为 1 270 元/吨的看涨期权是虚值期权，内涵价值为零；敲定价为 1 220 元/吨的看涨期权是平值期权，内涵价值也为零。

内涵价值是期权价值的重要组成部分，所以一般来说，实值期权的权利金最高，平值期权次之，虚值期权最小。

（二）时间价值

时间价值对期权卖方来说反映了期权交易期间内的时间风险，对期权买方来说反映了期权内涵价值在未来增值的可能性。可以这样理解，期权买方希望随着时间的延长，标的物价格波动可能使期权增值，因而愿意支付高于内涵价值的权利金；期权卖方由于要冒时间风险，也要求高于内涵价值的权利金。

通常，期权有效期越长，期权的时间价值越大。例如，7 月某日某时点，对于同一敲定价同一标的物的买权来说，12 月到期的比 9 月到期的权利金要高。随着期权临近到期日，其时间价值逐渐变小；期权到期时，也不再具有时间价值。

【例 7.3】 设某股票价格为 27 元，9 月看跌期权（敲定价 30 元）的权利金为 4，则内涵价值为（30－27）＝3，时间价值为（4－3）＝1；10 月看跌期权（敲定 25 元）的权利金为 1.5，则该期权内涵价值为 0，只具有时间价值为 1.5。

二、期权价格的影响因素

影响期权价格的因素主要有标的物市场价格、敲定价格、标的物市场价格波动幅度、无风险利率、距离到期日前剩余时间、标的物的持有成本/收益。下面分别加以分析。

（一）标的物市场价格

标的物市场价格直接影响权利金的大小，它是在期权交易中首先要考虑的因素。原因有三：第一，它决定敲定价格的选择；第二，它与敲定价格的关系决定了期权是实值、平值还是虚值，并决定了内涵价值的大小；第三，标的物市场价格的波动，增加了期投向实值或虚值方向移动的可能性，因此权利金也相应变化。例如，当某股票看涨期权的敲定价格为 65 元，如果该股票市场价格从 63 元上涨到 68 元，那么该合约内在价值就从虚值变成了实值，因此期权的价格也会相应上涨。而对于同样敲定价格为 65 元的看跌期权来说，如果标的价格从 63 元涨到 68 元，期权就从实值变成了虚值，其价格会下跌。

（二）敲定价格

敲定价格主要影响期权的内涵价值，敲定价格越高，看涨期权的价格越低，看跌期权的价格越高。例如，当玉米期货价格为 1 750 元/吨时，在其他条件相同的情况下，敲定价格为 1 850 元/吨的看涨期权的权利金比敲定价为 1 650 元/吨的看涨期权的权利金肯定要低。因为前者是虚值期权，后者是实值期权。有时，敲定价也影响到期投的时间价值。如果对比同一品种的相同到期日但不同敲定价的两份期权合约，则通常平值期权的时间价值较大。对平值期权来说，期权向实值还是向虚值转化，方向难以确定。转为实值时则买方盈利，转为虚值则卖方盈利（注意：这时买方会放弃期权的履约，卖方最多只能获得权利金）。所以，平值期权的时间价值最大。对于虚值期权来说，若市价离敲定价很远，则人们会认为其转为实值的可能性很小，其时间价值也会很小甚至为 0。对实值期权而言，若市价偏离敲定价很远（市价偏离更远的可能性已很小，因为市价不可能无限上涨或下跌），则期权的杠杆作用减弱了

（因为内涵价值已经很大，在权利金中占绝大部分），此时时间价值也很小。

（三）标的物市场价格波动幅度

标的物市场价格的波动幅度是影响期权价格水平的重要因素之一。价格的上下波动会影响到实值、平值、虚值期权的时间价值，进而影响期权的价格。市价波动与期权有效时间衰减之间有一定的相关关系，当期权越临近到期日，如果其他条件不变，其时间价值衰减速度就越快。这主要是因为可以导致期权转向实值的时间逐渐减少所致。到期日时，期权不再具有时间价值，而只可能包含内涵价值。

标的物市场价格的波动性增加，加大了期权向实值方向移动的可能性，因此期权权利金也会相应增加。例如，若玉米期货价格为 1 950 元/吨，并预期在其后一年内可能保持该价格水平（价格波动性很小），那么卖出一个 1 950 元/吨的玉米看涨期权面临的风险就很小，卖方要求的权利金也少。但是，如果价格波动性大，如波动于 1 850～2 250 元/吨，买方履行合约的可能性也随之增大，卖方风险加大，要求的权利金也高。

（四）无风险利率

与期货交易不同的是，期权权利金在成交时以现金支付，因此短期利率反映了期权买方的融资成本。交易者交易时，自然会把短期利率考虑进去。但总的说来，利率对期权时间价值的整体影响是十分有限的。另外，无风险利率的变化，也会引起标的市场价格的变动，进而使期权的内涵价值改变。

（五）距离到期日前剩余时间

在期权的时间价值中起最大作用的是期权的期限。如果其他因素相同，随着剩余时间向到期日趋近，期权的时间价值趋于减少。这是因为向不利到有利方向变动的可能减少了，权利金也减少。

（六）标的物的持有收益/成本

如果持有标的物会产生收益（如证券的分红或利息、大宗商品的便利收益），看涨期权的价值会降低，而看跌期权的价值会上涨。究其原因，以现金收益为例，当股票分红或债券支付利息时，资产的价值必然会降低；而资产价值降低则会引起看涨期权价值降低以及看跌期权价值上涨。持有标的资产很有可能产生成本，最常见且最重要的是仓储成本。对于看涨期权来说，由于看涨期权多头方无须承担真正持有标的物的仓储成本，所以看涨期权的价值会更高；对于看跌期权来说，其价值会因为仓储成本而降低。

小　结

期货价格基本分析是根据商品的实际供给和需求关系以及影响供求关系变化的种种因素来预测商品价格走势的一种分析方法。在众多影响期货价格的因素中，供求因素是最基本也是最重要的因素，其他因素对期货价格的影响最终都是通过影响市场的供求因素来实现的。期权价格主要由内涵价值和时间价值两部分构成。一般来说，影响期权价格的因素主要有标的物市场价格、敲定价格、距离到期日剩余的时间、标的物市场价格波动幅度、无风险利率、标的物的持有收益/成本等。

案例分析

回顾2005～2015国际原油期货价格走势

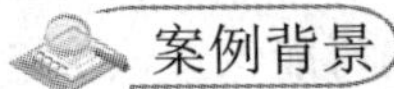

2005年6月～2015年6月，国际原油期货价格的走势变化大致可以分为四个阶段。最高时曾一度冲至147美元/桶的超级高位，最低时也曾一度重挫至33美元/桶的罕见低位。

第一阶段“风平浪静”（2005年6月～2007年10月）：这段时间原油期货价格走势总体平稳，且最高点也没有超过80美元/桶。纵观10年，其实80美元/桶可以认为是高油价和低油价的分界线。这个阶段，50～80美元/桶的油价，其实也可以认为是国际原油价格的理性区间。

第二阶段“疯狂过山车”（2007年11月～2008年12月）：从2007年11月开始，原油期货价格开始一路向上冲刺，上升势头之猛极其罕见，并且在2008年7月到达顶峰。原油期货价格如此疯狂的表现背后，有三大因素支撑：①石油输出国组织决定减产；②当时恰逢全球经济快速增长时期，中国原油需求强劲；③美联储大幅降息，美元贬值，投机商炒涨情绪显著。由此可以看出，供需两端均现利好，加之疲软美元的支撑，原油期货价格一举冲至10年间的高点。不过正所谓盛极必衰，暴涨随后就迎来了暴跌，2008年10月的全球金融危机引爆了高能利空，原油期货价格急速下坠至30～40美元/桶的区间。一年多的时间内原油期货价格大起大落，市场可谓冷暖自知。

第三阶段“冲高之路”（2009年1月～2014年6月）：从2009年第二季度开始，全球经济逐渐从金融危机的阴霾中摆脱，原油期货价格再现攀高之路，且在2011～2013年稳定在90～120美元/桶的高位区间。油价在坠入低谷后迅速反弹并升至高位区间，其主要利好支撑有两点：首先，这个阶段，正是美联储QE1～QE3火力全开的时代，美元汇率趋低，对油价的支撑明显；其次，供应趋紧的忧虑层出不穷，如石油输出国组织限产、2011年的利比亚战乱和2012年的伊朗石油禁运。

第四阶段“跳水回归”（2014年7月～2015年6月）：2014年下半年开始，原油期货价格自高位转头跳水，市场为之大跌眼镜，7～12月半年的时间，长达3年多的高油价盛世灰飞烟灭。2015年，原油期货价格再度跌回50～70美元的区间，10年前的油价水平再现。2015年这次让人记忆犹新的暴跌，主要是由于以下四大因素：①供应充裕，需求疲软，引发多头仓皇逃离。交易商看空情绪不断增强（2014年6～9月）；②沙特及石油输出国组织坚持不减产的立场（2014年10月～2015年1月）；③美元强势上扬，“牛市”特征显现（美联储2014年10月结束QE，2015年欧元区QE启动）；④全球经济减速，中欧均复苏缓慢，美国经济

独木难支。

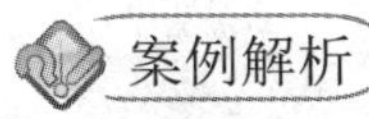

案例解析

影响原油期货价格的因素主要包括以下几个方面。

1）供求关系。供求是最基本的因素，其他因素都是直接或间接地影响供求从而影响价格。近年来，世界原油的供给能力有所降低。美国、欧洲经济的不稳定性导致原油需求的不稳定性。相比于欧美需求的减少，经合组织原油需求依然呈现强劲的增长势头，而中东国家也将进入原油需求旺季。

2）国际政治因素。原油是重要的战略资源，其价格受政治影响较大，如战争、暴乱等。美国等西方国家对伊朗的制裁，在一定程度上打压了原油供给。而另外一些地区的石油工人的罢工也减少了石油供给。

3）宏观经济：不同的经济形势下原油会呈现出不同的价格波动。经济繁荣时，工业生产旺盛，原油需求量大，价格走高；经济疲软时，工业生产萎缩，原油需求少，价格走低。财经政策、通货膨胀、汇率（尤其美元汇率）等经济方面的因素都会左右原油的价格。例如，美元的贬值会使油价相对较高，因为油价一般是以美元计价的。

4）石油库存。石油库存对油价的影响是复杂的，当期货价格远高于现货价格时，石油公司倾向于增加商业库存，减少当期供应，从而刺激现货价格上涨，期货现货价差减小；当期货价格低于现货价格时，石油公司倾向于减少商业库存，增加当期供应，从而导致现货价格下降，与期货价格形成合理价差。

5）相关市场的联动性。黄金、股票、外汇等市场与原油市场价格波动存在着较强的相关性。

6）投机活动和心理预期。国际资金的投机和炒作以及人们的心理作用也在影响着原油价格。投资者对新一轮刺激政策的期待也在继续支撑油价上涨。

（资料来源：http://www.99qh. com/s/news20150617114701060. shtml；http://www. csai. cn/qihuo/648975. html）

思考与练习

一、名词解释

期货价格形成　基本分析法

二、简答题

1. 简述期货价格形成理论。
2. 影响期货价格的因素有哪些。
3. 举例说明影响期货期权价格走势的自然因素。
4. 举例说明影响期货期权价格走势的金融货币因素。

课后阅读

1. 石榴红，王万山. 2011. 网络价格. 西安：西安交通大学出版社.
2. 吕东辉，杨印生，王旭. 2005. 农产品期货价格形成机理研究. 农业技术经济，2：19-23.
3. 童宛生. 1998. 中国期货价格形成理论与实证分析. 北京：中国财经出版社.

第八章

期货与期权价格走势的技术分析法

学习目标

- 了解期货与期权技术分析的理论基础
- 掌握期货与期权不同种类的图形分析法的主要内容
- 掌握期货与期权趋势类技术指标与摆动类技术指标的原理与应用

学习要点

- K 线分析的原理与应用
- 切线分析的原理与应用
- 形态分析的原理与应用
- 波浪分析的原理与应用
- 趋势类指标的原理与应用
- 摆动类指标的原理与应用

关键词

技术分析　图形分析法　指标分析法

导入案例

理查德·丹尼斯的投资策略

1970 年夏天，理查德·丹尼斯（Richard Dennis）从亲朋好友处借来 1 600 美元，花费 1 200 美元在很小的“美中交易所”购得一个席位，剩下的本金只有 400 美元。1973 年，大豆期货行情上行，价格突破 4 美元大关。但理查德·丹尼斯按照追随趋势的交易原则，顺势买入，大豆期货价格一如升空火箭，在短短的四五个月时间内，攀上 1 297 美分的高峰。理查德·丹尼斯赚取了足够的钱，并迁移到更大的舞台——芝加哥期货交易所。1985 年 5 月满 30 岁时，他离开了交易所，带走将近 1 000 万美元的财富。但不到四个月，他又开始重操旧业。

理查德·丹尼斯分析行情以技术分析为主，并根据自己多年的经验，以跟随大市趋势为原则，与他的合伙人数学博士威廉·厄克哈德（William Eckhard）设计了一套电脑程序自动交易系统，但当电脑程序自动交易系统与自己的入市灵感背道而驰时，他会选择暂时离场，不买不卖。要想知悉理查德·丹尼斯是如何进行投资决策的，需要学习技术分析的相关知识，本章就将解开此疑惑。

（资料来源：http: //baike. baidu. com）

第一节　技术分析概述

技术分析是指以市场行为为研究对象，以过去和现在的实际价格及变动状况为依据，通过对各种图形和统计方法的运用，判断市场趋势并追随趋势的周期性变化以进行交易决策的方法的总和。技术分析的伟大之处在于利用最直接、最公开的资料，可以得到一种可靠的操作依据。

一、技术分析的理论基础

（一）市场行为包容消化一切

从经济学的角度来讲，价格变化是供求关系变动的必然反映，所有影响市场的因素都会作用于供求关系，最终通过价格表现出来。技术分析派认为无论是政治事件、社会事件、经济事件、自然灾害或其他因素，凡是影响期货期权市场的因素最终都必将反映到价格中，成为构成价格的一部分。“市场行为包容消化一切”是技术分析的基础。

（二）价格呈趋势形态变动

“趋势”概念是技术分析的核心。从本质上来讲，技术分析是以判定和追随既成趋势为目的。技术分析派认为走势一旦形成，由于惯性作用，价格会沿着现存运动方向继续前进，直到出现掉头信号为止。技术分析的意义就在于在走势形成初期，尽早确认目前的价格趋势以及发现反转信号，以掌握时机并获利。

（三）历史会重演

“历史会重演”强调打开未来之门的钥匙隐藏在历史里，或者说将来是过去的翻版。技术分析派认为价格形态通过一些特定的图形表现出来，而这些图形表示了人们对某市场看好或看淡的心理。既然它们在过去很管用，不妨认为它们在未来同样有效，因为它们是以人类心理为根据的，而人类的心理从来就是“江山易改，本性难移”。

二、技术分析的优缺点

技术分析具备全面、直接、准确、可操作性强、适用范围广等显著优点。与基本面分析相比，技术分析指导期货期权投资见效快，获得利益的周期短。此外，技术分析对市场的反应比较直接，分析的结果也更接近实际市场的局部现象。通过市场分析得到的进出场位置较之基本分析而言，往往比较准确。

然而，技术分析也有很大的局限性。首先，基本面分析主要适用于周期相对比较长的市场预测以及预测精确度要求不高的领域；技术分析考虑对象的范围相对较窄，难以有效判断长远的市场趋势，更适用于短期的行情预测。其次，大盘和特定产品的技术形态和趋势是量、价、时、空四大要素协同变化的结果，绝不是单一要素或者一个、两个要素变化的结果。事实上，经典的技术形态，仅仅是描绘K线的组合形状；经典的技术指标，或绘制成曲线，或绘制成柱状图，基本上也都是单一要素演变形成的。单一或单纯的技术形态和技术指标不可避免地存在先天缺憾。再次，应用技术分析研判走势应该注意规避技术分析的盲区与误区。所谓技术分析盲区，是指技术指标无法预测或者预测失灵的区域，如KDJ指标预测上升段和下跌段比较准确，但是出现高位钝化和低位钝化时KDJ指标便进入了技术分析盲区；所谓技术分析误区，是指技术指标预测结果有时准确有时不准确的区域，如很多著名分析师和炒股高手总结捕捉黑马的技术指标和标准，在熊市末期和牛市初期是安全可靠的，如果在熊市初期和平衡市按图索骥便是技术分析误区。此外，多数技术指标存在的滞后现象也是技术分析的盲区与误区。

三、技术分析法的主要类型

基于价、量的历史资料进行统计、计算、绘图是技术分析的主要手段，因此技术分析方法有很多种。粗略地讲，技术分析法可以分为两大类——图形分析法和指标分析法。前者是将历史价格按时间序列顺序绘成图形，从价格的波动形态和趋势来判断未来走势，主要包括K线分析法、切线分析方法、形态分析方法和波浪分析法。后者是指利用一定的统计技术对所得的历史数据进行整理，从而获得一定的数值或指标，通过对这些数值或指标的分析进行价格预测，主要包括趋势类指标和摆动类指标两大类。

（一）K线分析法

K线分析法主要是根据若干天K线的组合情况，推测市场中多空双方力量的对比，进而判断市场多空双方谁占优势，是暂时的还是决定性的，进而判断市场价格的走势。K线图是技术分析最重要的图表。

（二）切线分析法

切线分析法是指按一定的方法和原则，在根据价格数据所绘制的图表中画出一些直线，然后根据这些直线的情况推测价格的未来趋势。这些直线被称为切线。切线主要是起支撑和压力的作用。支撑线和压力线的往后延伸位置对价格趋势起一定的制约作用。一般来说，价格从下向上抬升的过程中，一触及压力线，甚至没有触及压力线，就会调头向下；同样，价格下跌过程中，在支撑线附近就会向上。另外，如果触及切线没有转向，而是继续向上或向下，叫作突破。突破之后，原来的支撑线变成了压力线，原来的压力线变成了支撑线。常见的切线有趋势线、轨道线、黄金分割线、甘特线、角度线等。

（三）形态分析法

形态分析法是根据价格图表中过去一段时间走过的轨迹形态来预测价格未来趋势的方法。价格走过的轨迹形态是市场行为的重要部分，是市场对各种信息作用之后的具体表现，依据价格的轨迹形态来推测价格的未来走势是有道理的。从价格的轨迹形态中我们可以推测出市场处在一个什么样的大环境之中，对我们今后的行为给予一定指导。主要的形态有M头、W底、头肩顶、头肩底等十几种。

（四）波浪分析法

波浪分析法是把价格的上下变动和不同时期的持续上涨、持续下跌看成是波浪的上下起伏，认为价格运动遵循波浪起伏的规律，识别出各个浪就能准确地预见跌势已接近尾声，牛市即将来临。较之其他的技术分析流派，波浪分析法最大的区别在于能提前很长时间预测到行情的底和顶，而别的流派往往要等到新的趋势已经确立之后才能识别出来。

（五）趋势类指标分析法

趋势类指标是用于判断价格变动趋势的指标，常用的趋势类指标有移动平均线（MA）、平滑异同移动平均线（MACD）、布林BOOL线、瀑布线等。趋势类指标能够很好地反映市场的整体走势情况，对于趋势的把握较好，但趋势指标存在滞后现象，在实盘中需要结合摆动类指标或其他策略配合使用。

（六）摆动类指标分析法

摆动类指标是依照统计学力量钟的正态分布假设，认为事物在短期变化过程中，总是向着平衡位置靠拢，当价格明显脱离平衡位置时，靠拢平衡位置的积蓄力量越大，一旦释放，将会持续向中间靠拢。摆动类指标可用于分析判断市场上多空双方买卖力量的强弱程度。常用的摆动类指标有相对强弱指标（RSI）、随机指标（KDJ）和威廉指标（Williams %R）。

第二节　图形分析法

图形分析法是将历史价格按时间序列顺序绘成图形，从价格的波动形态和趋势来判断未来走势，主要包括K线分析法、切线分析方法、形态分析方法和波浪分析法。

一、图形的主要种类

（一）分时图

分时图是指在某一交易日内，按照时间顺序将对应的成交价格进行连线所构成的行情图。图8.1为沪铜1601期货合约的分时行情图，图中波动较为剧烈的黑色曲线即为分时曲线。

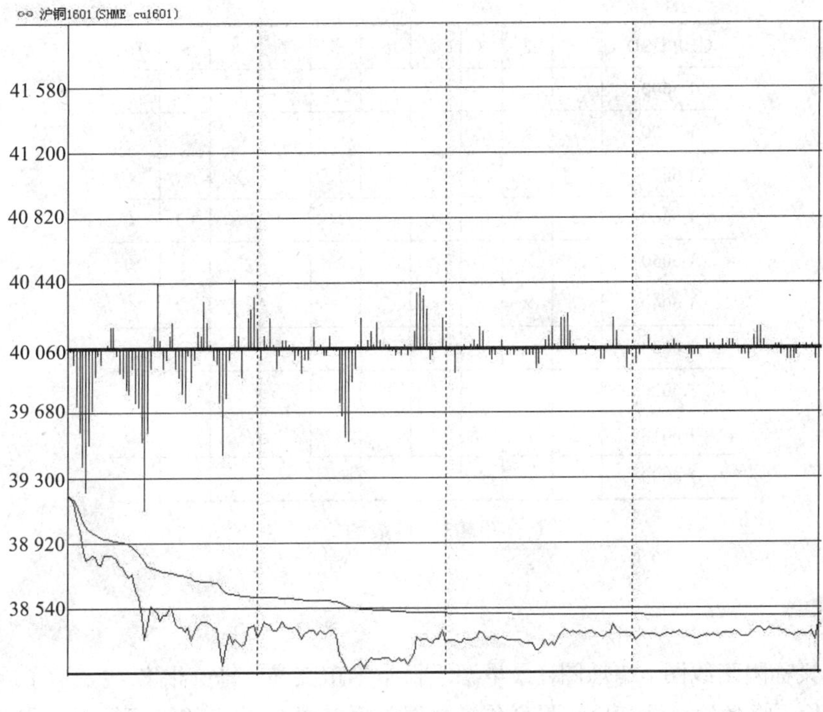

图 8.1　分时图

（二）条形图

条形图又称竹线图，以纵轴代表价格，以横轴代表时间。每一根竖线是同一交易时间内的最高价和最低价的连线，位于竖线左侧且与之垂直的短横线表示开盘价，位于竖线右侧且与之垂直的短横线表示收盘价，如图 8.2 所示。

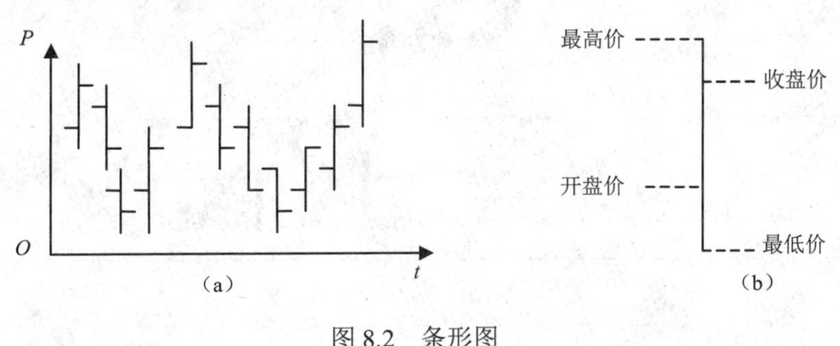

图 8.2　条形图

（三）点数图

点数图又叫圈叉图，它是以价格变动到一定程度为规则绘制的图形。点数图以“×”和“○”代表一个标准数量的价格变化，价格上涨一个单位量画一个“×”，价格下跌一个单位量画一个“○”。随着价格的变动，把相同走势的价格，即同一种符号记录在同一列中；当价格走势改变后，将不同符号记录在另一列。图 8.3 为英镑/美元汇率波动的点数图。

GBP/USD	1	2	3	4	5	6	7	8	9	10
1.6090										
1.6080										×
1.6070						×		×		×
1.6060				×		×	○	×	○	×
1.6050	○	×		×	○	×	○	×	○	×
1.6040	○	×	○	×	○		○	×	○	×
1.6030	○	×	○	×			○	×	○	
1.6020	○	×	○				○			
1.6010	○	×								
1.6000	○									

图 8.3　点数图

（四）K 线图

K 线图又称阴阳线图、蜡烛图，最早源于日本米市交易。每一根 K 线表示了同一交易时间内的开盘价、收盘价、最高价和最低价。根据单根 K 线所代表的时间长短不同，K 线图有分钟 K 线、日 K 线、周 K 线、月 K 线等。图 8.4 为沪铜 1601 合约的日 K 线图。

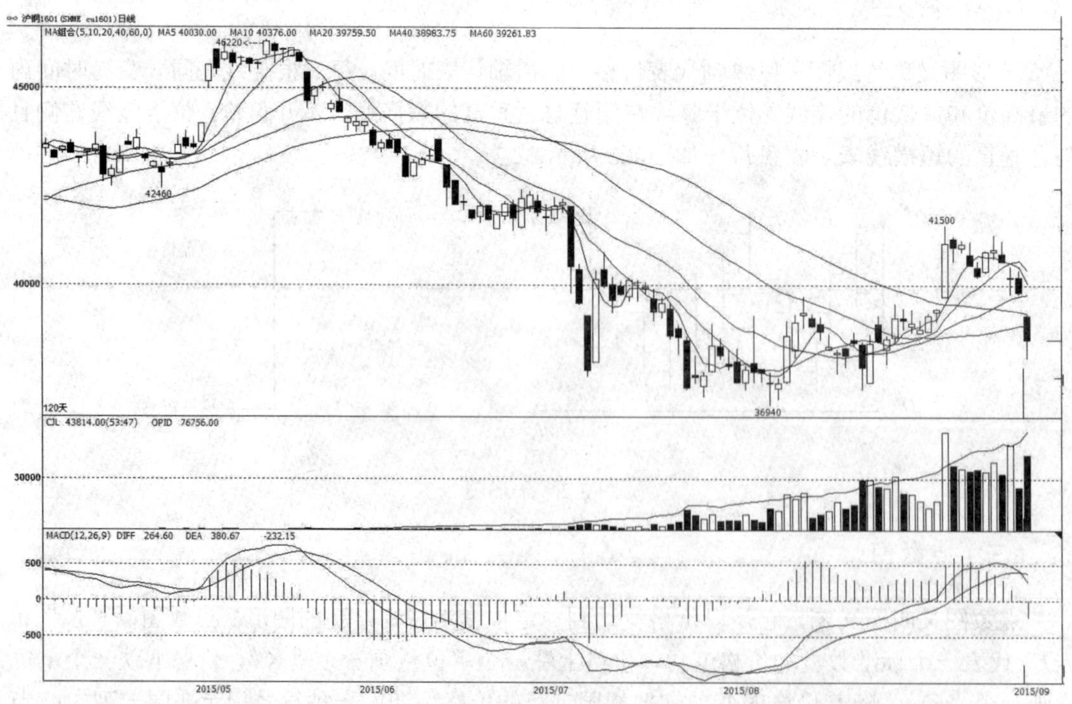

图 8.4　日 K 线图

二、K线分析法

（一）K线的结构

K线由实体、上影线和下影线组成（见图8.5）。开盘价与收盘价连接成的矩形称为实体，最高价与实体上端相连构成上影线，最低价与实体下端相连构成下影线。若收盘价高于开盘价，称为阳线（本书用白色表示）；若收盘价低于开盘价，称为阴线（本书用黑色表示）。

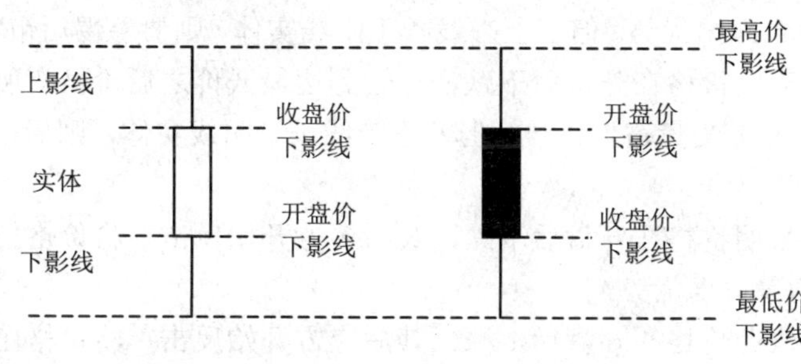

图8.5　K线图的结构

（二）K线的基本形状

根据实体与影线的长短，K线主要有以下几种形状（见图8.6）。

序列	（1）	（2）	（3）	（4）	（5）	（6）	（7）
K线形态	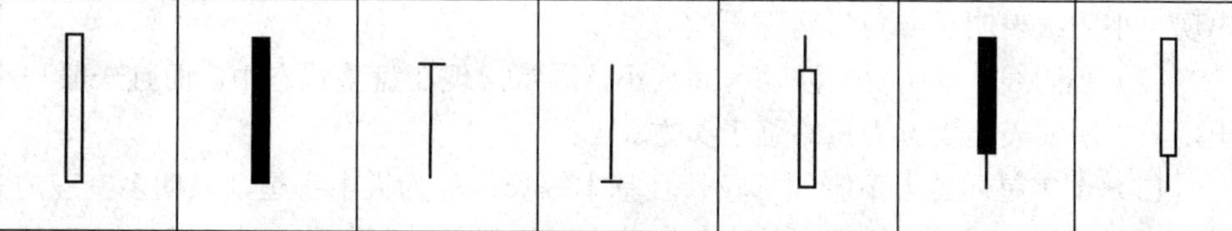						
名称	光头光脚阳线	光头光脚阴线	T字线	倒T字线	光脚阳线	光头阴线	光头阳线
序列	（8）	（9）	（10）	（11）	（12）	（13）	（14）
K线形态	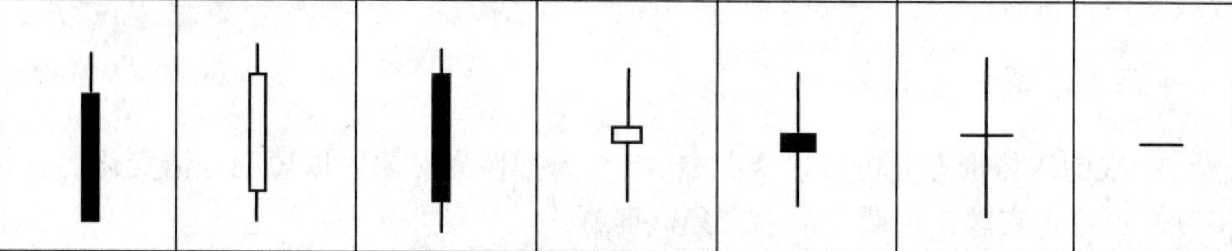						
名称	光脚阴线	大阳线	大阴线	小阳线	小阴线	十字星	一字线

图8.6　K线的基本形状

1）光头光脚阳线：表明价格在开盘后即上涨，最后收于最高价，空方没有力量反击，多方占据绝对优势，是一种涨势信号。实体越长，上涨动能越大。

2）光头光脚阴线：表明价格在开盘后即下跌，最后收于全天最低价，多方没有力量反击，空方占据绝对优势，是一种跌势信号。实体越长，空方力量更强。

3）T 字线：以全日最高价开出后，价格全日下跌，但中间便掉头回升，而且收复全日失地，以开市的最高水平结束。由于价格先跌后涨，显示收盘时多方力量占优势。

4）倒 T 字线：以全日最低价开出后，价格步步扬升，但其后把原来的升幅完全跌下去，并跌到开市水平收市。由于价格先涨后跌，显示收盘时空方力量占优势。

5）光脚阳线：表明价格在开盘后上涨，尽管到达最高价后有所回落，但收盘价仍高于开盘价，表明多方力量占据优势。但若上影线长于阳线实体，则要警惕后市空方力量的打压。

6）光头阴线：表明价格在开盘后下跌，尽管到达最低价之后价格有所回升，但收盘价仍低于开盘价，表明空方力量占据优势。但若下影线长于阴线实体，则后市多方力量可能酝酿反击。

7）光头阳线：表明价格在开盘后下跌，其后多方开始反击，将价格拉高，最终收盘价高于开盘价，多方力量占据优势。

8）光脚阴线：表明价格在开盘后上涨，其后空方开始反击，将价格压低，最终收盘价低于开盘价，空方力量占据优势。

9）大阳线：大阳线实体越大，表明买方力量越发强劲。大阳线一般出现在上升趋势中或下跌行情转为上升行情时。

10）大阴线：大阴线实体越长，表明卖方势力越强。大阴线一般出现在下跌趋势中或上升行情转为下降行情时。

11）小阳线：表明价格波动区间狭小，通常出现在盘整状态中，而且一般与小阴线交替出现。小阳线表明买方力量略强于卖方。

12）小阴线：表明价格波动区间狭小，通常出现在盘整状态中，而且一般与小阳线交替出现。小阴线表明卖方力量略强于买方。

13）十字星：若上下影线都较长且基本等长，称为大十字星，表明多空双方争斗激烈，最后回到原处，后市往往有大的变化；若上下影线都较短，称为小十字星，表示窄幅盘整，交易清淡。

14）一字线：表明当日的开盘价、收盘价、最高价和最低价相等，通常表明价格处于涨停或跌停位置。

（三）K 线的线势形态

K 线的线势形态分析以日线图中 3～5 天行情为对象，以短期行情变化为目标，不过许多时候也可把它放在长期行情中去分析理解。

1. 两根或三根 K 线的线势形态

1）一阳一阴切入线。第一天低开高走，次日低开，光头光脚大阴线切入第一天的 2/3 处，说明前一日多方已经筋疲力尽，尽管收盘收在最高点，但缺乏成交量的配合，第二天期价即刻掉头下行，预示近日走势可能趋软，如图 8.7 所示。

2）一阳一阴阴包阳。次日大阴线完全吞掉了前日的阳线，信号强烈，表示反转行情即将出现，如图 8.8 所示；反之，一阳一阴阳包阴也是反转信号。

3）大阳大阴追入线。次日开盘价尽管高于昨日收盘价，但开盘后即掉头下行，收盘价低于昨日，表示涨势受阻，大阳的实地被空方攻占了一部分，明显有回档下跌的进一步趋势，如图 8.9 所示。图 8.10 表示前日大阴，第二天开盘虽然低于前一交易日的收盘价，但明显表示出反转的信号，有反弹的要求，这也是追入线的一种。

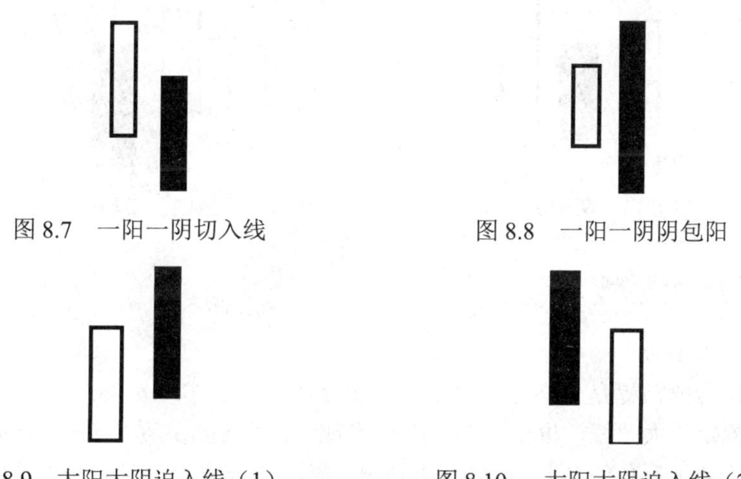

图 8.7　一阳一阴切入线　　图 8.8　一阳一阴阴包阳

图 8.9　大阳大阴追入线（1）　　图 8.10　大阳大阴追入线（2）

4）一阳一带帽阴线和一阴一带尾阳线。图 8.11（a）表示阳线后的出货，空方迫切利用获利解套的心理去打压行情，次日开盘后冲高即刻回落，直至收盘，如果第三日不再上冲，则极有可能形成大回档；反之，在前日走阴的基础上，次日继续低开，并一度下探全日最低点后遇买盘支撑，拉出一条下影线，属下跌抵抗型，看好后市，如图 8.11（b）所示。

5）步步高图形。一浪高过一浪，多方占据绝对优势，一般可放心买入，如果是处于高价位，要警惕获利回吐；如果是处于低迷时低价位区域，则可大胆购入。如果这几天的 K 线都带有上下影线，则表示在低价位处有人接盘，而在高价位处又有人抛压。如果这种图形在行情涨升已久后出现，应视为出货信号；反之，若在久跌后出现，可视为买进信号，大胆建仓进货，如图 8.12 所示。

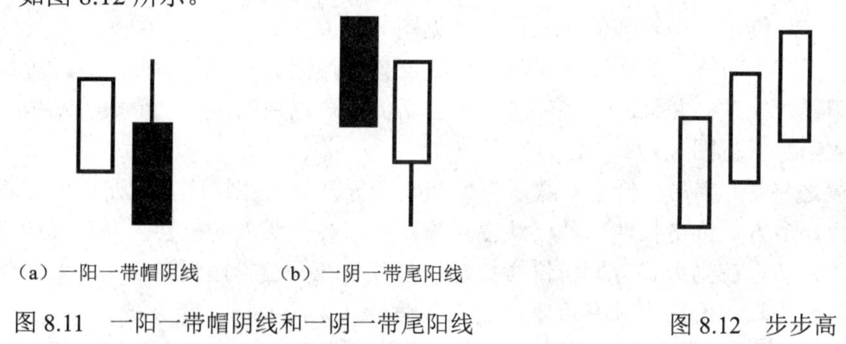

（a）一阳一带帽阴线　　（b）一阴一带尾阳线

图 8.11　一阳一带帽阴线和一阴一带尾阳线　　图 8.12　步步高

6）两阳夹一阴，多方气势十足。第一天上涨，第二天获利回吐价格回落，但开盘价并

不比第一天低，或只是在稍低的价位上停留。而第三天大量新买家涌入，阳线强劲挺拔，明显有主力介入，可进一步看高，如图 8.13 所示。

7）两阳一带帽阴线。图 8.14 表明连续几天的上涨势头突然收到抑制，把前几天的涨幅一笔勾销。或是出现连续两次的阴线，把数日来的胜利果实完全吞没，可大致判断行情已是峰回路转，由阳转阴，后市可能会持续一段时间的下降通道。

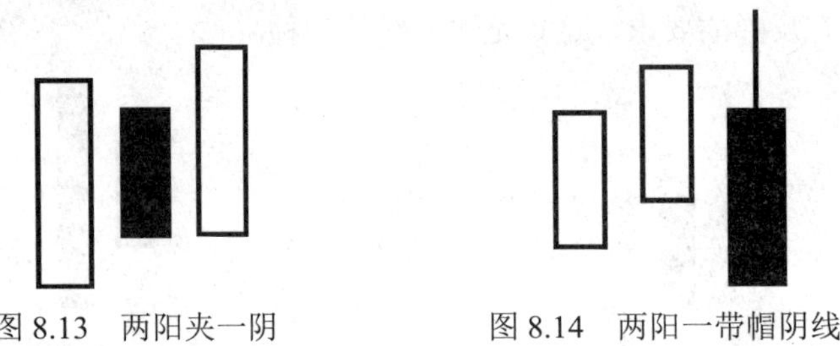

图 8.13　两阳夹一阴　　　　图 8.14　两阳一带帽阴线

2. 多根 K 线的线势形态

（1）K 线买入信号

K 线买入信号的前提是价格已经历了一定幅度的下跌后出现转势。

1）“红旗飘飘”大阳线。价格长期下跌后出现一根大阳线，是止跌回升的强烈信号。大阳线犹如多方吹响了反攻的号角，阳线代表旗杆，随后几天可能出现的回落被称为旗面整理，整理完毕会继续上升（见图 8.15）。

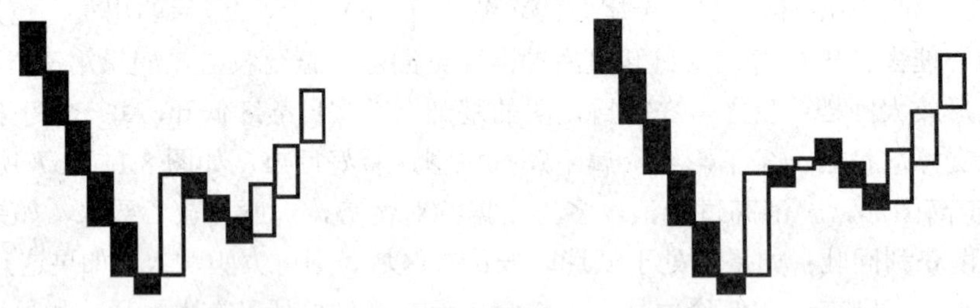

图 8.15　“红旗飘飘”大阳线

2）“三阳开泰”中阳线。价格经过一路下跌后，出现一组中阳线，三根阳线代表多方开始逐步买入，步步推进，是较强的买入信号（见图 8.16）。

3）“红三兵”小阳线。价格经过一路下跌后虽有反弹但又继续创新低下跌，等到出现三根一组的小阳线才止跌，并且回落整理时已不创新低了，也视为小双底形成，三根一组的小阳线就是买入信号（见图 8.17）。

4）“早晨之星”T 字形。价格下跌后，突然某一天开盘还在探底，但在探底过程中遇到了买方的支撑。多方见价格长期下跌已跌幅较深，正在寻找买入的机会，一旦继续下跌过深就会积极买入，所以在当天多方又将价格拉起，收盘价在开盘价附近，留下长长下影线的 T 字形，多方开始进攻，价格上升有希望，是买入信号（见图 8.18）。

5）止跌十字星。价格经过下跌、反弹又下跌后，出现了标准的十字星，可以看作是止跌十字星。但说它止跌还要与后一天的走势结合起来观察，后面一天是阳线一般可以确认是

反转信号；若是阴线，而且后一天价格创新低，那么这个十字星只能看作是下跌途中的停顿与休息（见图 8.19）。

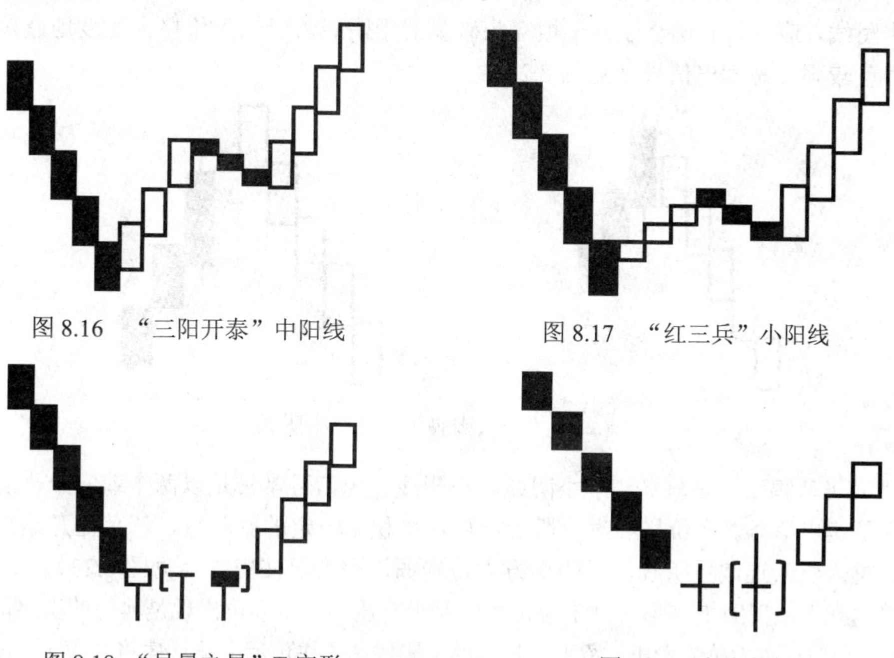

图 8.16　“三阳开泰”中阳线

图 8.17　“红三兵”小阳线

图 8.18　“早晨之星”T 字形

图 8.19　止跌十字星

6）倒 T 字线。价格一路下跌后，某一天开盘后却一反常态，多方组织力量进攻，扭转了颓势，但由于长期下跌，投资者心有余悸，一见上涨就想出逃，所以价格上升时遇到了阻力，到收盘时收盘价又回到了开盘价的附近。尽管无功而返，但是多方看到了希望，所以这是上涨的买入信号，但要与后面几天 K 线结合起来观察（见图 8.20）。

（2）K 线卖出信号

K 线卖出信号的前提是期价已经历了一段连续上涨后出现转势。

1）“乌云盖顶”大阴线。在上升了一段之后，价格高企，调整的压力增大，突然某一天开盘后一路下跌，尽管盘中有反弹，但是买方力量不敌卖方的抛压，获利盘、解套盘蜂拥而出，一改前面上涨的势头，最后收盘拉了一根大阴线，而且盖过了前几天的阳线，这是强烈的卖出信号（见图 8.21）。

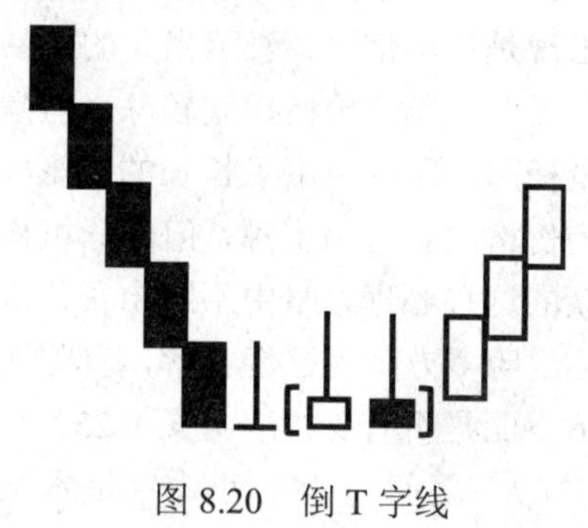

图 8.20　倒 T 字线

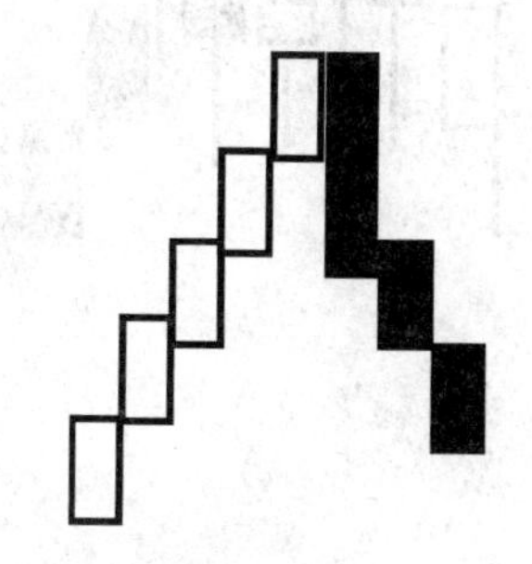

图 8.21　“乌云盖顶”大阴线

2）“穿头破脚”和跳空中阴线。经过一段上升后，出现调整信号的中阴线，常常是带上下影线的阴线，或者向下跳空低开的中阴线，前者还必须与后面一天结合起来观察，若后一天仍是中阴线，应该得到确认了。一根穿头破脚的中阴线表示当天价格大幅度地震荡过，而且卖方力量较强，是卖出信号（见图 8.22）。

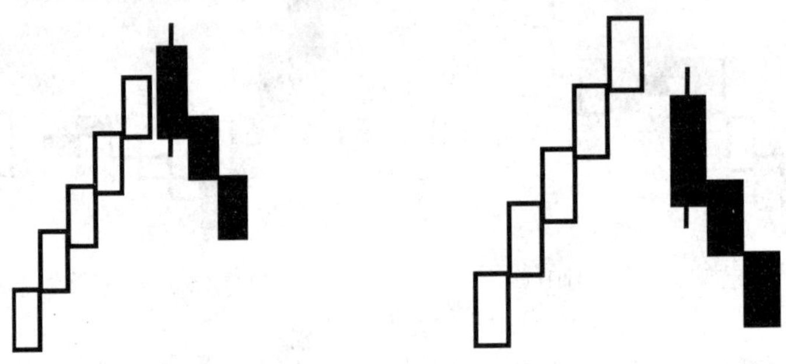

图 8.22 “穿头破脚”和跳空中阴线

3）“双飞乌鸦”、“三只乌鸦”小阴线。小阴线卖出信号常常是以两个或三个小阴线一组出现的，是卖出信号。在价格经过一段上升后，堆积了一定的获利盘，解套盘开始兑现，渐渐抛压沉重。三天连续拉阴线，说明买方力量转弱，空方已在出货（见图 8.23）。

4）“垂死之星”倒 T 字形。倒 T 字形本义是上有压力，在高位出现是典型的卖出信号。价格上升到高位时，主力抢先卖出，留下了长长的上影线，往往预示上涨行情将结束（见图 8.24）。

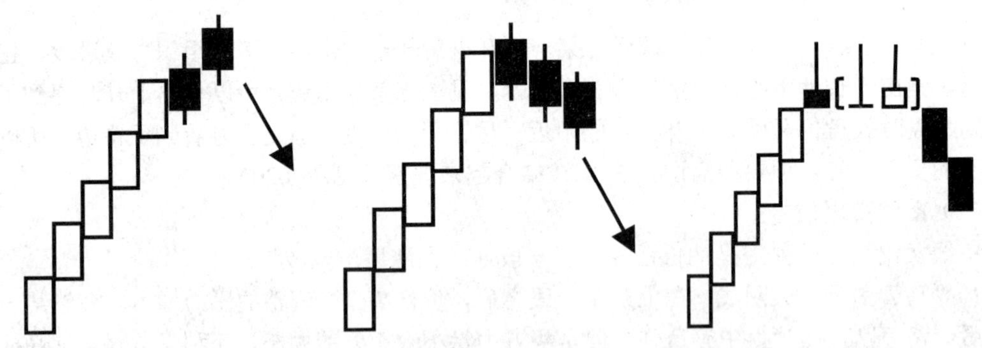

图 8.23 “双飞乌鸦”和“三只乌鸦”小阴线

图 8.24 “垂死之星”倒 T 字形

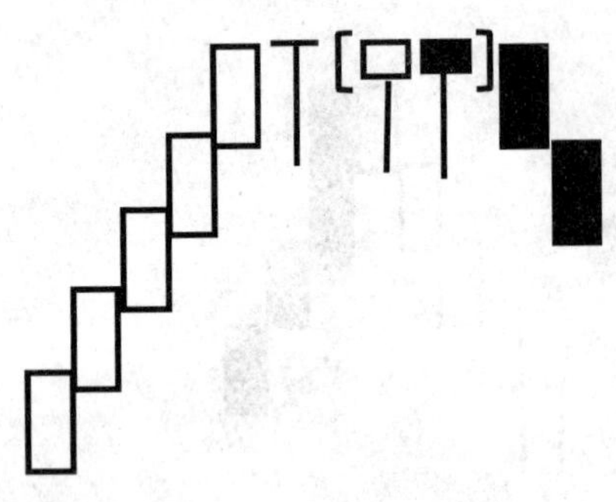

图 8.25 “吊颈线”T 字形

5）“吊颈线”T 字形。T 字形下有支撑，但是在价格高位出现是卖出信号，表示当天的交易日内期价进行了大幅震荡，虽然价格探底较深，但是在收盘前给多方力量托起，所以留下了长长的下影线。一些投资者会认为价格已获有力支撑，但部分机构投资者正是利用大众的这种心理，暗中不断出货，价格向下深幅试探过，说明多方阵营已经瓦解，有些人正想出逃而试探一下下面是否有支撑（见图 8.25）。

6）高位大、小十字星。小十字星本义是观望，

当价格上升到高位后，多空方都开始小心，所以出现观望的小十字星，若后面一天拉出阴线，是卖出信号，说明卖方力量转强，由观望变成大量卖出。大十字星说明当天价格大幅度震荡，多空双方势均力敌，但高位获利盘想出逃，若后面一天开始下跌，观望已变成卖出的力量（见图 8.26）。

7）“一串红”阳线。连续拉大阳线或中阳线，是卖出信号的特例。一组阳线，几根阴线夹在其中，常常是特别强劲的表现。这样的阳线大约可以持续 10 天，暴涨后获利者利润丰厚，随时有出逃的可能。它的爆发力强、持续性差，所以再上涨到一定幅度和一定天数后，投资者准备卖出，后市不乐观（见图 8.27）。

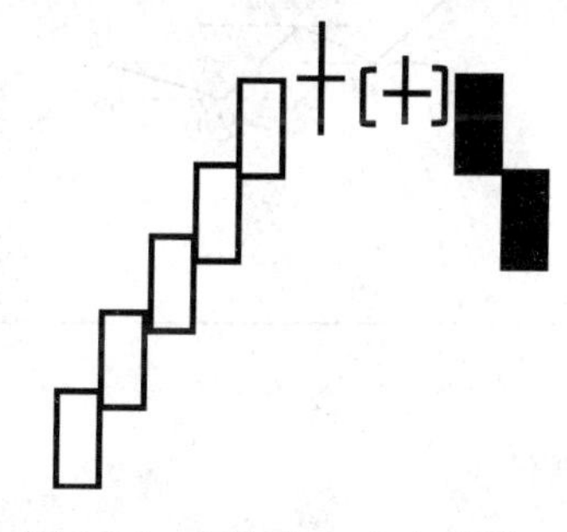

图 8.26　高位大、小十字星

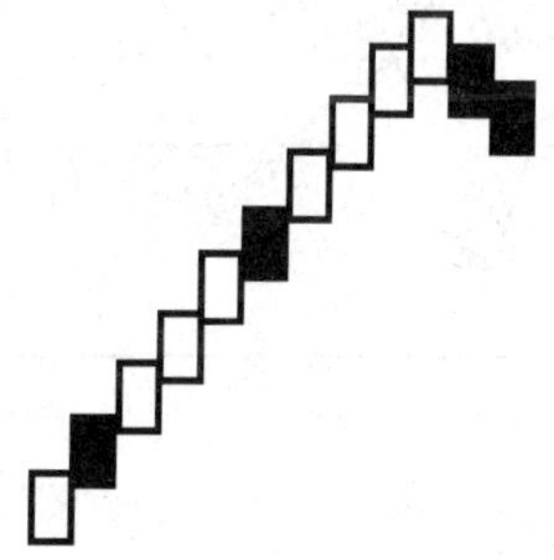

图 8.27　“一串红”阳线

三、切线分析法

切线分析方法利用辅助线寻找价格运动的规律和未来运动的方向，从而使投资者对价格的变动趋势进行科学预测，选择买卖时机。常用的切线工具有支撑线和压力线、趋势、轨道线、黄金分割线和百分比线等。

（一）趋势

通常而言，期货期权的价格运动呈现波浪形状，具有明显的波顶和波底，趋势就是这些波顶或波底的依次上升或下降形成的。将上升趋势定义为一系列依次上升的顶与底，下降趋势为一系列依次下降的顶与底，水平趋势定义为一系列横向发展的顶与底，如图 8.28 所示。

依据运行时间的长短，趋势分为长期趋势、中期趋势和短期趋势三种类型。持续数月（一般为 6 个月）以上的趋势为长期趋势；中期趋势是总运动中的局部反向运动过程，即调整和反弹，时间跨度较短；短期趋势是价格在短时间内的变动趋势，短则数小时，长则数天。

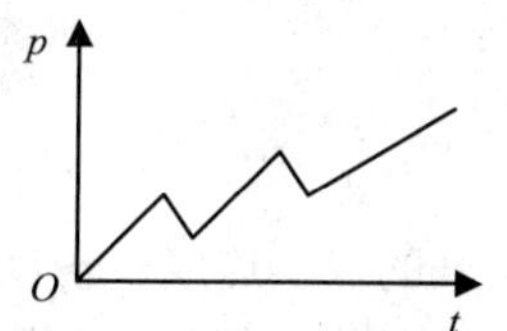

（a）上升趋势（顶与底依次上升）

（b）下降趋势（顶与底依次下降）

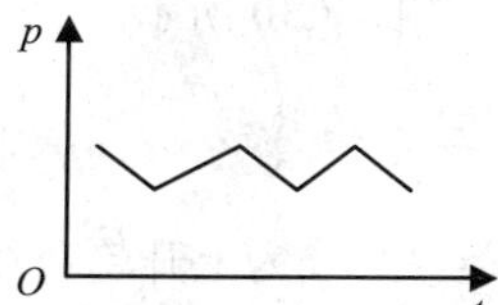

（c）水平趋势（顶与底依次水平向右）

图 8.28　期货价格趋势

（二）支撑线和压力线

当价格跌到某个价位时，买盘增强，需求量增长，这个使得价格下跌受到支撑的位置成为支撑位，从这个价位引出一条水平线被称为支撑线；当价格上涨到某一价位时，投资者纷纷抛售，阻止价格进一步上扬，这个使价格上涨受到压力的位置称为压力位，从这个价位引一条水平线称为压力线（见图 8.29）。

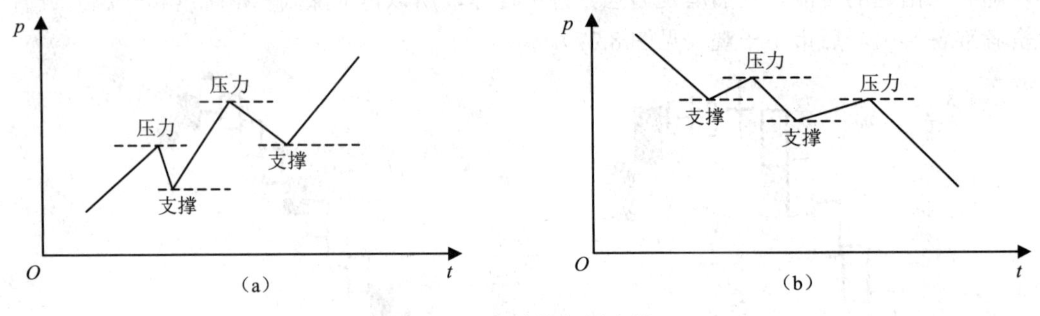

图 8.29　支撑线与压力线

1. 支撑线和压力线的作用

支撑线起到阻止或暂时阻止价格继续下跌的作用，而压力线起着阻止或暂时阻止价格继续上涨的作用。不过，支撑线和压力线有被突破的可能，它们不足以长久地阻止价格保持原来的变动方向，只是使之暂时停顿而已。

2. 支撑线和压力线的相互转化

支撑线和压力线的角色不是一成不变的，两者会相互转化。一条压力线被市场有效突破后，价格会上升；当价格再次下跌到该线时，该压力线将转化为支撑线。一条支撑线被市场有效跌破后，价格会下跌，当价格再上升到该线时，该支撑线将转化为一条新的压力线（见图 8.30）。

3. 支撑线和压力线的确认与修正

支撑线和压力线的确认都是人为的，主要是依据价格变动所画出的图表。一条支撑线或压力线的重要性主要从以下三个方面考虑：一是价格在这个区域的持续时间长短；二是价格在这个区域伴随的成交量大小；三是这个支撑区域或压力区域发生的时间距当前这个时期的远近，如图 8.30 所示。

（三）趋势线

趋势线分为上升趋势线和下降趋势线。在上升趋势中，将两个上升的低点连成一条直线，就得到上升趋势线；在下降趋势中，将两个下降的高点连成一条直线，就得到下降趋势线（见图 8.31）。上升趋势线起支撑作用，下降趋势线起压力作用。

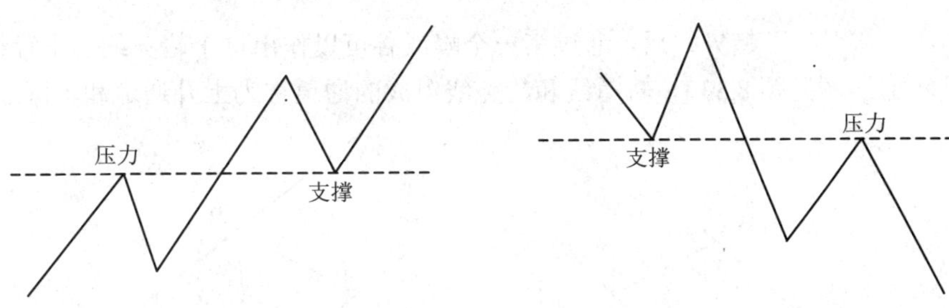

图 8.30　支撑线与压力线的相互转化

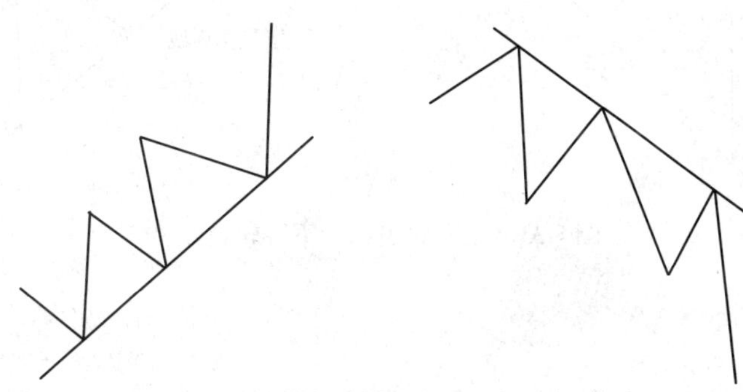

图 8.31　上升趋势线和下降趋势线

1. 趋势线的确认

要得到一条真正起作用的趋势线，需要经多方面的验证才能最终确认，不符合条件的应予以删除。确认趋势线是否有效有以下三个原则。

第一，必须明确存在趋势。必须确认出有两个依次上升（或下降）的点，连接两个点的直线才有可能成为趋势线。

第二，画出直线后，还应得到第三个点的验证才能确认这条趋势线是有效的。

第三，这条直线延续的时间越长，越具有效性。

2. 趋势线的作用

第一，对价格的未来变动起约束作用，使价格总体保持在这条趋势上方（上升趋势）或下方（下降趋势）。实际上，趋势线起着支撑或压力的作用。

第二，趋势线被突破后，说明价格下一步的走势将要反转。越重要越有效的趋势线被突破，其转势的信号越强烈。趋势线被突破后，原来所起的支撑和阻力作用的趋势线就会相互交换角色，如图 8.32 所示。

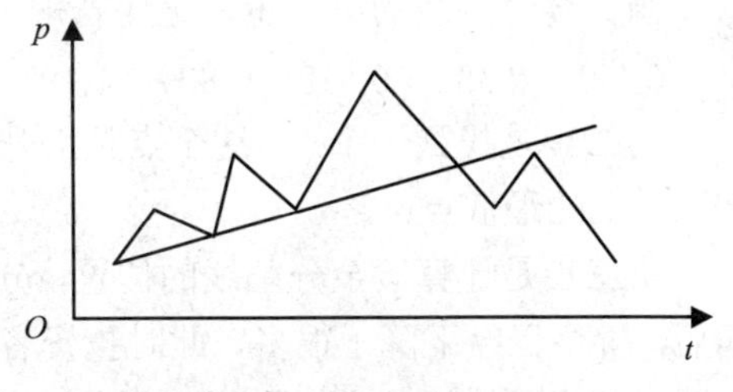

图 8.32　趋势线的突破

（四）轨道线

轨道线又称为通道线，是基于趋势线的一种

支撑、压力线。在得到了趋势线后，通过第一个峰或谷可以作出这个趋势线的平行线，这条平行线便是轨道线（见图 8.33）。轨道线和趋势线组成的通道称为上升通道和下降通道。

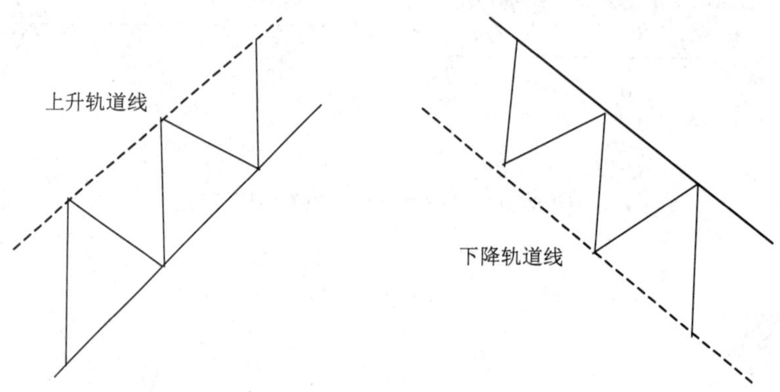

图 8.33　上升轨道线和下降轨道线

1. 轨道线的作用

第一，限制价格的变动范围。一个通道一旦得到确认，在一定时间内，价格将在这个通道里变动。如果通道上面或下面的直线被突破，意味着价格将有一个大的变化。

第二，趋势转向的预警。如果在一次波动中未触及轨道线，离得很远就开始掉头，这往往是原有趋势将要改变的信号。

2. 轨道线的突破

与突破趋势线不同，突破轨道线并不是趋势反转的开始，而是原来趋势加速的开始。上升轨道线被突破后，是加码买入的好机会；下降轨道线被突破后，是卖出的机会。

（五）黄金分割线

黄金分割线主要是运用黄金分割律来揭示上涨行情中的调整支撑位或下跌行情中的反弹压力位。不过，黄金分割线没有考虑到时间变化对价格的影响，所揭示出来的支撑位和压力位较为固定，投资者不知道什么时候才会达到支撑位与压力位。因此，如果价格在顶部或底部横盘运行的时间过长，其参考作用就不得不打一定的折扣。

画黄金分割线的第一步是记住若干个特殊的数字：

0.191　0.382　0.618　0.809　1.191　1.382　1.618　1.809　2.00　2.618　4.236　6.854

第二步是找到一个点：这个点是上升行情结束、调头向下的最高点，或是下降行情结束、调头向上的最低点。

第三步是计算黄金分割线的位置，分为上升行情和下降行情：当下降行情进行了很长时间后，价格已经下降了很多，此时投资者最为关心的是下降趋势将在什么位置获得支撑。利用此次下降开始的最高点价位分别乘以上面所列数字中比 1 小的数字，得到的价位是黄金分割线的位置，是今后可能成为支撑位的价位。反之，当上升行情进行了很长时间后，价格已

经上涨了很多，此时投资者最为关心的是上升趋势将在什么位置遇到阻力。利用此次上升开始的最低点价位分别乘以上面所列数字中比 1 大的数字，得到的价位是黄金分割线的位置，是今后可能成为压力位的价位。

（六）百分比线

百分比线的出发点是人们的心理因素和一些整数位的分界点。在持续上涨到一定程度后，价格肯定会遇到压力，必然要向下回撤，回撤的位置很重要。黄金分割提供了几个价位，同样，百分比线也提供了几个价位，它们是 1/8、1/4、3/8、1/2、5/8、3/4、7/8、1/3、2/3。其中，1/2、1/3、2/3 的这三条线最为重要。

画百分比线时，以本次上涨开始的最低点和开始向下回调的最高点两者之间的差，分别乘以几个特殊的百分比数，就可以得到未来支撑位可能出现的位置。在很大程度上，回落到 1/2、1/3、2/3 是投资大众的一种倾向心理，多数投资者会认为回落的深度已经到位了。对于下降行情中的向上反弹，百分比线同样也适用。

黄金分割线和百分比线这两种切线注重支撑线和压力线所在的价位，而对什么时间达到这个价位不过多关心。

四、形态分析法

价格形态是记录价格表现为某种形状的图形。不同的形态显示出不同的意义，投资者可以从某些经常出现的形态中分析多空双方的力量对比变化，摸索出一些价格运行的规律。价格形态大致可分为反转形态和整理形态两大类。

（一）反转形态

反转形态是指导致价格运行趋势发生逆转的价格形态，是价格由涨势转为跌势，或由跌势转为涨势的信号。常见的反转形态主要包括以下几种。

1. 头肩顶和头肩底

（1）头肩顶

头肩顶走势可以划分为以下几部分（见图 8.34）。

1）左肩部分。价格在一段时间内持续上升，成交量很大，前期的多头开始获利沽出，令价格出现短暂回落，成交量较上升阶段有显著减少。

2）头部。价格经过短暂回落后，又一次强力上升，成交量亦随之增加。不过，成交量的最高点较之于左肩部分明显减退。价格升破上次的高点后再次回落。成交量在此次落期间亦同样减少。

3）右肩部分。价格下跌到接近上次的回落低点又再获得支持回升，可是市场投资情绪显著减弱，成交量较左肩和头部明显减少，价格无法抵达头部的高点便告退回落，于是形成右肩部分。

在头肩顶中，由两个峰底连成的支撑线称为颈线。颈线一旦被跌破（跌破的幅度超过价格的 3%时为有效突破），而且回抽未再超过颈线，头肩顶反转形态便确立。投资者应当在右肩形成后卖出，颈线跌破时，继续卖出，直至清仓。

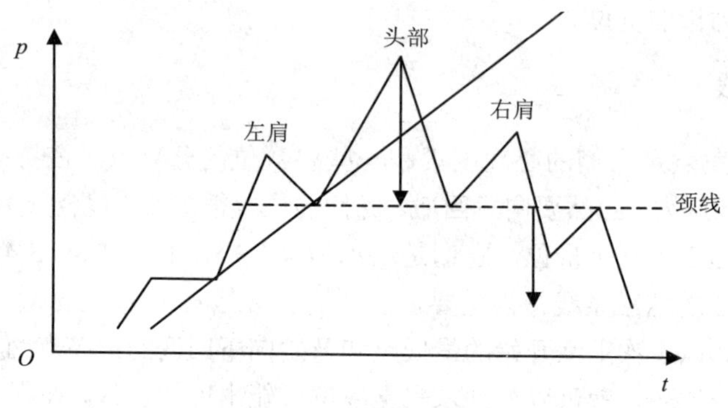

图 8.34　头肩顶

头肩顶是一个长期性趋势的转向形态，通常在牛市末端出现。头肩顶的形状呈现三个明显的高峰，位于中间的峰较其他两个峰的高点略高。成交量方面，三个峰对应的成交量渐次减少。当颈线被跌破后，投资者必须下决心卖出，价格下跌的幅度通常超过头部到颈线作垂直线的高度。

（2）头肩底

头肩底和头肩顶的形状一样，只是整个形态倒过来而已，又称“倒转头肩式”。在长期下跌过程中，暂时超跌获得支撑而反弹，形成左肩；左肩开始反弹至颈线时，出现新的下跌形成新的低点即头部；从头部开始成交量逐步增加，期价逐渐上升，涨到颈线位受阻后形成右肩；随着右肩的形成，头肩底形态确立，多头开始大胆涌入并推高期价，突破颈线时伴随着较大的成交量。此时，买方代替卖方完全控制整个市场（见图 8.35）。

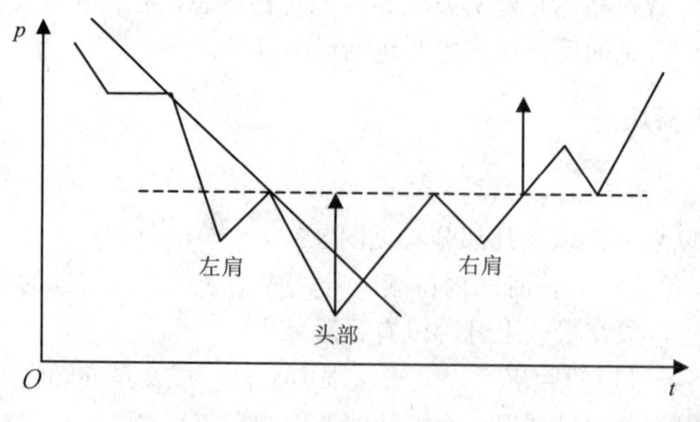

图 8.35　头肩底

头肩底也是一个长期性趋势的转向形态，通常在熊市尽头出现。颈线被突破显示多方力量已经超过空方力量。需要注意的是，头肩底的突破一定要有成交量的有效放大。头肩底突破后的回抽是最佳的买入时机。当颈线突破后，价格上涨的幅度通常超过头部到颈线作垂直线的高度。

2. 双重顶和双重底

双重顶又称 M 头，当价格从底部启动，经过一段涨势后攀升至第一个高点附近开始回落，跌至低点企稳后再度冲高，但由于买方力量不够，价格升至与前一次高峰几乎相等的高点遇到压力又开始回落，同时成交量也随之减少，在颈线位附近没有获得支持，价格一路下跌，跌势基本形成（见图 8.36）。

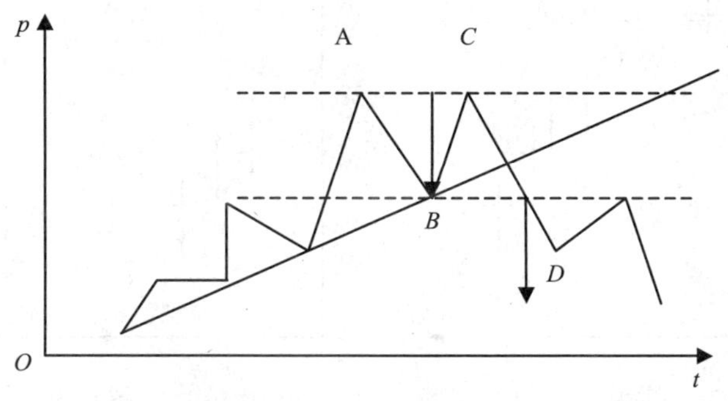

图 8.36　双重顶

双重底又称 W 底，与双重顶形态正好相反，表现为价格先下跌后上升，然后再下跌后再次上升。同时，当价格向上突破颈线时，伴有大的成交量做配合，则形成有效突破。颈线一旦被有效突破，期价将进入一个较长的上涨时期（见图 8.37）。

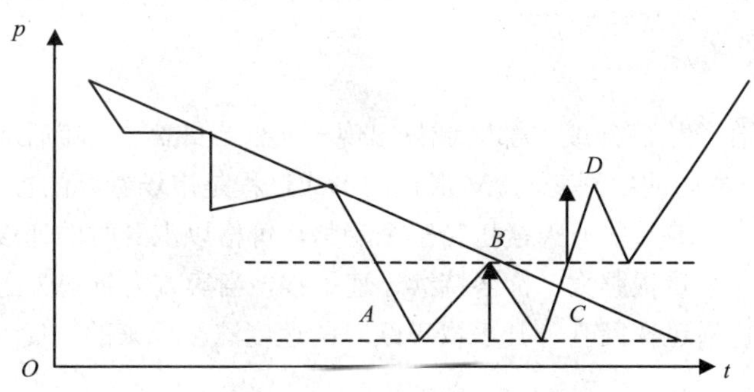

图 8.37　双重底

通常而言，双重顶（双重底）是转向形态，常出现在长期性趋势的顶部或底部。当双重顶（双重底）的颈线被突破，是可靠的卖出（买入）信号。在成交量方面，双重顶的两个峰所对应的成交量逐渐减少，双重底在突破颈线时要有大的成交量做配合。双重顶的最小跌幅等于顶部至颈线的距离，双重底的最小涨幅等于底部至颈线的距离。但值得注意的是，双重顶（双重底）不一定都是反转形态。两顶（底）之间的时差越大，其反转的可能性越大。

3. 圆弧顶和圆弧底

将价格在一段时间内的顶部高点用曲线连起来，得到类似于圆弧的弧线盖在价格之上，称为圆弧顶。在圆弧顶的形成过程中，成交量逐步萎缩，尤其是下跌半圆的末期，成交量可能会萎缩到底量。当圆弧顶确认后，价格下跌的幅度会较大（见图 8.38）。

将价格在一段时间内的底部低点连在一起得到一条弧线，托在价格之下，称为圆弧底。在圆弧底的形成过程中，成交量两头多、中间少，并且右侧的成交量明显超过左侧的成交量。圆弧底一旦确认，上涨空间极大（见图 8.39）。

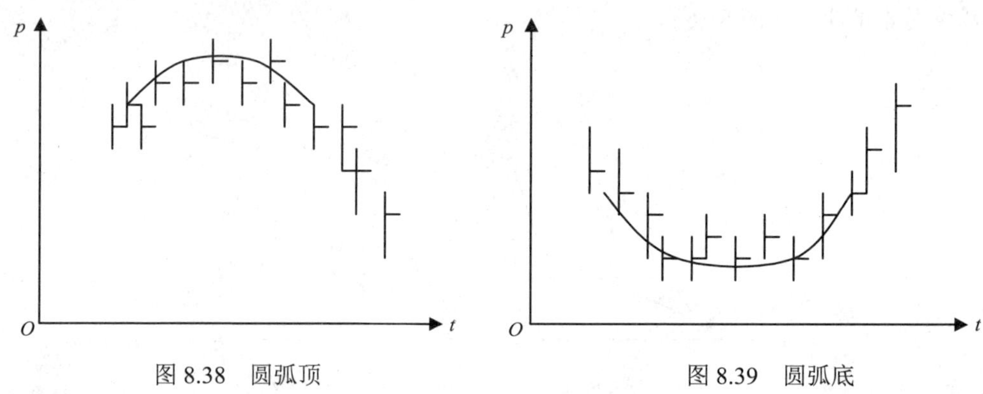

图 8.38　圆弧顶　　　　图 8.39　圆弧底

以圆弧底为例，价格经过一段快速而比较大的跌势，下跌到一定幅度后，卖盘逐渐减少而买盘也不是很多，价格将维持较长一段时间的盘整。当价格跌至极低位时，开始有买盘介入，买方力量逐渐占据优势，价格逐渐演变为大幅上涨。在圆弧底底部的盘整时间越长，价格上涨的可能性和力度会越大。圆弧顶与圆弧底相反，但多空双方力量消长变化的规律是一样的。

4. V 形顶和 V 形底

V 形形态表示在价格底部或顶部区域只出现一次低点或高点，随后就改变原来的运行趋势，价格呈现出相反方向的剧烈变动。V 形顶的形成过程是市场看好的行情使价格节节高升，可是突如其来的某个（或某些）因素扭转整个趋势，价格以上升时的速度下跌。V 形底的形成过程是市场中卖方力量很强大，价格持续迅速下挫，当卖方力量消失之后买方力量完全控制整个市场，使得价格迅速回升，几乎以下跌时的速度涨至原来的高度（见图 8.40）。

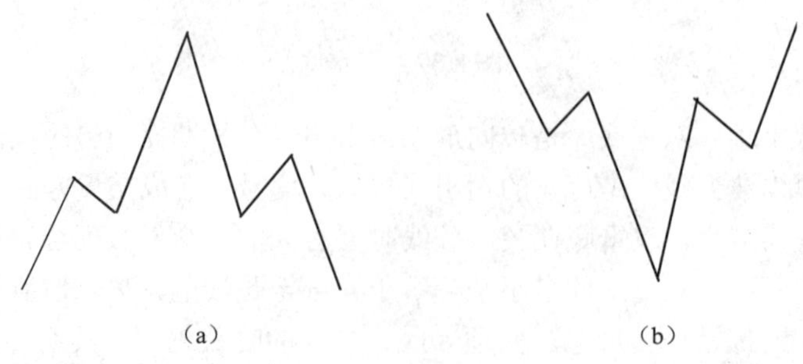

（a）　　　　（b）

图 8.40　V 形顶和 V 形底

通常，V 形反转事先没有明显的征兆，V 形形态的价格比上述各种形态的价格变化更快

一些，一般来说形成转势点的时间仅二三个交易日，而且成交量在低点明显增多，有时候转势点就在一个交易日中出现。当价格在经过短期快速拉升后，K 线出现大阴线或上影线很长时，成交量明显放大，应当开始卖出；当价格经过一段时间大幅下跌后，K 线出现大阳线或下影线很长时，成交量明显放大，则可以考虑买入。

5. 菱形

菱形又称钻石形。在菱形形态下，价格的波动从不断向外扩散转为向内收窄。在成交量方面，左半边部分成交量较大且呈现不规则的波动，右半边部分成交量越来越小（见图 8.41）。

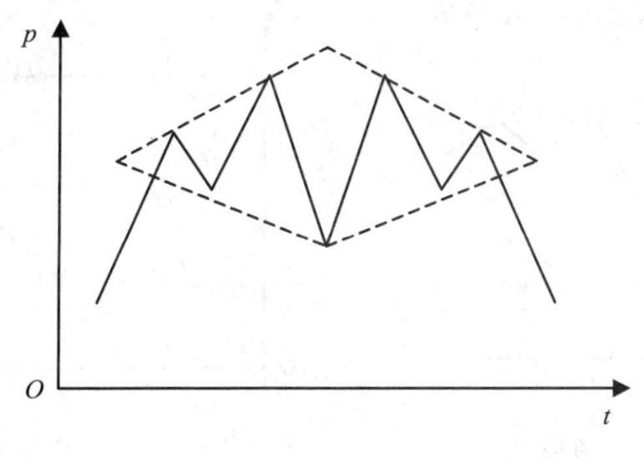

图 8.41　菱形

当价格越升越高时，投资者失去理智，成交量大增，价格波幅增大，但很快投资者的情绪渐渐冷静下来，成交量减少，价格波幅收窄，市场从高涨的投资意愿转为观望。菱形形态很少为底部反转，通常在中级下跌前的顶部或大量成交的顶点出现，是一个转向形态。

（二）整理形态

整理形态是指在价格经过一段时间的上涨或下跌后，不再是大幅度上升或下跌，而是在一定区域内上下窄幅变动，等时机成熟后再继续原来的走势。整理形态主要包括以下几种。

1. 对称三角形

对称三角形是指价格经过一段时间的变动之后进入横盘整理，在两条逐渐聚拢的颈线中越盘越窄，变动幅度逐渐缩小。具体来讲，价格每次变动的最高价低于前次的水平，最低价高于前次的水平。在图形上，把短期高点和低点分别以直线连接起来，上升的斜率和下跌的斜率是近似相等的，形成对称三角形（见图 8.42）。在对称三角形形态中，成交量不断减少，反映出多空力量对后市犹疑不决的观望态度，最终会选择突破方向，可能向上突破，也可能向下突破。

一般情形下，对称三角形形态是整理形态，价格会继续原来的趋势。对称三角形向上突破压力线并有一定的涨幅（一般超出三角形上边线的 3%左右），且有大的成交量伴随为有效突破；向下跌破则不需要大的成交量配合。判断对称三角形突破后价格涨跌幅度的一般方法是，首先测出对称三角形最宽部分的高度，然后从突破点算起，量出相等的距离，即最小升

跌幅。

2. 矩形

矩形形态是一般出现在价格上升或下降中途的一种整理形态。当价格上升到某个水平线时遇到阻力，掉头回落，但很快便获得支撑而回升，可是回升到上次同一高点时再次受阻，回落到上次低点时则再次得到支撑。这些短期高点和低点分别以直线连接起来，便可以绘出一条水平通道，这便是矩形形态（见图 8.43）。矩形形态突破的方向取决于多空双方力量的对比。在矩形形态中，价格向上突破时须有大成交量配合，向下突破时不需要有成交量配合。

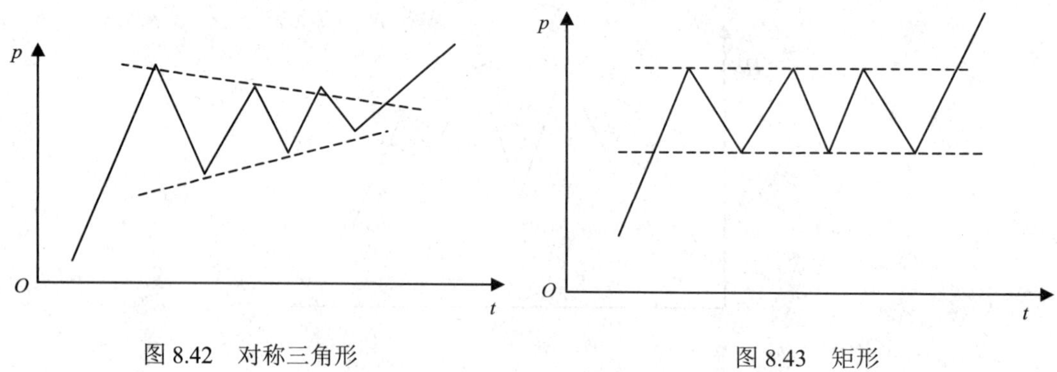

图 8.42　对称三角形

图 8.43　矩形

矩形形态说明多空双方力量均衡。矩形形态形成的过程中，除非有突发性的消息扰乱，其成交量应该不断减少。当价格突破上下限后分别是买入信号和卖出信号，涨跌幅度通常等于矩形上下沿的垂直距离，尤其是波动幅度较大的矩形形态，其突破后的幅度会更大。矩形形态为投资者提供了“短线炒作”的机会。如果矩形形态上下界限的距离比较远，这种短线收益是相当可观的。

3. 旗形

旗形形态通常是在价格急速上升或下跌的中途出现的一种整理形态。价格急速上升或下跌的过程像旗杆；价格进入盘旋整理阶段时，形成一个稍微与原来趋势呈相反方向的平行四边形，这就是旗面。旗形形态分为上升旗形形态和下降旗形形态。

对于上升旗形形态而言，价格经过陡峭的飙升后，形成一个紧密、狭窄和稍微向下倾斜的成交密集区域。价格看似要反转向下，但在旗形形态末端，突然放量上升，又恢复原来的上升趋势。上升旗形形态是后市看好的整理形态，是买入的机会（见图 8.44）。

下降旗形形态则刚刚相反。当价格出现急速或垂直的下跌后，形成一个波动狭窄而又紧密稍微上倾斜的成交密集区域。价格看似要反转向上，但在旗形形态末端，突然放量下跌，又重回下跌趋势。下降旗形形态出现，投资者应当趁早逢高卖出（见图 8.45）。

旗形形态在价格急速上升或下跌后出现，成交量在旗形形态形成期间显著减少。上升旗形形态向上突破时必须有成交量大增的配合，下降旗形形态向下跌破时成交量也是大增的。旗形形态突破后的最小升跌幅度等于整个旗杆的长度，而旗杆的长度是从旗杆起点开始到旗形面的顶点。

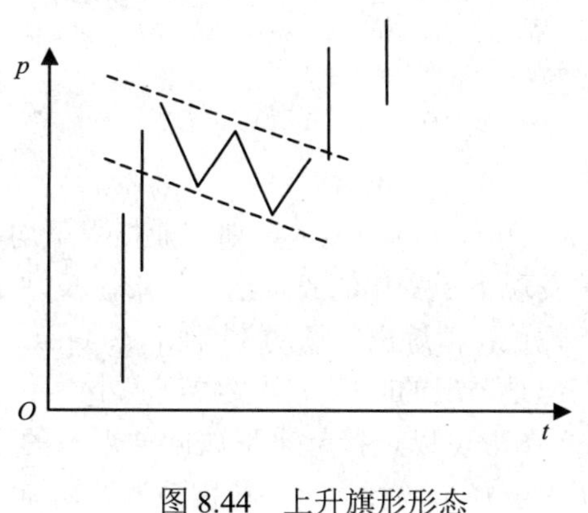

图 8.44　上升旗形形态

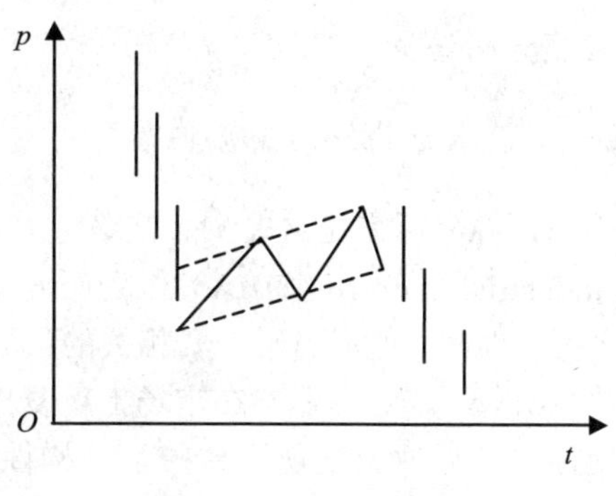

图 8.45　下降旗形形态

4. 楔形

楔形形态是与旗形形态极为相似的形态，也发生在价格急速上升或下跌的中途。如果将旗形形态里上倾或下倾的平行四边形变成上倾或下倾的三角形，便形成了楔形形态。楔形形态分为上升楔形形态和下降楔形形态。

上升楔形形态是指价格下跌后出现反弹涨至一定水平又掉头下落，但回落点较前次高，又上升至新高点，比上次反弹点高，然后又回落，从而形成一浪高过一浪之势。把高点、低点分别相连形成一个上倾三角形。下降楔形形态是指期价上升后出现了获利回吐，高点与低点逐渐下移，高点、低点分别相连形成一个下倾三角形（见图 8.46）。

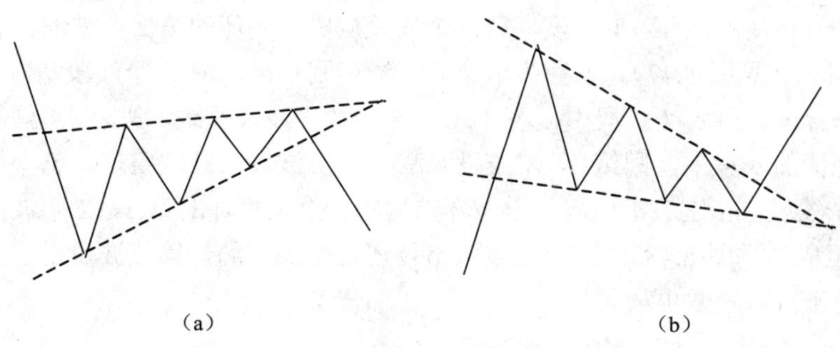

图 8.46　上升楔形形态和下降楔形形态

楔形形态形成过程中成交量由左向右不断显著递减，下降楔形形态向上突破必须有成交量的配合，上升楔形形态向下突破时则不需要成交量的配合。

上升楔形形态是在价格下跌过程中的回升阶段出现的整理形态，只是技术性反弹，表明多方非常顽强，但整体来看已属强弩之末，市场做空能量在逐步积聚，当其下颈线被跌破后，是卖出信号。下降楔形形态是在价格上涨过程中回调阶段出现的整理形态，为正常调整，虽然表现出一定的空方势力，但新的回落较上一个回落幅度较小，说明空方力量正在减弱，当其上颈线被突破时，是买入信号。

五、波浪分析法

（一）波浪分析法的主要内容

美国证券分析家拉尔夫·N. 艾略特（Ralph N. Elliott）利用道·琼斯工业指数平均（Dow Jones Industrial Average，DJIA）作为研究工具，发现不断变化的股价结构性形态反映了自然和谐之美。据此，他提出了一套相关的市场分析理论，精炼出市场的 13 种形态（pattern）或称为波（waves），这些形态在市场上重复出现，但是出现的时间间隔及幅度大小并不一定具有再现性。尔后他又发现了这些呈结构性形态之图形可以连接起来形成同样形态的更大图形。如此，他提出了一系列权威性的演绎法则用来解释市场行为，并特别强调波动原理的预测价值，这就是久负盛名的艾略特波浪理论（Elliott Wave Theory），又称波段理论。波浪理论认为市场走势是不断重复一种模式，每一周期由 5 个上升浪和 3 个下跌浪组成。该理论将不同规模的趋势分成九大类，最长的超大循环波（grand supercycle）是横跨 200 年的超大型周期，而次微波（subminuette）则只覆盖数小时之内的走势。但是，无论趋势的规模如何，每一周期由 8 个波浪构成这一点是不变的。

波浪理论认为，不管是多头市场还是空头市场，每个完整循环都会有几个波段。多头市场的一个循环中前 5 个波段是看涨的，后 3 个则是看跌的；而在前 5 个波段中，第 1、3、5 波段，即奇数序号，是上升的，第 2、4 波段，即偶数序号，是明显看跌的；第 7 波段为奇数序号则是反弹整理。因此，奇数序波段基本上在不同程度上是看涨或反弹，而偶数序波段则是看跌或回跌。整个循环呈现的是一上一下的总规律。而从更长的时间看，一个循环的前 5 个波段构成一个大循环的第 1 波段，后三个波段构成大循环的第 2 个波段。整个大循环也由 8 个波段组成（见图 8.47）。就空头市场看，情形则相反，前 5 个波段是看跌行情，后 3 个则呈现看涨行情。前 5 个波段中，第 1、3、5 奇数序波段看跌，第 2、4 偶数序波段反弹整理；看涨行情的 3 段中，则第 6、8 波段看涨，第 7 波段波回跌整理。整个循环依然是一上一下的 8 个波段。在空头市场，一个循环也构成一个大循环的第 1、2 个波段，大循环也由 8 个波段组成（见图 8.48）。无论是多头市场还是空头市场，第三波段是最长的，即上升时升幅最大，下降时跌幅也最大。

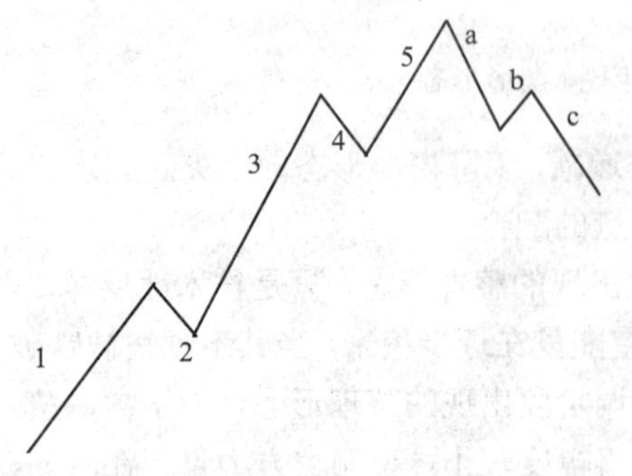

图 8.47　多头市场中的波浪形态

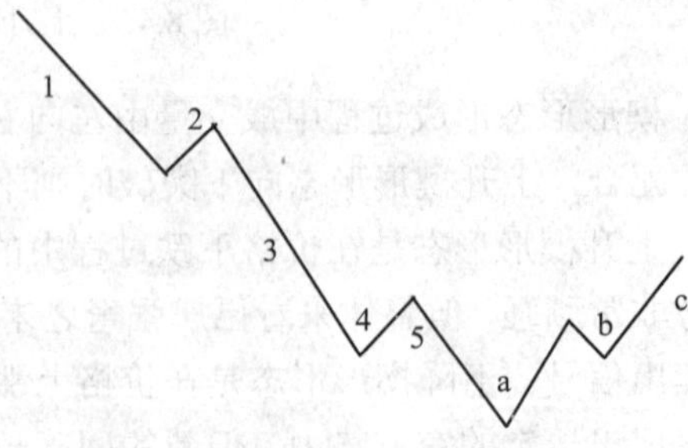

图 8.48　空头市场中的波浪形态

波浪理论中另外一件重要的事情是，波浪是由小波浪组成的，如图 8.49 所示。以多头

市场中的波浪形态为例，波浪 1 是由 5 浪组成的，波浪 2 是由修正 3 浪构成的。每个波浪都是由更小的波浪构成的。

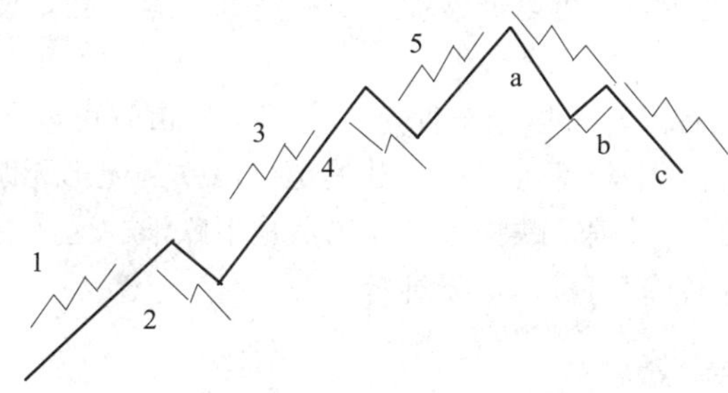

图 8.49　波浪中波浪

（二）波浪分析法的原则

1. 修正波纵深原则

修正波纵深原则用来衡量修正波回撤幅度。通常，修正波会达到小一级别第 4 浪低点附近。在强势行情中，只创新高不创新低，此时的小一级别第 4 浪低点会是一个很好的支撑位，可以借此跟进止损。

2. 黄金分割原则

黄金分割原则是指波浪形态中波动比率呈现黄金分割比率。例如，3 浪为第 1 浪的 1.618、2.618；第 2 浪回调为第 1 浪的 0.382、0.5、0.618；第 4 浪回调为第 3 浪的 0.382、0.5；第 5 浪为第 1～3 浪的 0.618。在时间上同样呈现此原则。

3. 交替原则

交替原则主要是指简单与复杂、上升与下跌、推动与调整、规则与不规则互相交替。修正波呈现交替现象，如第 2 浪为锯齿，则第 4 浪可能为平台形或三角形等，反之亦然；在时间上也存在此现象，第 2 浪急剧回调，则第 4 浪可能长时间复杂调整，反之亦然；复杂程度上，第 2 浪简单，则第 4 浪复杂，反之亦然。若第 2 浪为“复式”，则第 4 浪便可能为“单式”。

（三）波浪分析法的缺陷

波浪分析法的缺陷表现在以下几个方面。

1）波浪理论家对现象的看法并不统一。每一个波浪理论家，包括艾略特本人，很多时都会受一个问题的困扰——一个浪是否已经完成而开始了另外一个浪呢？有时甲看是第 1 浪，乙看是第 2 浪。差之毫厘，失之千里，看错的后果却可能十分严重。

2）怎样才算是一个完整的浪尚无明确定义。在市场价格的升跌次数绝大多数不按 5 升 3 跌这个机械模式出现，但波浪理论家却曲解说有些升跌不应该计算入浪里面。数浪（wave count）完全是随意主观。

3）波浪理论有所谓伸展浪（extension waves），有时5个浪可以伸展成9个浪。但在什么时候或者在什么准则之下波浪可以伸展呢？艾略特却没有明言，使数浪变成各自启发，自己去想。

4）波浪理论的浪中有浪，可以无限伸延，亦即是升市时可以无限上升，都是在上升浪之中，一个巨型浪，一百几十年都可以；下跌浪也可以跌到无影无踪，都仍然是在下跌浪。只要是升势未完就仍然是上升浪，跌势未完就仍然是下跌浪。这样的理论有什么作用？能否推测浪顶浪底的运行时间甚属可疑，等于纯粹猜测。

六、缺口、成交量与持仓量

（一）缺口分析

缺口是指价格在快速且大幅的变动中有一段价格没有发生任何交易，在走势图上出现了空白区域，通常又称为跳空。与之相对应，缺口一般都会被未来的价格变动封闭，称为“补缺”。缺口的出现是多空力量对比悬殊的表现，而补缺是双方力量发生转变的结果。投资者可以根据缺口的部位及大小等来预测价格走势，寻找最佳的买入和卖出时机。

1. 缺口的类型

（1）普通缺口

普通缺口通常出现在价格整理形态中，特别是矩形形态和对称三角形形态中。它的特征是价格跳空，但并未改变价格整理形态，仍然是盘局，并且缺口在短期内就会被封闭。普通缺口几乎没有技术操作上的意义（见图8.50）。

（2）突破缺口

突破缺口是指价格突破了盘整区域的界限，向上或向下跳空所形成的。当价格跳出盘整区域并产生缺口，表明价格走势已经突破盘局，将向突破方向推进，同时突破的盘整区域成为支撑区或压力区。如果出现向上突破缺口，表明将有一段上升的行情，可以买入；如果有向下突破缺口，表明将有一段下跌行情，可以出逃（见图8.50）。

（3）持续性缺口

持续性缺口是指在上升和下跌途中出现的价格缺口。若持续性缺口出现在上升过程中，表明价格正处于加速上涨阶段，是一轮行情的主升浪，不要匆忙卖出；但是，这种上涨要消耗巨大能量，当上涨乏力时极易形成头部，投资者需要果断卖出。下跌的持续性缺口的出现一般由于遭遇了重大利空打击。持续性缺口可帮助投资者估计未来后市波幅的幅度，因此亦称为量度性缺口（见图8.50）。

（4）竭尽缺口

竭尽缺口是持续性缺口后的最后一个缺口，表示做多或做空的动能已经过度消耗，行情发展已是强弩之末，预示见底或见顶的行情即将来临（见图8.50）。

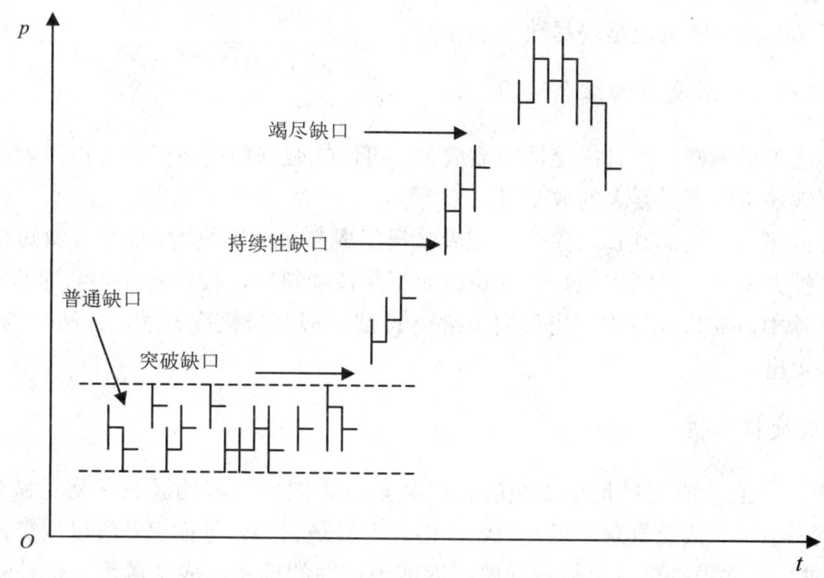

图 8.50　缺口

2. 缺口的运用

（1）普通缺口并无特别的分析意义

普通缺口很容易被封闭，在整理形态中出现的机会更大，当发现对称三角形形态和矩形形态中有许多缺口，更加可以确认它们是整理形态。

（2）突破缺口的分析意义较大

如果价格突破支撑线或压力线后有一个很大的缺口，可见突破强而有力，很少有错误发生。向上突破的缺口产生后，如短期内不被封闭，并且价格有加速上升的势头，表示价格上升信号非常强烈，可以迅速买入；如果价格缓慢上升，积极的投资者可以买入。向下突破的缺口产生时，投资者应当卖出，直至价格出现反转。另外，突破缺口的出现将使价格未来的波动更加强烈。一个形态伴随着突破缺口的突破后，随后的上升（或下跌）会更快更多。假如缺口发生前有较大的交易量，而缺口发生后成交量却相对减少，则有一半的可能是不久缺口将被封闭；若缺口发生后成交量并未随着期价的远离缺口而减少，反而加大，则短期内缺口将不会被封闭。

（3）持续性缺口的技术分析意义最大

持续性缺口出现后，可以根据缺口的位置预测未来价格可能到达的位置。量度方法是：从突破点开始到持续性缺口始点的垂直距离，便是未来价格将会达到的幅度。

（4）竭尽缺口表示趋势将暂告一段落

竭尽缺口如果在上升途中出现，表示价格将要下跌；如果在下跌趋势中出现，则表示价格即将回升。尽管竭尽缺口的出现意味着有转向的可能，但是并非意味着市场行情必定出现转向。在缺口发生的当天或后一天若成交量特别大，而且趋势的未来似乎无法随着成交量而有大幅的变动时，这就可能是竭尽缺口了。

3. 缺口理论与成交量的综合运用

出现向上突破的缺口，且成交量明显放大，可以加强缺口的可信度，投资者可以立即买入。向下突破缺口则不需要大的成交量。

在上升或下跌中途的缺口发生当天或者次日的成交量突然很大，而且预料短期内不容易维持或者再扩大成交量，则可能是竭尽缺口而不是持续缺口，投资者应当立即卖出。

在下跌途中，缺口发生当日出现向下跳空K线，成交量极度萎缩，此缺口为竭尽缺口，投资者应当卖出。

（二）成交量分析

在期货市场上，成交量是指成交的合约数量。美国投资家约瑟夫·格兰威尔（Joseph Granville）曾说过："成交量是市场元气，价格只不过是它的表征而已，所以成交量通常比价格先行。"成交量水平是市场价格变动的强度或迫切性的反映，成交量水平也是验证市场价格形态是否可靠的重要标志。在反转形态中，一般所有价格形态在完结（突破点）时，只要这个突破信号是成立的，那么它就应当伴随较大的成交量。成交量分析应遵循的一般规律有以下几个方面。

1）价格上涨，成交量增大：当前市势会继续下去，即价格还要上涨。

2）价格上涨，成交量减少：当前市势很可能难以维持，即价格升速趋缓，甚至会掉头下跌。

3）价格下跌，成交量增大：当前趋势会维持下去，即价格持续下跌。

4）价格下跌，成交量减少：当前市场难以为继，价格跌速会放缓，然后掉头上升。

综上所述，成交量应当在现行价格趋势的基础上增加，这才验证了价格趋势。在上升趋势中，价格上升时，交易量应加大；价格下跌时，交易量应减少。在下降趋势中，价格下跌时，交易量应加大，在价格反弹时应减小。

（三）持仓量分析

持仓量是指从期货期权合约开始交易起计算的所有未平仓合约的数量，代表了市场上多方或空方的未平仓合约的总数，而不是两方的总和。持仓量增加，表明资金流入期货市场；反之，说明资金流出期货市场。分析持仓量的变化可推测资金在期货市场的流向和主力资金的交易行为，有助于投资者判断下一步价格波动的方向。对持仓量分析的一般规则有以下几个方面。

1）上升趋势中，若价格上涨时，持仓量增加，尤其是超过了5年平均值的增加，表明新的资金注入市场，是看涨信号；若价格上涨时，持仓量下降，尤其是超过了5年平均值的下降，意味着价格上涨主要是空头平仓（买进）造成，空头平仓完成后，上升趋势可能失去上涨推动力，因而构成了看跌信号。

2）下降趋势中，若价格下跌时，持仓量增加，尤其是超过了5年平均值时，意味着市场流入了新资金，说明卖方主动大胆，表明下降趋势会继续下去，是看跌信号；若价格下跌时，持仓量减少，幅度超过5年平均值的减少，说明下跌因为多头被迫斩仓引起。多头斩仓

完毕后，市势可能会失去动力，意味着市势很可能止跌转升，因而下降趋势中，持仓量减少是看涨信号。

3）在横行趋势期间，持仓量如果逐渐增加，发生价格突破时，价格运动将会因此而加剧。因为横行趋势时，没有人确定突破方向，但持仓量的增加表明交易者已入市增开许多新仓。突破发生，新趋势峥嵘出现，判断失误的交易者会争相平仓以了结其亏损头寸，同时也进一步强化了价格运动的后劲，上升推动力会直到亏损头寸全部平仓了结后才逐渐消失，后市深度越可观；判断正确的交易者开立的头寸在价格突破后会获利，市势可以为其所用，他们可以开新仓。

第三节　指标分析法

一、趋势类指标分析法

趋势类指标是用于判断价格变动趋势的指标，常用的有移动平均线（moving average，MA）和指数平滑异同平均线（moving average convergence and divergence，MACD）。

（一）移动平均线

移动平均线是利用一定时期内价格移动的平均值而将价格变动曲线化，并借以判断未来价格变动趋势的技术分析方法。移动平均线的计算方法是求连续若干天市场价格（通常采用收盘价）的平均数，天数就是移动平均线的参数。MA（5）、MA（10）、MA（20）表示 5 日移动平均线、10 日移动平均线和 20 日移动平均线。

移动平均线依据时间长短可分为短期移动平均线、中期移动平均线和长期移动平均线。短期移动平均线称为快线，长期移动平均线称为慢线，但快线和慢线是一对相对的概念。如 MA（10）和 MA（5）相比是慢线，但和 MA（30）相比则是快线。在使用移动平均线的过程中需要注意以下几点事项。

1. 格兰威尔移动平均线八大法则

美国技术分析家格兰威尔根据 200 日移动平均线与价格线的关系，提出了著名的移动平均线八大法则（见图 8.51）。八大法则中有 4 条是买入时机，4 条是卖出时机。

1）当移动平均线从下降逐渐走平或盘升，价格线从移动平均线的下方向上突破 MA 线，是买入信号（见图 8.51 中第 1 点处）。

2）当价格线持续上升走平在移动平均线之上，然后突然下跌且向移动平均线靠近，但没有跌破移动平均线又再度上升，是买入信号（见图 8.51 中第 2 点处）。

3）价格线虽然跌破移动平均线，但移动平均线仍为继续上升趋势，不久价格线又回升到移动平均线以上时，是买入信号（见图 8.51 中第 3 点处）。

4）价格线突然暴跌，跌破并远离移动平均线时，如果价格线此时开始回升，再趋向移

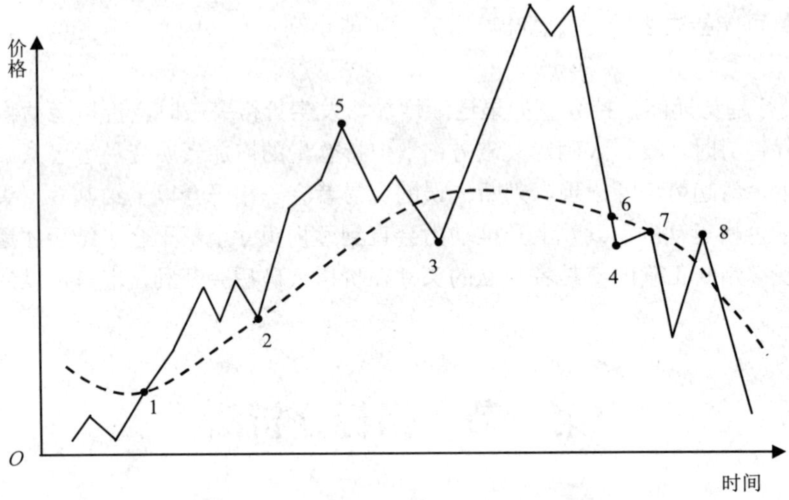

图 8.51　格兰威尔移动平均线八大法则

动平均线，是买入信号（见图 8.51 中第 4 点处）。

5）价格先在上升中且走平在移动平均线之上，突然暴涨并远离移动平均线，上涨幅度相当可观，价格随时可能反转向下，是卖出信号（见图 8.51 中第 5 点处）。

6）当移动平均线从上升转向走平或逐渐下跌，价格线从移动平均线上方向下跌破移动平均线时，是重要的卖出信号（见图 8.51 中第 6 点处）。

7）价格线走在移动平均线之下，回升时未突破移动平均线又立即反转向下，是卖出信号（见图 8.51 中第 7 点处）。

8）价格线向上突破移动平均线后又放量跌回到移动平均线以下，而且移动平均线继续下移，是卖出信号（见图 8.51 中第 8 点处）。

2. 短、中、长期移动平均线组合分析

当短期移动平均线从下方迅速超越中、长期移动平均线向右上方移动，是买入信号。当中期移动平均线移至长期移动平均线上方，标志行情进入上涨时期。而中期移动平均线从下向上穿越长期移动平均线的交点称为“黄金交叉”，是买入信号。当短、中、长期移动平均线由上至下依次排列，并且都呈上升状态，称为“多头排列”，是典型的上涨行情（见图 8.52）。

当短期移动平均线经过一段升势后逐渐趋缓并开始下跌，是卖出的时机，而中期和长期移动平均线也先后显示下降趋势，短、中、长期移动平均线呈现缠绕交叉的状态时，应及时卖出。随着短期移动平均线逐渐下跌到最下方，中期移动平均线也同样跌到长期移动平均线下方，移动平均线呈现“空头排列”。中期移动平均线从上向下穿越长期移动平均线称为“死亡交叉”，意味着上涨行情的结束（见图 8.52）。

（二）指数平滑异同平均线

指数平滑异同平均线是利用快速与慢速移动平均线的聚合与分离的征兆来研判买卖时机和信号。指数平滑异同平均线的最大优势在于指标的平滑移动，特别是对于某些剧烈波动

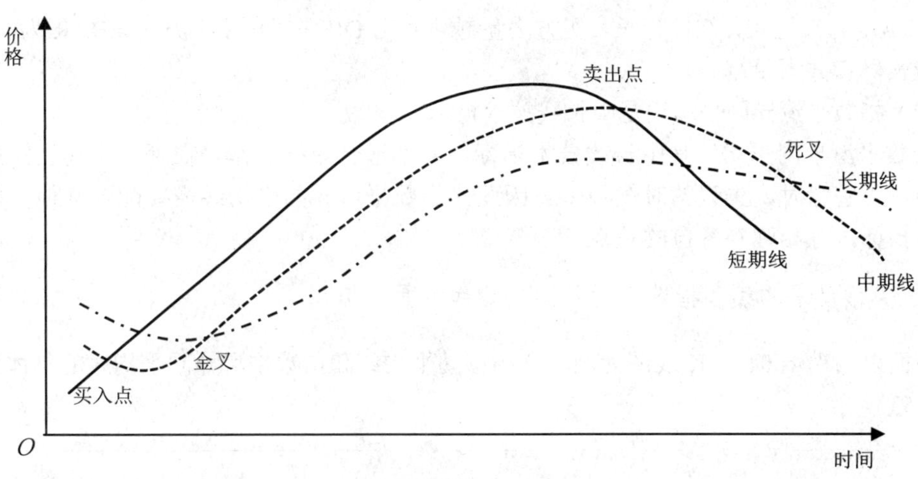

图 8.52　短期、中期、长期移动平均线

的市场，这种平滑移动的特性能够对价格波动作出较为缓和的描绘，从而大大提高可靠性。

1. 指数平滑异同平均线的计算方法

在实际应用中，常以 12 日为快速移动平均线 EMA（12），26 日为慢速移动平均线 EMA（26）来计算指数平滑异同移动平均线：

今日 EMA（12）=[2/（12+1）]×今日收盘价+[（12−1）/（12+1）]×昨日 EMA（12）

今日 EMA（26）=[2/（26+1）]×今日收盘价+[（26−1）/（26+1）]×昨日 EMA（26）

计算离差值（DIF）：

DIF=EMA（12）−EMA（26）

计算异同平均数（DEA）：

今日 DEA=2/10×今日 DIF+8/10×昨日 DEA

计算（BAR）：

BAR=2×（DIF−DEA）

2. 指数平滑异同平均线的应用法则

（1）利用 DIF 和 DEA 进行预测

1）DIF 和 DEA 均为正值时，属于多头市场。DIF 向上突破 DEA 是买入信号；DIF 向下跌破 DEA 认为是回落，投资者宜获利了结。

2）DIF 和 DEA 均为负值时，属于空头市场。DIF 向下突破 DEA 是卖出信号；DIF 向上穿破 DEA 预示着价格反弹，投资者宜暂时补空。

3）如果 DIF 的走向与价格走向相背离，则是采取行动的信号，至于是卖出还是买入要依 DIF 的上升或下降而定。

（2）利用 BAR 进行预测

BAR 分为绿色和红色两种，它的大小反映了 DIF 与 DEA 的差距。当 DIF 在 DEA 上方时，BAR 为红柱状，红柱越长，买方力量越强；当 DIF 在 DEA 下方时，BAR 为绿柱状，绿柱越长，卖方力量越强。

（3）指数平滑异同平均线是中长线技术指标

指数平滑异同平均线是中长线技术指标，并不适合短线操作。在期货市场上没有明显趋势而进入整盘时，失误的时候极多。因此，指数平滑异同平均线需要配合其他一些摆动类技术指标，互相弥补各自的缺点。

（三）移动平均线和指数平滑异同平均线的具体应用

下面以白糖 1601 日 K 线图为例，介绍移动平均线和指数平滑异同平均线的具体应用，如图 8.53 所示。

图 8.53　白糖 1601 日 K 线图的移动平均线和指数平滑异同平均线

从移动平均线来看，在 2015 年 3 月下旬到 5 月上旬期间，移动平均线呈多头排列，起到了明显的支撑作用。在 2015 年 3 月下旬，可以发现不同时间参数的移动平均线之间发生了“黄金交叉”。

从指数平滑异同平均线来看，在 2015 年 3 月下旬，DIF 与 DEA 在水平线下方出现“黄金交叉”，同时直线棒 BAR 由负转正，预示着“牛市”的来临。

二、摆动类指标分析法

摆动类技术指标是用于分析判断市场上多空双方买卖力量的强弱程度的指标，常用的有

相对强弱指标、随机指标和威廉指数。

（一）相对强弱指标

相对强弱指标又叫力度指标，由威尔斯·威尔德（Welles Wilder）创造，是目前技术分析中比较常用的中短线指标。相对强弱指标是指利用一定时期内平均收盘价涨数和平均收盘价跌数来分析市场买卖盘的意向和实力，从而判断未来市场的走势。

1. 相对强弱指标的计算方法

先找出包括当日在内的连续 $n+1$ 日的收盘价，用每日的收盘价减去上一日的收盘价，可得到 n 个数值。这 n 个数值中有正有负，记 $A=n$ 个数值中正数之和，$B=n$ 个数值中负数之和×（-1），则相对强弱指标的计算公式为

$$\text{RSI}(n)=A/(A+B)\times 100$$

相对强弱指标的计算公式实际上反映了某一阶段价格上涨所产生的波动占总波动的百分比，百分比越大，强势越明显；百分比越小，弱势越明显。

2. 相对强弱指标的应用法则

（1）相对强弱指标的取值

相对强弱指标的取值以天数 n 为参数，变动范围为0～100，一般分布在20～80，如表8.1所示。这里的“极强”、“强”、“弱”、“极弱”只是一个相对概念，是一个相对区域。部分投资者把它们取值为30、70或15、85。

表8.1　相对强弱指标的区域划分

RSI值	市场特征	投资操作
80～100	极强（超买）	卖出
50～80	强	买入
20～50	弱	观望
0～20	极弱（超卖）	买入

当相对强弱指标介于50～80时，表明市场中多空双方力量对比对多方更有利，是一个强势市场，短期内价格继续上涨的可能性较大；当相对强弱指标超过80时，则表示整个市场多方力量远大于空方力量，双方力量对比悬殊，市场处于超买状态，后续行情有可能出现回调或转势，此时，投资者可卖出。同样，当相对强弱指标处于20～50的区域和0～20的区域时，分析原理类似。

（2）相对强弱指标的交叉

短期相对强弱指标是指参数相对小的相对强弱指标，长期相对强弱指标是指参数相对较长的相对强弱指标。例如，6日相对强弱指标和12日相对强弱指标中，6日相对强弱指标即为短期相对强弱指标，12日相对强弱指标即为长期相对强弱指标。当短期相对强弱指标大于长期相对强弱指标时，市场则属于多头市场；当短期相对强弱指标小于长期相结强

弱指标时，市场则属于空头市场。当短期相结强弱指标线在低位向上突破长期相对强弱指标线时，一般为“黄金交叉”，为买入信号；当短期相对强弱指标线在高位向下突破长期相对强弱指标线时，一般为“死亡交叉”，为卖出信号。

（3）相对强弱指标的形态

当相对强弱指标曲线在高位（50 以上）或低位（50 以下）形成头肩形或多重形等反转形态时，意味着价格有可能出现长期反转行情，投资者应及时地卖出（买进）。如果期价走势曲线也先后出现同样形态则更可确认。

（4）相对强弱指标的背离

相对强弱指标的背离是指相对强弱指标曲线的走势和价格 K 线图的走势方向相反。相对强弱指标的背离分为顶背离和底背离两种。当相对强弱指标处于高位，但在创出相对强弱指标近期新高后，反而形成一峰比一峰低的走势，而此时 K 线图上的价格却再次创出新高，形成一峰比一峰高的走势，这就是顶背离。顶背离现象一般是价格在高位即将反转的信号，表明期价短期内即将下跌，是卖出信号。相对强弱指标的底背离一般是出现在 20 以下的低位区。当 K 线图上的期价一路下跌，形成一波比一波低的走势，而相对强弱指标线在低位却率先止跌企稳，并形成一底比一底高的走势，这就是底背离。底背离现象一般预示着价格短期内可能将反弹，是短期买入的信号。在相对强弱指标的背离中，顶背离的研判准确性要高于底背离。

如图 8.54 所示，2015 年 5 月～2015 年 6 月，在 K 线逐步上涨，创出新高时，相对强弱指标却没有创出新高，相对强弱指标形态与 K 线形态在高位出现“顶背离”，预示着价格将要开始下调。

图 8.54　棕榈 1601 日 K 线的 RSI 指标

（二）随机指标

随机指标是由乔治·蓝恩（George Lane）提出的一种重要的中短期分析工具。该指标通过计算当日或最近数日的最高价、最低价及收盘价的变动情况，反映价格走势的强弱情况和超买超卖现象。

1. 随机指标的计算方法

首先，计算未成熟随机值（RSV）：

$$\mathrm{RSV}\ (n) = (C_t - L_n) / (H_n - L_n) \times 100$$

式中，C_t为第 t 日收盘价；L_n为 n 日内的最低价；H_n为 n 日内的最高价。未成熟随机值始终在 0～100 波动。

其次，计算指数平滑得到 K 值和 D 值。计算出的 K 值和 D 值均在 0～100 摆动，初始 K 值和 D 值等于 50，即

$$今日\,K\,值=2/3\times 昨日\,K\,值+1/3\times 今日\,\mathrm{RSV}$$

$$今日\,D\,值=2/3\times 昨日\,D\,值+1/3\times 今日\,K\,值$$

最后，计算 J 值。K 线是一条快速线，十分敏感；D 线是一条慢速线，较为缓和；J 线反映 K 线、D 线的位置关系，即

$$J=3D-2K=D+2\ (D-K)$$

2. 随机指标的应用法则

（1）随机指标的取值

K 值和 D 值的取值范围都是 0～100，一般认为，80 以上为超买区，20 以下为超卖区，其余为徘徊区。J 值的取值大于 100 为超买区，是卖出信号；小于 0 为超卖区，是买入信号。

（2）随机指标的交叉

当价格经过一段长时间的低位盘整行情，并且在低位（50 以下）K 线从下向上突破 D 线，为“黄金交叉”，表明市场即将转强，可以买进；当价格经过一段长时间的上升行情后，并且在高位（80 以上）K 线从上向下跌破 D 线，为“死亡交叉”，表明市场即将转弱，应当卖出。

（3）随机指标的形态

当随机指标曲线在高位（50 以上）或低位（50 以下）形成头肩形或多重形等反转形态时，意味着价格有可能出现长期反转行情，投资者应及时地卖出（买进）。如果价格走势曲线也先后出现同样形态则更可确认。

（4）随机指标的背离

与相对强弱指标的背离相类似，随机指标的背离同样可分为顶背离和底背离两种。当随机指标处于高位，但在创出近期新高后，反而形成一峰比一峰低的走势，而此时 K 线图上的价格却再次创出新高，形成一峰比一峰高的走势，是顶背离。顶背离现象一般是价格在高位即将反转的信号，表明价格短期内即将下跌，是卖出信号。随机指标的底背离一般是出现在

20 以下的低位区。当 K 线图上的价格一路下跌，形成一波比一波低的走势，而随机指标线在低位却率先止跌企稳，并形成一底比一底高的走势，是底背离。底背离现象一般预示着价格短期内可能将反弹，是短期买入的信号。

如图 8.55 所示，2015 年 5 月中旬，在 K 线创出新高时，但随机的走势却开始走低，并在 K 线在高位（K 值大于 80）由上向下穿越 D 线，出现“死亡交叉”，预示着“牛市”的结束。

图 8.55 沪铜 1601 日 K 线的随机

（三）威廉指数

威廉指标是由拉里·威廉（Larry Williams）于 1973 年首创。该指标通过分析一段时间内价格高低价位和收盘价之间的关系，来度量市场处于超买还是超卖状态，是短期投资信号的技术指标。

1. 威廉指数的计算方法

威廉指数的计算公式为

$$W\%R(n)=(H_n-C_t)/(H_n-L_n)\times 100$$

式中，C_t 为第 t 日收盘价；L_n 为 n 日内的最低价；H_n 为 n 日内的最高价。

威廉指数表示的是当天的收盘价在过去的一段日子的全部价格范围内所处的相对位置。如果威廉指数的值比较小，则当天的价格处在相对较高的位置，要提防价格回落；若威廉指数的值比较大，则说明当天的价格处在相对较低的位置，要注意价格反弹；威廉指数取值居

中，在50左右，则说明价格上下波动的可能性都有。

2. 威廉指数的应用法则

（1）威廉指数的取值

威廉指数的取值介于0～100，以50为中轴将其分为上下两个区域。在上半区域，威廉指数大于50，表示行情处于弱势；在下半区域，威廉指数小于50，表示行情处于强势。当威廉指数高于80时，处于超卖状态，行情即将见底，应当考虑买进。当威廉指数低于20时，处于超买状态，行情即将见顶，应当考虑卖出。这里80和20只是一个经验数字，不是绝对的，投资者可以根据各自的风险偏好选择不同的数值。

（2）威廉指数的背离

在威廉指数进入高位后，一般要回调，如果这时价格还继续上升，这就会产生顶背离，是卖出信号；在威廉指数进入低位后，一般要反弹，如果这时价格还继续下降，这就会产生底背离，是买进信号；在威廉指数连续几次撞顶（底），局部形成双重或多重顶（底），则是卖出（买入）的信号。

小　结

本章主要介绍期货期权价格的技术分析方法。与基本分析法相比，技术分析法更注重量、价、时、空等变量的分析，更关注买卖时机的选择，对短线操作更具有指导意义。图形分析法是应用最广泛的分析方法之一。借助K线图等图表，可以分析期货价格的波动变化；切线理论分析是技术分析方法中的精髓，其核心思想是通过画线找出价格运动的趋势，顺势操作；运用形态理论可以分析价格变化的特点，判断属于反转形态或是整理形态；波浪分析法能提前很长时间预测到行情的底和顶，而其他流派往往要等到新的趋势已经确立之后才能识别出来。同时，指标分析法也是一种常用的技术分析方法，在本章中主要介绍了移动平均线、指数平滑异同平均线等趋势类指标和相对强弱指标、随机指标、威廉指数等摆动类指标。技术分析的优点是简单、明了、实用，投资者将技术分析与基本分析结合起来使用能够更好地控制投资风险，取得较好的投资战绩。

案例分析

豆粕期货价格走势的技术分析

案例背景

豆粕1407期货价格行情走势如图8.56～图8.59所示，分析预测豆粕1407期货合约未来的行情走势，并说明理由。

MA（5）=2559.60　　MA（10）=2560.20　　MA（20）=2562.48

MA（30）=2589.50　　MA（60）=2660.75

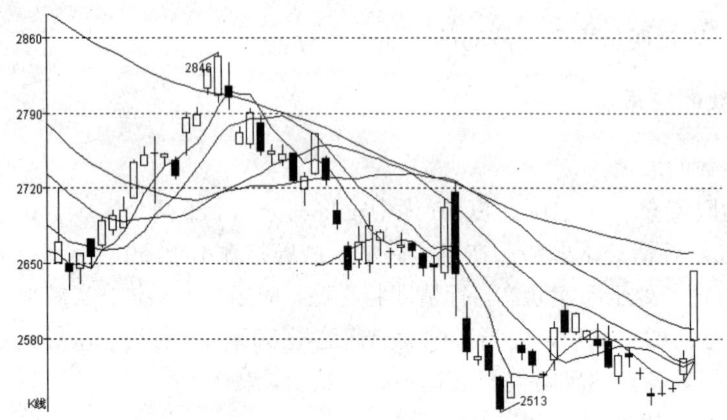

图 8.56　豆粕期货价格移动平均线

DIF（12）=-21.16　　DEA（12）=-29.01　　Bar（12）=15.70

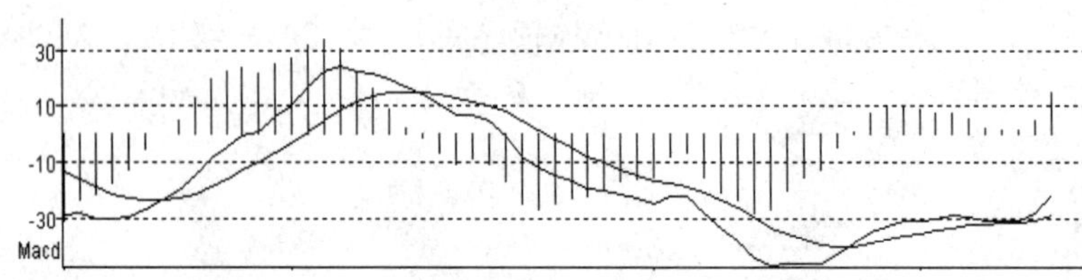

图 8.57　豆粕期货价格指数平滑异同平均线

RSI（6）=78.35　　RSI（12）=61.89　　RSI（24）=51.49

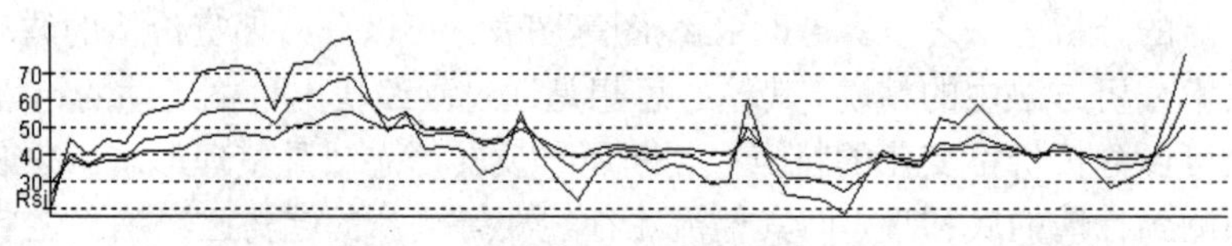

图 8.58　豆粕期货价格相对强弱指标

K（9）=55.45　　D（9）=38.47　　J（9）=89.42

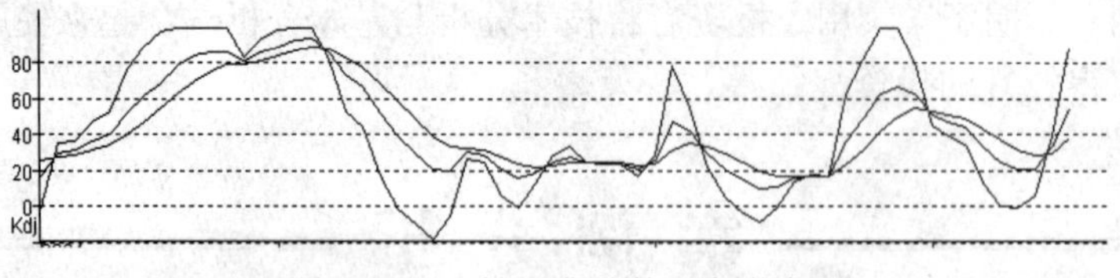

图 8.59　豆粕期货价格随机指标

案例解析

1. 图形分析

1）价格走势形成双重底，并突破颈线，属于反转形态，发出买入信号，最小的涨幅等于底部至颈线之间的距离。

2）K 线当天出现光头阳线，说明买方的力量比较强势，而且目前的价位没有超过前期最高点的价位，有上升的空间。

2. 技术指标分析

（1）移动平均线

1）将价格线与移动平均线比较。开盘后，期价在移动平均线之上产生下跌情形，但刚跌到平均线之下就开始反弹，此时绝对价位不高，是买入信号。收盘价一举穿过MA（5）、MA（10）、MA（20）、MA（30）四条移动平均线，出现“黄金交叉”，发出买入信号。

2）短期移动平均线与中长期移动平均线比较。MA（5）、MA（10）、MA（20）三条移动平均线拐头向上，MA（5）欲上穿MA（10）。

（2）指数平滑异同平均线

DIF指标大于DEA指标，依据图形DIF向上突破DEA，出现“黄金交叉”，买入信号。直线棒BAR早已由绿翻红，并由小开始变大，发出买入信号。

（3）相对强弱指标

RSI（6）、RSI（12）、RSI（24）均高于50表示为强势市场。但RSI（6）快接近80，有超买的可能性。短期指标RSI（6）已上穿中期指标RSI（12）和长期指标RSI（24），于两日前已发出买入信号。

（4）随机指数

*K*值为55.45，*D*值为38.47，*J*值为89.42，*K*值和*J*值均进入强势区，但并未超买。K线于两天前已上穿D线，“黄金交叉”发出买入信号，表明当前是一种向上涨升的趋势。

综合以上图形和技术指标分析，未来豆粕1407期货价格有进一步上升的可能性，但是需要结合成交量的判断才能肯定。

（资料来源：http:// quote. futures. hexun. com）

思考与练习

一、名词解释

技术分析　图形形态分析　技术指标分析　成交量　未平仓合约量

二、简答题

1. 如何从K线的形状来判断多空双方力量的对比与变化？
2. 简述反转形态与整理形态的主要内容。
3. 为什么成交量和持仓量在技术分析中具有重要地位？
4. 移动平均线的作用主要有哪些？指数平滑异同平均线的计算方法和分析原理是什么？
5. 简述趋势类技术指标和摆动类技术指标的主要思想。

三、案例分析题

结合技术指标及其行情图（见图8.60～图8.63），分析预测白糖1609期货合约未来的行情走势，并说明理由。

MA（5）＝4492.40　　MA（10）＝4483.60　　MA（20）＝4519.20
MA（40）＝4703.73　　MA（60）＝4830.85

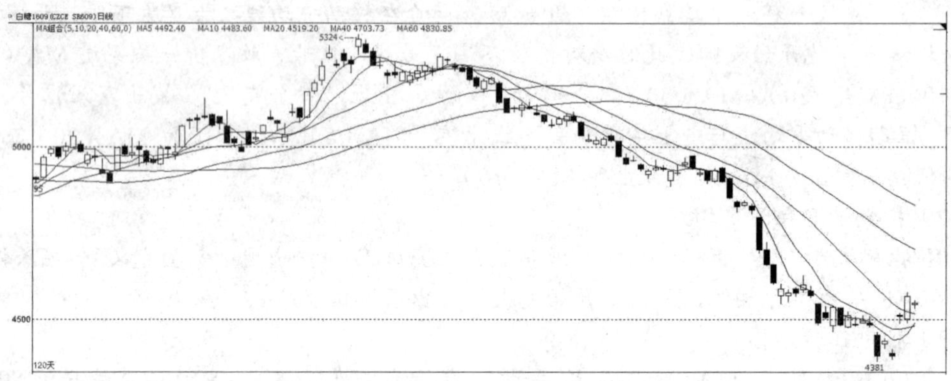

图 8.60　白糖期货价格移动平均线

DIF=-79.87　　DEA=-101.76　　Bar=43.78

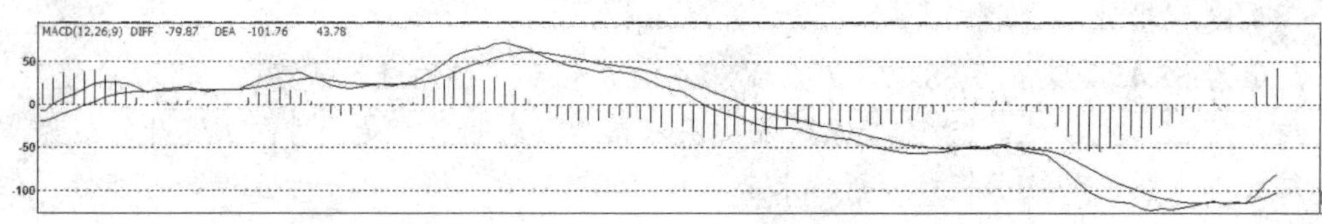

图 8.61　白糖期货价格指数平滑异同平均线

RSI（7）=56.19　　RSI（14）=45.23

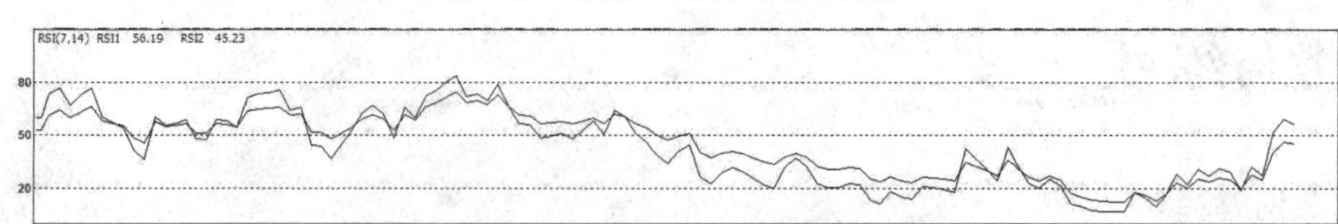

图 8.62　白糖期货价格相对强弱指标

K=66.75　　D=46.06　　J=108.13

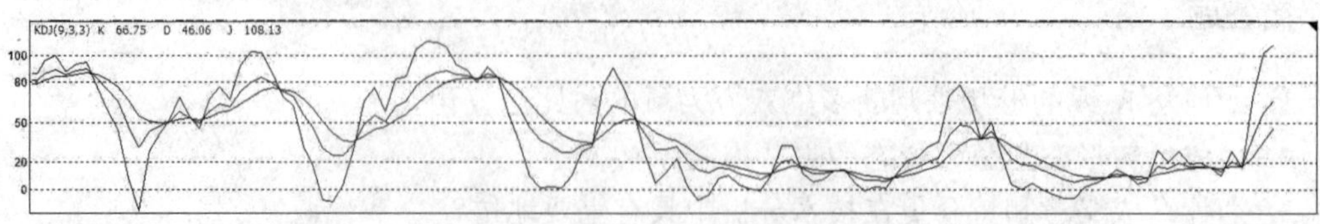

图 8.63　白糖期货价格随机指数

课后阅读

1．墨菲．2015．期货市场技术分析．丁圣元译．北京：地震出版社．

2．施威格．2013．期货交易技术分析（修订版）．马龙龙，等译．北京：清华大学出版社．

第九章

外汇期货

学习目标

- 了解汇率决定理论及其影响因素
- 了解外汇期货的基本概念
- 熟悉外汇期货交易的特点
- 掌握外汇期货套期保值和投机套利的操作方法

学习要点

- 外汇期货交易的特点
- 外汇期货套期保值的操作
- 外汇期货投机套利的操作

关键词

外汇期货　外汇决定理论　套期保值　投机套利

导入案例

乔治成功为投资本金保值

美国投资者乔治发现人民币利率高于美元利率，于是决定购买630万元人民币以获取较高利息，计划投资3个月，但又担心投资期间美元兑人民币升值。为规避人民币贬值的风险，乔治利用芝加哥商业交易所外汇期货市场进行人民币/美元外汇期货合约的卖出套期保值。3个月后，人民币果然贬值，此时乔治将人民币/美元外汇期货合约对冲平仓，同时购买美元现汇，成功利用外汇期货市场上的盈利弥补现汇市场上的亏损。

（资料来源：http: //www. forex. com）

第一节　外汇与汇率

一、外汇及外汇交易

（一）外汇的定义

外汇是指在国际商品生产和交换的过程中产生的，是实现不同国家之间商品交换的工具。2008 年 8 月 1 日修订通过，同年 8 月 5 日施行的《中华人民共和国外汇管理条例》规定外汇范围涉及：①外币现钞，包括纸币、铸币；②外币支付凭证或支付工具，包括票据、银行存款凭证、银行卡等；③外币有价证券，包括债券、股票等；④特别提款权；⑤其他外汇资产。

（二）汇率及其标价

所谓汇率，是指一国货币折算成另一国货币的比率、比价或价格。在外汇市场上，每一种货币都拥有一个固定的、三个字母组成的国际标准组织（International Organization For Standardization，ISO）代码，如美元为 USD，欧元为 EUR，英镑为 GBP，日元为 JPY 等。外汇交易通常以一种外币对另一种外币的形式进行，称为货币对。货币对由两个 ISO 代码加分隔符“/”表示，其中前一代码表示基本货币，后一代码表示目标货币。例如，EUR/USD 表示欧元是基本货币，美元是目标货币。全球外汇市场中主要货币对（日元除外）的标价一般由小数点前一位加上小数点后四位（或五位）构成，如表 9.1 所示。汇率变动的最小单位是点值，即货币标价变动一个“点”的价值。例如，EUR/USD 由 1.156 3 上升至 1.156 5，则意味着欧元上涨了两个“点”。

表 9.1　外汇行情表（部分）

货币对	最新价
欧元/美元	1.156 3
英镑/美元	1.514 7
美元/日元	117.55
澳元/美元	0.822 2
美元/加元	1.198 5
美元/人民币	6.118 8
美元/港币	7.750 6

资料来源：万德 Wind 资讯金融终端

常用的汇率标价方法主要有直接标价法和间接标价法。直接标价法是以一定单位（1 个或 100 个单位）的外国货币作为标准，折算为一定数额本国货币的标价方法。例如，国家外汇管理局公布的人民币汇率中间价，100 美元/人民币为 615.33，表示 100 美元可以兑换为

615.33 元人民币，便是采用了直接标价法。目前，绝大多数国家都采用直接标价法。间接标价法是以一定单位（1 个或 100 个单位）的本国货币作为标准，折算为一定数额外国货币的标价方法。例如，某日纽约外汇市场的汇率标价中，1 美元/英镑为 0.660 5，表示 1 美元可以兑换为 0.660 5 英镑，采用的便是间接标价法。英国、美国、澳大利亚、欧盟和新西兰等采用间接标价法。

除上述两种标价方法外，还有美元标价法。在美元标价法下，各国均以一定单位的美元为标准来计算应该汇兑多少他国货币，而非美元外汇买卖时，则通过各自对美元的比率套算出买卖双方货币的汇价。

（三）外汇交易的主要类型

互联网技术的迅速发展和普及，使得在线外汇交易风靡全球，极大地降低了投资门槛。外汇市场演变成了一个 24 小时不间断的全球性市场。外汇交易的主要类型可分为即期交易、远期交易、掉期交易、套汇交易、套利交易、期货交易、期权交易等。

1. 即期交易

外汇即期交易又称现汇交易，是指交易双方约定于成交后的两个营业日内办理交割的外汇交易方式。通常而言，即期外汇交易常见于进出口劳务收支、银行外汇头寸抛补或外汇投机。

2. 远期交易

外汇远期交易又称期汇交易，是指交易双方在外汇买卖成交后，当时或近期并不交割，根据合同规定约定时间办理交割的外汇交易方式。30 天、60 天、90 天的外汇远期交易比较常见。

3. 掉期交易

掉期交易是指将币种相同、交易方向相反、交割日不同的两笔或更多的外汇交易结合起来所进行的交易。如买进某种外汇时，同时卖出金额相同的该种外汇，买进和卖出的交割日期不同。

4. 套利交易

套利交易利用两国货币市场的利率差异，将资金从低利率市场转移到高利率市场，以赚取利息收入；或者利用货币即期汇率和远期汇率的差额变化在即期和远期外汇市场进行买卖以获取利差的交易方式。

5. 套汇交易

套汇交易是指利用不同的外汇市场，不同的货币种类，不同的交割时间以及一些货币汇率和利率上的差异，从低价一方买进，在高价一方卖出，从中赚取利润的外汇交易方式。套汇一般分为地点套汇、时间套汇和利息套汇三种形式。

二、汇率决定理论

（一）利率平价说

根据利率平价理论，在不存在任何流动障碍的前提下，资本流向利率高的地方，因为存在寻求高利率的套利行为，故而远期利率与即期利率总是保持着与利差相等的幅度。用公式表示为

$$S_F/S_O=[1+i_B]/[1+i_A] \tag{9.1}$$

式中，汇率是以A国货币的间接标价法表示的，A国货币是基础货币，B国货币是目标货币；S_F表示远期汇率；S_O表示即期汇率；i_B表示B国货币一定期间的利率；i_A表示A国货币相同期间的利率。

从本质上来讲，利率平价说旨在说明在货币可自由兑换、资本完全自由流动的条件下，若两种货币的利率之间存在差异，就会引发套利活动，最终的结果是套利机会消失，利差变化率与即期汇率和远期汇率之间的变化率相等，即

$$(S_F-S_O)/S_O=(i_B-i_A)/(1+i_A) \tag{9.2}$$

利率平价说表明汇率变化与不同货币之间的利率变化存在直接的关系：一种货币的利率提高，该货币则趋于升值；反之，亦然。

（二）购买力平价说

根据购买力平价理论，在全球商品市场与金融市场开放、有效的前提下，如果不考虑各国关税，在任何地方购买同一商品的价格应该是相同的，汇率的变化完全是由两国之间货币购买力的变化（通货膨胀率变化）决定的。用公式表示为

$$S_t/S_O=(1+P_A)/(1+P_B) \tag{9.3}$$

式中，汇率是以A国货币的直接标价法表示的；S_t表示预期汇率；S_O表示即期汇率；P_A表示一定期间A国货币的通货膨胀率；P_B表示相同期间B国货币的通货膨胀率。

从本质上来讲，购买力平价理论表明如果两国货币可自由兑换且商品可无障碍流通，同一商品在不同国家一旦出现价格差异，商人便会抓住商机从事贸易，其结果是价差消失。结果有两种可能：一是汇率不变，由于商品从低价格国家流向高价格国家，不同国家同一商品用同一货币标价的价差消失；二是汇率变化，由于资金从高价格国家流向低价格国家流动，不同国家同一商品用同一货币标价的价差消失。预期汇率变化率和物价水平变化率是相等的，即

$$(S_t-S_O)/S_O=(P_A-P_B)/(1+P_B) \tag{9.4}$$

购买力平价说表明预期汇率的变化与不同国家物价水平的变化存在直接关系：一种货币的物价水平提高，该货币则趋于贬值；反之亦然。

（三）费雪效应

所谓费雪效应，是指各国的实际利率趋于一致，而名义利率充分反映炒汇者对通货膨胀的预期，这样可以使因为通货膨胀效应而造成的实际损失得到补偿。用公式表示为

$$1+i=(1+r)(1+P) \tag{9.5}$$

式中，i 为名义利率；r 为实际利率；P 为通货膨胀率。

因为 r 和 p 数值很小，可以忽略不计，所以费雪效应常简化为

$$i=r+P \tag{9.6}$$

对于不同国家，因为实际利率趋于一致，所以由式（9.5）可得

$$[1+i_B]/[1+i_A]=[1+P_B]/[1+P_A] \tag{9.7}$$

将式（9.1）、式（9.3）、式（9.7）综合可得

$$S_F=S_t \tag{9.8}$$

从理论上说，远期汇率应该等于预期汇率，即到期后的即期汇率。

三、汇率波动的影响因素

（一）国际收支

国际收支是一国的货币收入总额和付给他国的货币支出总额的对比。国际收支顺差意味着外汇供给大于需求，外汇汇率下跌，即本国货币升值；反之，如果国际收支逆差，则说明外汇需求大于供给，外汇汇率上升，即本国货币贬值。

（二）通货膨胀

在纸币流通的条件下，两国货币之间的汇率取决于两种货币的国内购买力之比。若两国物价水平上涨幅度不同，汇率将受到影响而发生相应的变动。一般来说，物价上涨幅度较大的国家，其货币的对外汇率将下跌；物价上涨幅度较小的国家，其货币的对外汇率将上升。

（三）利率差异

国家间的利率差异将导致资本的国际流动，特别是短期资本的流动。—般而言，一国货币利率提高，将引起资本流入，导致该国货币的对外汇率上升；一国货币利率下降，将引起资本流出，使得该国货币的对外汇率下跌。

（四）市场预期

外汇交易者会根据某国的重要经济指标和重大政治事件对该国货币对外价值的变动方向作出预测。若预期某种外汇汇率上涨，则会购入该外汇；若预期某种外汇汇率下跌，则会出售该外汇。

（五）经济政策

如果一国实行扩张性的财政政策，会引起国际收支逆差增加或顺差减少，通货膨胀率上涨，使本币贬值；如果一国实行紧缩性的财政政策，会导致国际收支逆差减少或顺差增加，通货膨胀率趋于下降，使本币升值。如果一国实行扩张性货币政策，该国货币会贬值；反之，实行紧缩性货币政策，该国货币会升值。

（六）政治局势

一国及国家间的政治局势变化对汇率会产生重要影响。稳定的政治局势为经济增长创造了良好外部环境，使人们增强信心，有利于一国货币的升值。

第二节　外汇期货概述

外汇期货（foreign exchange futures）是浮动汇率制的产物，是以特定外币为合约标的的一种金融期货。在外汇期货中，合约双方约定在未来某一时间，依据现在约定的比例以一种货币交换另一种货币。外汇期货交易是指在集中性的交易市场以公开竞价的方式进行外汇期货合约的交易。外汇期货交易不仅为避险者提供了有效的套期保值方式，而且为投机者和套利者提供了获利机会。

一、外汇期货的特点与种类

（一）外汇期货的特点

1. 期货合约内容标准化

外汇期货合约是一种由期货交易所制定的，以外汇作为交割内容的标准化的法律契约。外汇期货合约中交易品种、交易数量、交割时间、交割地点、价格变动范围等并非由买卖双方自由议定，而是必须符合期货交易所的有关规定。市场参与者在买卖期货时，可视其本身的需要仅向经纪商指明拟买入或卖出的某类合约为几张即可。

2. 通过指定交易所以公开叫价的方式进行交易

外汇期货买卖双方并非通过任何交易所都可以进行外汇期货的交易，而是必须通过制定的外汇期货交易所方可进行。确切地说，买卖双方应视交易合约的类型，分别通过该类合约的交易所才可以进行交易。外汇期货交易所为保障每位参与者（不论个人或机构）皆能有公平参与的机会，采用公开叫价的方式进行期货交易。

3. 合约标的物必须为特定的国际性货币

具有代表性及普遍性的国际性货币，才会被外汇期货交易所选为期货交易的标的物。交易所在选择交易标的物时，还要考虑国际性货币的品质是否具备国际化、标准化的热性。因为国际性货币的品质若愈能趋于一致，则在交割时愈能避免买卖双方无谓的纷争。目前，美国各交易所经办的各类外汇期货都已具有上述诸项特性。

4. 实行保证金交易制度

外汇期货市场实行保证金交易制度。买卖双方在开立账户进行交易时，必须交纳初始保

证金，目的在于确保买卖双方能履行义务。交易者在持仓过程中，会因市场行情的不断变化而产生浮动盈亏（结算价与成交价之差），浮动盈利将增加保证金账户余额，浮动亏损将减少保证金账户余额。保证金账户中必须维持的最低余额称为维持保证金。一旦保证金账户余额降到维持水平线以下，客户必须在规定时间内补充保证金，使保证金账户的余额达到初始保证金水平。否则在下一交易日，交易所或代理机构有权实施强行平仓。这部分需要新补充的保证金就称为追加保证金。

【例 9.1】 芝加哥商业交易所今日英镑期货合约的收盘价为 1.614 8，投资者在此价格买入一张英镑期货合约，在经纪商处开设的账户目前余额为 2 000USD。假设未来三天的收盘价分别为 1.625 0、1.620 0、1.588 0，且期初保证金要求是 2 000USD，维持保证金是 1 500USD。试说明投资者保证金账户在三天内每日的变化，以及是否收到追缴通知及需补足的保证金金额。（一手英镑期货合约的交易单位为 62 500GBP）

第一天收盘后：

$$(1.625\,0-1.614\,8)\times 62\,500=637.5\text{USD}$$

保证金账户余额增加 637.5USD，故账户目前余额为 2 637.5USD。

第二天收盘后：

$$(1.620\,0-1.625\,0)\times 62\,500=-312.5\text{USD}$$

保证金账户余额需扣除 312.5USD，保证金账户目前余额 2 325USD，高于维持保证金水平，故不会收到追缴通知。

第三天收盘后：

$$(1.588\,0-1.620\,0)\times 62\,500=-2\,000\text{USD}$$

保证金账户余额会减少 2 000USD，故账户目前余额为 325USD，低于维持保证金水平，故会收到追缴通知，需追加保证金 1 675USD（2 000－325）。

5. 实行每日清算制度

外汇期货交易实行每日清算制度，当每个营业日结束时，清算所根据清算价对每笔交易进行清算，形成交易者的盈亏，对此盈亏期货交易所的结算部门划入交易者结算账户，或从结算账户扣取。结算账户资金余额必须满足最低结算保证金的要求。结算账户余额超过保证金要求的部分，客户可以提取；不足部分，则要求追加保证金，否则会被交易所强行平仓。

6. 多数外汇期货合约在合约到期之前平仓

外汇期货交易的目的不是交割，而是套期保值和投机套利。95%以上的交易者在合约到期之前，往往平仓了结以避免交割。

（二）外汇期货的种类

下面以芝加哥商业交易所外汇期货交易品种为例进行分类说明，具体如表 9.2 所示。

表 9.2 芝加哥商业交易所国际货币市场外汇期货的交易品种

主要类型	主要品种
以美元为基础的货币对期货合约	欧元/美元、加拿大元/美元、英镑/美元、日元/美元、瑞士法郎/美元、澳大利亚元/美元、巴西雷亚尔/美元、人民币/美元、捷克克朗/美元、欧元/美元小型合约、日元/美元小型合约、匈牙利福林/美元、以色列谢克尔/美元、韩国元/美元、墨西哥比索/美元、新西兰元/美元、挪威克朗/美元、波兰兹罗提/美元、俄罗斯卢布/美元、南非兰特/美元、瑞典克朗/美元
交叉汇率外汇期货合约	欧元/澳大利亚元、欧元/英镑、欧元/加拿大元、欧元/捷克克朗、欧元/匈牙利福林、欧元/日元、欧元/挪威克朗、欧元/瑞士法郎、澳大利亚元/加拿大元、澳大利亚元/新西兰元、澳大利亚元/日元、英镑/瑞士法郎、英镑/日元、加拿大元/日元、瑞士法郎/日元、人民币/欧元、人民币/日元
外汇指数期货合约	CME 外汇指数期货合约（CME$INDEX）

资料来源：http://www.cmegroup.com

1. 以美元为基础的货币对外汇期货

该类外汇期货合约以外币作为单位货币，报价方式为每交易单位货币等于多少美元。芝加哥商业交易所国际市场分部交易的外汇期货合约占全球交易量的90%，其中最活跃的是欧元/美元、加拿大元/美元、瑞士法郎/美元、英镑/美元、墨西哥比索/美元和澳大利亚元/美元的外汇期货合约。

2. 交叉汇率外汇期货

该类外汇期货合约反映了一种外币对另一种外币的价值。交叉汇率期货合约的报价方式为每交易单位货币等于多少最小变动货币。例如，欧元/日元期货合约的单位货币是欧元，最小变动货币是日元，每张合约要求交割 125 000 欧元。

3. 外汇指数期货合约

外汇指数是综合反映某一货币在国际外汇市场的汇率波动的指标，用来衡量该货币对一篮子货币的汇率变化程度。外汇指数期货合约是以外汇指数为标的物的期货合约，类似于股票指数期货合约。当前芝加哥商业交易所交易的外汇指数期货合约是美元指数期货合约，纽约期货交易所交易的是美元指数合约和欧元指数合约。

二、外汇期货合约的主要内容

（一）标价方式与交易单位

外汇期货合约的标价方式即报价单位。芝加哥商业交易所最早以美元为基础的货币对期货合约都是用单位货币的美元价值标价的，即用每单位其他货币等于多少美元表示。例如，欧元期货合约报价为 1.131 6，表示 1 欧元＝1.131 6 美元。

交易单位是指每一份外汇期货合约所代表的交易货币数量。芝加哥商业交易所日元/美元期货合约的交易单位为 1 250 000 日元，英镑/美元期货合约的交易单位是 62 500 英镑。

（二）最小变动价位与最小变动值

外汇期货的最小变动价位一般以“点”来表示，即外汇汇率中小数点之后最后一位数字。现阶段，在芝加哥国际货币市场交易的外汇期货合约的主要标的货币中，英镑、瑞士法郎、加拿大元及澳大利亚元同美元的汇率均报至小数点以后第四位，故这几种货币 1 点即为 0.000 1；日元同美元的汇率报至小数点以后第 6 位，1 点即为 0.000 001。如果欧元对美元的期货报价由 1.143 2 变为 1.153 2，则表示欧元期货合约价格上涨了 100 点。对于某些特定的交易指令和交易方式，期货交易所可能规定不同的最小变动价位。如芝加哥商业交易所规定跨期套利及执行全部成交指令时，加拿大元、欧元、日元的最小变动价位只有常规方式的半个价位。

最小变动值是期货合约最小变动价位和交易单位的乘积。例如，欧元期货合约的最小变动价位是 1 点，每点的价值是 12.5 美元（0.000 1×125 000），因此，欧元期货合约的最小变动值是 12.5 美元。

（三）合约月份与交易时间

合约月份指外汇期货合约在未来进行实物交割的月份，同时交易所也规定了同一品种有多少个合约同时挂牌交易。芝加哥商业交易所交易的主要币种期货合约的月份一般规定为 3 月、6 月、9 月和 12 月。

芝加哥商业交易所交易池期货品种的交易时间为芝加哥时间 7:20～14:00，电子交易系统的时间比场内交易时间长得多。

（四）最后交易日

最后交易日是指外汇期货合约可以买卖的最后日期，在最后交易日没有平仓的期货合约，必须进行实物交割或现金结算。芝加哥商业交易所大多数币种期货合约的最后交易日是交割月第三个星期三之前的第二个营业日。

三、主要外汇期货合约介绍

（一）欧元期货合约

欧元是世界上最大的政府、银行和货币交易商买卖的欧洲货币，欧元期货合约正是以欧元为标的物的外汇期货。芝加哥商业交易所在其交易场内和 GLOBEX（电子交易平台）上提供欧元外汇期货交易，反映了欧元的对等美元价值的变化。欧元期货合约报价为以每单位欧元的美元值报价，合约规模为 125 000 欧元，如表 9.3 所示。

表 9.3　芝加哥商业交易所欧元期货合约

合约规模	125 000 欧元
合约月份	20 个季度合约（合约到期月份为 3 月、6 月、9 月、12 月）
结算流程	实物交割
持仓限额	10 000 份合约

续表

行情代码	CME GLOBEX 电子市场：6E；公开喊价（仅整批委托）：EC；AON 合约代码：UG	
最小价格变动	$0.000 1/欧元增幅 ($12.50/份) $0.000 05/欧元增幅($6.25/份)：适用于人工交易、电子盘交易以及 AON 系统交易执行欧元/美元期货内部利差者	
交易时间	GLOBEX（美国日间及隔夜交易时间）	周日至周五：17:00～次日 16:00（美中时间），除了周五 16:00 收市并于周日 17:00 开市
	CME ClearPort	周日至周五：17:00～次日 16:15（美中时间），期间每天自 16:15 美中时间起休市 45 分钟
	公开喊价	7:20～14:00（美中时间）
最后交易日/时间	时间：9:16（美中时间） 日期：合约月份的第三个星期三之前第二个营业日（通常是周一）	

（二）瑞士法郎期货合约

瑞士法郎期货合约于 1972 年开始在芝加哥商业交易所交易。目前，芝加哥商业交易所的交易大厅和 GLOBEX（电子交易平台）均为瑞士法郎期货提供交易市场，反映了瑞士法郎的对等美元价值的变化。瑞士法郎期货合约报价为以每单位瑞士法郎的美元值报价，合约规模为 125 000 瑞士法郎，如表 9.4 所示。

表 9.4　芝加哥商业交易所瑞士法郎期货合约

合约规模	125 000 瑞士法郎	
合约月份	20 个季度合约（合约到期月份为 3 月、6 月、9 月、12 月）	
结算流程	实物交割	
持仓限额	10 000 份合约	
行情代码	CME GLOBEX 电子市场：6S；公开喊价（仅整批委托）：SF；AON 合约代码：LS	
最小价格变动	$0.000 1/瑞士法郎增幅 ($12.50/份) $0.000 05/瑞士法郎增幅($6.25/份)：适用于人工交易、电子盘交易以及 AON 系统交易执行欧元/美元期货内部利差者	
交易时间	GLOBEX（美国日间及隔夜交易时间）	周日至周五：17:00～次日 16:00（美中时间），除了周五 16:00 收市并于周日 17:00 开市
	CME ClearPort	周日至周五：17:00～次日 16:15（美中时间），期间每天自 16:15 美中时间起休市 45 分钟
	公开喊价	7:20～14:00（美中时间）
最后交易日/时间	时间：9:16（美中时间） 日期：合约月份的第三个星期三之前第二个营业日（通常是周一）	

（三）英镑期货合约

芝加哥商业交易所的英镑期货合约交易始于 1972 年 5 月 16 日。目前，芝加哥商业交易所的交易大厅和 GLOBEX（电子交易平台）为英镑期货提供交易市场，反映了英镑的对等美元价值的变化。英镑期货合约报价为以每单位英镑的美元值报价，合约规模为 62 500 英镑，

如表 9.5 所示。

表 9.5　芝加哥商业交易所英镑期货合约

合约规模	62 500 英镑	
合约月份	20 个季度合约（合约到期月份为 3 月、6 月、9 月、12 月）	
结算流程	实物交割	
持仓限额	10 000 份合约	
行情代码	CME GLOBEX 电子市场：6B；公开喊价（仅整批委托）：BP；AON 合约代码：LP	
最小价格变动	$0.000 1/英镑增幅 ($12.50/份)	
交易时间	GLOBEX（美国日间及隔夜交易时间）	周日至周五：17:00～次日 16:00（美中时间），除了周五 16:00 收市并于周日 17:00 开市
	CME ClearPort	周日至周五：17:00～次日 16:15（美中时间），期间每天自 16:15 美中时间起休市 45 分钟
	公开喊价	7:20～14:00（美中时间）
最后交易日/时间	时间：9:16（美中时间） 日期：合约月份的第三个星期三之前第二个营业日（通常是周一）	

（四）日元期货合约

日元期货合约于 1972 年 5 月开始在芝加哥商业交易所国际货币市场交易，反映了日元的对等美元价值的变化。日元期货合约报价为以每单位日元的美元值报价，合约规模为 12 500 000 日元，如表 9.6 所示。

表 9.6　芝加哥商业交易所日元期货合约

合约规模	12 500 000 日元	
合约月份	20 个季度合约（合约到期月份为 3 月、6 月、9 月、12 月）	
结算流程	实物交割	
持仓限额	10 000 份合约	
行情代码	CME GLOBEX 电子市场：6J；公开喊价（仅整批委托）：JY；AON 合约代码：LJ	
最小价格变动	$0.000 001/日元增幅 ($12.50/份) $0.000 000 5/日元增幅($6.25/份)：适用于人工交易、电子盘交易以及 AON 系统交易执行欧元/美元期货内部利差者	
交易时间	GLOBEX（美国日间及隔夜交易时间）	周日至周五：17:00～次日 16:00（美中时间），除了周五 16:00 收市并于周日 17:00 开市
	CME ClearPort	周日至周五：17:00～次日 16:15（美中时间），期间每天自 16:15 美中时间起休市 45 分钟
	公开喊价	7:20～14:00（美中时间）
最后交易日/时间	时间：9:16（美中时间） 日期：合约月份的第三个星期三之前第二个营业日（通常是周一）	

（五）澳币期货合约

芝加哥商业交易所的交易大厅和 GLOBEX（电子交易平台）为澳币期货提供交易市场，

反映了澳币的对等美元价值的变化。澳币期货合约报价为以每单位澳币的美元值报价，合约规模为 100 000 澳币，如表 9.7 所示。

表 9.7　芝加哥商业交易所澳币期货合约

合约规模	100 000 澳币	
合约月份	20 个季度合约（合约到期月份为 3 月、6 月、9 月、12 月）	
结算流程	实物交割	
持仓限额	6 000 份合约	
行情代码	CME GLOBEX 电子市场：6A；公开喊价（仅整批委托）：AD；AON 合约代码：LA	
最小价格变动	$0.000 1/澳元增幅 ($12.50/份) $0.000 05/澳元增幅($6.25/份)：适用于人工交易、电子盘交易以及 AON 系统交易执行欧元/美元期货内部利差者	
交易时间	GLOBEX（美国日间及隔夜交易时间）	周日至周五：17:00～次日 16:00（美中时间），除了周五 16:00 收市并于周日 17:00 开市
	CME ClearPort	周日至周五：17:00～次日 16:15（美中时间），期间每天自 16:15 美中时间起休市 45 分钟
	公开喊价	7:20～14:00（美中时间）
最后交易日/时间	时间：9:16（美中时间） 日期：合约月份的第三个星期三之前第二个营业日（通常是周一）	

四、外汇期货行情表

图 9.1 是 2013 年 5 月 7 日芝加哥商业交易所日元期货的买卖行情。

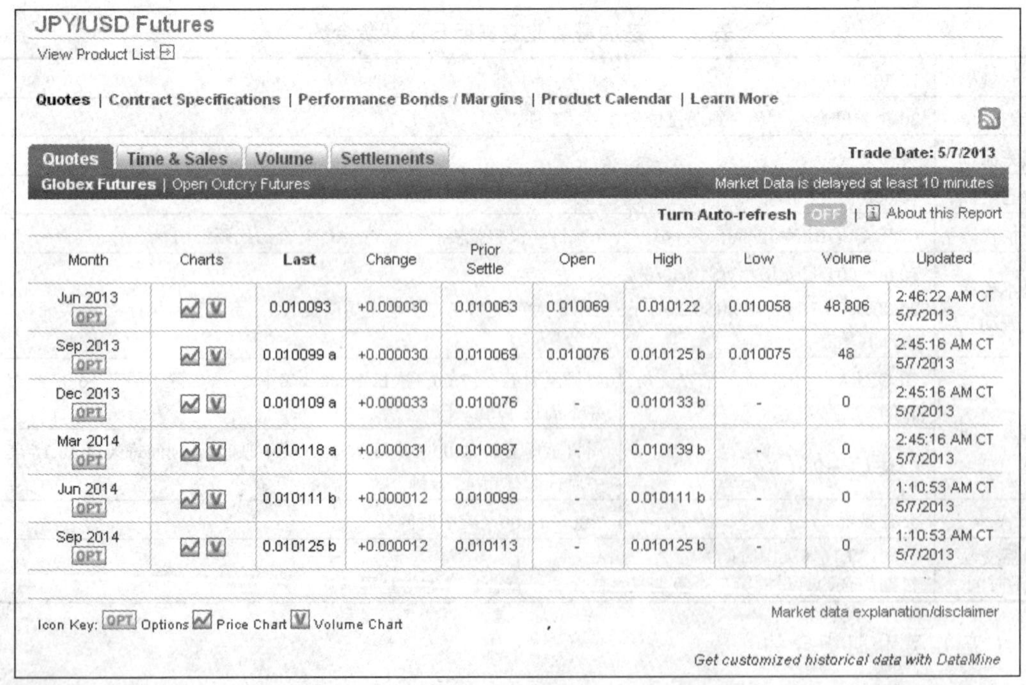

JPY/USD Futures

View Product List

Quotes | Contract Specifications | Performance Bonds / Margins | Product Calendar | Learn More

Quotes | Time & Sales | Volume | Settlements　　Trade Date: 5/7/2013

Globex Futures | Open Outcry Futures　　Market Data is delayed at least 10 minutes

Turn Auto-refresh OFF | About this Report

Month	Charts	Last	Change	Prior Settle	Open	High	Low	Volume	Updated
Jun 2013 OPT		0.010093	+0.000030	0.010063	0.010069	0.010122	0.010058	48,806	2:46:22 AM CT 5/7/2013
Sep 2013 OPT		0.010099 a	+0.000030	0.010069	0.010076	0.010125 b	0.010075	48	2:45:16 AM CT 5/7/2013
Dec 2013 OPT		0.010109 a	+0.000033	0.010076	-	0.010133 b	-	0	2:45:16 AM CT 5/7/2013
Mar 2014 OPT		0.010118 a	+0.000031	0.010087	-	0.010139 b	-	0	2:45:16 AM CT 5/7/2013
Jun 2014 OPT		0.010111 b	+0.000012	0.010099	-	0.010111 b	-	0	1:10:53 AM CT 5/7/2013
Sep 2014 OPT		0.010125 b	+0.000012	0.010113	-	0.010125 b	-	0	1:10:53 AM CT 5/7/2013

Icon Key: OPT Options　Price Chart　Volume Chart　　Market data explanation/disclaimer

Get customized historical data with DataMine

图 9.1　芝加哥商业交易所日元期货行情

在芝加哥商业交易所日元期货行情中，Month 一列显示日元有 6 个合约挂牌交易，分别是 2013 年 6 月、2013 年 9 月、2013 年 12 月、2014 年 3 月、2014 年 6 月和 2014 年 9 月。合约报价以单位日元等于多少美元表示。Last 一列表示当日收盘价（如果未收市则表示最新成交价）。Change 一列表示同前一交易日相比，该日结算价格的变化。Prior Settle 一列表示当日结算价（如果未收市则没有当日结算价）。Open 一列表示各合约当日开盘价。High 一列表示合约当日交易中曾出现的最高价格。Low 一列表示合约当日交易中曾出现的最低价格。Volume 一列表示当日成交量。

图 9.2 是文华赢顺软件显示的 2015 年 6 月 20 日国际货币市场外汇期货行情。

合约名称	文华码	开盘	涨跌	最新	现手	买价	买量	卖价	卖量	现增仓	成交量	持仓量	日增仓	最高	最低	涨幅%	结算	昨结算	昨收
↑ 英镑03	8013	1.5855	0.0007	1.5855	---	1.3000	1	1.7000	1	0	0	31	0	1.5855	1.5855	0.04%	---	---	1.5848
↑ 英镑06	8016	1.5851	0.0005	1.5851	---	1.5841	2	1.5876	2	0	0	7	0	1.5851	1.5851	0.03%	---	---	1.5846
↓ 英镑09	8019	1.5873	-0.0011	1.5863	1	1.5858	1	1.5871	1	0	58807	164076	0	1.5887	1.5826	-0.07%	---	---	1.5874
↑ 英镑12	8022	1.5861	0.0007	1.5861	1	1.5810	2	1.7000	1	0	24	171	0	1.5870	1.5829	0.04%	---	---	1.5854
↑ 日币03	8023	8163	23	8194	12	7000	1	10000	1	0	26	102	0	8207	8163	0.28%	---	---	8171
↑ 日币06	8026	8216	5	8216	---	8202	2	8234	2	0	0	56	0	8216	8216	0.06%	---	---	8211
↑ 日币09	8029	8141	19	8162	2	8155	1	8174	1	0	80802	250973	0	8169	8124	0.23%	---	---	8143
↑ 日币12	8032	8151	23	8173	5	7777	1	8230	2	0	58	1152	0	8179	8140	0.28%	---	---	8150
↑ 瑞士03	8033	1.1036	0.0058	1.1036	---	0.8000	1	1.4000	1	0	0	19	0	1.1036	1.1036	0.53%	---	---	1.0978
↑ 瑞士06	8036	1.1094	0.0058	1.1094	---	1.0954	2	1.1114	5	0	0	5	0	1.1094	1.1094	0.53%	---	---	1.1036
↑ 瑞士09	8039	1.0887	0.0047	1.0933	2	1.0901	2	1.0950	10	0	13628	20421	0	1.0949	1.0846	0.43%	---	---	1.0886
↑ 瑞士12	8042	1.0983	0.0028	1.0983	---	0.8000	1	1.4000	1	0	0	314	0	1.0983	1.0983	0.26%	---	---	1.0955
↓ 欧元03	8003	1.1442	-0.0014	1.1406	3	1.0868	3	1.1828	1	0	60	218	0	1.1457	1.1375	-0.12%	---	---	1.1420
↓ 欧元06	8006	1.1433	-0.0073	1.1433	---	1.1423	2	1.1600	1	0	0	99	0	1.1433	1.1433	-0.63%	---	---	1.1506
↓ 欧元09	8009	1.1381	-0.0010	1.1365	2	1.1356	1	1.1372	1	0	165543	345535	0	1.1412	1.1305	-0.09%	---	---	1.1375
↓ 欧元12	8012	1.1416	-0.0031	1.1379	1	1.1300	1	1.1448	1	0	404	2429	0	1.1416	1.1328	-0.27%	---	---	1.1410
↓ 澳币03	8053	0.7662	-0.0028	0.7662	---	0.6000	1	0.9000	1	0	0	9	0	0.7662	0.7662	-0.36%	---	---	0.7690
↓ 澳币06	8056	0.7634	-0.0027	0.7634	---	0.7566	5	0.7724	5	0	0	3	0	0.7634	0.7634	-0.35%	---	---	0.7661
↓ 澳币09	8059	0.7765	-0.0029	0.7734	2	0.7734	1	0.7755	2	0	53160	117479	0	0.7779	0.7701	-0.37%	---	---	0.7763
↓ 澳币12	8062	0.7724	-0.0028	0.7695	1	0.7650	1	0.7820	1	0	23	129	0	0.7724	0.7675	-0.36%	---	---	0.7723
↓ 加币03	8043	0.8130	-0.0019	0.8130	---	0.7960	25	1.0000	1	0	0	569	0	0.8130	0.8130	-0.23%	---	---	0.8149
↓ 加币06	8046	0.8127	-0.0019	0.8127	---	0.7990	2	0.8178	10	0	0	52	0	0.8127	0.8127	-0.23%	---	---	0.8146
↓ 加币09	8049	0.8168	-0.0030	0.8140	3	0.8135	2	0.8147	3	0	52235	76095	0	0.8176	0.8123	-0.37%	---	---	0.8170
↓ 加币12	8052	0.8160	-0.0026	0.8130	1	0.8115	1	0.8150	1	0	70	3547	0	0.8163	0.8115	-0.32%	---	---	0.8156
↑ 欧美元03	1172	99.240	0.030	99.270	164	99.265	555	99.275	366	0	134562	971683	0	99.280	99.240	0.03%	---	---	99.240
↑ 欧美元06	1175	99.040	0.035	99.070	10	99.065	190	99.070	42	0	141605	964243	0	99.080	99.030	0.04%	---	---	99.035
↑ 欧美元09	1178	99.615	0.005	99.620	261	99.615	4475	99.625	4338	0	132312	1156042	0	99.625	99.610	0.01%	---	---	99.615

图 9.2　外汇期货行情

第三节　外汇期货的套期保值

从事对外贸易的公司通常在全球范围内收付大量外币，或持有外币债权债务。因为各国间货币汇率经常变化，在全球经济往来与全球收付结算过程中，不得不面临外汇交易风险，即因汇率变动使折算为本币的收支数额增加或减少的风险。因此，从事对外贸易的公司需对汇率走势作出基本判断，然后借助外汇期货进行套期保值。外汇期货的套期保值是指交易者在期汇市场和现汇市场上做币种相同、数量相等、方向相反的交易，通过建立盈亏冲抵机制实现保值。概括来讲，外汇期货的套期保值可分为卖出套期保值、买入套期保值和利用交叉汇率套期保值。

一、卖出套期保值

外汇期货卖出套期保值是指在现汇市场上处于多头地位的交易者为防止汇率下跌，在期汇市场上卖出期货合约以对冲现货的价格风险。适合进行卖出套期保值的情形主要有：①持有外汇资产者担心未来货币贬值；②出口商和从事国际业务的银行预计未来某一时间将会得到一笔外汇，担心届时外汇汇率下跌。

【例 9.2】 201×年 3 月 5 日，美国某出口商与英国商人签订合同，出口一批总额为 250 000GBP 的货物，并约定同年 6 月 5 日交货收款。在签订合同时，英镑兑美元的即期汇率为 1.5790。美国出口商担心 3 个月后英镑兑美元的汇率下跌而使得换汇时美元收益减少，因此决定在国际货币市场进行卖出套期保值（每手英镑期货合约代表 62 500GBP），6 月份交割的英镑期货合约价格为 1.5950。6 月 5 日，英镑兑美元的即期汇率降至 1.5600，而 6 月份交割的英镑期货合约价格为 1.5750。

分析美国出口商进行套期保值的收益，如表 9.8 所示。

表 9.8 外汇期货卖出套期保值的财务分析

时间	现货市场	期货市场
3月5日	签订出口合同，预计 3 个月后收到 250 000GBP。按当日即期汇率 1.579 0 计算，价值 394 750USD。	卖出 4 张 6 月份交割的英镑期货合约，成交价格为 1.595 0，总值为 1.595 0×62 500×4=398 750USD
6月5日	美国出口商收到 250 000GBP，按当日即期汇率 1.560 0 计算，共收到 390 000USD	买入 4 张 6 月份交割的英镑期货合约，成交价格为 1.575 0，总值为 1.575 0×62 500×4=393 750USD
损益	390 000－394 750=－4 750USD	398 750－393 750=5 000USD

根据表 9.8 可知，美国出口商于 3 个月后实际收到英镑货款时，因英镑汇率下跌而使得换汇时美元收益减少 4750 美元；但因在外汇期货市场上做了卖出套期保值，使得即期市场的损失可从期货市场的获利中得到弥补。当然，若英镑升值，该美国出口商在即期市场的获利也将被期货市场的损失所抵消。由此可见，无论汇价在此期间如何变动，外汇期货市场套期保值的实质是为现货外汇资产锁定汇价，消除或减少由于汇率波动所造成的损失。

二、买入套期保值

外汇期货买入套期保值是指在现汇市场上处于空头地位的交易者为防止汇率上升，在期汇市场上买入期货合约以对冲现货的价格风险。适合进行买入套期保值的情形主要有：①外汇短期负债者担心未来货币升值；②国际贸易进口商担心付汇时外汇汇率上升。

【例 9.3】 201×年 6 月 1 日，美国某进口商和日本厂商签约进口一批货物，约定 3 个月后支付货款 2.5 亿日元，当日即期汇率为 1USD=119.65JPY。美国进口商为避免 3 个月后因日元升值而需付出更多的美元来兑换成日元，便在芝加哥商业交易所外汇期货市场买入 20 手 9 月到期的日元期货合约进行套期保值（每手日元期货合约代表 1 250 万日元），成交价为 0.007 957。9 月 1 日，日元升值，即期汇率为 1USD＝117.25JPY，而 9 月份到期的日元期货合约价格为 0.008 126。

分析美国进口商套期保值的收益，如表 9.9 所示。

表 9.9 外汇期货买入套期保值的财务分析

时间	现货市场	期货市场
6 月 1 日	签订进口合同，预计 3 个月后支付 2.5 亿日元。按当日即期汇率 1USD＝119.65JPY 计算，价值 2 089 427USD	买入 20 张 9 月份交割的日元期货合约，成交价格为 0.007 957，合约总值为 0.007 957×12 500 000×20＝1 989 250USD
9 月 1 日	美国进口商支付 2.5 亿日元，按当日即期汇率 1USD＝117.25JPY 计算，需付出 2 132 196USD	卖出 20 张 9 月份交割的日元期货合约，成交价格为 0.008 126，合约总值为 0.008 126×12 500 000×20＝2 031 500USD
损益	2 089 427－2 132 196＝-42 769USD	2 031 500－1 989 250＝42 250USD

根据表 9.9 可知，美国进口商于 3 个月后实际支付日元货款时，因为日元汇率上涨而需多付出 42 769 美元的成本；由于在外汇期货市场上做多头套期保值，即期市场的损失可从期货市场的获利中大致得到弥补。当然，若日元在这期间贬值，该美国进口商在即期市场成本减少的好处也将被期货市场的亏损大致抵消。

三、交叉套期保值

在国际外汇市场上，若需要规避两种非美元货币间的汇率风险，可以利用芝加哥商业交易所推出的美元之外的外汇期货合约实现交叉套期保值。

【例 9.4】 201×年 5 月 10 日，德国某出口商向英国某进口商出售一批货物，价值 5 000 000GBP，9 月份以英镑进行结算，当时英镑对美元汇率为 1GBP＝1.2USD，德国马克对美元汇率为 1USD＝2.5DEM，则英镑和德国马克汇率为 1GBP＝3DEM。

为了防止英镑对德国马克汇率下跌，德国出口商决定对英镑进行套期保值。由于不存在英镑对德国马克的期货合约，德国出口商无法利用传统的期货合约来进行套期保值。但该出口商可以通过出售英镑对美元的期货合约和买进德国马克对美元的期货合约达到保值的目的。5 月 10 日出售 80 份英镑期货合约（5 000 000÷62 500＝80），成交价格为 1GBP＝1.1USD；购进 120 份德国马克期货合约（5 000 000×3÷125 000＝120），成交价格为 1DEM＝0.4348USD。

9 月 10 日，英镑对德国马克的现汇汇率为 1GBP＝2.5DEM。期货市场上 9 月到期英镑期货价格为 1GBP＝1.02USD，9 月到期德国马克期货价格为 1DEM＝0.5USD，德国出口商对冲其在期货市场上的头寸，购回 80 份英镑期货，卖出 120 份德国马克期货。

分析德国公司套期保值的收益，如表 9.10 所示。

表 9.10 外汇期货交叉套期保值的财务分析

时间	现货市场	期货市场
5 月 10 日	签订出口合同，预计 9 月份收到货款 5 000 000GBP。按当日即期汇率 1GBP=3DEM 计算，价值 15 000 000DEM	出售 80 份英镑期货合约，成交价格为 1GBP＝1.1USD；购进 120 份德国马克期货合约，成交价格为 1DEM＝0.4348USD

续表

时间	现货市场	期货市场
9月10日	英国进口商支付货款 5 000 000GBP，按当日即期汇率 1GBP=2.5DEM 计算，共收到 12 500 000DEM	购回 80 份英镑期货合约，成交价格为 1GBP=1.02USD；卖出 120 份德国马克期货，成交价格为 1DEM=0.5USD
损益	12 500 000－15 000 000=-2 500 000DEM	英镑期货市场盈利=（1.1－1.02）×62 500×80=400 000USD，德国马克期货市场盈利=（0.5－0.434 8）×125 000×120=978 000USD，期货市场盈利共计 1 378 000USD。当时德国马克对美元现汇汇率为 1USD=1.850 0DEM，所以 1 378 000USD 可折合成 2 549 300DEM

根据表 9.10 可知，在不计保值费的情况下，德国出口商现货市场上的损失可由期货市场的盈利完全抵消，还有 49 300DEM 的盈利。

第四节　外汇期货的投机与套利

外汇期货交易不仅为避险者提供了有效的套期保值方式，也为投机者和套利者提供了获利机会。

一、外汇期货投机交易

（一）多头投机

投机者预测外汇期货价格将要上升，便提前买进外汇期货合约，然后等待时机卖出对冲获利，称之为多头投机。

【例 9.5】　假设 201×年 8 月 5 日芝加哥商业交易所国际货币市场交易的 9 月到期英镑期货合约价格为 1.5520。某投机者预测该期货价格将在近期内上涨，于是立即买入 4 份 9 月到期英镑期货合约，每手英镑期货合约代表 62 500GBP。8 月 25 日，该合约价格已升至 1.5720。此时，该投机者立即卖出 9 月到期英镑期货合约对冲。

分析该投机者的盈亏状况，如表 9.11 所示。

表 9.11　利率期货投机交易的财务分析

时间	期货市场	价格
8月5日	买入 4 份 9 月到期英镑期货合约	1.5520
8月25日	卖出 4 份 9 月到期英镑期货合约	1.5720
损益	盈利=（1.5720－1.5520）×62 500×4=5 000USD	

（二）空头投机

投机者预测外汇期货价格将要下跌，从而先卖出期货合约，然后等待时机再买进对冲获

利，称为空头投机。

【例 9.6】 假设 201×年 8 月 5 日芝加哥商业交易所国际货币市场交易的 9 月到期英镑期货合约价格为 1.5520。某投机者预测该期货价格将在近期内下跌，于是立即卖出 4 份 9 月到期英镑期货合约，每手英镑期货合约代表 62 500GBP。8 月 25 日，该合约价格下跌至 1.532 0。此时，该投机者立即买入 9 月到期英镑期货合约对冲。

分析该投机者的盈亏状况，如表 9.12 所示。

表 9.12 利率期货投机交易的财务分析

时间	期货市场	价格
8 月 5 日	卖出 4 份 9 月到期英镑期货合约	1.552 0
8 月 25 日	买入 4 份 9 月到期英镑期货合约	1.532 0
损益	盈利＝（1.552 0－1.532 0）×62 500×4＝5 000USD	

二、外汇期货套利交易

外汇期货套利交易是指期货市场参与者利用不同到期月份、市场或币种间的差价，同时买入和卖出不同的外汇期货合约，以期价差朝有利方向变化后将手中合约同时对冲平仓而获利的交易行为，可细分为跨期套利、跨市套利和跨币种套利。

（一）跨期套利

跨期套利是外汇期货套利中最常见的套利方式，它的概念、交易形式及交易策略与商品期货的跨期套利完全相同。在具体交易时，交易者只需把外汇期货的价格视同为商品期货的价格即可。下面以例 9.7 具体说明跨期套利的操作。

【例 9.7】 201×年 1 月 5 日，某交易者发现当年 3 月份到期欧元/美元期货价格为 1.114 0，6 月份到期欧元/美元期货价格为 1.122 8，二者价差为 88 个点。交易者预期欧元的汇率将要上涨，同时 3 月份和 6 月份的合约价差将会缩小。因此，该交易者决定买入 10 手 3 月份到期欧元/美元期货合约，同时卖出 10 手 6 月份到期欧元/美元期货合约。到了 1 月 25 日，3 月份和 6 月份到期的欧元/美元期货价格分别上涨到 1.118 3 和 1.123 8，二者价差为 55 个点。此时，该交易者将两种合约同时平仓，便完成了套利交易（每手欧元期货合约代表 125 000EUR）。

分析该交易者的盈亏情况，如表 9.13 所示。

表 9.13 外汇期货跨期套利的财务分析

时间	3 月份到期欧元/美元期货合约	6 月份到期欧元/美元期货合约
1 月 5 日	买入 10 手 3 月到期份欧元/美元期货合约，价格为 1.114 0	卖出 10 手 6 月份到期欧元/美元期货合约，价格为 1.122 8
1 月 25 日	卖出 10 手 3 月份到期欧元/美元期货合约，价格为 1.118 3	买入 10 手 6 月份到期欧元/美元期货合约，价格为 1.1238
损益	(1.118 3－1.114 0) ×125 000×10＝5 375USD	（1.122 8－1.123 8）×125 000×10＝－1 250USD

根据表 9.13 可以看出，欧元汇率上涨，与交易者预期相同，交易者进行跨期套利获得了 4 125USD（5 375－1 250）的盈利。

如果交易者预期欧元汇率上涨，但 1 月 25 日欧元/美元期货合约价格不涨反跌，如 3 月份和 6 月份到期期货合约价格分别跌至 1.112 6 和 1.117 8，两者价差为 52 点，交易者采用相同交易策略的结果仍能获利。因此，在外汇期货的套利交易中，交易者需要准确预测和把握的是合约间价差的变动方向，从而作出正确的买卖决策，而市场方向与套利者获利与否无关。

（二）跨市套利

跨市套利是指套利者在两个不同的期货交易所对两种类似的外汇期货合约同时进行方向相反的交易，从中获利。

【例 9.8】 201×年 6 月 1 日，纽交所伦敦国际金融期货交易所的 9 月份到期欧元/美元期货价格为 1.1255，芝加哥商业交易所的 9 月份到期欧元/美元期货价格为 1.1157。某交易者认为，目前两者价差 98 点过高，将来两者价差将会缩小。因此，该交易者决定卖出 20 手纽交所伦敦国际金融期货交易所的 9 月份到期欧元/美元期货合约，同时买入 20 手芝加哥商业交易所的 9 月份到期欧元/美元期货合约。到了 6 月 30 日，纽交所伦敦国际金融期货交易所和芝加哥商业交易所的 9 月份到期欧元/美元期货价格分别为 1.1225 和 1.1145，交易者同时将两种合约平仓（每手欧元期货合约代表 125 000EUR）。

分析该交易者的盈亏情况，如表 9.14 所示。

表 9.14　外汇期货跨市套利的财务分析

时间	纽交所伦敦国际金融期货交易所	芝加哥商业交易所
6 月 1 日	卖出 20 手纽交所伦敦国际金融期货交易所的 9 月份到期欧元/美元期货合约，价格为 1.125 5	买入 20 手纽交芝加哥商业交易所的 9 月份到期欧元/美元期货合约，价格为 1.115 7
6 月 30 日	买入 20 手纽交所伦敦国际金融期货交易所的 9 月份到期欧元/美元期货合约，价格为 1.122 5	卖出 20 手纽交芝加哥商业交易所的 9 月份到期欧元/美元期货合约，价格为 1.114 5
损益	（1.125 5－1.122 5）×125 000×20＝7 500USD	（1.114 5－1.115 7）×125 000×20＝-3 000USD

应当注意的是，外汇期货交易所由于所在时区不同，其开盘与收盘的时间会有所差异。交易者在进行外汇期货跨市套利时，应考虑到时差带来的影响，选择在交易时间重叠的时段进行买卖操作。

（三）跨币种套利

跨币种套利是指套利者根据对同一交易所内到期月份相同的不同货币对期货合约价格走势的预测，买进某一货币对应的期货合约，同时卖出另一货币对应相同到期月份的期货合约，从而进行套利交易。

【例 9.9】 201×年 8 月 9 日，国际货币市场 9 月份到期欧元/美元期货合约价格为 1.310 0，9 月份到期瑞士法郎/美元期货合约价格为 1.091 0。某投资者经过分析认为，欧元对瑞士法郎将会升值，于是入市做套利交易。由于两者的套算汇率为 1EUR＝1.200 7CHF，为保证

实际价值基本一致，投资者在国际货币市场买入10份欧元期货合约，同时卖出12份瑞士法郎期货合约（欧元期货合约和瑞士法郎期货合约的交易单位分别是125 000EUR和125 000CHF）。9月5日，该交易者分别以1.330 0和1.101 0的价格将欧元/美元期货合约和瑞士法郎/美元期货合约对冲。

分析该交易者的盈亏情况，如表9.15所示。

表9.15 外汇期货跨币种套利

时间	欧元期货合约	瑞士法郎期货合约
8月9日	买入10份欧元/美元期货合约，价格为1.310 0	卖出12份瑞士法郎/美元期货合约，价格为1.091 0
9月5日	卖出10份欧元/美元期货合约，价格为1.330 0	买入12份瑞士法郎/美元期货合约，价格为1.101 0
损益	(1.330 0－1.310 0)×125 000×10＝25 000USD	（1.091 0－1.101 0）×125 000×12＝－15 000USD

根据表9.15可以看出，如该交易者所预期，欧元对瑞士法郎升值，该交易者进行跨币种套利获得了10 000USD（25 000－15 000）的盈利。

小　结

外汇期货对于提高资本市场效率、优化资源配置发挥了重要作用，同时为投资者防范外汇交易风险提供了套期保值的工具，为投机者创造了投机与套利的机会。在介绍利率平价说、购买力平价说和费雪效应三种汇率决定理论的基础上，本章主要介绍了外汇期货的概念、外汇期货交易的特点、外汇期货合约的内容、全球主要的外汇期货品种及外汇期货套期保值与投机套利的操作策略。

案例分析

跨国贸易公司规避汇率风险

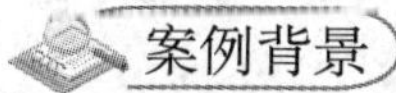
案例背景

在我国实行固定汇率时期，进出口企业的汇率风险很小，甚至可以忽略不计。

2005年7月，人民币实行“有管理的浮动汇率”之后，人民币的波动幅度越来越大、频率越来越快，最近一两年的升值速度之快更是让很多出口企业面临非常大的挑战。从2005年7月人民币汇率改革之后，美元兑人民币从8.276 2下跌到最近6.205 7左右，降幅达25%。而劳动密集型、附加值低是我国现阶段大部分出口产品的特征，这决定了出口企业的利润率很低，扩大出口数量是其赚取更多利润的唯一手段。出口企业的利润率越低，其面临的汇率风险就越大。如果一家出口企业的利润率只有3%，并且销售货款每月结算一次，那么当月外汇市场1%的波动很可能吞噬这家企业1/3的利润，而3%的波动则可能将这家公司从市场淘汰。

在国外，跨国贸易公司通常利用外汇期货市场进行套期保值交易，确保外币资产或外币负债的价值不受或少受汇率变动带来的损失，以规避汇率风险。大型的跨国公司（如IBM、

Dell 等）一般都会成立单独的部门，专门研究如何规避包括汇率在内的金融风险。在国内，只有像“中粮”这样的大公司才会有专门规避金融风险的部门，大多数中小进出口企业已经切身体会到汇率风险，但由于大部分中小企业缺乏相应的人才，掉期交易资金占用大等，大多数企业尚未找到有效规避汇率风险的办法。因此，今后谁先树立规避汇率风险的理念，并掌握规避汇率风险的方法，谁将最终在市场竞争中胜出。

案例解析

对于出口企业，签订出口合同以后，该企业在未来某一时点将得到一笔外币并需要换成本币。为了规避风险，该企业应在签订出口合同的同时在外汇市场上卖出数量相等的外币或买进数量相等本币的期货合约（卖出外币还是买进本币取决于付款人付款的币种，如支付的是非本国货币则卖出外币，支付的是本国货币时则买进本币）。这一过程就是套期保值交易，此后企业的利润将大致得到锁定，不受汇率波动影响。如果外币贬值本币升值，则期货市场上盈利，以补偿现货市场的损失；如果外币升值本币贬值，则现货市场盈利，以抵消期货市场损失。

对于进口企业，通常面临先与国内客户签订销售合同，然后再从国外进口产品的局面，签订合同与进口产品之间存在的时间差产生汇率风险，对此，进口企业同样可以通过外汇市场套期保值以规避汇率风险。与出口企业不同的是，进口企业预期在未来某一时间以本币换取一定数量外币用于购买国外产品，因此，进口企业的操作与出口企业相反，在签订国内销售合同的同时在外汇市场上买进数量相等的外币或卖出数量相等本币的期货合约。此后，如果外币升值本币贬值，则期货市场盈利，以抵消现货市场损失；如果外币贬值本币升值，则现货市场上盈利，以补偿期货市场的损失。

进出口企业在利用外汇期货做套期保值交易的时候需要注意以下问题：一般来说，做外汇期货套期保值要遵循货币种类相同、货币数量相等或相近、月份相同或相近、交易方向相反四大操作原则，而在实际操作中，因为基差不断变化，数量完全对等、效果完全相抵都难以做到，对于一般的进出口企业，套保的目的既不是风险的最小化，也不是利益的最大化，而是两者的统一，将企业的风险降低到可以稳健经营的程度。而对于月份相同或相近，实际操作中，由于远期合约一般不活跃，成交量比较少，在很多时候不能以目标价格成交，因此，一般会选择在主力合约成交，然后往后面的月份移仓。企业应该根据风险偏好和可以接受程度，灵活科学地选择套保比率，进行有策略性的套期保值。

（资料来源：蔡青. 2012. 国际贸易企业如何规避汇率风险的研究. 现代企业文化，12: 81-82）

思考与练习

一、名词解释

金融期货　汇率　外汇期货

二、简答题

1. 外汇期货市场的报价方式与外汇现货市场的报价方式是否相同？试说明理由。

2．影响汇率变动的主要因素有哪些？

3．外汇期货价格中的“点”表示什么？

4．芝加哥商业交易所主要币种的期货合约有哪些？不同币种的外汇期货合约规模是否一样？

三、计算题

1．2月1日，美国公民乔治计划6个月后去欧洲进行为期半年的旅行。他预计在这次旅行中将花费125 000EUR，此时欧元兑美元的即期汇率为1.102 3。为了防止届时欧元升值而多支付美元，他决定在国际货币市场利用9月份到期欧元期货合约进行套期保值，合约价格为1.102 4。到了8月1日，乔治准备启程。于是，他在现汇市场按照1.130 4的汇率用美元买进所需的125 000EUR，此时欧元期货合约价格为1.130 6。试分析美国公民乔治套期保值的盈亏情况。

2．1月15日，某交易者发现当年3月份到期英镑/美元期货价格为1.501 7，6月份到期欧元/美元期货价格为1.509 4，二者价差相差77个点。该交易者估计英镑/美元汇率将上涨，同时3月份到期和6月份到期的合约价差将会扩大，所以该交易者决定进行跨期套利。到了1月30日，3月份到期英镑/美元期货合约和6月份到期英镑/美元期货合约价格分别上涨到1.504 3和1.513 5，二者价差变为92个点。该交易者同时将两种合约平仓，完成套利交易。试分析该交易者跨期套利的盈亏情况。

课后阅读

1．施兵超．2008．金融衍生产品．上海：复旦大学出版社．

2．钱海斌．2013．利用期货期权防范外汇风险的问题分析．中国外资，283（2）：144．

3．黄彬勤．2013．外汇期货套保案例．中国外汇，17：49-50．

4．朱一平．2013．基于人民币汇率形成机制改革的我国外汇期货市场研究．上海金融，4：80-83．

第十章

利 率 期 货

学习目标

- 熟悉利率期货的主要类型
- 掌握不同利率期货的报价和交割制度
- 掌握利率期货套期保值和投机套利的基本操作

学习要点

- 利率期货的主要类型
- 利率期货套期保值的基本操作
- 利率期货投机套利的基本操作

关键词

利率期货　套期保值　保值比率　投机套利

导入案例

出色的利率期货投资者

汤姆·鲍德温（Tom Baldwin）是一名出色的利率期货投资者，堪称当今世界上相当大的个体户。他单独一次买卖合约可达 2 000 张，以每张 10 万美元计算，涉及金额高达 2 亿美元。鲍德温 30 多岁踏入利率期货市场，经过 6 年时间的锻炼作出如此出色的成绩，令人敬佩。鲍德温曾经接受记者采访，明确指出缺乏耐心是普通投资者最容易犯的错误。

（资料来源：http: // data. book. hexun. com）

第一节 利率期货概述

利率期货是以特定的债权工具为合约标的物的一种金融期货，是利率自由化的产物。利率期货的标的物并非利率本身，而是与利率密切相关的固定收益证券（fixed income securities）。投资者可以利用利率期货来防范利率风险，投机者可以利用利率期货来投机盈利。正是由于其具有套期保值和投机盈利的功能，利率期货被各大金融机构、公司及其他投资者广泛采用，发展极为迅速。现在几乎所有信誉高、流动性强的金融工具均可做利率期货交易。

一、利率工具及其估值方法

（一）常见的利率工具

1. 附息债券

附息债券又称分期付息债券和息票债券，是在债券券面上附有息票的债券，或者按照债券票面载明的利率及支付方式支付利息的债券。息票上标有利息额、支付利息的期限和债券号码等内容。持有人可从债券上剪下息票，并据此领取利息。附息债券的利息支付方式一般会在偿还期内按期付息，如每半年或一年付息一次。若为记账式无纸化附息国债，虽然没有息票，但投资者可凭证券账户在规定的付息日期内领取利息。

2. 一次还本付息债券

这种债券按照面值和票面利息向投资者在债券到期时一次支付本息，不管债券什么价格买入，到期一律按面值支付本金，利息按照票面利率、面值和期限可以单利计付，也可以复利计付，但必须在债券发行公告中说明。

3. 零息债券

零息债券是指债券票面上不含利息或不附有息票的债券，发行时按一定的折扣率以低于债券面值的价格发行，到期时按面值支付本息的债券。贴息债券的发行价格与其面值的差额就是债券的利息。

（二）债券的估值方法

1. 附息债券的估值

不可赎回的附息债券未来现金流包括每期支付的息票利息和最终的面值偿还。债券内在价值是两部分现金流的现值之和。其计算公式为

$$p=\sum_{t=1}^{TN}\frac{\frac{C}{N}}{\left(1+\frac{y}{N}\right)^{t}}+\frac{\text{Par}}{\left(1+\frac{y}{N}\right)^{TN}} \tag{10.1}$$

式中，P 为债券的内在价值，即公平价格；C 为年息票利息；Par 为债券面值；T 为债券剩余利息年数，t 从 $1\sim T$；y 为债券的市场收益率；N 为每年付息次数。

【例 10.1】 某不可赎回的附息债券面值为 1 000 元，年利率为 5%，剩余年限 5 年，该债券的必要收益率为 6%，每年付息 2 次。该债券的公平价格是多少？

解：已知 C=1 000×5%=50（元），N=2，y=6%，Par=1 000，T=5，则

$$p=\sum_{t=1}^{10}\frac{\frac{50}{2}}{\left(1+\frac{6\%}{2}\right)^{t}}+\frac{1000}{\left(1+\frac{6\%}{2}\right)^{10}}\approx 957.35\text{（元）}$$

2. 一次还本付息债券的估值

一次还本付息债券的价值就是债券到期后本息和的现值。如果支付的利息按照单利计息，其价值为

$$p=\frac{\text{Par}\ (1+n\times r)}{(1+y)^{m}} \tag{10.2}$$

式中，r 为债券票面利率；n 为发行日至到期日的期数；m 为从买入日至到期日的剩余时期数。

【例 10.2】 有一张 10 年期的一次还本付息的债券，面值 1 000 元，票面利率 8%，单利计息，还有 5 年到期，必要收益率为 6%。该债券的公平价格是多少？

解：已知 Par=1 000，r=8%，y=6%，n=10，m=5，则

$$p=\frac{1000\times(1+10\times 8\%)}{(1+6\%)^{5}}\approx 1\,425.74\text{（元）}$$

一次还本付息的债券的利息如果按照票面利率复利计息，其价值为

$$p=\frac{\text{Par}(1+r)^{n}}{(1+y)^{m}} \tag{10.3}$$

3. 零息债券的股指

零息债券的价值就是面值的现值。其计算公式为

$$p=\frac{\text{Par}}{(1+y)^{m}} \tag{10.4}$$

【例 10.3】 某零息债券，票面金额 100 元，还有 2 年到期，必要收益率 3%。其价值应为多少？

解：已知 Par=100，y=3%，m=2，则

$$p=\frac{100}{(1+3\%)^2}\approx 94.26\ （元）$$

（三）债券的定价定理

债券价格、债券利息率、到期年限以及到期收益率之间存在内在的必然联系。我们总结为以下7个定理。

定理1：债券的价值随剩余利息支付时间的变化而变化。就附息债券而言，当息票收益率高于必要收益率时，债券以溢价交易，其价格随时间的推移下降，最终以面值赎回；反之，折价交易的债券，其价格随时间的推移逐渐上涨，最终同样以面值赎回。所以，在其他因素不变的条件下，债券价格随剩余时间的变化而变化，溢价交易的债券息票率虽高，其价格逐渐降低；折价债券息票率虽低，其价格逐渐升高。

定理2：债券的市场价格与到期收益率呈反比关系。也就是说，到期收益率上升时，债券价格会下降；反之，到期收益率下降时，债券价格会上升。

定理3：债券收益率的上升会引起债券价格的下降，但随着收益率的上升，债券价格对其变动的敏感度降低。

定理4：给定息票率，不同期限的债券，其价格对到期收益率的敏感性不同。当债券息票利率相同时，期限越长其价格对到期收益率变动的敏感度就越强，即长期债权的价格利率风险更大。

定理5：随着债券到期时间的临近，债券价格的波动幅度减少，并且是以递增的速度减少；反之，到期时间越长，债券价格波动幅度增加，并且是以递减的速度增加。

定理6：给定收益率和期限，债券的价格与息票利息存在线性关系。

定理7：对于期限既定的债券，由收益率下降导致的债券价格上升的幅度大于同等幅度的收益率上升导致的债券价格下降的幅度。也就是说，对于同等幅度的收益率变动，收益率下降给投资者带来的利润大于收益率上升给投资者带来的损失。

二、利率期货的主要类型

利率期货种类繁多，几乎所有信誉高、流动性强的利率工具均可做利率期货交易，包括1年期以下的货币市场证券合约，如国库券、银行承兑汇票、银行同业拆借资金、商业票据、大额可转让定期存单和定期存款；也有期限长达20年的政府债券和公司债券。目前，国际上主要的利率期货有：①3个月期国库券期货；②3个月期国内可转让定期存单期货；③3个月期欧洲美元定期存款期货；④90天期英镑定期存款期货；⑤日元长期国库券期货；⑥英镑长期国债期货；⑦3个月期商业本票期货。下面着重从短期利率期货和长期利率期货的角度介绍国库券期货、欧洲美元期货及长期国债期货。

（一）短期利率期货

短期利率期货是指期货合约标的物的期限在1年以内的各种利率期货。以货币市场的各类债务凭证为标的物的利率期货均属于短期利率期货，包括各种期限的商业票据期货、短期国库券期货（Treasury Bill Futures；T-Bill Futures）及欧洲美元定期存款期货（Eurodollar Futures）等。

1. 短期国库券期货

短期国库券既是广义的商业票据（commercial paper）的一种，又是由各国政府出面发行的期限最短的、到期可以依面额清偿的一种融通票券。由于流动性高，加之由政府担保，短期国库券是颇受欢迎的投资工具。短期国库券期货是最早产生的短期利率期货。短期国库券的到期日通常介于 90 天与 1 年之间，在期货市场上所交易的国库券多为 3 个月期（13 周），到期日定为 3 月、6 月、9 月及 12 月，每笔交易单位为 100 万美元。目前，最具有代表性的短期国库券期货是在芝加哥商业交易所上市交易的美国 13 周国库券期货。

以芝加哥商业交易所上市交易的美国 13 周国库券期货为例，介绍短期国库券期货合约的规格，具体如表 10.1 所示。

表 10.1　芝加哥商业交易所 13 周美国国库券期货的合约规格（摘要）

交易单位	面值 1 000 000 美元的 3 个月期美国国库券
报价方式	100－年收益率
最小价格变动单位	0.005（1/2 个基点），每张合约 12.5 美元
每日价格波动限制	无
合约月份	3 月、6 月、9 月、12 月 4 个季末循环月份加 2 个非季末循环月份
交易时间	芝加哥时间上午 7:20 至下午 2:00，最后交易日于中午 12:00 收盘
最后交易日	到期合约于该月份第一交割日前一个营业日停止交易
交割日	交割于连续 3 个营业日内进行。第一个交割日是现货月份的第一天，也是新一期 13 周国库券的发行日
交割等级	新发行的 3 个月期美国国库券与原来发行、尚有 90 天剩余期限的一年期和 6 个月期的美国国库券
交割方式	实物交收

资料来源：http://www.cmegroup.com

2. 欧洲美元定期存款期货

欧洲美元定期存款期货简称“欧洲美元期货”，是由芝加哥商业交易所国际货币市场于 1981 年 12 月率先推出的。欧洲美元是一种被存在美国境外银行的美元存款，所以欧洲美元期货经常被误认为是外汇期货。外汇期货的标的物是外汇本身，是管理汇率风险的工具；欧洲美元期货的标的物是 3 个月期的欧洲美元定期存款，是管理利率风险的工具。此外，二者的交易规则大不相同。

欧洲美元期货合约的规格同上述短期国库券期货合约有诸多相似之处，如表 10.2 所示。

表 10.2 芝加哥商业交易所 13 周欧洲美元期货合约规格（摘要）

交易单位	本金为 1 000 000 美元的 3 个月期欧洲美元定期存款
报价方式	100－年定期存款利率
最小价格变动单位	0.01%（1 个基点），每张合约 25 美元
每日价格波动限制	无
合约月份	3 月、6 月、9 月、12 月循环的最近 40 个月份再加上最近的 4 个“序列”月份
交易时间	芝加哥时间上午 7:20 至下午 2:00，最后交易日于中午 9:30 停止交易
最后交易日	到期合约第三个星期三之前的第二伦敦银行营业日
交割日	最后交易日
交割方式	现金结算

资料来源：http://www.cmegroup.com

（二）长期利率期货

长期利率期货是指期货合约标的物的期限在 1 年以上的各种利率期货。以资本市场的各类债务凭证为标的物的利率期货均属于长期利率期货，包括中长期国库券期货、市政公债指数期货等。美国财政部的中期国库券偿还期限为 1～10 年，通常以 5 年期和 10 年期较为常见；付息方式是在债券期满之前，每半年付息一次，最后一笔利息在期满之日与本金一起偿付。长期国库券的期限为 10～30 年，以其富有竞争力的利率、保证及时还本付息、市场流动性高等特点吸引了众多政府机构和公司的巨额投资。在各种国库券中，长期国库券价格对利率变动最为敏感，20 世纪 70 年代以来利率的频繁波动推动了长期国库券二级市场的迅速繁荣。

长期国债期货合约是以一种（虚构的）20 年期、息票利率为 8%的长期国库券为标的物的利率期货，内容包括：

1）交易单位。每份长期国债期货合约的面值为 10 万美元。

2）交割月份。交割月份分别为每年的 3 月、6 月、9 月、12 月。

3）报价方式。以美元和 1/32 美元为单位报出，所报价格是面值为 100 美元的国债价格。

4）交割方式。交割涉及 3 天：第一天是期货合约交割月份的第一个营业日；第二天，清算所从众多的未平仓多头之中选择买方，一旦选定，卖方就会对某特定的交割债券开出发票，买方准备支付款项；第三天即实际交割和付款日。

5）交割制度。长期国债期货的标的物是期限为 20 年、息票利率为 8%的长期国库券。然而，这种标准化的标的债券在现货市场上很少存在，甚至不存在。因此，美国实行混合交割制度，即卖方可选择剩余期限不少于 15 年的任何美国长期国库券用于交割。在这种制度下，需要引入转换系数对不同票面利率的国债进行价格折算，以使每一种国库券都保持 8%的息票利率。

以芝加哥期货交易所上市交易的美国 30 年长期利率公约为列，介绍长期国库券期货合约，具体如表 10.3 所示。

表 10.3　芝加哥期货交易所 30 年长期利率期货合约规格（摘要）

合约面额	面值 100 000 美元的美国长期国债
合约月份	3 月、6 月、9 月、12 月
最小价格变动单位	1/32 点，每张合约 31.25 美元
每日价格波动限制	无
交易月份	3 月，6 月，9 月，12 月
最后交易日	合约月份最后一个工作日往回数的第七个工作日
最后交割日	合约月份最后一个工作日
交割方式	实物交割
交割等级	不可提前赎回的长期国债，其到期日从交割日第一个工作日算起必须为至少 15 年以上；如果是可以提前赎回的长期国债，其最早赎回日至合约到期日必须为至少 15 年以上
交割方式	联储电汇转账系统
交割平台	联储簿记电子

资料来源：http://www.cmegroup.com

第二节　利率期货的报价与交割

一、国库券期货

（一）国库券期货的报价方式

短期国库券期货通常采用指数报价法，价格表示为 100 减去年收益率或年利率。例如，当国库券的年收益率为 6%时，期货市场报出的国库券期货价格为 100－6=94；当国库券的年收益率降到 5.5%时，期货市场报出的国库券期货价格则上涨到 94.5 即（100－5.5）。短期国库券期货之所以采用指数方式报价，主要是因为国库券的年收益率与价格之间是反方向变动关系，指数报价方式可以直接报出国库券价格，而且这种报价方式符合交易者低买高卖的习惯。

假设当前利率水平为 5%，短期国库券的期货价格为 95.00。若交易者预测 3 个月后利率将下跌，那么他需要买进一份 3 个月期的国库券期货。3 个月后，利率如他预测的那样下跌至 3%，则期货市场中的短期国库券价格则为 97.00。此时，他卖出国库券期货，可赚取收益 2.00 元（97.00－95.00）。

（二）国库券期货的交割方式

短期国库券期货允许实物交割。按照芝加哥商业交易所的规定，通知交割日为交割月份第三次拍卖短期国库券之后的第二个营业日，这一天也是短期国库券期货合约的最后交易日。在通知日当天，拟进行实物交割的空头或多头交易者需要通知清算所，清算所对多头或空头头寸进行配对，然后由清算所通知多头或空头的银行第二天进行付款或交货。

二、欧洲美元期货

（一）欧洲美元期货的报价方式

与短期国库券期货相类似，欧洲美元期货同样采取指数报价方式，即 100 减去 3 个月定期存款利率。需要注意的是，这里 3 个月定期存款利率是指 3 月期伦敦银行同业拆借利率（LIBOR），一般会高于相应期限的美国国库券利率。

与短期国库券期货不同的是，欧洲美元定期存款是投资者将资金存入银行，存款到期方可得到利息；而国库券采取贴现方式发行，投资者买进国库券时就已经取得利息。当国库券贴现率和欧洲美元定期存款利率相同时，国库券的实际收益率要高于欧洲美元定期存款。

（二）欧洲美元期货的交割方式

欧洲美元期货采取现金结算方式。在最后交割日，交易所的清算中心根据最后结算价格与前一交易日结算价格，计算出所有未平仓合约的盈亏额，增加盈利者保证金账户的相应金额，减少亏损者保证金账户的相应金额。欧洲美元期货的结算价格是根据伦敦各大银行报出的 3 个月期欧洲美元定期存款利率的平均数确定的，不是某一家银行的欧洲美元存款利率。

欧洲美元期货以现金结算不仅为本身交易提供了极大的便利，也为股指期货的推出解决了无法实物交割的难题。

三、长期国债期货

（一）长期国债期货的报价方式

长期国债期货（包括中期国债期货）的报价方式与短期国库券期货、欧洲美元期货的报价方式有很大不同。前者采用价格报价法，即以 100 美元的国债面值作为报价单位，报出国债期货价格。芝加哥商业交易所 5 年、10 年、30 年国债期货的合约面值均为 100 000 美元，合约面值的 1%为 1 个点，故 1 个点代表 1 000 美元。30 年期国债期货的最小变动价位为 1/32 个点，即 31.25 美元（1 000×1/32）；5 年期、10 年期国债期货的最小变动价位为 1/32 点的 1/2，即 15.625 美元。长期国债期货的报价格式为“××-××”，“-”前面的数字代表多少个点，后面的数字代表多少个 1/32 点。其中，由于 5 年期、10 年期的最小变动价位为 1/32 点的 1/2，所以“-”后面有出现 3 位数的可能。

例如，10 年期美国国债期货价格下跌 14/32，至 98-04，即下跌 437.5 美元（14×31.25），至 98 125 美元（98×1 000＋4×31.25）；30 年期美国国债期货价格下跌 25/32，至 92-29，即下跌 781.25 美元（25×31.25），至 92 906.25 美元（92×1 000＋29×31.25）。

（二）可交割债券价格的转换系数

长期国债期货一般采用实物交割。尽管交易所规定了标准券种，但卖方可以选择替代品种进行交割，而且可供选择的债券种类比商品期货替代等级要更多。在任意时刻，约有 30 种债券可以用来交割芝加哥期货交易所的长期国债期货合约。考虑到利息和到期日，可供选择的不同债券之间区别很大，买方需要支付的金额亦不尽相同。为此，芝加哥期货交易所为不同债券设计了转换系数，并定期公布每个国债期货的可交割券种与转换系数。

芝加哥期货交易所规定，30 年期国债期货的标的债券是 30 年期、息票利率为 6%的国债（附息债券，每半年付息一次）。转换系数是在交割月份的第一天，1 美元票面价值的可交割债券相对于 6%名义利率债券的价格。假如卖方以剩余期限为 21 年的、息票率 10%的国债来交割，则该债券的转换系数为

$$\sum_{t=1}^{42}\frac{10\%/2}{(1+3\%)^t}+\frac{1}{(1+3\%)^{42}}=1.474$$

在实际交割时，卖方给买方开出的发票金额是由下式决定的：

发票金额＝交割期货的合约数×（100 000×期货清算价格×转换系数
＋每份合约应计利息）

式中，应计利息＝（n×息票年利率×债券票面金额）/365，n 为自上次息票支付之日到交割日的天数。

【例 10.4】 假定某一长期国债期货合约的交割面值为 100 000 美元，卖方的成交价为 90-00，拟交割债券的转换系数为 1.3800，交割时每一面值 100 美元的债券应计利息（从上一个付息日至现在，按照 100 元面值和票面利率计算的应收利息）为 3 元，则卖方每 100 元面值应收到的现金为

1.38×90.00＋3.00＝127.20（美元）

发票金额＝127.2×100 000/100＝127 200（美元）

（三）最便宜可交割债券的选择

在众多的可供选择的交割债券中，卖方如何选择对自己最有利的最便宜的可交割债券呢？假定卖方可以从债券市场购买可交割债券用于交割，则其可收到的价款为

期货成交价×转换因子＋应计利息

同时，假定卖方从现货市场购买债券的成本为

债券报价＋应计利息

对于卖方来说，最便宜的可交割债券应当满足下式有最小值：

Min[债券报价－期货成交价×转换因子]

【例 10.5】 某交易者从事长期国债期货交易，期货成交价格为 93-08，即 93.25。作为卖方打算在合约到期时进行实物交割，所以需要从三种可供选的债券中选择最便宜债券。表 10.4 给出了三种债券的转换系数以及在现货市场的报价。该交易者应该选择哪一种债券进行交割？

表 10.4 三种债券的转换因子及现货价格

债券	报价	转换系数
1	99.50	1.038 2
2	143.50	1.518 8
3	119.75	1.261 5

解：

债券 1：

债券的报价－期货成交价×转换因子＝99.50－93.25×1.038 2≈2.69

债券 2：

债券的报价－期货成交价×转换因子＝143.50－93.25×1.518 8≈1.87

债券 3：

债券的报价－期货成交价×转换因子＝119.75－93.25×1.261 5≈2.12

不难看出，债券 2 是最便宜可交割债券。

第三节 利率期货的套期保值

利率期货套期保值是指在金融市场上借贷者采取与其现货市场相对的立场买卖利率期货，以确保自己现在拥有或将来拥有将要买卖的金融凭证的价格（或收益率）。利率期货套期保值的基本原理是利率下跌时各种金融凭证的价格会升高，而利率上升时金融凭证价格将下跌。一切贷款者或购买金融凭证者，应在预期利率要下降时进行多头套期保值，即买进有关利率期货；反之，一切借贷者或出售金融凭证者，应在预测利率将上扬时进行空头套期保值，即卖出有关利率期货。

一、利率期货套期保值的主要类型

概括来讲，利率期货套期保值可分为买入套期保值、卖出套期保值和交叉套期保值。

（一）买入套期保值

一切贷款者或购买金融凭证者，应在预期利率要下降时进行买入（多头）套期保者，即买进有关利率期货以确保收益。

【例 10.6】 德国 CB 公司在 3 月 15 日预计将于 6 月 10 日收到 1000 万欧元，打算到时将其投资于 3 个月期定期存款。3 月 15 日的 3 个月定期存款利率为 7.65%，该公司担心到 6 月 10 日利率会下跌，于是，通过 Euronext-Liffe 进行套期保值，其过程如表 10.5 所示。

表 10.5 利率期货多头套期保值的财务分析

日期	现货市场	期货市场
3 月 15 日	预计 6 月 10 日收到 1 000 万欧元，打算到时将其转为 3 个月期定期存款。当前存款利率为 7.65%	以 92.40 的价格买进 10 张 6 月份到期的 3 个月欧元利率期货合约
6 月 10 日	存款利率下跌至 5.75%，收到 1 000 万欧元，以此利率存入	以 94.29 的价格卖出 10 张 6 月份到期的 3 个月欧元利率期货合约
损益	10 000 000×（5.75%－7.65%）×3/12= －47 500（欧元）	（94.29－92.40）×100×25×10=47 250（欧元）

从德国 CB 公司的套期保值过程可以看出，由于存款利率下跌，公司利息收入减少了 47 500 欧元；事先在期货市场进行对冲交易，获利 47 250 欧元，基本上可以弥补现货市场上的损失。

从收益率来看，德国 CB 公司的实际所得利息收入为

10 000 000×5.75%×1/4＝143 750（欧元）

加上期货市场所得的利润，则实际总收益为

143 750＋47 250＝191 000（欧元）

因而，该公司的实际收益率为

（191 000×4）/10 000 000×100%＝7.64%

这与原来的预期利率（7.65%）非常接近。当然，如果情况与当初预测相反，到 6 月 10 日，利率不跌反升，这时该公司虽然在期货市场遭遇亏损，但在现货市场上得到了更多的利息，相互抵消后实际收益率仍将维持在 7.65%左右。

（二）卖出套期保值

一切借贷者或出售金融凭证者，应在预测利率即将上涨时进行卖出（空头）套期保值，即卖出有关利率期货以避免损失。

【例 10.7】 3 月 1 日，某投资基金持有一批面值为 1 000 000 美元的长期国债，预计未来市场利率上升，故基金经理决定用芝加哥期货交易所 30 年长期国债期货进行套期保值。该期货合约的规模为 100 000 美元。3 月 1 日，基金经理卖出 10 份 12 月到期的长期国债期货合约，成交价 92-05；12 月 1 日，以 89-05 的价格平仓其所持有的国债期货合约。该基金经理的套期保值过程如表 10.6 所示。

表 10.6 利率期货空头套期保值的财务分析

时间	现货市场	期货市场
3 月 1 日	长期国债现货价格 86-01	卖出 10 份 12 月到期的长期国债期货合约，成交价 92-05
12 月 1 日	长期国债现货价格 82-09	买进 10 份 12 月到期的长期国债期货合约平仓，成交价 89-09
损益	损失 [(86＋1/32)－(82＋9/32)] ×1 000 000×1/100 ＝37 500（美元）	获利 [(92＋5/32)－(89＋5/32)]×1 000 000×1/100 ＝30 000（美元）

从该基金经理的套期保值过程可以看出，未来市场利率上升将导致长期国债价格下跌，如此其持有的长期国债将遭受损失 37 500 美元；事先在期货市场进行套期保值，获利 30 000 美元，在很大程度上弥补了现货市场的损失。

（三）交叉套期保值

固定收益证券的种类非常多，但利率期货合约的品种相对有限。因此，投资者在寻求对公司债券、外国债券等利率工具进行保值时，往往难以找到完全对应的期货品种。此时，投资者可以选择相关的利率期货合约来代替，这种保值方式被称为交叉套期保值。所谓相关合

约，是指期货合约的价格与所需保值债券的价格之间具有较强的相关性。进行交叉套期保值时，最好选择与所需保值债券价格相关性最强的相关合约；此外，还必须确定相关合约在保值期间具备较好的流动性。

【例 10.8】 某投资者持有面值 1 000 万美元的欧洲债券组合。他预期市场利率将上升，所持债券将价格下降，所以决定利用期货市场来规避利率风险。因为当时美国期货市场上没有欧洲债券期货可供选择，故该投资者决定选用与欧洲债券价格相关性较强、流动性较好的美国国债期货合约来进行交叉套期保值。有关数据如表 10.7 所示。

表 10.7 利率期货交叉套期保值操作

项目		第 1 天	第 91 天
欧洲债券组合	现在的价值	9 825 000	9 628 500
	平均票面利率	8.7%	
	基点价值	3 890.70	
	收益率 β 系数	0.886	
美国 5 年期国债	价格	94-07	
	每 10 万美元的基点价值	39.10	
	转换系数	1.058 1	
美国 10 年期国债	价格	97-03	
	每 10 万美元的基点价值	62.50	
	转换系数	1.067 5	
美国长期国债	价格	97-09	
	每 10 万美元的基点价值	99.47	
	转换系数	1.098 6	
美国 5 年期国债期货价格		94-07	92-04
美国 10 年期国债期货价格		90-20	
美国长期国债期货价格		88-06	

该投资者对美国 5 年期、10 年期和长期国债进行比较，需要从中选出最合适的期货合约来进行交叉套期保值。具体方法是：首先求出三种期货合约的基点价值，然后将欧洲债券组合的基点价值分别与之对比，最后选择与欧洲债券组合的基点价值最接近的期货合约。

美国 5 年期国债期货的基点价值＝39.10/1.058 1≈36.95（美元）

美国 10 年期国债期货的基点价值＝62.50/1.067 5≈58.55（美元）

美国长期国债期货的基点价值＝99.47/1.098 6≈90.54（美元）

对于美国 5 年期国债期货来说，每 1 000 万美元面值的基点价值为 3 695 美元，与该投资者需保值的欧洲债券组合的基点价值 3 890.70 美元最接近。所以，该投资者可选择 5 年期美国国债期货合约进行保值，计算出保值所需要的合约数为

3 890.70/36.95≈105（张）

交叉套期保值还须考虑债券间价格变动的相关性，即应根据收益率 β 系数调整上述合约数量：

105×0.886≈93（张）

该投资者第 1 天以市价 94-07 卖出 93 张美国 5 年期国债期货合约，在 3 个月后以 92-04 的价格买入平仓。交叉保值操作结果如表 10.8 所示。

表 10.8　交叉套期保值的财务分析

项　目	第 1 天	第 91 天
欧洲债券组合总值	9 825 000	9 628 500
应计利息		218 750
期货盈利		194 718.75
净值		10 041 968.75
年报酬率		9.0%

表中数据计算如下：

10 000 000×8.75%×3/12＝218 750（美元）

[（94＋7/32）－（92＋4/32）]×1 000×93＝194 718.75（美元）

9 628 500＋218 750＋194 718.75＝10 041 968.759 美元）

（10 041 968.75－9 825 000）/9 825 000×365/90×100%＝8.96%

相比之下，若该投资者不利用期货进行交叉套期保值，则在第 91 天，其债券组合的总值为 9 628 500 美元，加上应计利息 218 750 美元，其净值仅为 9 847 250 美元，年报酬率相当于 0.92%，计算如下：

（9 847 250－9 825 000）/9 825 000×365/90×100%＝0.92%

由此可见，借助利率期货的交叉套期保值，该投资者成功地以美国国债期货市场的盈利弥补了欧洲债券现货市场的亏损。

【例 10.9】 某公司计划在 3 个月后发行总额为 2 500 万美元、期限为 10 年的公司债券。分析预测发现，在债券发行时市场利率极有可能上升。为了顺利发行债券，公司不得不提高利率或降低售价，但这将造成公司融资成本增加或融资总额减少。该公司认为以当前的利率水平筹资较为合适。为了将债券价格和利率锁定在当前水平上，该公司决定用芝加哥期货交易所 10 年期国债期货进行交叉套期保值。有关数据如表 10.9 所示。

表 10.9　某公司交叉套期保值的相关数据

项　目	第 1 天	第 91 天
公司债券的基点价值	14 377.50	
美国 10 年期国债每 10 万美元面值的基点价值	57.13	
转换系数	1.056 2	
美国 10 年期国债期货价格	91-28	89-15
市场基准利率	8%	9.5%
公司债券发行利率	10.5%	11%

请计算交叉套期保值所需的期货合约数量。

解： 美国10年期国债期货的基点价值为

$$57.13/1.056\,2=54.09\text{（美元）}$$

所需的期货合约数为

$$14\,377.50/54.09=265\text{（张）}$$

该公司于第1天以91-28的价格卖出265张期货合约，并于第91天以89-15的价格平仓。其交叉套期保值的操作结果如表10.10所示。

表10.10 交叉套期保值的财务分析

项目	现货市场	期货市场
第1天	公司债券发行利率10.5%	卖出265张10年期国债期货合约，价格为91-28
第91天	市场利率11%	买进265张10年期国债期货合约平仓，价格为89-15
套保值结果	期货市场获利637 656.25美元，实际发行利率约为10.74%	

表中数据计算如下：

$[(91+28/32)-(89+15/32)]\times100\,000\times1/100\times265=637\,656.25$（美元）

$637\,656.25/25\,000\,000/10\times100\%=0.2551\%$

$11\%-0.2551\%=10.74\%$

二、最佳套期保值比率的确定方法

套期保值比率是指所选用的期货合约与所需保值现货债券的数量之比。由于所需保值现货债券的票面利率、剩余期限可能与所选期货合约的标的物并不完全一致，二者对利率变化的敏感程度也会有所不同。因此，最佳的套期保值比率并非1∶1。确定最佳套期保值比率的目的是尽可能地降低基差风险，以取得更好的保值效果。若期货头寸的价值变化能够完全抵消现货头寸的价值变化，则可以达到完美的保值效果。若将保值者的现货与期货头寸视为一个组合，完美的保值效果意味着该组合的价值变动为零，即现货头寸的价值变化与期货头寸的价值变化之和为零。其计算公式为

$$\Delta s\,N^s+\Delta f\,N^f=0$$

式中，Δs和Δf分别表示保值期间现货价格和期货价格的变化；N^s和N^f分别为现货和期货合约的数量。套期保值比率可表示为N^f/N^s。现货头寸与期货头寸的价格敏感度越接近，套期保值比率越近似于1∶1；当二者的价格敏感度不同时，套期保值比率就不等于1∶1了。例如，假定国债现货价格敏感度是国债期货的2倍，现货价格下降10%，期货价格相应增加5%，则套期保值比率为2，即投资组合中每一单位的现货债券需要2倍金额的期货合约来为其保值。

在进行利率期货套期保值时，主要采用转换系数加权法、基点价值加权法、持续期间法三种计算方法来确定最佳的套期保值比率。

（一）转换系数加权法

转换系数促使现货与期货的价格敏感度趋于相等，可以作为衡量套期保值比率的近似方法。例如，某国债现货的转换系数为1.643 2，表示现货价格敏感度约为期货价格敏感度的164.32%；若另一国债现货的转换系数为0.879 6，则表示其价格敏感度是期货价格敏感性的87.96%。

转换系数加权法存在一定的局限性。具体而言，期货价格紧随最便宜可交割债券的价格而变动，如果保值者的现货并不是最便宜可交割债券，则当期货价格变动时，期货头寸的价值变动就无法与现货头寸的价值变动保持一致。

（二）基点价值加权法

基点价值是指债券收益率变化一个基点（0.01个百分点）所引起的债券价格的变化。其计算公式为

基点价值＝债券价格变化/收益率变化

例如，存续期还有21年的债券收益率由5.00%上升至5.01%，导致债券价格下了42.31美元，则在当时的持续期间及收益率下，该债券的基点价值为42.31美元。当收益率变动时，基点价值乘以收益率变动的基点数，便可得到相应的债券价格变动值。当利率（收益率）发生变动时，现货债券与期货债券的基点价值可能不同，那么二者的价格变动可能不完全一致。因此，需要估算套期保值比率。其计算公式为

套期保值比率＝现货价格变化/期货价格变化
＝（现货基点价值×收益率变化）/（期货基点价值×收益率变化）
＝现货基点价值/期货基点价值

由于利率期货价格随最便宜可交割债券的价格而变化，因此，期货价格变化取决于最便宜可交割债券的价格变化：

期货价格变化＝最便宜可交割债券的价格变化/转换系数

期货基点价值＝期货价格变化/收益率变化
＝（最便宜可交割债券的价格变化/转换系数）/收益率变化
＝（最便宜可交割债券的价格变化/收益率变化）/转换系数
＝最便宜可交割债券的基点价值/转换系数

例如，若美国长期国债期货的最便宜可交割债券是一个期限为30年的长期债券。当该债券的收益率从5.50%上升到5.51%时，每100 000美元面值债券的价格下降116.83美元，则其基点价值为116.83美元。假定最便宜可交割债券的转换系数为1.085 8，那么长期国债期货合约的基点价值为107.60美元（116.83/1.085 8）。

基点价值加权法隐含了一个基本假设——收益率变化会同时影响现货价格与期货价格，且价格变化是唯一的变量。该方法是计算套期保值比率的有效方法，因为基点价值的绝对金额反映了期货头寸与现货头寸对收益率改变的价格敏感度。

假设某投资组合包含5个面值为100 000美元、基点价值为80美元的债券，其总面值为400 000美元，总基点价值为400美元。最便宜可交割债券每100 000美元的基点价值为

60 美元，转换系数为 1.2，则期货合约的基点价值为 50 美元（60/1.2）。为完全对冲该投资组合的风险，期货头寸与现货头寸的基点价值必须匹配。将投资组合的基点价值除以期货的基点价值，可以得到所需期货合约数为 8 张（400/50）。

（三）持续期间法

债券的持续期间（duration）度量了债券持有者在收到现金付款之前平均需要等待的时间，也可以理解为在债券存续期间现金流量的加权平均期间，其权重为债券现金流量的现值。期限为 n 年的零息票债券的持续期间为 n 年，期限为 n 年的附息票债券的持续期间小于 n 年（因为第 n 年之前已收到部分利息）。

持续期间这一概念是弗雷德里克·F.麦考利（Frederick R. Macaulay）于 1930 年提出的，其基本假设是：收益率曲线是平坦的，因此贴现率保持不变。持续期间可表示为

$$D=\frac{\sum_{t=1}^{T}\frac{C_t}{(1+R)^t}\times t}{\sum_{t=1}^{T}\frac{C_t}{(1+R)^T}} \tag{10.5}$$

式中，D 表示持续期间；C_t 表示 t 时刻的现金流量；R 表示贴现率，为债券的到期收益率；T 为剩余期限，t 取值从 1～T。式（10.5）计算出的持续期间被称为麦考利持续期。

式（10.5）中分母为债券在剩余期间 T 内的现金流量现值之和，即债券的价值（均衡价格）P。其计算公式为

$$p=\sum_{t=1}^{T}\frac{C_t}{(1+R)^t} \tag{10.6}$$

将式（10.6）等号两边分别对利率求导，可得

$$\frac{\mathrm{d}P}{\mathrm{d}R}=\frac{-1}{1+R}\times\left[\frac{C_1}{1+R}+\frac{2C_2}{(1+R)^2}+\cdots+\frac{NC_n}{(1+R)^n}\right] \tag{10.7}$$

式（10.7）反映了当利率发生微小变化时债券价值的变动，实际上就是基点价值。将式（10.7）两边同时除以债券价格，可得到利率变动 1 单位百分比时债券价格变动的百分比，即

$$\frac{\mathrm{d}P}{\mathrm{d}R}\times\frac{1}{P}=\frac{-1}{1+R}\times\left[\frac{C_1}{1+R}+\frac{2C_2}{(1+R)^2}+\cdots+\frac{NC_n}{(1+R)^n}\right]\times\frac{1}{P} \tag{10.8}$$

式（10.8）是修正持续期间（Modified Duration）的表达式，中括号中的项是麦考利持续期间公式的分子。修正持续期间显示了收益率的微小变动引起债券价格变动的百分比。在使用持续期间估算套期保值比率时，债券基点价值与修正持续期间存在如下关系：

$$\mathrm{BPV}=D^m\times P\times 0.01\% \tag{10.9}$$

式中，BPV 表示债券的基点价值；D^m 表示修正持续期间；P 表示债券价格。

例如，假设某债券的市场价格为 166.211 9 美元，每 100 元面值债券的应计利息为 2.445 7 美元，修正持续期间 9.24，则该债券的基点价值为

$$9.24\times(166.211\,9+2.445\,7)\times 0.01=0.155\,8$$

此外，若以连续复利计，持续期间也可表示为

$$D=\sum_{t=1}^{N}T_t\times\left(\frac{c_t e^{-RT_t}}{P}\right) \tag{10.10}$$

$$P=\sum_{t=1}^{N}C_t e^{-RT_t} \tag{10.11}$$

式（10.11）等号两边对利率 R 求偏导，有

$$\frac{\partial P}{\partial R}=-\sum_{t=1}^{N}C_t e^{-RT_t} \tag{10.12}$$

也可表示为

$$\frac{\Delta P}{\Delta R}=-PD$$

故有

$$\frac{\Delta P}{P}=-D\Delta R \tag{10.13}$$

式（10.13）表明债券价格变化的百分比等于其持续期间乘以收益曲线的平行增量。令 S、F、ΔS 和 ΔF 分别为需保值现货资产的价值、利率期货合约的合约价格、保值期间现货价格和期货价格的变化，则

$$\Delta S=-SD_s\Delta R$$

$$\Delta F=-FD_f\Delta R$$

式中，D_f 和 D_s 分别为利率期货合约的标的资产和需保值现货资产的持续期间，则套期保值所需的期货合约份数可表示为

$$N^*=\frac{SD_S}{FD_F} \tag{10.14}$$

式中，N^* 为基于持续期间的套期保值比率，它使得整个持续期间头寸价值变动之和为零。

持续期间的最大优势在于可以用来比较不同票面利率和到期期限的债券价格敏感度。通常来讲，债券价格敏感度随持续期间变化而同方向变化，投资者可根据其对收益率变化的预期来维持或调整投资组合的价格敏感度。投资目标确定后，投资者可以通过利率期货来增加或减少投资组合的持续期间。如果预期市场利率将上升，投资者可以卖出期货合约，降低投资组合的持续期间，以减少债券价格下跌所带来的损失；如果预期市场利下跌，投资者可以买入期货合约，增加投资组合的持续期间，以更多地获取债券价格上涨的利润。投资者还可以通过调整投资组合的持续期间，将某一特定期间的收益锁定在一定水平上，达到回避风险的目的。

【例 10.10】 5 月 20 日，公司财务主管得知将于 8 月 5 日收到 3 300 000 美元，计划于明年 2 月份投资于一项重要的资本项目。财务主管打算在收到款项时将其投资于 6 个月期短期国债。5 月 20 日，6 个月期短期国债收益率为 11.20%，每半年复利一次。财务主管担心 5 月 20 日～8 月 5 日短期国债的收益率可能会下降，于是决定买入芝加哥商业交易所 3 月期欧洲美元期货合约进行套期保值。公司选择了 9 月份到期的期货，该期货合约在 5 月 20 日的指数值为 89.44。求基于持续期间的套期保值比率。

解： 计算期货合约的合约价格，1 份欧洲美元期货代表的合约规模为面值为 1 000 000

美元，因此，其合约价格为

$$1\ 000\ 000\times[1-(100\%-89.44\%)/4]=973\ 600\text{（美元）}$$

$$D_f=3\text{ 个月}=0.25\text{ 年}$$

$$D_s=6\text{ 个月}=0.5\text{ 年}$$

故应购买的合约数量

$$N=(3\ 300\ 000\times0.5)/(973\ 600\times0.25)=6.78\text{（张）}$$

（四）利用 β 系数调整套期保值比率

在实际操作中，利率期货除了可以为标的物相同的利率工具进行保值，还可以为标的物不同的利率工具（如公司债券、抵押债券、其他国家债券等）进行保值，后者就是利率期货的交叉保值。在进行交叉保值时，由于政府债券、公司债券等的信用风险不同，套期保值比率必须根据债券信用风险等因素进行调整。

通常借助 β 系数对套期保值比率进行调整。以需保值现货债券的收益率变动率为因变量，以最便宜可交割债券的收益率变动率为自变量，进行回归分析得出相关系数，即为 β 系数。β 系数的主要作用在于有助于消除因信用风险所带来的需保值现货和期货合约之间的收益率变动差异。

假设某公司债券的 β 系数大于 1，则表明当市场收益率变化时，该公司债券的收益率变化幅度大于国债期货的收益率变化幅度。β 系数大于 1，再乘以由基点价值或持续期间算出的套期保值比率，必然使得修正后的套期保值比率大于修正前的套期保值比率。这意味着为了实现完全避险的目标，需要运用更多的期货合约。

三、优化后的套期保值策略

（一）优化后的买入套期保值策略

【例 10.11】 某公司预计 3 个月后将有 1 000 多万美元的收入，到时准备用来购买美国长期国债，并且该债券是目前的最便宜可交割债券。该公司财务主管预期未来几个月市场利率可能下降，国债价格可能上升，进而债券购买成本升高。于是，该财务主管决定买进利率期货进行套期保值，以提前锁定债券的购买成本。有关数据如表 10.11 所示。

表 10.11 买入套期保值相关数据

项 目	第 1 天	第 91 天
3 个月后债券价格	126-00	127-04
息票利率	12%	
债券每 10 万美元面值的基点价值	121.72	
转换系数	1.446 5	
美国长期国债期货价格	86-25	87-28
短期借款利率	8%	

解：在进行套期保值时，首先要确定套期保值所需的期货合约数量。尽管公司将购买的债券是当时最便宜可交割债券，但 3 个月后不一定是最便宜可交割债券。因此，可用基点价值法求得所需的期货合约数量。

美国长期国债期货合约的基点价值＝最便宜可交割债券的基点价值/转换系数

＝121.72/1.446 5≈84.15（美元）

所需期货合约数＝需保值现货债券的总基点价值/期货合约的基点价值

＝（121.72×100）/84.15＝145（张）

该公司于第 1 天以 86-25 的价格买入 145 张长期国债期货合约，3 个月后在债券市场购入现货债券的同时，以 87-28 的价格将期货合约卖出平仓。套期保值操作结果分析如表 10.12 所示。

表 10.12　套期保值的财务分析

项目	现货市场	期货市场
第 1 天	计划购买债券的总金额 12 600 000 美元	买入 145 张长期国债期货合约，成交价 86-25
第 91 天	实际购买债券的总金额 12 712 500 美元	卖出 145 张长期国债期货合约平仓，成交价 87-28
损益	购入成本增加 112 500 美元	盈利 158 593.75 美元
	净购入成本 12 553 906.25 美元	

表中数据的计算如下：

126×1 000×（10 000 000÷100 000）＝12 600 000（美元）

（127＋4/32）×1 000×（10 000 000÷100 000）＝12 712 500（美元）

12 712 500－12 600 000＝112 500（美元）

[（87＋28/32）－（86＋25/32）]×1 000×145＝158 593.75（美元）

12 712 500－158 593.75＝12 553 906.25（美元）

（二）优化后的卖出套期保值策略

【例 10.12】　某投资者持有面值为 500 万美元的美国长期国债，且该债券是目前期货市场上的最便宜可交割债券。投资者预期市场利率上涨，决定卖出美国长期国债。相关数据如表 10.13 所示。

表 10.13　卖出套期保值相关数据

项　　目	第 1 天	第 31 天
投资者持有债券的价格	131-02	130-05
息票利率	12%	
转换系数	1.378 2	
美国长期国债期货价格	94-22	94-03
短期借款年利率	8%	

解：由于该投资者持有当时最便宜可交割债券，因此，可用转换系数加权法计算套期保值所需的合约数量。

所需期货合约数＝投资者所持债券的面值/长期国债期货合约面值×转换系数

＝5 000 000/100 000×1.3782＝69（张）

因此，该投资者于第1天以94-22的价格卖出69张期货合约，并于1个月后以94-03的价格将期货合约全部平仓。套期保值操作结果分析如表10.14所示。

表10.14　套期保值的财务分析

项　目	第1天	第31天
投资者持有债券的价格	6 553 125美元	6 507 812.50美元
持有债券的应计利息		50 000.00美元
期货盈利		40 968.75美元
净值		6 598 781.25美元
年报酬率		8.48%

表中数据的计算如下：

（131＋2/32）×1 000×（5 000 000 /100 000）＝6 553 125（美元）

（130＋5/32）×1 000×（5 000 000 /100 000）＝6 507 812.50（美元）

12%×1/12×5 000 000＝50 000.00（美元）

[（94＋22/32）－（94＋3/32）]×1 000×69＝40 968.75（美元）

6 507 812.50＋50 000.00＋40 968.75＝6 598 781.25（美元）

（6 598 781.25－6 553 125）/6 553 125×365/30×100%＝8.48%

若不进行套期保值，投资者所持债券的价值为

6 507 812.50＋50 000.00＝6 557 812.50（美元）

投资者持有债券30天的投资收益率为

（6 557 812.50－6 553 125）/6 553 125×365/30×100%＝0.87%

不难发现，若该投资者不进行套期保值，其投资收益率仅为0.87%。借助套期保值操作，投资者有效地避免了利率变化带来的损失。

第四节　利率期货的投机与套利

一、利率期货投机交易

所谓利率期货投机（speculation），是指人们根据自己对利率期货市场价格变动趋势的预测，通过看涨时买进、看跌时卖出而获取利润的交易行为。

【例10.13】　6月1日美国发行一项为期90天利率为8%的短期国库券，价格为99.20美元。当时短期国库券期货价格为94.00美元，市场利率为6%。某投机者认为市场利率会

上涨，决定做空。故他于 6 月 1 日卖出 1 手 9 月份到期的美国短期国库券期货合约；随后，利率上涨，期货价格下降，8 月 5 日市场利率上升至 8%，短期国库券期货价格降至 92.00，于是该投机者便买进相关期货，对冲先前头寸，从中获利。交易情形如表 10.15 所示。

表 10.15 利率期货投机交易的财务分析

时间	期货市场	价格	利率
6 月 1 日	卖出 1 手短期利率期货合约	94.00	6%
8 月 5 日	买进 1 手短期利率期货合约	92.00	8%
损益	200 个基本点		

二、利率期货套利交易

利率期货套利交易是指市场参与者利用不同到期月份、不同市场、不同利率期货品种之间的差价，同时买入和卖出不同的利率期货合约，以从中获取风险利润的交易行为。利率期货套利的本质即是从价差中获利。概括来讲，利率期货套利交易可分为跨期套利、跨品种套利和跨市场套利三种。下面以跨期套利为例作简单介绍。

【例 10.14】 1 月 20 日，某投资者预期利率将会下降，看涨利率期货市场（牛市），于是他在期货市场上买入一份 3 月份到期的美国国库券期货合约，价格为 92.12；同时卖出 6 月份到期的美国国库券期货合约，价格为 91.12。2 月 20 日，利率果然下降，3 月份美国国库券期货上涨至 92.42，6 月份美国国库券期货上涨至 91.22。在此价格水平上，投资者进行了对冲平仓。交易结果如表 10.16 所示。

表 10.16 利率期货套利交易的财务分析

项目	3 月份合约	6 月份合约	价差
1 月 20 日	买入，价格为 92.12	卖出，价格为 91.12	1.0
2 月 20 日	卖出，价格为 92.42	买入，价格为 91.22	1.2
盈亏	+30 个基本点	+10 个基本点	20 个基本点

小　结

利率期货的产生是以利率的大幅度且频繁变化为背景的，其功能是应对利率变化给交易者带来的风险，当然也被投机者作为投机获利的工具。短期利率期货主要包括美国国库券期货和欧洲美元期货，国际金融市场交易的主要长期利率期货是美国长期国债期货。

作为交易者要明确交割债券价格的折算和最便宜债券的判断。概括来讲，利率期货套期保值可分为买入套期保值、卖出套期保值和交叉套期保值。在进行利率期货套期保值时，主要采用转换系数加权法、基点价值加权法、持续期间法等三种计算方法来确定最佳的套期保值比率。此外，市场参与者还可利用利率期货进行投机与套利交易。

案例分析

国债期货强行平仓纠纷案

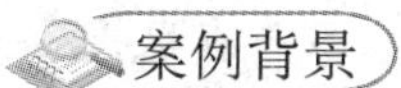

案例背景

原告：陈某

被告：上海申银证券公司浦东公司某营业部

1995年1月29日，原告到被告处做国债期货交易，与被告签订了“国债期货交易客户协议书”和“国债期货交易风险揭示声明书”。声明书中规定，假如市场趋势不利于原告所持的国债期货合约时，被告可能要求追加保证金，一俟通知，请如期照办。如原告无法在规定的要求期限内提供要求的资金，其持仓合约将被对冲，由此产生的账户赤字原告应负全部责任。同年2月20日、21日原告在被告处分两次卖出代码为337的国债期货合约100口，每口平均价137.4元。2月23日，因国债期货波动幅度较大，原告的初始保证金已低于其维持保证金的水平。被告于当日上午通知原告必须当日缴足追加保证金，而原告没有在当天缴足追加保证金，故被告于次日上午将原告的代码为337的国债期货合约100口以139.91元的价位平仓，造成原告亏损18 600元。现原告诉请被告赔偿损失18 600元，并承担诉讼费。

被告辩称：当日的价格波动幅度较大，原告337合约的保证金不足，而临爆仓。在原告没有立即追加保证金的情况下，将其强行平仓。

案例解析

本案争议的焦点是，当客户保证金不足时，期货商有无强行平仓的权利？所谓强行平仓权，是指当客户所持未平仓合约与当日交易结算价的价差亏损超过一定比率后，客户又未在规定期限内交纳追加保证金时，期货经纪公司有权将客户持有的合约强行平仓，以降低保证金水平和减小风险，保证客户免受更大的经济损失，强制平仓的后果由客户来承担。

《上海证券交易所国债期货业务试行细则》规定，当客户交纳的保证金低于最低维持保证金时，证券期货商应立即向客户追收；如追收保证金失败，证券期货商有权强行平仓。从以上规定可以看出在国债期货交易中，经纪公司享有强行平仓权。就本案来说，原告与被告签订了“国债期货交易客户协议书”和“国债期货交易风险揭示声明书”。声明书中明确了被告的强行平仓权以及行使强行平仓的条件。在国债期货交易中，当国债期货价格发生不利波动时，被告发现原告的初始保证金已低于维持水平，被告及时通知原告当日必须缴足追加保证金。原告接到通知后，既没有向被告说明原因，也没有在当天缴足追加保证金。在此情况下，被告采取强行平仓措施是合理的，其将原告代码为337的国债期货合约100口于次日上午以市价强行平仓并无不当。

律师在办理此类案件，应注意期货商行使强行平仓权应符合以下条件：①只有当期货商及时通知客户追加保证金，其接到通知后，未能在规定的时间内追加保证金时，期货商才能行使此权利，如果期货商未履行通知义务而强行平仓，给客户造成损失的，应承担赔偿责任；②强行平仓合约的金额应相当于客户应追加的保证金数额；③期货商实施强行平仓行为时，应根据市价来平仓，尽可能兼顾客户的利益。

法院认为：原告在被告处开户进行期货交易，双方签有协议书和声明书。因国债期货价格发生不利波动，被告发现原告的初始保证金已低于其维持水平。被告及时通知原告当日必须缴足追加保证金，原告接到通知后，未能在当天缴足追加保证金。故被告有权将原告 100 口未平仓的国债期货合约于次日上午以市价强行平仓。原告以其国债期货合约被被告擅自平仓，要求被告赔偿 18 600 元的诉讼请求，理由不当，故不予支持。遂判决驳回原告陈某的诉讼请求。

（资料来源：http://www.maxlaw.cn）

思考与练习

一、名词解释

利率期货　国库券期货　欧洲美元期货　短期利率期货　长期利率期货　IMM 指数　转换系数　发票金额　交割结算价格　最便宜可交割债券

二、简答题

1．如果 3 个月期国库券的年贴现率与 3 个月期欧洲美元定期存款的年利率相同，则它们的实际收益率是否也相同？

2．目前交易最活跃的利率期货主要有哪些？

3．欧洲美元期货的报价方式与国库券期货的报价方式有何异同？这两种期货的刻度值是否相同？

4．欧洲美元定期存款期货是怎样进行最后结算的？这一最后结算方式在整个金融期货发展史上具有什么重要意义？

5．长期国债期货中的一个“点”表示什么？

6．什么叫最便宜可交割债券？它在长期国债期货交易中的重要性主要表现在哪里？

三、计算题

1．某一交易商以 92 的报价购买了 1 份 3 月份到期、为期 3 个月短期国券期货合约，而后又以 94 的报价将其出售，合约面值为 100 万美元，保证金比率为 10%，交易费忽略不计。试计算其盈亏状况及收益率。

2．2 月 10 日，某基金经理预计一个月后可收到一笔总额为 100 万美元的款项，并准备将这笔钱投资于 3 个月期美国国库券。此时，现货市场 3 个月期美国国库券贴现率为 10%，但据预测近一个月内市场利率将下降，3 个月期美国国库券期货价格为 91。一个月后，3 个

月期国库券价格为 92、期货价格为 93（每份合约价值约 100 万美元）。试问该基金经理应如何操作，并作出有关财务分析。

课后阅读

1．施兵超．2008．金融衍生产品．上海：复旦大学出版社．

2．陈晓红，杨艳军，等．2007．金融期货投资学．北京：清华大学出版社．

3．袁东．2003．论中国利率市场化进程与利率期货的推出．财贸经济，6：19-24．

4．王敬．2013．国债期货仿真交易的合约设计合理吗．投资研究，2：20-22．

第十一章

股指期货

学习目标

- 了解股指期货交易的特点
- 熟悉股指期货的基本交易制度
- 掌握股指期货的套期保值交易
- 掌握股指期货的套利与价差交易

学习要点

- 股指期货合约的要素
- 股指期货的交易制度
- 股指期货的定价理论
- 股指期货套期保值比率

关键词

股指期货　套期保值　套利交易　价差交易

导入案例

股指期货领跌A股市场

从 2015 年 6 月中旬以来，中国 A 股市场暴跌，先跌停的股票卖不出去，只能卖出尚未跌停的股票，造成大面积跌停。而期货市场情况如何呢？6 月 15 日以前，沪深 300 指数期货 IF1507 成交量一直维持在 3 万～6 万手，日成交金额在 500 亿～1 000 亿元波动。6 月 15 日，IF1507 自 5370 点开盘，以 5 193.6 点报收，全天跌幅 2.67%，振幅为 4.11%。当天 IF1507 的成交总手为 15 万手，较上一交易日增加近 68%，成交金额同步放大至 2 375 亿元。6 月 19 日，在 A 股下跌近 7%那一天，IF1507 下跌 7.6%，总成交 192 万手，成交金额为 2.78 万亿元。股指期货走低从小盘的 IC 开始，而后是 IF。

（资料来源：http ://stock. hexun. com）

第一节 股指期货概述

所谓股指期货，全称股票价格指数期货，是以股票价格指数作为合约标的物的一种金融期货，是期货交易中最复杂和技巧性最强的一种交易形式。它是产生最晚的一种金融期货，也是金融期货中最成功的一种。同其他期货一样，股指期货参与者可利用期货交易转移股市风险，也可利用期货交易赚取利润。

一、股价指数的概念

在发达的股票市场上，上市股票成千上万，各种股票的市场价格此起彼落，变幻无穷。为了能综合地反映整个股票市场所有股票的市场价格的总水平及其变动情况，我们必须有一个统一的衡量指标。这一衡量指标便是现在各个股票市场所普通编制和使用的股票价格指数。

在编制股价指数时，首先从所有上市股票中选取一定数量的样本股票作为编制依据。这些样本股票应是那些能基本反映整个股市行情及其变动情况的代表性股票。其次，要选择一种计算简便、易于修正并能保持统计口径的一致性和连续性的计算公式作为编制的工具。再次，确定某一日期为基期，将某一既定的整数（如 100、1 000 等）定为该基期的股价指数。最后，根据某特定时间各种样本股票的实际市场价格，用选取的计算公式计算出该时间的股价指数。通过该时间点股价指数与基期股价指数或其他时间点股价指数的对比，可反映出整个股票市场的价格总水平及其变动方向和变动幅度。

股价指数一般以指数点（简称为“点”）表示整个股票市场价格总水平的高低。若点数增大，表示股市行情上涨；点数缩小，则表示股市行情下跌。

二、股指期货交易的特点

股指期货交易并不是以抽象的股票价格指数为其买卖及交割对象，也不是以实物股票为其买卖及交割对象，而是以代表一定价值的股票价格指数的合约为买卖对象，从而交割时以这种指数价值为计价对象进行现金交割。因此，股指期货交易呈现以下特点。

（一）合约以股票价格指数为标的物

商品期货合约的标的物是有形实物，如铜期货的标的物是铜，大豆期货的标的物是大豆等，然而股指期货的标的物是无形的股票价格指数，一般是投资者公认的、具有权威性的、有代表性的股票价格指数。这种指数能比较客观地反映整个股票市场的变化趋势，从而可为套期保值者提供有效地回避股价风险的投资工具。这是不同于其他一切期货交易的特点。投资者根据自己对股市走向的判断，在期货市场上对不同的股票价格指数进行交易。

（二）合约价值与乘数大小有关

对于股票来说，股票价值等于当时成交的市场价格；对于商品期货来说，期货合约价值是每单位商品的期货价格乘以 1 手合约规定的单位数，如一手铜期货是 5 吨，铜期货合约价值便是每吨铜的期货价格×5（吨）。与前两者稍有不同，股指期货合约的价值等于投资者报出并以此成交的股票价格指数乘以交易所事先规定的合约乘数。假设股票价格指数为 1 500 点，合约乘数为 300，则股指合约价值等于 450 000 元（1 500×300）。乘数越大，合约价值越大，股指期货的交易成本也越高。

（三）实行现金交割

因为股票价格指数是若干种股票价格的综合代表，而不是若干数量的某种股票，所以在交割时，无法采用多种股票来履约，只能采用现金交割。交割时间一般以当季的最后一个月，如 3 月、6 月、9 月、12 月为循环月份，也有一年各个月份都可以进行交割的。合同交割以最后交易日收市时的指数为准，并于之后第一个营业日为结算日。在结算日，依照最后结算价（由交易所公布）计算出交割金额，双方只就买卖之间的差额进行现金结算，通过交易账户的资金划转完成交割。

三、股指期货的功能与作用

（一）股指期货的功能

1. 规避风险

从整个金融市场来看，股指期货的规避风险功能之所以能够实现，原因有三点。

1）众多股票投资者面临着不同的风险，可以通过达成对各自有利的交易来控制市场的总体风险。

2）股票指数的期货价格和股票价格一般呈同方向变动关系。若投资者在两个市场上建立相反的头寸，当股票价格发生变动时，其必然在一个市场获利，而在另一个市场受损，盈亏可全部或部分相抵。

3）股指期货交易是一种规范化的场内交易，集中了众多愿意承担风险以获取利润的投机者。他们频繁且迅速地买卖股指期货转移了股票持有者的价格风险，从而使股指期货的规避风险功能得以实现。

2. 发现价格

股指期货市场通过公开、公正、高效、竞争的交易机制，形成具有真实性、预期性、连续性和权威性的股票价格的过程，即发现价格的过程。

股指期货市场形成的价格为公众所承认，一是因为股指期货交易的参与方众多。除普通股票投资者外，还有基金公司、证券公司、期货公司、银行等专业机构投资者，成千上万的买家和卖家聚在一起进行竞争，可以在很大程度上代表供求双方的力量，有助于权威价格的形成；二是因为股指期货交易的参与方大都具有丰富的证券、期货市场知识，广泛的信息渠道以及科学的分析预测方法。他们能够对股指期货价格进行判断、分析和预测，并报出自己的理想价格与众多对手竞争，如此形成的股指期货价格实际上反映了大多数人的预期。

3. 配置资产

股指期货采用保证金交易制度，交易成本很低，被机构投资者广泛用来作为资产配置的重要手段。例如，一个以债券为主要投资对象的机构投资者认为近期股市可能出现大幅上涨，打算抓住这次投资机会。由于投资于债券以外的品种受到严格的比例限制，该机构投资者不可能将大部分资金投资于股市。此时，该机构投资者利用少量资金买入股指期货，便可获得股市上涨的平均收益，提高资产配置效率。

（二）股指期货的作用

1. 规避股市系统性风险

股市系统性风险是无法通过投资组合的方式进行分散的，而股指期货的引入为股票现货市场提供了对冲风险的途径，有助于满足市场参与者，特别是机构投资者回避股市系统性风险的强烈需求。股指期货交易实质上是投资者将其对整个股市的预期风险转移至期货市场的过程，通过对股票趋势持不同判断的投资者的买卖来对冲股票市场的系统性风险。

当预期股票市场下跌时，投资者可通过卖出股指期货合约对冲股市整体下跌的系统性风险，在继续享有相应股东权益的同时维持所持股票资产的原有价值，并有助于减轻集中性抛售对股票市场带来的恐慌性影响。相反，如果投资者预期股票市场要上涨但又来不及全面建仓，则可以通过买进一定数量的多头股指期货合约以避免踏空。

2. 丰富组合投资方式

股指期货交易给市场引入了做空机制，使得投资者的投资策略从买入股票、等待股价上涨、卖出股票的单向获利模式变为双向获利模式，有助于投资者在行情下跌过程中有所为而非被动等待。股指期货交易丰富了组合投资方式，有利于投资者根据自己的风险偏好构筑不同风险-收益水平的投资组合，为投资者提供了根据期货市场和现货市场价差进行套利的机会。

此外，现金交割和保证金制度使得投资者在买卖股指期货时只需少量资金，大大降低了交易成本，提高了资产配置效率，有利于投资者快速调整投资者组合。若想增加或减少某一类股票或资产的持有量时，投资者只需买进或卖出相应的股指期货合约即可。

3. 增强股市稳定性和流动性

股指期货通过公开竞价方式产生不同到期月份合约的价格，充分反映了与股票价格指数相关的各种信息以及不同买方、卖方的预期，有利于反映股票市场的未来走势。股指期货产生的预期价格可以快速传递到现货市场，使现货市场价格达到均衡。股指期货的规避风险和套利功能丰富了市场参与者的投资工具，增加了市场流动性，有助于提升股票现货市场的交易活跃度，并减轻集中性抛售对股票市场造成的恐慌性影响，对维持股市稳定起到了至关重要的作用。

同时，股指期货价格一般领先于股票市场的现货价格，股指期货交易提高了市场信息传递效率和现货市场透明度，在一定程度上打破了一些机构和大户的信息垄断优势，有利于投资者进行理性的分析预测，有助于提高现货价格的信息含量。从这个意义上讲，股指期货对经济资源的配置和流向发挥着信号灯的作用，有助于提高资源配置效率。

第二节　股指期货的基本制度

一、股指期货的合约要素

股指期货交易是以股票价格指数为基础的。股指期货合约标的一旦确定，其对应的成分股便确定了。为了便于期货合约的标准化交易，交易所对合约要素作出了一些具体规定。

1. 合约乘数

在股指期货中，指数值是货币化的。确切地说，期货合约中股票价格指数的每一点代表固定数量的货币金额，这个固定金额即“合约乘数”。不同股指期货的合约乘数是不同的。例如，恒生指数期货的合约乘数是每点 50 港元，标准普尔 500 股指期货的合约乘数为每点 500 美元。

2. 合约价值和保证金

股指期货合约乘数乘以股指点数，便可得到合约价值；合约价值乘以保证金比例，则得出交易一张股指期货合约应缴纳的保证金数额。例如，恒生指数期货的合约乘数为每点 50 港元，与恒生指数点数的乘积即为一张合约的总价值。若期货市场报出恒生指数为 15 000 点，则一张合约的价值是 750 000 港元；若恒生指数上涨 100 点，则一张合约的价值增加 5 000 港元。若清算中心规定保证金比例是 10%，那么投资者交易一张恒生指数期货的保证金是 75 000 港元。

3. 最小变动价位

股指期货的最小变动价位是交易所规定的行情变化的最小值，以一定的指数点来表示，如恒生指数期货的最小变动价位是 1 个指数点。恒生指数期货每点的价值为 50 港元，因此一张合约的最小变动价位为 50 港元。

4. 每日价格波动限制

涨跌停板制度主要用来限制期货合约每日价格波动的最大幅度。根据涨跌停板制度，某个期货合约在一个交易日中的价格波动不得高于或低于交易所规定的涨跌幅度，超过这一幅度的报价将被视为无效，无法成交。涨跌停板一般是以某一合约上一交易日的结算价为基准确定。合约上一交易日的结算价加上允许的最大涨幅构成当日价格上涨的上限，称为涨停板；合约上一交易日的结算价减去允许的最大跌幅构成当日价格下跌的下限，称为跌停板。

熔断机制是期货交易所为控制市场风险所采取的另一种当天之内有效的限价手段，是启动涨、跌停板制度前的缓冲手段，具有防护栏的作用。当期货价格波动幅度达到交易所规定的熔断点（即预定幅度）时，交易所会暂停交易一段时间，以冷却市场热度。对于“暂停”，

有些交易所采用“熔而不断”的方法，即“暂停”期间仍可交易，只是限制在熔断点的价格以内；有些交易所采用“熔而断”的方法，即“暂停”期间不可交易，行情完全停止在熔断点上。“冷却”一定时间（通常10分钟）后，再开始正常交易，并重新设定下一个熔断点（即更大一些的幅度）。一般只设两个熔断点，有的市场与涨跌停板同时使用。

5. 结算方式

股指期货以现金方式结算，实行每日无负债结算制度，即当天收盘后，投资者账户中履约保证金不能低于维持保证金。每个交易所的结算定价法略有不同，但一般来讲主要有以当天收盘前最后一小时交易成交量加权的平均价格作为每日结算价格；对于到期日结算价格（即交割结算价格），以当天股票现货市场的指数每5分钟取样后的算术平均值，并按最小变动价位取整得到。特殊情况下期货交易所有权对结算价的计算方法做出调整。

6. 交割方式

股指期货采用现金交割方式。如果投资者的持仓合约在到期当日收盘尚未平仓，则采用现金净额交割。换言之，按照基于当天股票现货市场指数的结算价格进行自动平仓，并对客户账户找补平仓的净差额。

7. 合约月份

同一类股指期货是以不同的到期月份区分的。一般来讲，一种股指期货合约的“合约月份”分别有当月、下月及随后两个季月，即最多4个合约。每一股指期货合约都有到期时间，期货到期便是现货。另外，股指期货的最后交易日和最后结算日是同一天，都是合约到期的最后一个工作日。

常见的股指期货合约如表11.1所示。

表11.1 常见的股指期货合约

标的名称	交易所	商品代码	最小变动价位	合约价值	交易月份	最后交易日
S&P 500 指数期货	CME	SP	0.05点（$25）	$500×SP	3月、6月、9月、12月	合约月份第三个星期四
Dow Jones Industrial Average 指数期货	CBOT	DJ	1点（$10）	$10×DJ	3月、6月、9月、12月	合约月份第三个星期四
NASDAQ 100 指数期货	CME	ND	0.5点（$50）	$100×ND	3月、6月、9月、12月	合约月份第三个星期四
FTSE-100 指数期货	LIFFE	FTSE-100	0.5点（5英镑）	£10×FTSE-100	3月、6月、9月、12月	合约月份第三个星期四
Mini S&P 500 指数期货	CME	ES	0.25点（$12.5）	$50×SP	3月、6月、9月、12月	合约月份第三个星期四

续表

标的名称	交易所	商品代码	最小变动价位	合约价值	交易月份	最后交易日
Mini Dow Jones Industrial Average 指数期货	CBOT	YM	1 点（$5）	$5×YM	3 月、6 月、9 月、12 月	合约月份第三个星期四
Mini NASDAQ 100 指数期货	CME	NQ	0.5 点（$10）	$20×NQ	3 月、6 月、9 月、12 月	合约月份第三个星期四
Nikkei 225 指数	STMEX	SSI	5 点（2500 日元）	￥500×SSI	3 月、6 月、9 月、12 月	合约月份第三个星期四

二、股指期货的基本交易制度

（一）保证金制度

投资者在进行包括股指期货在内的所有期货交易时，必须按照其买卖期货合约价值的一定比例来缴纳保证金，以保证履行期货合约的财力，然后才能参与期货合约的买卖。前文已作介绍，此处不再赘述。

（二）每日无负债结算制度

每日无负债结算制度又称为“逐日盯市”制度，是指期货交易所清算中心根据每日市场价格波动以及投资者所持有的合约数量计算盈亏，并划转保证金账户中相应的资金。

期货交易实行分级结算，清算中心首先对结算会员进行结算，结算会员再对非结算会员及其客户进行结算。具体而言，在每日交易结束后，清算中心按当日结算价格结算所有未平仓合约的盈亏、交易保证金及手续费、税金等费用，同时划转应收应付款项，相应增加或减少会员的结算准备金。清算中心将结算结果通知结算会员后，结算会员再对非结算会员及客户进行结算，并将结算结果及时通知非结算会员及客户。若结算后会员保证金不足，清算中心则立即向会员发出追加保证金的通知，会员应在规定时间内向期货交易所追加保证金；若客户保证金不足，期货公司应立即向客户发出追加保证金的通知，客户应在规定时间内追加保证金。目前，投资者可在每日交易结束后网络查询账户盈亏，确定是否需要追加保证金或转出盈利。

（三）价格限制制度

价格限制制度包括涨停板制度、跌停板制度和价格熔断制度。前文已作介绍，此处不再赘述。

（四）持仓限制制度

为了防范市场操纵和少数投资者风险过度集中，期货交易所对会员和客户手中持有的合约数量上限进行一定的限制，即持仓限制制度。限仓数量是期货交易所规定结算会员或投资者可以持有的、按单边计算的某一合约的最大数额。一旦会员或客户的持仓总数超过了这一

数额，期货交易所可按规定强行平仓或提高保证金比例。

（五）强行平仓制度

强行平仓制度是与持仓限制制度和涨跌停板制度等相互配合的风险管理制度。当期货交易所会员或客户的保证金不足并未在规定时间内追加时，或当会员或客户的持仓量超出规定限额时，或当会员或客户违规时，期货交易所为了防止风险进一步扩大，将对其持有的未平仓合约进行强制性平仓处理。

（六）大户报告制度

大户报告制度是指当期货投资者的持仓量达到期货交易所规定的持仓限额时，期货公司应通过结算会员或交易会员向交易所或监管机构报告其资金和持仓情况。

（七）结算担保金制度

结算担保金是指结算会员依据期货交易所规定缴存的、用于应对违约风险的共同担保资金。当个别结算会员出现违约时，在动用完该违约结算会员缴纳的结算担保金之后，可要求其他会员的结算担保金按比例共同承担该会员的履约责任。结算会员联保机制的建立保障了在极端行情下市场的正常运作。

结算担保金可分为基础担保金和变动担保金。基础担保金是指结算会员参与交易所结算交割业务必须缴纳的最低担保金数额；变动担保金是指结算会员随着结算业务量的增大，须向交易所增缴的担保金部分。

（八）现金结算方式

在现金结算方式下，每一未平仓合约将于合约到期日被自动冲销。在合约到期日，卖方无须交付标的股票，而买方也无须交付合约总值，而只是根据最后结算价格计算买卖双方的盈亏金额，通过借记或贷记保证金账户便得以结清仓位。现金结算与逐日结算实际上采用同样的方式，唯一的区别只是在最后结算后，双方的仓位业已冲销。如何确定最后结算价格，各个交易所的具体方式不尽相同。有的交易所根据开盘价格确定，有的交易所根据收盘价格确定，有的交易所根据最后交易日中某一时间段内的平均价格来确定。最后结算价格的具体确定方式一般在合约中加以明确说明。

三、股指期货的定价原理

从本质上讲，股指期货的价格可视为一种证券的价格，而这种证券是股票指数所涵盖的多种股票构成的投资组合。同其他金融工具一样，股指期货的定价在不同条件下存在较大差异，但有一个基本原则是保持不变的——由于市场套利活动的存在，股指期货的真实价格应该与理论价格保持一致，至少在趋势上如此。

为了形象地阐明股指期货的定价原理，假设投资者既进行股指期货交易，又同时进行股票现货交易，并假定：①投资者构造出一个与股票指数完全一致的投资组合（即二者在组合比例、股指“价值”、股票组合市值等方面完全一致）；②投资者可以在金融市场中方便地借款以用于投资；③卖出一份股指期货合约；④持有股票组合至股指期货合约到期日，并将所收到的所有股息用于投资；⑤在股指期货合约交割日将股票组合全部卖出；⑥对股指期货合约进行现金结算；⑦用卖出股票和期货合约平仓的收入偿还原先的借款。

假定在1999年10月27日某种股票指数为2 669.8点，每一点对应25美元，股票指数的价值为66 745美元（2 669.8×25）。2000年3月份到期的股指期货价格为2 696点，期货合约的最后交易日为2000年的3月19日，投资持有期为143天，股息平均收益率为3.5%，市场借贷资金的利率为6%。另外，假设该股票指数在5个月期间不断上涨，并且在3月19日收盘时收在2 900点，上涨了8.62%。这时，按照假设，股票指数的价值达到72 500美元（2 900×25）。

1）按照期货交易的一般原理，投资者的股指期货投资将出现损失，因为股票指数从2 696点升至2 900点，涨了204点，损失5 100美元（204×25）。

2）投资者在现货股票市场上进行投资，股票价格上升的净收益为5 755美元（72 500－66 745），在这期间获得的股息收入大约为915.2美元（66 745×3.5%×143/365），两项收入合计6 670.2美元。

3）再看一下其借款成本。在利率为6%的条件下借得66 745美元，期限143天，所付利息大约1 569美元（66 745×6%×143/365）。再加上投资期货的损失5 100美元，两项合计6 669美元（1 569＋5 100）。

在上述例子中，简单比较一下投资者的盈利与损失。我们发现：无论投资于股指期货市场还是投资于股票现货市场，投资者都没有获得多少额外收益。换言之，在上述股指期货价格下，投资者的无风险套利是不成功的，因此这个价格是合理的股指期货合约价格。简言之，股指期货定价（P）主要取决于三个因素，现货市场指数（I）、金融市场借款年利率（R）、股票市场年股息收益率（D）。其计算公式为

$$P=I+I\times(R-D)=I\times(1+R-D) \tag{11.1}$$

式（11.1）便是股指期货价格公式。其中，R 是金融市场借款年利率；D 是指股票市场年股息收益率。在实际计算过程中，若投资持有期限不足一年，则应进行相应调整。

运用式（11.1）计算上例中的股指期货价格：

$$P=2\,669.8+2\,669.8\times(6\%-3.5\%)\times143/365=2\,695.95$$

股指期货的定价理论表明股指现货价格越高，股指期货价格越高；市场利率越高，股指期货价格越高；股息收益率越高，股指期货价格则越低。需要指出的是，定价理论给出的是在多重假设条件下股指期货的理论价格。在现实交易中全部满足上述假设存在一定的困难。究其原因，其一，在现实交易中再高明的投资者也不可能构造出一个与股票指数结构完全一致的投资组合，证券市场规模越大时更是如此；其二，在短期内进行股票现货交易往往交易成本较大；其三，各国市场交易机制存在差异，如我国目前不允许卖空股票，这在一定程度上会影响股指期货的交易效率；其四，在现实市场中很难得到股息收益率，因为不同公司、不同市场在股息政策方面（如股息发放时机、发放方式等）存在差异，并且股票指数中的每只股票发放股利的数量和时间也是不确定的，这必然会影响到对股指期货合约价格的正确判断。

第三节 股指期货的套期保值

一、套期保值的基本原则

股票投资必然要承担股价变动的风险，股价风险可细分为非系统性风险和系统性风险。非系统性风险是指某种股票价格下跌的特有风险，一般可通过投资多样化来分散；系统性风险是整个股票市场价格下跌的风险，很难用投资多样化的办法来避免，是不可分散的。自 20 世纪 70 年代以来，各国股票市场的价格经常剧烈波动，使投资者面临的风险日益增加。股指期货便是适应投资者防范系统性风险的需要而产生的，为投资者防范系统性风险提供了一条有效途径。

利用股指期货进行套期保值的基本原则在于，股票价格指数是根据一组股票价格的变动情况而编制的，因而股票价格指数与股票价格的变动方向趋同，那么在股票现货市场和股指期货市场做方向相反的操作，可以基本避免股票价格变动的风险。

一般来说，拥有股票想持有或即将卖出的投资者，为回避股票价格下跌带来的风险损失，应在期货市场上做空头，即卖出股指期货；有意在未来某一时点购买股票的投资者，应在期货市场做多头，即买入股指期货，以防止股票价格上涨的风险。

二、多头套期保值交易

在股票市场现货价格上涨时，为了锁定未来买入股票的成本，可以在市场上买入股指期货；待股价上涨以后，对股指期货多头合约平仓了结，用期货市场的盈利弥补现货市场的损失。

【例 11.1】 某投资者欲买 A 股票 100 手、B 股票 200 手，股价分别为 10 元和 20 元，但是现金要一个月后才能到位。为预防届时股价上升，他决定进行恒生指数期货交易为股票投资成本保值。当时恒生指数为 9 500 点，每一点代表 50 港元。假设一个月后 A 股票和 B 股票的价格分别为 12 元和 21 元，恒生指数为 10 500 点。该投资者应当如何操作。

解： 该投资者欲买 A 股 100 手，每股 10 元，B 股 200 手，每股 20 元，因此预期总成本为

$$(10\times100\times100)+(20\times100\times200)=500\ 000\text{（港元）}$$

投资者现在手上没有现金，为预防股价上涨的风险，他应当在股指期货市场建立多头仓位，即买入一份恒生指数期货。当时恒生指数为 9 500 点，一份恒指期货价格为

$$9\ 500\times50=475\ 000\text{（港元）}$$

一个月后，买入 A 股 100 手，每股 12 元，B 股 200 手，每股 21 元，总成本为

$$(12\times100\times100)+(21\times100\times200)=540\ 000\text{（港元）}$$

一个月后，卖出一份恒生指数期货。当时恒生指数为 10 500 点，一份恒指期货价格为

$$10\ 500\times50=525\ 000\text{（港元）}$$

现货亏损：

$$540\ 000-500\ 000=40\ 000\text{（港元）}$$

期货盈利：

$$525\,000-475\,000=50\,000（港元）$$

该投资者运用股指期货套期保值，将股票投资成本控制为 490 000 港元[（50 000－（50 000－40 000）]。

【例 11.2】 某机构投资者想购入一证券组合，其 β 系数为 1.2，但资金一个月后方能到位。3 月 10 日，日经 225 指数为 36 500 点，该证券组合的总值为 50 亿日元。为避免股市上升带来的影响，该投资者决定用日经 225 指数期货套期保值。已知每份日经 225 指数期货合约价值为日经 225 指数乘以 1 000 日元。4 月 10 日，证券组合价值上升 5%，达到 52.5 亿日元，日经 225 指数为 38 000 点。分析该机构投资者的操作策略及盈亏情况。

解：该投资者想购入一 β 系数为 1.2 的证券组合，3 月 10 日该证券组合价值 50 亿日元。投资者担心股价上涨使自己失去盈利的机会，所以要做多日经 225 指数期货。

做多日经 225 指数期货合约张数＝5 000 000 000/（36 500×1 000）×1.2

＝164.3853≈164（份）

日经 225 指数期货合约总价值＝36 500×1 000×164＝59.9（亿日元）

4 月 10 日，该投资者买入该证券组合，价值为 52.5 亿日元；卖出 164 张日经 225 指数期货合约，合约总值为

$$38\,000\times1\,000\times164=62.32（亿日元）$$

现货损失：

$$50-52.5=-2.5（亿日元）$$

期货盈利：

$$62.32-59.9=2.42（亿日元）$$

投资者经过日经 225 指数期货套期保值时，只多付出－0.58 亿日元（2.42－2.5）。

虽然通过日经 225 指数期货套期保值后仍有亏损，但较之单纯现货市场的 2.5 亿日元亏损而言，亏损大大降低了。如果股指期货合约再多买一份，可能就会反亏为盈，但这在当时买入股指期货的时候是无法预料的。如果未来走势向有利于现货的方向发展，那么每多买一份股指期货就意味着期货损失多一份，现货交易的盈利就会被抹去一部分。因此，股指期货合约张数的决定还是应该根据实际情况，不可盲目扩大。

三、空头套期保值交易

在股票市场现货价格下跌时，为了保证未来出售股票的收入，可以在期货市场上卖出股指期货；待在股票市场下跌后，对股指期货空头合约平仓了结，用期货平仓的盈利弥补出售现货的损失。

【例 11.3】 某投资者持有总市值约 60 万港元的 10 种股票，这 10 种股票的 β 系数分别为 1.03、1.26、1.08、0.96、0.98、1.30、1.41、1.15、1.20、0.80，每种股票的比重分别为 11%、10%、10%、9%、8%、12%、13%、7%、11%、9%。他担心市场利率上升，又不愿马上出售股票，于是以恒生指数期货对自己手持现货进行套期保值。当日恒生指数为 8 000 点，每张恒指期货合约价格为 40 万港元。该投资者要对该组合进行价格下跌的保值，

应如何操作。3 个月后，该组合市值为 54.5 万港元，恒生指数为 7 400 点。该投资者对冲后总盈亏是多少？

解：计算投资组合的 β 系数：

$$1.03\times11\%+1.26\times10\%+1.08\times10\%+0.96\times9\%+0.98\times8\%+1.30\times12\%$$
$$+1.41\times13\%+1.15\times7\%+1.20\times11\%+0.80\times9\%=1.135\,9$$

该投资者要对股票组合进行价格下跌的保值，应当在股指期货市场建立空头仓位，计算做空恒生指数期货的数量：

（60/40）×1.135 9＝1.703 85≈2（份）

卖出 2 份恒指期货合约的价值为 80 万港元（2×40）。

3 个月后，股票市场价格下跌，该投资者持有的股票市值缩水 54.5 万港元。

平仓买入 2 份恒指期货，合约价值为 74 万港元（7 400×50×2）。

现货损失：

54.5－60＝－5.5（万港元）

期货盈利：

80－74＝6（万港元）

最终结果为盈利 0.5 万港元。

该投资者如果未做股指期货套期保值，其股票组合发生损失 5.5 万港元；做了股指期货套期保值后，不仅弥补了 5.5 万港元的损失，还有 0.5 万港元的盈利。

【例 11.4】 201×年 5 月 3 日，A 公司股票的市场价格为每股 25 美元。该公司决定一周后以这一价格增发 20 万股股票，以筹措 500 万美元的资本用于扩充生产规模。然而，若一周后股市下跌，则该公司发行同样多的股票，只能筹到较少的资本。故而，该公司决定用同年 6 月份到期的标准普尔 500 指数期货做套期保值。5 月 3 日，标准普尔指数为 458 点；5 月 10 日，标准普尔指数为 443 点，A 公司股票也跌落到每股 24.25 美元。已知标准普尔 500 指数期货合约价值为标准普尔 500 指数乘以 500 美元。分析该公司进行股指期货套期保值的操作策略和盈亏情况。

解：5 月 3 日，A 公司计划于一周后发行股票 20 万股，每股 25 美元，计划收入 500 万美元。A 公司担心股市下跌，故需要在股指期货市场建立空头仓位，做空标准普尔指数期货。

做空标准普尔指数期货合约份数＝5 000 000/（458×500）＝21.834 1≈22（份）

标准普尔指数期货合约总值为＝458×500×22＝503.8（万美元）

5 月 10 日，A 公司发行股票 20 万股，每股 24.25 美元，实际筹资 485 万美元；买入 22 张 6 月份到期的标准普尔 500 指数期货，合约总值 487.5 万美元（443×500×22）。

现货损失：

485－500＝-15（万美元）

期货盈利：

503.8－487.3＝16.5（万美元）

因此，最后的套期保值结果是净盈利 1.5 万美元（16.5－15）。换言之，经过股指期货套期保值，企业不仅筹集到 500 万美元，还额外盈余 1.5 万美元。

第四节　股指期货的套利与价差交易

一、股指期货的套利交易

股指期货套利交易是指利用股指期货的实际价格和理论价格之间的不合理关系进行赚取差价的行为。所谓不合理关系，是指股指期货的实际价格偏离其理论价格。具体而言，股指期货套利分为正向套利和反向套利。所谓正向套利，是指当股指期货的实际价格高估时，买进现货，同时卖出期货；所谓反向套利，是指当股指期货的实际价格低估时，卖出现货，买进期货。为了便于说明，下面举例说明股指期货的套利交易。

假设买卖双方签订一份 3 个月后交割的一篮子股票组合的期货合约。该一篮子股票组合与沪深 300 指数构成完全对应，目前市场价格为 350 000 元，沪深 300 指数为 3 500 点（每点价格为 100 元）。目前市场年利率为 6%，预计 1 个月后收到红利 545 元现金；不考虑交易费用。根据上述数据，我们可以得出资金占用成本为 5 250 元（350 000×6%×3/12）；现金红利 545 元的 2 个月利息约为 5.45 元（545×6%×2/12），本利共计 550 元。那么，净成本为 4 700 元（5 250－550），换算成点数为 47 点。因此，期货合约的理论价格应为 3 547 点（3 500＋47）。

（一）正向套利

假设沪深 300 指数期货的实际价格为 3 600 点，比理论价格 3 547 点高出 53 点。在这种情况下，交易者可以进行正向套利，即卖出沪深 300 指数期货，同时买进对应的股票现货。具体操作如下：

第一步，卖出一张沪深 300 期货合约，成交点位在 3 600 点；同时以年利率 6%贷款 350 000 元，买进相应的一篮子股票组合。

第二步，1 月后，将 5 000 元现金红利按 6%的年利率贷出。

第三步，再过 2 个月，到了交割期，同时在期、现两个市场上平仓。如果届时市场出现不稳定情况，即交割价格可能高于、等于、低于原期货成交价，以表 11.2 来说明。

表 11.2　股指期货的正向套利操作

状态	情况 1	情况 2	情况 3
期货交割价	3 650 点	3 600 点	3 550 点
期货盈亏/元	－5 000	0	+5 000
现货盈亏/元	15 000	10 000	5 000
期现盈亏合计/元	10 000	10 000	10 000

从表 11.2 可以很清楚地看到，无论最后的交易价格是高还是低，交易者从中可收回的资

金都为 360 000 元，再加上收回贷款 550 元，共可得到计 360 550 元。

第四步，350 000 元贷款的 3 个月利息为 5 250 元，共应还款 355 250 元。

第五步，差价为 5 300 元（360 550－355 250），这便是股指期货套利的利润。这里要特别注意的是，这笔利润正好是实际期货价格与理论价格之差为 5 300 元[（3 600－3 547）×100]，完美阐释了套利的本质特征。

（二）反向套利

假如沪深 300 指数期货的实际价格为 3 527 点，比理论价格 3 547 点低 20 点。这时交易者可通过买进股指期货，同时卖出相应的股票组合现货来套利。具体操作如下：

第一步，买入一张沪深 300 期货合约，成交点位在 3 527 点；同时借入一组对应的股票组合在现货市场上按 3 500 点卖出，得到 350 000 元，并将之以 6%的利率贷出 3 个月。

第二步，3 个月后，收回贷款本利和 355 250 元；在期货市场上卖出沪深 300 期货合约，平仓以前买进的期货合约；同时，在现货市场上买进相应的股票组合，将之归还给原出借者，同时必须赔偿原股票组合可以得到的收益 550 元。

第三步，同正向套利情形一样，无论什么情况最后的结果是一致的。不妨假设沪深 300 点最后的交割点位为 X，根据净利润＝收回贷款本利和－赔偿分红本利和＋期货盈亏－买回股票组合需要的资金，可计算出本次操作的净利润为 2 000 元[355 250－550＋（X－3527）×100－X×100]。同样，这笔利润正是股指期货的理论价格与实际价格之差为 2 000 元[（3 547－3 527）×100]。

二、股指期货的价差交易

利用期货合约之间的价格不合理关系进行套利，称为价差交易。价差交易与套利交易的主要区别在于：套利是针对期货市场与现货市场中相同资产价格的不合理关系进行交易，获取无风险利润；价差交易是针对期货市场中相关联的不同期货合约之间的不合理价格关系进行交易，博取差价利润。因此，套利是在期货和现货两个市场中进行，而价差交易都在期货市场中进行。具体而言，股指期货的价差交易可区分为：跨期套利，是指套利者利用股指期货不同月份合约之间的价格差价进行相反操作，从中获利；跨市套利，是指套利者在两个不同交易所对两种类似的股指期货合约同时进行方向相反的交易，从中获利；跨品种套利，是指套利者利用两种不同、具有相互替代性或受到同一供求因素影响的股指期货之间的价差进行套利交易。

（一）跨期套利

1. 多头跨期套利

当股票市场趋势向上，交割月份较远的股指期货合约价格比交割月份较近的股指期货合约价格更容易迅速上升时，套利者可做多头跨期套利——售出近期月份的股指期货合约，同时买入远期月份的股指期货合约，如表 11.3 所示。正如套利者所料，股票市场出现上涨，远期 12 月份的股指期货合约与近期 6 月份的股指期货合约之间的基差扩大，于是产生了净差额利润 250 美元（0.5×500）。

表 11.3　股指期货的多头跨期套利（远期合约价格比近期合约价格上升更快）

操作过程	近期月份的股指期货合约	远期月份的股指期货合约	基差
开始	以 995.00 美元售出 1 份 6 月标准普尔 500 指数期货合约	以 997.00 美元买入 1 份 12 月标准普尔 500 指数期货合约	2.00
结束	以 995.50 美元买入 1 份 6 月标准普尔 500 指数期货合约	以 998.00 美元售出 1 份 12 月标准普尔 500 指数期货合约	2.50
差额价格变动	－0.50	＋1.00	0.50

当股票市场趋势向上，交割月份较近的股指期货合约价格比交割月份较远的股指期货合约价格更容易迅速上升时，套利者同样可以做多头跨期套利，即买入近期月份的股指期货合约，同时卖出远期月份的股指期货合约，如表 11.4 所示。随着股票市场出现上涨，远期 12 月份股指期货合约与近期 6 月份股票指数合约的基差缩小，该套利者可获得利润 125 美元（0.25×500）。

表 11.4　股指期货的多头跨期套利（近期合约价格比远期合约价格上升更快）

操作过程	近期月份的股指期货合约	远期月份的股指期货合约	基差
开始	以 995.00 美元买入 1 份 6 月标准普尔 500 指数期货合约	以 997.00 美元出售 1 份 12 月标准普尔 500 指数期货合约	2.00
结束	以 995.50 美元出售 1 份 6 月标准普尔 500 指数期货合约	以 997.25 美元买入 1 份 12 月标准普尔 500 指数期货合约	1.75
差额价格变动	0.50	－0.25	－0.25

2. 空头跨期套利

当股票市场趋势向下，且交割月份较远的股指期货合约价格比交割月份较近的股指期货合约价格更容易迅速下跌时，套利者可以进行空头跨期套利，即买进近期月份的股指期货合约，同时卖出远期月份的股指期货合约，如表 11.5 所示。正如套利者所料，股票市场出现下跌，远期 12 月份合约与近期 6 月份合约之间的基差缩小，于是产生了净差额利润 250 美元（0.5×500）。

表 11.5　股指期货的空头跨期套利（远期合约价格比近期合约价格下跌更快）

操作过程	近期月份的股指期货合约	远期月份的股指期货合约	基差
开始	以 995.00 美元买入 1 份 6 月标准普尔 500 指数期货合约	以 997.00 美元出售 1 份 12 月标准普尔 500 指数期货合约	2.00
结束	以 994.50 美元出售 1 份 6 月标准普尔 500 指数期货合约	以 996.00 美元买入 1 份 12 月标准普尔 500 指数期货合约	1.50
差额价格变动	－0.50	－1.00	－0.50

如果股票市场趋势向下，且交割月份较近的股指期货合约价格比交割月份较远的股指期货合约的价格下跌更快时，投资者可以卖出近期月份的股指期货合约同时买入远期月份的股指期货合约，到未来价格下跌时再进行相反的操作，如表 11.6 所示。伴随股票市场出现下跌，

远期12月份合约与近期6月份合约之间的基差扩大，于是产生了净利润250美元（0.5×500）。

表 11.6　股指期货的空头跨期套利（近期合约价格比远期合约价格下跌更快）

操作过程	近期月份的股指期货合约	远期月份的股指期货合约	基差
开始	以995.00美元出售1份6月标准普尔500指数期货合约	以997.00美元买入1份12月标准普尔500指数期货合约	2.00
结束	以994.00美元买入1份6月标准普尔500指数期货合约	以996.50美元出售1份12月标准普尔500指数期货合约	2.50
差额价格变动	1.00	−0.50	0.50

（二）跨市套利

由于不同市场的变化程度不同，套利者根据对不同市场发展趋势的预测，可以在不同市场之间进行套利，即跨市套利。股指期货的跨市套利是基于不同市场的同一品种股指期货合约出现不合理价格关系，如日经225股指期货在新加坡金融期货交易所、芝加哥商品交易所及大阪证券交易所都有交易，如果三个市场的价格不一致，即可进行跨市套利。

【例 11.5】　某套利者预期股票市场将上涨，而且主要市场指数期货合约的上涨势头会大于纽约证券交易所综合股票指数期货合约的上涨势头，于是在395.50点买入2张主要市场指数期货合约，在105.00点卖出1张纽约证券交易所综合股票指数期货合约，当时的价差为290.50点。经过一段时间后，价差扩大为295.25点，该套利者在405.75点卖出2张主要市场指数期货合约，而在110.00点买入1张纽约证券交易所综合股票指数期货合约，进行对冲（见表11.7）。

表 11.7　股指期货的跨市套利

操作过程	主要市场指数期货合约	纽约证券交易所综合股票指数期货合约	基差
开始	买入2张12月主要市场指数期货合约，点数395.50	卖出1张12月纽约证券交易所指数期货合约，点数105.00	290.50
结束	卖出2张12月主要市场指数期货合约，点数405.75	买入1张12月纽约证券交易所指数期货合约，点数110.00	295.75
结果	获利＝（405.75－395.00）×250×2 ＝5125（美元）	亏损＝（105.00−110.00）×500×1 ＝2500（美元）	

由于主要市场指数期货合约在多头市场中上升10.25点，大于纽约证券交易所综合股票指数期货合约（后者上升5.00点），套利者因此获利2 625美元（5 125−2 500）。

（三）跨品种套利

不同品种的股指期货合约对股票市场变化的敏感程度不同，套利者根据对它们发展趋势的预测，可以选择跨品种套利。

例如，当某套利者预期标准普尔500指数期货合约的价格上涨幅度将大于综合股票指数期货合约的价格上涨幅度时，可以买进标准普尔500指数期货合约，同时卖出综合股票指数期货合约；当套利者预期综合股票指数期货合约的价格上涨幅度将大于标准普尔500指数期货合约的价格上涨幅度时，则可以卖出标准普尔500指数期货合约，同时买进综合股票指数期货合约。

小　结

股指期货是资本市场非常重要的金融衍生品，对于提高资本市场效率以及优化资源配置发挥着重要作用。本章在介绍股指期货的发展历程、特点、功能和作用、合约要素、基本交易制度的基础上，论述了股指期货的定价理论，股指期货价格与股指现货价格、市场利率和股息收益率存在密切关系。作为重点内容，本章详细阐述了股指期货的主要交易策略，包括套期保值交易、套利交易和价差交易。

案例分析

韩国股指期货操纵案

案例背景

2006年5月21日是韩国5月份KOSPI 200股指期货期权的到期日。Jackpot是一家实力雄厚的境外投资机构，手中持有大量的执行价格为190点的KOSPI 200股指买入期权（call option），韩国KOSPI 200的5月份股指期货价格在前5个交易日一直在188.50点附近徘徊。显然，Jackpot当时持有大量的执行价格为190点的KOSPI 200股指买入期权处于虚值（out of the money）状态。当天是该期权品种的最后一天，如当天不行权，权利将作废。

出乎所有人的预料，在当日交易的最后一个小时，KOSPI 200股指期货市场风云突变，Jackpot等投资机构凭借着雄厚的资金实力突然入场，在一小时内建立了总数大于6 000手的多头净头寸，大幅拉升KOSPI 200的5月份股指期货价格，一口气从188.50点拉升到191.05点，创下了KOSPI 200股指期货合约的历史最高价。由于大幅拉升股指期货价格，期货对现货的溢价基差上升了0.75以上，因此引发了超过2 000亿韩元的期现间多头套利。Jackpot持有大量的原处于虚值状态的KOSPI 200股指买入期权转为处于实值（in the money）状态。Jackpot执行买入期权的权利后，立即在股指期货市场上做空套现，获取了20倍的利润。

2006年5月22日，Jackpot等境外投资机构纷纷平仓，而且持续加开空仓，空仓净头寸达到14 800手，创下了韩国期货市场上的历史次高水平。股指期货价格从前一天收盘的191.05点被打压到180.75点，当日跌幅达到4.3%，期货和现货间的基差因此被拉低到−0.35以下，由此又引发了超过5 000亿韩元的期现间空头套利。此后一段时间内，韩国的股指期货市场和股票市场都出现了暴跌，股票市场指数一度下跌20%。

案例解析

市场中的交易者是以实现利润最大化为最终目的的。研究市场，准确预测市场发展方向是一个手段，控制、垄断、操纵市场又是一个手段。利用第一个手段盈利，有助于提高市场

效率，是受到法律制度鼓励的；靠第二个手段盈利，虽然是获利的捷径，但是会让市场失效和萎缩，是法律制度所禁止的。国际金融炒家像幽灵一样在世界各国金融市场中寻找机会，屡屡出手，并有所斩获。股指期货交易仅有 20 余年的历史，管理当局对其认识不足，交易制度和监管制度不尽完善，给金融大鳄提供了机会。一旦他们得手，大量本国财富就会流失，同时给市场造成巨大波动，甚至使经济陷入衰退。

（资料来源：http: // post. cnfol. com）

思考与练习

一、名词解释

股票指数　欧洲美元　长期国债　沪深 300

二、简答题

1．股价指数期货是在怎样的背景下发展起来的？

2．股指期货的功能体现在哪些方面？

3．股指期货的基本交易制度有哪些？

4．简述股指期货定价理论的主要内容。

5．股指期货的主要交易策略有哪些？

三、计算题

1．某基金经理持有 5 种股票，资料如表 11.8 所示。

表 11.8　股票资料

股票	单价	股数	β 系数
1	11	1000	0.8
2	23	1000	1.3
3	26	1000	1.2
4	45	1000	1.3
5	16	1000	1.1

该基金经理要以 NYSE 综合指数期货合约做套期保值，其指数为 91，该期货合约单位为 NYSE 综合指数×500。试计算其建立套期保值交易头寸的期货合约数。

2．为规避市场价格波动的风险，某指数基金经理决定利用股指期货对基金资产进行套期保值。当时现货市场指数为 600，指数基金的持股仓位较满，市值为 1 000 万美元，指数基金的 β 系数为 0.8，股指期货合约报价为 620，每份合约的交易单位为市场指数×500 美元。假设三个月后，市场指数下跌，指数基金持股市值为 850 万美元，该期货合约报价为 540。该基金经理应如何操作？

课后阅读

1．常秉义．2007．股指期货获利诀窍．北京：中央编译出版社．

2．陈淼，李萍，刘涛．2013．股指期货与现货市场价格的互动、引导关系研究．中央财经大学学报，2：25-30．

3．蔡敬梅，强林飞，周海鹏．2013．中国股指期货与股票市场波动性关系的实证分析．统计与信息论坛，1：59-63．

第十二章 期权交易

学习目标

- 理解期权合约的构成与特点
- 掌握期权价格的影响因素
- 熟悉期权的定价模型
- 掌握期权交易的基本操作与主要策略

学习要点

- 期权价格的影响因素
- 期权交易的基本操作
- 期权交易的主要策略

关键词

期权合约　看涨期权　看跌期权　内在价值　时间价值

导入案例

沃伦·巴菲特投资可口可乐的传奇

沃伦·巴菲特（Warren Buffett）长期钟情于大盘蓝筹股票，并将金融衍生品称为大规模金融杀伤性武器。但事实上，他自己却是看跌期权的铁杆玩家，多次利用卖出看跌期权的方式以优质的价格成功完成资产配置。可口可乐是沃伦·巴菲特持有最大的一只股票。巴菲特曾公开表示他将永久持有可口可乐股票。目前他持有约 4 亿股，占他所持全部股票的 20%。巴菲特在 1988 年首次买入可口可乐大约 10 亿美元的股票。仅仅两年以后，他的投资就升值了 2.66 倍。1992 年年初，可口可乐公司的股价结束了约 5 年的快速上涨，进入调整阶段。巴菲特仍然坚定地看好这家公司的发展。那么，巴菲特是怎样机智地利用期权交易实现心仪股票的底部增持呢？

（资料来源：http: //blog. sina. com. cn）

第一节　期权概述

一、期权合约的构成与特点

期权又称选择权（option），是以某一标的物为核心，赋予买方在将来一定时间内以事先商定的价格选择是否买入（或卖出）一定数量和规格该标的物的权利。如果买方选择执行权利，卖方必须履行向买方卖出（或买入）标的物的义务。期权主要有看涨期权（call option）和看跌期权（put option）两种类型，前者给期权持有者在将来一定时间内以一定价格买入某一资产的权利；看跌期权给期权持有者在将来一定时间内以一定价格卖出某一资产的权利。

（一）期权合约的构成要素

1）期权买方（taker），是购买期权的一方，因支付权利金而获得选择权，又称期权的多头方。

2）期权卖方（grantor），是出售期权的一方，因取得权利金而负有接受买方选择的义务，又称期权的空头方。

3）标的资产（underlying assets），是指期权合约持有者行权时实际买入或卖出的资产。如果是现金交割，标的资产则是现金交割的依据。

4）权利金（premium），是买方为获得期权合约所赋予的权利而必须支付给卖方的费用，是期权合约中唯一的变量。权利金由买卖双方在期权交易过程中竞价产生，并不断发生变化。权利金的大小受期权合约的性质、到期月份及敲定价格等因素的影响。

5）敲定价格（strike price），又称执行价格（exercise price），是期权合约中事先确定的标的资产（或期货合约）的交易价格。场内交易的敲定价格由交易所根据标的资产（或期货合约）的价格变化趋势确定；场外交易的敲定价格则由买方和卖方商定。

6）通知日（declaration date），若期权买方要求履行标的物（或期货合约）的交货时，他必须在预先确定的交货和提运日之前的某一天通知卖方，以让卖方做好准备，这一天便是“通知日”。

7）到期日（expiration date），又称期限日（maturity date），一个预先声明的期权合约必须在这一天履行交货。对于期货期权而言，期权的到期日应先于其标的资产——期货合约的最后交易日。欧式期权规定只有在合约到期日方能执行期权，美式期权规定在合约到期日之前的任何一个交易日（含合约到期日）均可执行期权。

（二）期权合约的主要特点

期权合约具有以下主要特点。

1）期权买方要想获得权利必须向期权卖方支付一定数量的费用。

2）期权买方取得的权利是关于未来交易的，即在未来某一段时间内或在未来某一特定

日期发生交易。

3）期权买方在未来买卖的标的物是事先确定的。

4）期权买方在未来买卖标的物的价格是事先规定好的。

5）期权买方可以买进标的物，也可以卖出标的物。

6）期权买方取得的是买卖的权利，而不负有必须买进或卖出的义务。期权买方行权或不行权，完全可以灵活选择。

7）期权买方拥有权利并为此支付权利金，承担有限的风险，却掌握巨大的获利潜力。

二、期权合约的主要类型

（一）看涨期权和看跌期权

根据买方权利性质的不同，期权合约可分为看涨期权和看跌期权。

1）看涨期权（call options），是指期权买方向期权卖方支付一定数额的权利金后，即拥有在期权合约规定的有效期内，按事先约定的价格向期权卖方买入一定数量的标的资产的权利，但不负有必须买进的义务。期权卖方有义务在期权合约规定的有效期内，应期权买方的要求，以事先规定的价格卖出标的资产。

2）看跌期权（put options），是指期权买方向期权卖方支付一定数额的权利金后，即拥有在期权合约规定的有效期内，按事先约定的价格向期权卖方卖出一定数量的标的资产的权利，但不负有必须卖出的义务。期权卖方有义务在期权合约规定的有效期内，应期权买方的要求，以事先规定的价格买入标的资产。

（二）欧式期权和美式期权

按照行权时间的不同，期权合约分为欧式期权和美式期权。欧式期权（European options）的买方在到期日前不可行使权利，只能在到期日行权；美式期权（American options）的买方可以在到期日或之前任一交易日提出行权要求。不难发现，美式期权的买方“权利”相对较大，美式期权的卖方风险相应也较大。因此，在同等条件下，美式期权的价格较欧式期权高。

在期权交易中，有一种介于欧式期权和美式期权之间的第三类选择权，即大西洋式选择权（Atlantic options）或百慕大式选择权（Bermudian options）。这种选择权的履约条款介于美式期权和欧式期权之间（大西洋和百慕大地理位置都在美欧大陆之间）。例如，某个选择权契约，到期日在一年后，但在每一季的最后一个星期可以提前履约（可在到期日前多个时间履约），便是最典型的百慕大式选择权。

（三）场内期权和场外期权

按照交易地点的不同，期权合约可分为场内期权和场外期权。场内期权（exchange-traded options；exchange-list options），有时简称为traded options，一般译作“交易所交易期权”或“交易所上市期权”，是指在集中性的期货市场或期权市场所进行的标准化期权合约交易。场外期权（over-the-counter options；OTC options），又称 “柜台式期权”，是指在非集中性的交易场所进行的非标准化期权合约交易。

场内期权与场外期权的区别主要表现在期权合约是否标准化。场内期权的优点是交易便利，流动性高，可随时通过反向交易实现平仓；但标准化合约限制了交易者的选择空间。场外期权可以满足交易者的不同需要，提供量身定做的服务，但流动性差。

（四）现货期权和期货期权

按照标的资产的不同性质，期权分为现货期权和期货期权。现货期权（physical options）是指以现货为标的资产的期权，期货期权（options on futures）是以期货为标的资产的期权。在交易所交易的期权主要有商品期权与金融期权两大类，其中所有的商品期权都是以商品期货作为标的资产的，因此都是期货期权；金融期权有的是以现货作为标的资产的（如股票期权、指数期权、利率期权与外汇期权），属于现货期权范畴，有的是以期货作为标的资产的（如指数期货期权、利率期货期权、外汇期货期权），属于期货期权范畴。

金融期权标的资产除了金融现货和金融期货外，还有金融期权和互换协议，这就形成了复合期权和互换期权。复合期权是以金融期权合约本身作为标的资产的金融期权。复合期权给予了持有者在某一约定日期以约定价格买入或卖出一份期权的权利。投资者行使复合期权后，便会持有或卖出一份标准期权。复合期权可作为高杠杆投资的工具，投机者只需较少的资金便可买入复合期权，随后再看是否投入更多的资金来买进复合期权的标的期权，最后再决定是否花钱买进最终的标的金融工具。互换期权合约赋予期权买方在指定日期或指定日期之前，选择是否按照事先约定的条件进行互换的权利。互换期权为金融机构与企业进行资产负债管理提供了很大的灵活性。在互换期权产生以前，人们只能通过支付债券的场内期权交易或场外期权交易进行利率避险。

（五）有担保期权和无担保期权

按照看涨期权的卖方是否拥有实际可履约的标的资产，期权分为有担保期权和无担保期权。有担保期权是指看涨期权的卖方在卖出期权合约时，拥有合约规定数量的标的资产，存于经纪人处作为履约的保证。如果卖方没有合约规定的标的资产，则是无担保期权。

三、期货期权与期货的比较

期货期权是以相对应的期货合约为标的资产的期权合约。由于期货期权交易和期货交易有许多相似之处，容易混淆，为了对期货期权交易有更准确的认识，我们将详细分析二者的异同之处。

（一）二者的共同之处

期货期权交易是以特定权利为买卖对象的交易，是期货交易与期权交易的有机结合，通过在期货市场上买卖期货期权合约的方式进行的。在期货期权交易中，看涨期权与看跌期权并不是一宗交易的买卖双方，而是截然不同的两码事。相对于每一个看涨期权的买方，就有一个看涨期权的卖方；相对于每一个看跌期权的买方，也有一个看跌期权的卖方，即每一个期权形式都有相应的买方和卖方。买入看涨期权或看跌期权后，可以多次转卖。而卖出看涨

期权或看跌期权后，也可以通过买入同样的看涨期权或看跌期权的方式来对冲，只要是在交易所发出期权行使通知书之前对冲即可。

期货期权交易与期货交易有许多共同之处：

1）交易对象都是标准化合约。

2）交易都是在期货交易所内通过公开竞价的方式进行的。

3）交易达成后，都必须通过结算所统一结算。

（二）二者的不同之处

由于期货期权交易的特殊性，它与期货交易存在许多不同之处。

1. 合约标的物不同

期货合约是交易双方达成的在未来特定日期交付一定数量和品级的实货商品或金融工具的可转让且标准化的合约，因此，期货合约的标的物是一般商品或金融工具。期货期权合约是支付了权利金的买方有权在规定的有效期限内买入或卖出一定数量的期货合约的标准化合约，因此，期货期权合约的标的物是相关的商品期货合约或金融期货合约。

2. 买卖双方的权利和义务不同

在期货交易中，买卖双方都被赋予了相应的权利和义务，不存在一方只享有权利而不承担义务的情况。期货交易的买卖双方都有进行实物交割的义务，若想免除到期义务，就必须在合约交割期到来之前进行对冲。在期货期权交易中，期权的买方有权在其认为合适的时候行使权利，但并不负有必须买入或卖出的义务。当买方认为行使期权对自己不利时，完全可以放弃期权，而不必征得期权卖方的同意，不过买方会因此而损失一笔期权权利金；而期权的卖方却没有任何权利，他有义务满足期权买方要求履行合约时买入或卖出一定数量的期货合约。

3. 保证金规定不同

在开立期货交易账户时，买卖双方都必须缴纳基础保证金，并将其维持在一定水平；若在交易过程中客户的保证金水平不足，应随时追加保证金，以作履约保证。在期货期权交易中，期权买方无须缴纳保证金，买方所面临的最大损失就是预先付出的期权权利金。由于这种风险是有限且可预知的，期权买方没有必要开立保证金账户，也不用缴纳履约保证金；但对于期权卖方来说，他所面临的市场风险与期货交易中的风险一样，由于谁也无法准确预测期货市场的变动方向，期权卖方必须交付一笔保证金，并将其维持在一定水平，以表明他具有相应的履约能力。

4. 市场风险不同

在期货交易中，价格的不确定变动必然使交易一方盈利，而使交易另一方亏损，盈利和亏损的程度取决于价格变动幅度。所以，买卖双方的潜在盈利和亏损都是无限的。在期货期权交易中，由于期权买方与期权卖方的权利与义务是不对称的，他们在的盈亏也具有不对称性。从理论上说，期权买方的亏损风险是有限的（仅以期权权利金为限），而盈利可能是无限的（在看涨期权情形下），也可能是有限的（在看跌期权情形下）；期权卖方的盈利可能是有限的（仅以期权权利金为限），而亏损的风险可能是无限的（在看涨期权情形下），也可能是有限的（在看跌期权情形下）。当然，在现实的期权交易中，期权卖方并非总是处于不利的地位，因为在期权交易中很少以履约平仓的方式进行；换言之，交易者要么对冲平仓，要么期权买方放弃行权。

5. 获利机会不同

在期货交易中，买卖双方都无权违约，也无权要求提前或推迟交割，只能在到期前的任一时间通过反向交易而实现对冲。交易者获得意外收益和遭受意外损失的风险性是均等的，我们可以称为“对称性风险”。在期货期权交易中，由于杠杆作用更加突出，给交易者带来了更多的获利机会。例如，期权买方既可以行使期权买入或卖出相关期货合约，也可以转卖期权，或放弃期权。如果交易者在期货市场上做套期保值交易或投机交易时，配合使用期货期权交易，可以降低市场风险，增加盈利机会。

第二节　期权价格的影响因素及定价模型

一、期权价格的构成

期权价格由两个部分所组成：一是期权的内在价值，二是期权的时间价值。

（一）期权的内在价值

所谓期权的内在价值，是期权本身具有的价值，即期权的履约价格与该标的资产的价格之间的差额。假定以 E 表示期权的内在价值，X 表示期权合约的履约价格，P 表示标的资产的市场价格，M 表示期权合约的交易数量，看涨期权的内在价值如下：

当 $P>X$ 时，$E=M\times(P-X)$；

当 $P\leqslant X$ 时，$E=0$。

相反，对看跌期权而言：

当 $P\geqslant X$ 时，$E=0$;

当 $P<X$ 时，$E=M\times(X-P)$。

假设 A 公司在 2014 年 11 月 1 日以每份 0.3 元的价格发行 1 年期的欧式认股权证(看涨期权)，行权价为 8 元，行权比率为 1∶1，即行权时每份权证可以按 8 元的价格购买 1 股 A 公司的股票。当时 A 公司的股票价格为 7.5 元，某投资者预测 A 公司的股票价格将会持续上涨，即购入了 10 000 份该公司的看涨期权。假设行权日 A 公司的股票价格为 10.8 元，则该投资者所持有的认购权证的内在价值为 2.8 元（10.8－8）。这时该投资者可以按合约的规定

以 8 元的价格购入 A 公司 10 000 股股票（或按约定以现金结算差额），该投资者获利＝M×（$P-X$）=10 000×（10.8－8）＝28 000（元），投资报酬率＝（28 000－3 000）/3 000＝833%。如果该投资者当初以 7.5 元投资 A 公司的股票，则获利率只有 44%。当行权日 A 公司的股票低于行权价时，则 A 公司发行的认购权证此时的价值为零。假定行权日 A 公司股票价格为 6 元，该投资者则放弃行权。无论 A 公司的股票跌到什么价格，其所发生的损失只是当初购买权证的代价 3 000 元，但对所投资的权证部分来说，损失率为 100%。

相反，如果上述案例中 A 公司发行的权证为认沽权证（即看跌期权），发行时 A 公司的股票价格为 7.5 元，其他条件不变，则当行权日股票价格为 10.8 元，则该投资者所持有的权证内在价值为零，其所发生的损失是当初购买权证的代价 3 000 元。当行权日 A 公司的股票价格为 6 元，则该投资者所持有的认购权证的内在价值为 2 元（8－6），这时该投资者可以按 6 元的市场价格买入 10 000 股 A 公司的股票，并按合约的规定以 8 元的卖出所购入的 A 公司 10 000 股股票（或按约定以现金结算差额），该投资者获利＝M×（$X-P$）＝10 000×（8－6）＝20 000（元），投资报酬率为 567%[（20 000－3 000）/3 000]。如果该投资者当初以 7.5 元投资 A 公司的股票，则会损失－20%[（6－7.5）/7.5]。

（二）期权的时间价值

期权的时间价值又称外在价值，是指期权合约的购买者为购买期权而支付的权利金超过期权内在价值的部分。期权的购买者之所以愿意以高出期权内在价值的价格购买，是因为购买者预期标的资产的价格波动可能会给该期权带来价值的上涨。期权的时间价值具有时效性，即随着剩余时间的缩短，时间价值会逐渐减小，在期权到期时其时间价值为零。

例如，在股权分置改革中，宝钢股份是第一家股改方案中包含权证方式的上市公司，其发行的认购权证行权价格为 4.50 元，2005 年 8 月 12 日权证上市当天收盘价为 1.263 元，当日宝钢股份的股票收盘价为 4.58 元，以收盘价计算，宝钢认购权证的内在价值为 0.08 元，1.263 元与 0.08 元的差额部分（1.183 元）即为权证的时间价值。

二、期权价格的影响因素

到期日当天的期权价格由内在价值决定，但在到期日前影响期权价格的因素却很多，如标的物价格、期权履约价格、距到期日的剩余时间、无风险利率等。图 12.1 简单说明了期权价格的影响因素。

（一）标的物的市场价格

标的物的市场价格和履约价格是影响期权价格的重要因素。我们知道，看涨期权是以某一特定价格买入一定数量标的物的权利，因为履约价格是一定的，如果标的物的市场价格上升，标的物市场价格和履约价格的差越大，看涨期权的内在价值就会增加，看涨期权的价值也就随着增加；同理，看跌期权是以某一特定价格卖出一定数量标的物的权利，履约价格不会变，所以标的物的市场价格越低，履约价格和标的物市场价格的差越大，看跌期权的内在价值就会增加，看跌期权的价值也会增加。

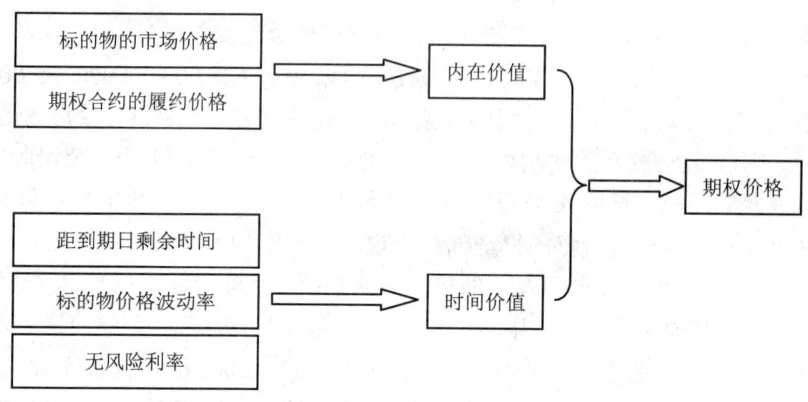

图 12.1　期权价格的影响因素

（二）期权合约的履约价格

如果是看涨期权，履约价格越高对买方越不利，所以履约价高的看涨期权会相对便宜，履约价越低的看涨期权会越贵。与看涨期权相反，看跌期权的履约价格越低对买方越不利，所以履约价低的看跌期权会相对便宜，履约价高的看跌期权会比较贵。

（三）距离到期日的剩余时间

等同于上述时间价值概念，在其他条件相同的情况下，剩余时间多的期权会比剩余时间少的期权价格高。这是因为距离到期日的剩余时间越多，标的物越有充分的时间向有利于买家的方向变动；随着到期日的临近，发生变动的概率会减小，时间价值也会逐渐减少。需要注意的是，时间价值的减少速度与剩余时间的减少并不成比例，在距离到期日还有很多天时，时间价值的减少是相当缓慢的，而当距离到期日没有几天的时候，时间价值的减少速度会变得非常快。

（四）标的物价格波动率

不管是看涨期权还是看跌期权，当标的物的价格波动率增大时期权的价值会随之增加。期权的损益是不对称的，波动率越大意味着买方获利的概率越大；当然，买方面临损失的概率也相应增大。但是，因为买方面临的最大损失是期权权利金，风险已被锁定，而如果标的物价格向有利于买方的方向波动，获利却是不断增加的，所以波动率对期权价值产生正的影响。

（五）无风险利率

无风险利率是指期权交易中的机会成本（opportunity cost）。假如无风险利率上涨，看涨期权的价值增加，而看跌期权的价值减少；假如无风险利率下跌，看跌期权的价值增加，而看涨期权的价值减少。

三、期权的定价模型

（一）布莱克-斯科尔斯定价模型

1. 模型的基本假设

布莱克-斯科尔斯定价模型包含以下基本假设：

1）标的股票不发放股利。

2）交易成本和所得税税率为零。

3）短期无风险利率已知并保持不变。

4）任何证券购买者均能以短期无风险利率借得资金。

5）对市场中正常空头交易行为并无限制。

6）期权为欧式期权。

7）标的股价接近正态分布。

2. 欧式看涨期权估价公式

假定 C_0 表示欧式看涨期权的现行价格，S_0 表示标的资产的市场价格，X 表示欧式看涨期权的执行价格，PV(X)表示欧式看涨期权执行价格的现值，$N(d)$表示服从标准正态分布的随机变量值小于或等于 d 的概率，r_c 表示连续复利的短期无风险年利率，σ 表示连续复利计算的标的资产年收益率的标准差，t 表示以年计算的期权有效期，e 等于 2.7183，则布莱克-斯科尔斯定价模型可表示为

$$C_0 = S_0 \times N(d_1) - X \times e^{-r_c T} \times N(d_2) \ = S_0 \times N(d_1) - \mathrm{PV}(X) \ \times N(d_2) \tag{12.1}$$

$$d_1 = \frac{\ln\left(S_0 / X\right) + \left[r_c + \left(\sigma^2 / 2\right)\right]t}{\sigma\sqrt{t}} = \frac{\ln\left[S_0 / \mathrm{PV}(X)\right]}{\sigma\sqrt{t}} + \frac{\sigma\sqrt{t}}{2}$$

$$d_2 = d_1 - \sigma\sqrt{t}$$

3. 欧式看跌期权估价方法

假定具有相同执行价格和到期日的欧式看跌期权和欧式看涨期权，购进股票、购进看跌期权，同时售出看涨期权，将产生无风险收益，符合买卖期权平价理论，即

标的资产现行价格＋看跌期权价格－看涨期权价格＝执行价格的现值

已知等式中的任何 3 个量，即可求得第 4 个量。例如，某公司股票的欧式看涨期权和欧式看跌期权的执行价格均为 55 元，期权期限 1 年。目前该股票的价格是 44 元，看跌期权的价格为 7 元，看涨期权的价格为 1 元。在到期日，该股票的价格将是 58 元或 34 元。目前执行策略：支付 44 元购进股票，支付 7 元购进该股票的看跌期权，同时 1 元售出该股票的看涨期权，则目前的投资成本为 50 元（44＋7－1），假设无风险利率为 10%。

1）如果股票价格升至 58 元，则放弃看跌期权，售出股票得到 58 元，同时执行看涨期权，得到-3 元（55－58），到期日的现金流入为 55 元。

2）如果股票价格降至 34 元，则放弃看涨期权，售出股票得到 34 元，同时执行看跌期权，得到 21 元（55－34），到期日的现金流入为 55 元。

根据上述分析可知，无论股票价格如何变动，该策略的投资成本终值始终为 55 元［50（1＋10%）］，等于到期日期权的执行价格 55 元；或到期日期权的执行价格的现值等于目前的投资成本。

（二）二项式定价模型

1. 模型的核心思想

布莱克-斯科尔斯定价模型虽然有许多优点，如能对欧式期权进行精确的计算，但是它的推导过程难以被人们所接受，而且对美式期权没有精确的定价公式。在 1979 年，约翰·考克斯（John Cox）、罗斯、马克·鲁宾斯坦（Mark Rubinstein）和夏普等人使用一种比较浅显的方法设计出一种新的期权定价模型，称为二项式模型（Binomial Model）或二叉树法（Binomial Tree），主要用于计算美式期权的价值。

二项式定价模型假设价格波动只有向上和向下两个方向，在整个考察期内价格每次向上（或向下）波动的概率和幅度不变。将考察的存续期分为若干阶段，根据价格的历史波动率模拟出整个存续期内价格的所有可能发展路径，并对每一路径上的每一节点计算期权的行权收益和用贴现法计算的期权价格。对于美式期权，由于可以提前行权，每一节点上期权的理论价格应取期权行权收益和贴现计算出的期权价格两者较大者。

2. 模型的基本假设

二项式定价模型包含以下基本假设。

1）不支付股票红利。

2）交易成本与税收为零。

3）投资者可以以无风险利率拆入或拆出资金。

4）市场无风险利率为常数。

5）股票的波动率为常数。

假设在任何给定时间，资产的价格以事先规定的比例上升或下降。如果资产价格在时间 t 的价格为 S，则它可能在时间 $t+\Delta t$ 上升至 uS 或下降至 dS。假定对应资产价格上升至 uS，期权价格上升至 Cu；如果对应资产价格下降至 dS，期权价格降至 Cd。当资产只可能达到这两种价格时，这一顺序便被称为二项程序。

3. 模型的主要内容

（1）单期间模型

假设某看涨期权的标的物价格为 S，该期权距离到期日只有一期。在到期日，标的物的价格既可能上涨到原来的 u 倍，也可能下跌到原来的 d 倍，这两种变动的概率分别为 P 和（$1-P$），用二叉树图表示（见图 12.2）。在单期间模型中，如果目前的看涨期权价值为 C，协定价格为 X，标的物价格上涨后和下跌后的看涨期权价值分别为 Cu 和 Cd（见图 12.3）。

二项式模型便可被用来估算看涨期权的价值 C。

$$Cu = \mathrm{Max}[(u \times S - X),0] \tag{12.2}$$

$$Cd = \mathrm{Max}[(d \times S - X),0] \tag{12.3}$$

图 12.2 单期间标的物的价格变动 图 12.3 单期间看涨期权的价值变动

假定投资者卖出一个看涨期权的同时，买进 h 单位的标的物（或期货合约）。在这里 h 是套期保值的比率，可以保证投资者在建立上述合成部位后，无论标的物的价格上涨还是下跌，其损益均保持相等，用公式表示为

$$h(u \times S - S) + (1+r) \times C - Cu = h(d \times S - S) + (1+r) \times C - Cd \tag{12.4}$$

式（12.4）中等号左边是标的物价格上涨时投资组合的损益，右边是标的物价格下跌时投资组合的损益。两边均有三项组成：第一项是标的物价格变动对投资者收益的影响，代表投资者买进标的物的损益；第二项是投资者卖出看涨期权收取的期权费，而投资于无风险资产而获得收益（r 为单一期间的利率）；第三项是期权到期日因期权价格变动对积极投资者收益的影响。根据式（12.4）得到 h：

$$h = \frac{Cu - Cd}{(u-d) \cdot S} \tag{12.5}$$

在式（12.4）中，除 C 以外，其余各项均为已知数，在无套利机会的条件下，能满足式（12.4）的 C 有唯一值。要消除套利机会，式（12.4）两边必须同时为零，得

$$c = \frac{Cu - h(u \cdot S - S)}{1+r} = \frac{Cu - h \cdot S + h \cdot S}{1+r} \tag{12.6}$$

将式（12.5）代入式（12.6）中得

$$c = \frac{\dfrac{Cu \cdot (1-d) + Cd \cdot (u-1)}{u-d}}{1+r} \tag{12.7}$$

令 $p = \dfrac{1-d}{u-d}$，$(1-p) = \dfrac{u-1}{u-d}$，则

$$c = \frac{P \cdot Cu + (1-P)Cd}{1+r} \tag{12.8}$$

从式（12.8）中可以清楚地看出，目前看涨期权的价值是到期日看涨期权价值加权平均数的现值。其中，权重是预期标的物价格上涨的概率 P 与下跌的概率（$1-P$），贴现率是单一区间的无风险利率 r。

（2）多期间模型

假定距离期权到期日有两个区间，期权标的物价格为 S，每一期间均可能上涨到原来的 u 倍，或下跌到原来的 d 倍，其上涨和下跌的概率分别为 P 和（$1-P$）。在整个期间标的物的价格变动和看涨期权的价值变动分别如图 12.4 和图 12.5 所示。

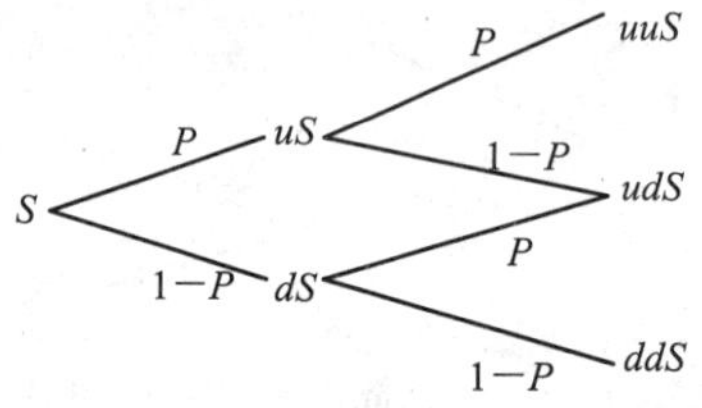

图 12.4　两区间标的物的价格变动

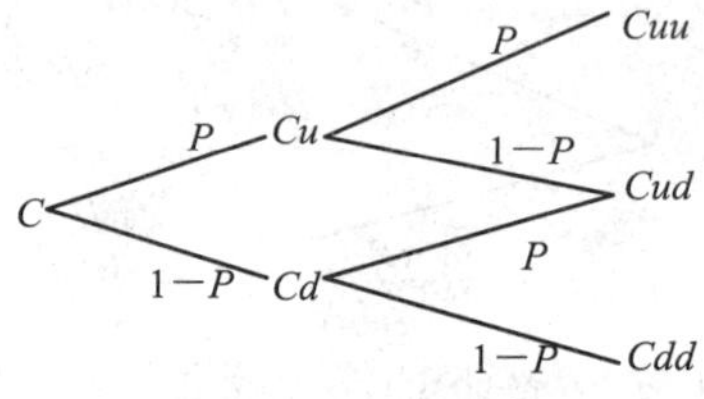

图 12.5　两区间看涨期权的价值变动

由图 12.4 和图 12.5 可看出，在期权到期日，标的物的价格有三种可能；与其相对应，看涨期权有三种可能的价值。根据单期间模型的分析，求 C 要先求出 Cu 和 Cd；要求出 Cu 和 Cd 又必须先估算 Cuu、Cud 和 Cdd。为便于分析，令现在为“期间 0”，第一期间（标的物价格及期权价值第一次变动）结束的时间称为“期间 1”，第二期间结束时（即期权到期日）称为“期间 2”。于是有 Cu 是 Cuu 和 Cud 的加权平均数在期间 1 的现值，Cd 是 Cud 和 Cdd 的加权平均数在期间 1 的现值，可得

$$Cu=\frac{PCuu+(1-P)Cud}{1+r} \tag{12.9}$$

$$Cd=\frac{PCud+(1-P)Cdd}{1+r} \tag{12.10}$$

将上两式代入式（12.8）得

$$C=\frac{P^2Cuu+2P(1-P)+(1-P)^2Cdd}{(1+r)^2} \tag{12.11}$$

推而广之，把期间数扩大为 n，并设 k 为标的物价格上涨的次数，（$n-k$）为标的物价格下跌的次数，则

$$C=\frac{1}{(1+r)^n}\sum_{k=0}^{n}\frac{n!}{k!(n-k)!}P^k(1-P)^{n-k}\mathrm{Max}(0,u^kd^{n-k}S-X) \tag{12.12}$$

根据中心极限定理，当 n 趋于无穷大时，二项式分布将接近正态分布。于是，二项式定价模型的结果与布莱克-斯科尔斯定价模型逼近，二者殊途同归。

第三节　期权交易的基本操作

期权交易有 4 种基本的操作方式：买进看涨期权、卖出看涨期权、买进看跌期权、卖出看跌期权。

一、买进看涨期权

投资者预期未来某资产的市场价格可能上涨，买进以该资产为标的物的看涨期权；之后，市场价格果然上涨，且升至执行价格之上，则该交易者可执行期权并从中获利。从理论上说，价格可以无限上涨，所以买入看涨期权的盈利理论上是无限大；若到期价格未涨到执行价格之上，则交易者可放弃行权，其最大损失为期权费（见图 12.6）。

投资者买进看涨期权的盈亏可表示为

$$Y = \text{Max}[d \times (P - P^0) - f,\ -f]$$

式中，Y 为盈亏函数；d 为单位期权合约标的物数量；P 为标的物的市场价格；P^0 为期权合约的协定价格；f 为期权权利金。

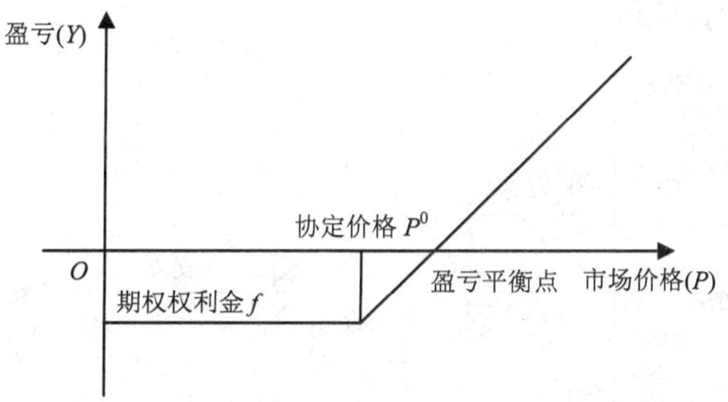

图 12.6 买进看涨期权盈亏示意

二、买进看跌期权

投资者预期未来某资产的市场价格下跌，买进以该资产为标的物的看跌期权；之后，市场价格果然下跌，且降至执行价格之下，则交易者可执行期权并从中获利。由于价格不可能跌到负数，所以买入看跌期权的最大盈利为执行价格减去期权权利金之差。若到期一直未跌到执行价格之下，则交易者可放弃期权，其最大损失为期权权利金（见图 12.7）。

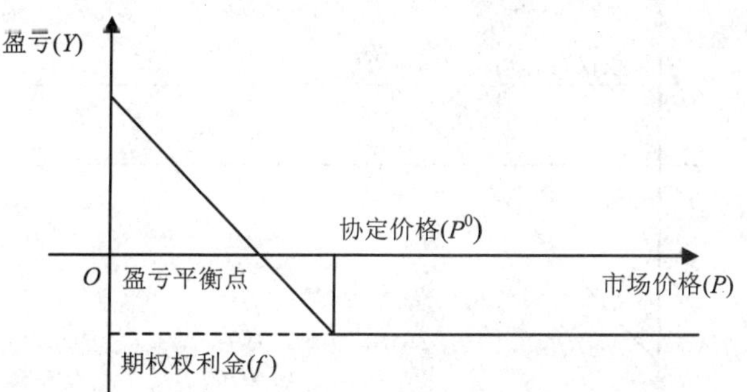

图 12.7 买入看跌期权盈亏示意

投资者买进看跌期权的盈亏可表示为

$$Y = \text{Max}[d \times (P^0 - P) - f,\ -f]$$

式中，Y 为盈亏函数；d 为单位期权合约标的物数量；P 为标的物的市场价格；P^0 为期权合约的协定价格；f 为期权权利金。

三、卖出看涨期权

若交易者卖出看涨期权，在到期日之前标的市场价格没能升至执行价格之上，则看涨期权的买方将会放弃期权，而看涨期权的卖方就会取得期权权利金；反之，看涨期权的买方将会要求执行期权，看涨期权的卖方将损市场价格减去执行价格和期权权利金的差（见图 12.8）。

投资者卖出看涨期权的盈亏可表示为

$$Y=\mathrm{Min}[f-d\times(P-P^0),f]$$

式中，Y 为盈亏函数；d 为单位期权合约标的物数量；P 为标的物的市场价格；P^0 为期权合约的协定价格；f 为期权权利金。

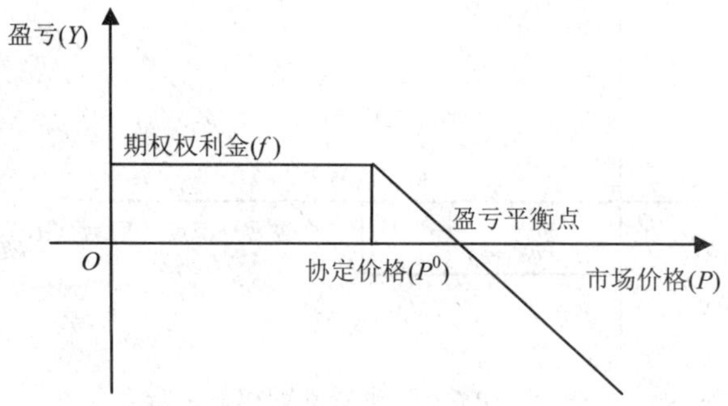

图 12.8　卖出看涨期权盈亏示意

四、卖出看跌期权

若交易者卖出看跌期权，在到期日之前没能跌至执行价格之下，看跌期权的买方将会放弃期权，而看跌期权的卖方就会取得期权权利金；反之，看跌期权的买方将会要求执行期权，期权的卖方将损失执行价格减去市场价格和期权权利金的差（见图 12.9）。

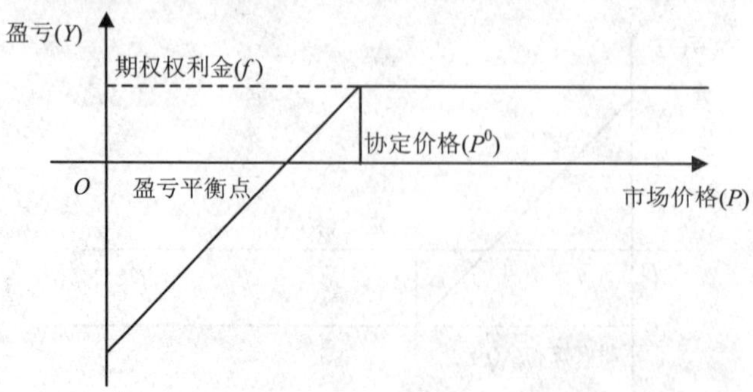

图 12.9　卖出看跌期权盈亏示意

投资者卖出看跌期权的盈亏可表示为

$$Y=\mathrm{Min}[f-d\times(P^0-P),f]$$

式中，Y 为盈亏函数；d 为单位期权合约标的物数量；P 为标的物的市场价格；P^0 为期权合约的协定价格；f 为期权权利金。

通过以上分析可以看出，期权交易的 4 种基本形式有以下 3 个特点：第一，交易双方的盈利和亏损具有不对称性。期权买方的利润是无限的，亏损是有限的，且是已知的；期权卖方的利润是有限的，且是已知的。第二，期权交易是零和游戏，同一期权权买卖双方的盈亏之和为零。第三，从理论上讲，期权卖方的潜在损失无限；然而在现实中，期权卖方一般是机构投资者，对市场预测较准确，即使判断失误，也可通过反向交易限制损失。

为了更加清楚地反映 4 种期权基本交易方式，见表 12.1。

表 12.1 期权的 4 种基本交易方式

交易方式	市场预期	潜在利润	潜在损失	盈亏平衡点的价格
买进看涨期权	看涨	无限大	f	P^0+f/d
买进看跌期权	看跌	$d\times P^0-f$	f	P^0-f/d
卖出看涨期权	看涨	f	无限大	P^0+f/d
卖出看跌期权	看跌	f	$f-d\times P^0$	P^0-f/d

第四节 期权交易的主要策略

单一期权操作所带来的盈利有限，通过期权组合策略可以使盈利范围得到扩展。假定期权的标的资产为股票（实际上，对于以货币、股指、期货等为标的资产的期权，通过组合都可取得类似的盈利结果）。为便于分析，以下讨论都以欧式期权为例。因为美式期权可提前行权，其组合结果会有略微不同。

我们先从单个期权头寸与股票本身的结合开始，然后进一步探讨同一股票的两种以上不同期权组合所能产生的盈利形式及收益函数。为了简化分析，假定货币的时间价值 0。

一、单一期权和股票的交易策略

单一期权和股票的交易策略有多种不同的形式，其盈利的状态如图 12.10 所示。图中虚线代表该组合中单个证券的盈利与股票价格之间的关系，而实线代表整个组合的盈利和股票价格之间的关系。

在图 12.10（a）中，一个股票长头寸与一个看涨期权短头寸相组合的策略被称为持保看涨期权（covered call）策略。这里，股票长头寸为投资者进行风险支撑，以防范因股票价格急剧上涨而给其带来巨大损失。在图 12.10（b）中，一个股票短头寸加上一个看涨期权的长头寸相组合，其盈利状态与持保看涨期权的盈利状态相反。

在图 12.10（c）中，交易组合包括一个看跌期权长头寸和股票长头寸本身，这一交易策略有时被称为保护性看跌期权（protective put）策略。在图 12.10（d）中，交易组合由一个看跌期权短头寸和一个股票短头寸组成，这一交易策略的盈利状态与保护性看跌期权的盈利状态相反。

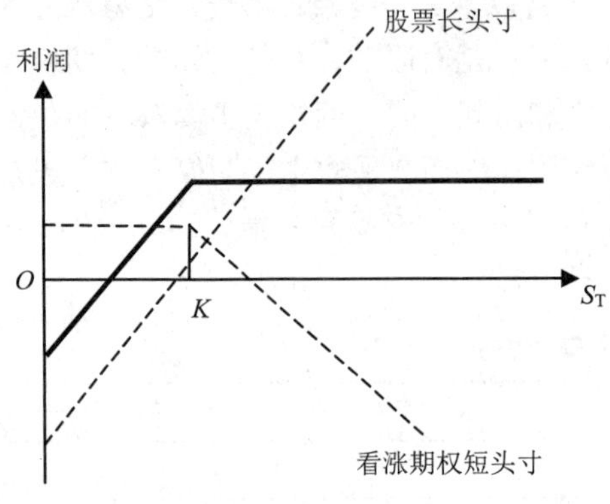

（a）股票长头寸与看涨期权短头寸的组合

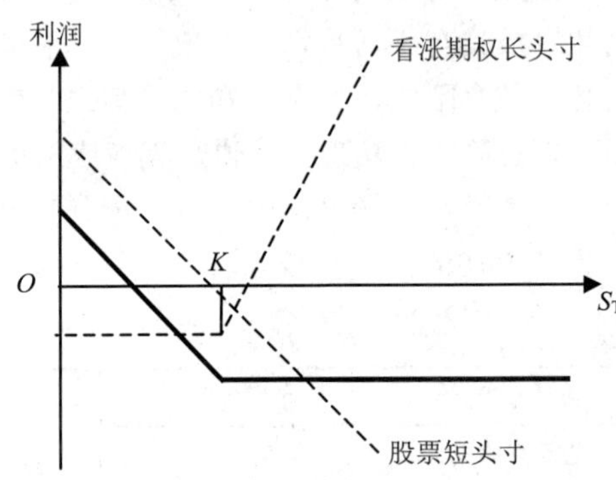

（b）股票短头寸与看涨期权长头寸的组合

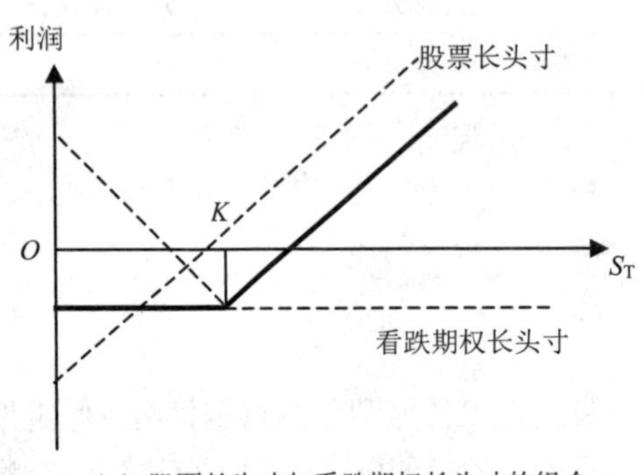

（c）股票长头寸与看跌期权长头寸的组合

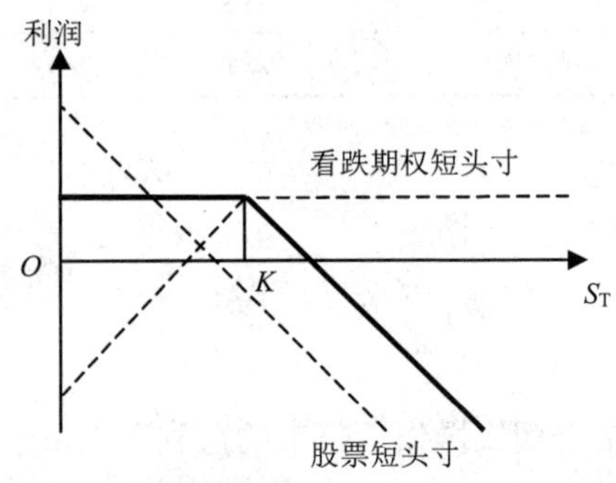

（d）股票短头寸与看涨期权短头寸的组合

图 12.10　4 种交易策略的盈利示意

二、差价期权的交易策略

差价期权（spread）是指将具有相同类型的两个或多个看涨期权（或看跌期权）组合在一起的交易策略。

（一）牛市差价策略

最常见的差价期权策略为牛市差价（bull spread ）策略，其构造方式有以下两种。

1）买入一个较低执行价格的看涨期权，同时卖出一个同品种、同到期日的较高执行价格的看涨期权（见图 12.11）。

2）买入一个较低执行价格的看跌期权，同时卖出一个同品种、同到期日的较高执行价格的看跌期权（见图 12.12）。

假定 K_1 为买入看涨期权的执行价格，K_2 为卖出看涨期权的执行价格，S_T 为期权到期日的股票价格。表 12.2 显示了牛市差价策略在不同情况下的收益：

若到期日 S_T 小于 K_1，则组合收益为 0；

若到期日的 S_T 介于 K_1、K_2 之间，则组合收益为 S_T-K_1；

若到期日的 S_T 高于 K_2，组合收益为 K_2-K_1。

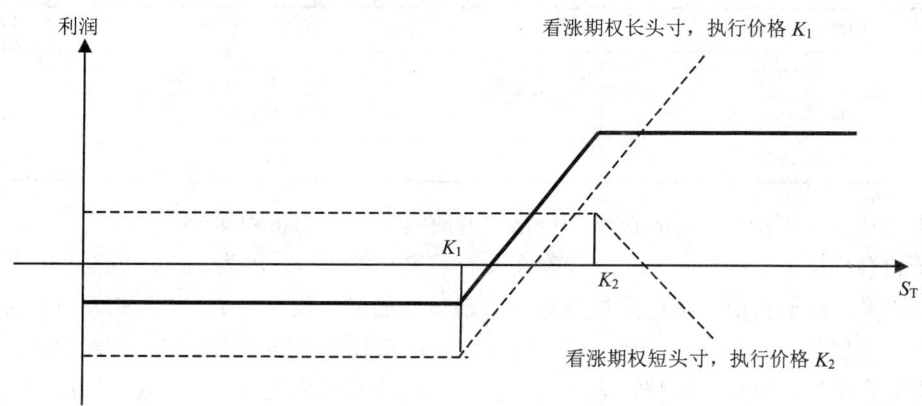

图 12.11　由看涨期权所构造的牛市差价策略的利润

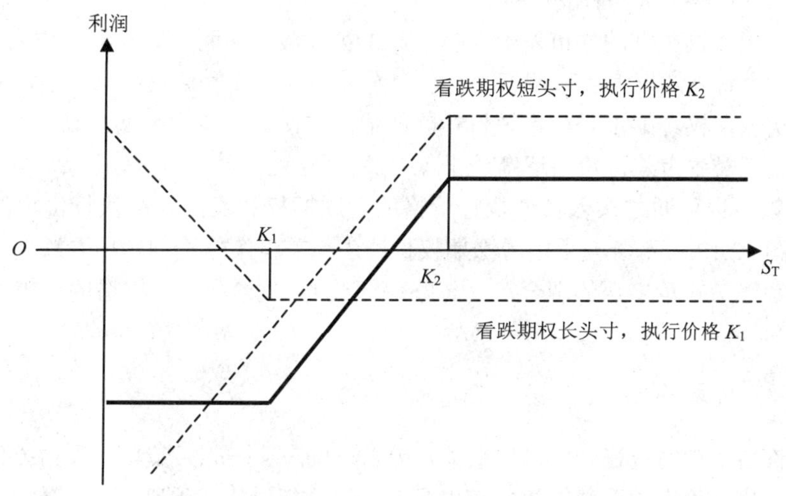

图 12.12　由看跌期权所构造的牛市差价策略的利润

表 12.2　由看涨期权所构造的牛市差价策略的收益

股票价格范围	看涨期权长头寸的收益	看涨期权短头寸的收益	总收益
$S_T \leqslant K_1$	0	0	0
$K_1 < S_T < K_2$	S_T-K_1	0	S_T-K_1
$S_T \geqslant K_2$	S_T-K_1	K_2-S_T	K_2-K_1

【例 12.1】 某投资者以 3 美元的价格买入了一个执行价格为 30 美元的看涨期权。同时，以 1 美元的价格卖出了一个执行价格为 35 美元的看涨期权。如果股票价格高于 35 美元，这一牛市差价策略的盈利为 5 美元；如果股票价格低于 30 美元，牛市差价的收益为 0；如果股

票价格介于 30～35 美元，牛市差价的收益为股票价格与 30 美元的差。这一牛市差价策略的成本为 2 美元（3－1），其利润如表 12.3 所示。

表 12.3　由看涨期权所构造的牛市差价策略的利润

股票价格范围	利润/美元
$S_T \leqslant 30$	−2
$30 < S_T < 35$	$S_T - 32$
$S_T \geqslant 35$	3

根据上述分析可知，交易者在预期价格上升时可采用牛市价差策略，其特点是同时限定了最高盈利额和最大亏损额。采用该策略需要有一笔初始投资，因为买进期权的执行价格更低，具有更多的内在价值。考虑期权权利金，该策略的最大收益为 $K_2 - K_1 -$ 初始权利金，最大亏损为初始权利金。牛市差价策略对股价上升时的潜在收益会有所限制，同时对股票下跌的损失也会有所控制。这一策略可表达为投资者买入执行价格为 K_1 的期权，同时卖出执行价格为 K_2（$K_2 > K_1$）的期权而放弃了股票上升时的潜在盈利。作为对放弃潜在盈利的补偿，投资者获得了执行价格为 K_2 的期权费用。

市场上有三类不同类型的牛市差价策略：第 1 类，最初的两个看涨期权均为虚值期权；第 2 类，最初一个看涨期权为实值期权，另一个看涨期权为虚值期权；第 3 类，最初的两个看涨期权均为实值期权。第 1 类牛市差价策略的最激进，策略成本很低，高收益（$K_2 - K_1$）的概率也很小。三类牛市差价策略逐渐趋于保守。

牛市差价策略也可通过买入较低执行价格的看跌期权和卖出较高执行价格的看跌期权构造而成，如图 12.12 所示。与采用看涨期权构造牛市差价策略不同，用看跌期权构造牛市差价会给投资者在最初带来正的现金流（忽略保证金的要求），由此构造的牛市看涨期权收益或为负或为 0。

（二）熊市差价策略

预期股票价格下跌的投资者可以采取熊市差价（bear spread）策略。熊市差价策略可以由买入具有某一执行价格的看跌期权并卖出具有另一执行价格的看跌期权来构造。买入期权的执行价格大于卖出期权的执行价格（这与牛市差价策略刚好相反）。在图 12.13 中，由看跌期权构造的熊市差价策略在最初会有一个负的现金流，因为卖出期权的价格小于买入期权的价格。事实上，买入具有某一执行价格的看跌期权的投资者在决定卖出一个具有低执行价格的看跌期权后，放弃了一部分可能的盈利。

假定期权的执行价格分别为 K_1 和 K_2，且 $K_1 < K_2$。表 12.4 显示了在不同情况下熊市差价策略的收益。当股票价格大于 K_2 时，收益为 0；如果股票价格低于 K_1，收益为 $K_2 - K_1$；当股票价格介于 K_1 与 K_2 时，收益为 $K_2 - S_T$。交易策略的盈利等于收益减去初始费用。

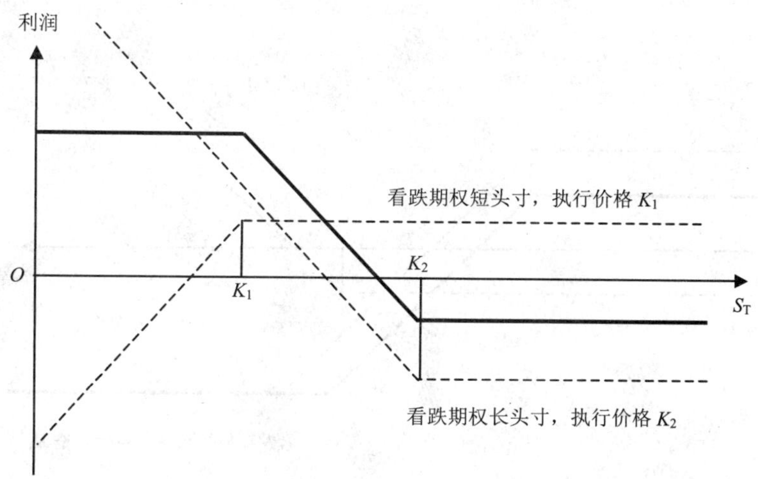

图 12.13　由看跌期权所构造的熊市差价策略的利润

表 12.4　由看跌期权所构造的熊市差价策略的收益

股票价格范围	看涨期权长头寸的收益	看涨期权短头寸的收益	总收益
$S_T \leqslant K_1$	K_2-S_T	S_T-K_1	K_2-K_1
$K_1< S_T< K_2$	K_2-S_T	0	K_2-S_T
$S_T \geqslant K_2$	0	0	0

【例 12.2】　投资者以 3 美元的价格买入了执行价格为 35 美元的看跌期权，并以 1 美元的价格卖出了执行价格为 30 美元的看跌期权。如果股票价格高于 35 美元，熊市差价策略的收益为 0；如果股票价格低于 30 美元，熊市差价策略的收益为 5 美元；如果股票介于 30～35 美元，熊市差价的收益为 $30-S_T$。期权的初始费用为 2 美元（3－1）。因此，利润如表 12.5 所示。

表 12.5　由看跌期权所构造的熊市差价策略的利润

股票价格范围	盈利/美元
$S_T \leqslant 30$	3
$30< S_T<35$	$33-S_T$
$S_T \geqslant 35$	-2

与牛市差价策略类似，熊市差价策略限定了盈利上限，同时也对损失有所控制。熊市差价策略可以不用看跌期权而用看涨期权来构造。投资者可以买入一个具有较高执行价格的看涨期权同时卖出一个具有较低执行价格的看涨期权，交易策略如图 12.14 所示。由看涨期权所构成的熊市差价会有一个初始现金流的流入（忽略保证金的要求）。

（三）盒式差价策略

所谓盒式差价（box spread）策略，是由执行价格为 K_1 和 K_2 的两个看涨期权所构成的牛市差价策略与具有相同执行价格的熊市差价策略的组合。如表 12.6 所示，一个盒式差价的

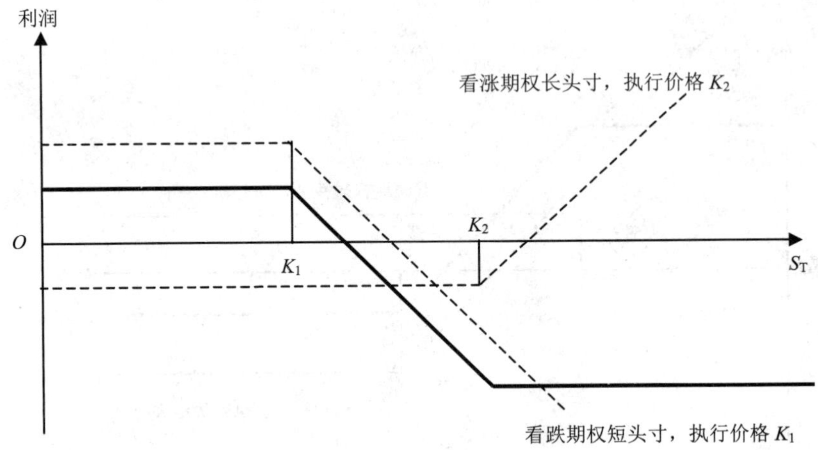

图 12.14　由看涨期权所构造的熊市差价的盈利

收益为 K_1-K_2，因此盒式差价的贴现值为（K_1-K_2）e^{-rT}。如果贴现值与这一数值有所不同，便会产生套利机会。

如果盒式差价的市场价格过低，套利者可以通过买入盒式期权盈利，套利策略为买入一个执行价格为 K_1 的看涨期权，再买入一个执行价格为 K_2 的看跌期权；卖出一个执行价格为 K_2 的看涨期权并卖出一个执行价格为 K_1 的看跌期权。

如果盒式差价的市场价格过高，套利者可以采用卖出盒式期权来盈利，套利策略为买入一个执行价格为 K_1 的看涨期权，再买入一个执行价格为 K_1 的看跌期权；卖出一个执行价格为 K_2 的看涨期权并卖出一个执行价格为 K_2 的看跌期权。

表 12.6　盒式差价策略的收益

股票价格区间	牛市差价收益	熊市差价收益	总收益
$S_T \leqslant K_1$	0	K_2-K_1	K_2-K_1
$K_1 < S_T < K_2$	S_T-K_1	K_2-S_T	K_2-K_1
$S_T \geqslant K_2$	K_2-K_1	0	K_2-K_1

需要注意的是，盒式期权策略只适用于欧式期权。市场上交易的大多数期权为美式期权，缺乏经验的交易员若将美式期权作为欧式期权来处理就会遭受损失。

（四）蝶式差价策略

蝶式差价（butterfly spread）策略由具有不同执行价格的期权组成，构造方式为买入一个具有较低执行价格 K_1 的看涨期权，买入一个具有较高执行价格 K_3 的看涨期权，再卖出两个执行价格为 K_2 的看涨期权，其中 K_2 为 K_1 和 K_3 的中间值。一般来说，K_2 接近于当前股票价格。这一交易策略的盈利形式如图 12.15 所示。

如果股票价格在 K_2 附近，蝶式差价会产生盈利；如果股票价格远远偏离 K_2，则会有小量的损失。因此，蝶式差价策略对于那些认为股票价格不会有较大波动的投资者而言非常合

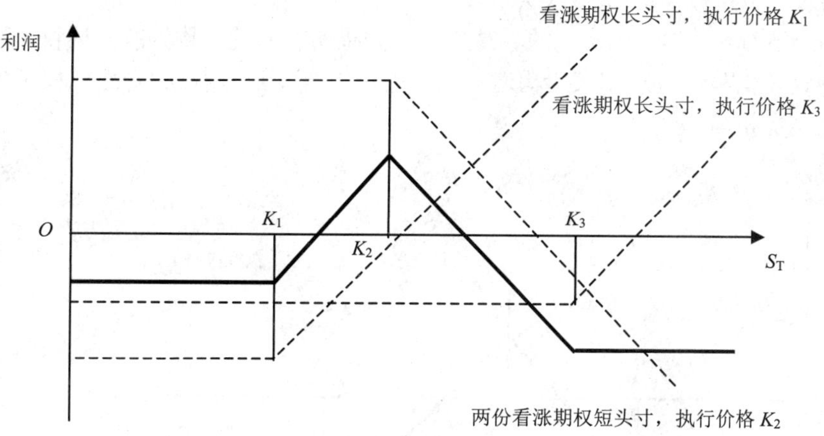

图 12.15　由看涨期权所构造的蝶式差价策略的利润

理。该策略需要少量的初始投资。蝶式差价策略的收益如表 12.7 所示。

表 12.7　蝶式差价策略的收益

股票价格范围	第一个看涨期权长头寸的收益	第二个看涨期权长头寸的收益	两个看涨期权短头寸的收益	总收益
$S_T \leqslant K_1$	0	0	0	0
$K_1 < S_T < K_2$	S_T-K_1	0	0	S_T-K_1
$K_2 < S_T < K_3$	S_T-K_1	0	$-2\ (S_T-K_2)$	K_2-S_T
$S_T \geqslant K_2$	S_T-K_1	S_T-K_2	$-2\ (S_T-K_2)$	0

假定某股票的当前价格为 61 美元，某投资者认为在今后 6 个月股票价格不会发生重大变动。假定 6 个月看涨期权价格如表 12.8 所示，投资者可以买入一个执行价格为 55 美元的看涨期权，买入一个执行价格为 65 美元的看涨期权，并同时卖出两个执行价格为 60 美元的看涨期权来构造蝶式差价，构造费用为 1 美元（10＋5－2×7）。如果 6 个月后股票价格高于 65 美元或低于 55 美元，蝶式差价的收益为 0，此时投资者的净损失为 1 美元；如果股票价格介于 56～64 美元，投资者会盈利；如果 6 个月时股票价格为 60 美元，投资者会有最大盈利，即 4 美元。

表 12.8　6 威者个月看涨期权的价格

执行价格/美元	看涨期权价格/美元
50	10
60	7
65	5

蝶式差价也可由看跌期权来构造。投资者买入一个具有较低执行价格和一个具有较高执行价格的看跌期权，同时卖出两个具有平均执行价格的看跌期权，其盈利形式如图 12.16 所

示。例如，买入一个执行价格为55美元的看跌期权，再买入一个执行价格为65美元的看跌期权并卖出两个执行价格为60美元的看跌期权。如果所有的期权均为欧式期权，由看涨期权所构造的蝶式差价与由看跌期权所构造的蝶式差价完全一致。看跌-看涨期权平价关系可用来证明初始投资相同。

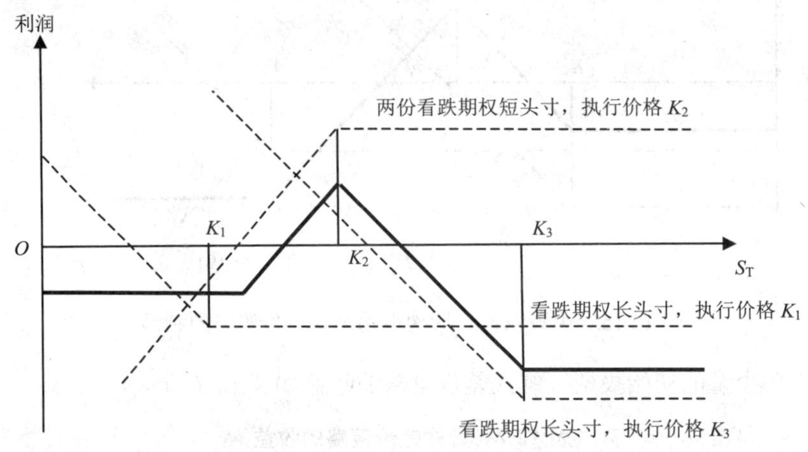

图 12.16　由看跌期权所构造的蝶式差价策略的利润

利用与以上相反的策略可以卖空蝶式差价，此时蝶式差价等于卖出两个执行价格分别为 K_1 和 K_3 的看跌期权，买入两个具有平均执行价格 K_2 的看跌期权。如果股票价格发生较大的变动，这一交易策略会有一定盈利。

（五）日历差价策略

日历差价期权交易中，各期权具有相同的执行价格但具有不同的到期日。日历差价策略可以由一个具有某一执行价格和一定期限的看涨期权短头寸及一个具有同样执行价格但具有较长期限的看涨期权长头寸来构成。期权的期限越长，期权的价格就越高，因此日历差价需要一定的初始投资。日历差价的盈利在短期限期权的到期日实现，这时假定长期限期权会被出售。图 12.17 说明了由看涨期权所构成的日历差价策略的盈利形式，其与图 12.15 中的蝶式差价策略相似。在短期限期权到期时，如果股票价格接近短期限期权的执行价格，投资者可以获得盈利；如果股票价格远高于或远低于短期限期权的执行价格，投资者会蒙受损失。

为了理解日历差价策略的盈利形式，我们首先需要考虑在期限较短的期权到期时，股票价格很低的情形。这时期限较短的期权价值为 0，期限较长的期权的价格也接近 0，因此此时投资者的损失等于设定日历差价的初始费用。接下来，考虑当期限较短的期权到期时，股票价格 S_T 很高的情形。期限较短的期权给投资者带来的费用为 S_T-K，期限长的期权价格会比 S_T-K 更高些，这里 K 为期权的执行价格。这时投资者的净损失量同设定日历差价策略大体相同。如果 S_T 接近于 K，短期限期权给投资者带来的费用或为 0，或为一个小的数量，但是长期限期权仍有价值，这时投资者会得到一笔可观的利润，在一个中性日历差价（neutral calendar spread）策略中，选取的执行价格接近于股票的当前价格，牛市日历差价（bullish

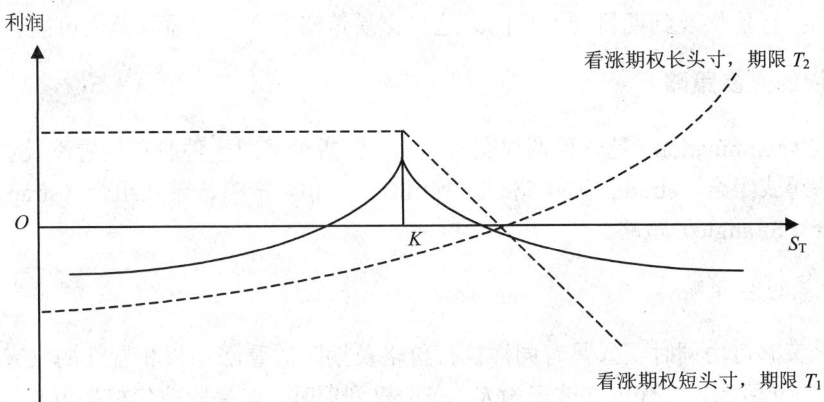

图 12.17 由两个看涨期权所构成的日历差价策略的盈利（$T_2>T_1$）

calendar spread）策略涉及较高的执行价格，而熊市日历差价（bearish calendar spread）期权涉及较低的执行价格。

日历差价策略也可以由一个具有某一执行价格和一定期限的看跌期权短头寸及一个具有同样执行价格但具有较长期限的看跌期权长头寸来构成。图 12.18 说明了由看跌期权所构成的日历差价策略的盈利形式。

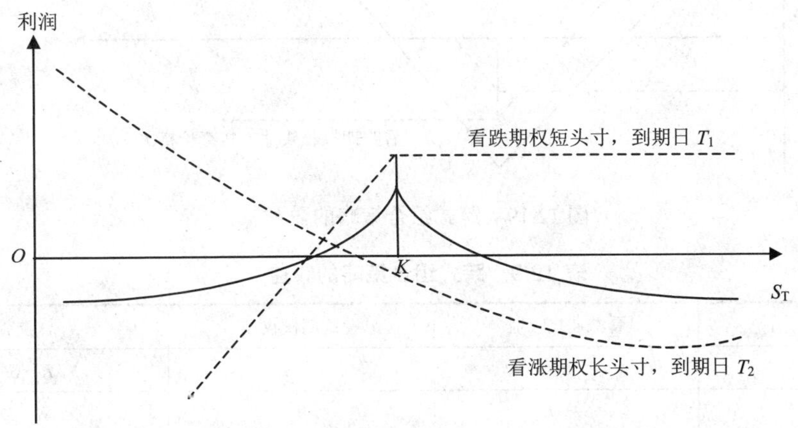

图 12.18 由两个看跌期权所构成的日历差价策略的盈利（$T_2>T_1$）

倒置日历差价（reverse calendar spread）的收益正好与图 12.17、图 12.18 的形状相反。投资者买入期限较短的期权，并同时卖出期限较长的期权。当期限短的期权到期时，如果股票价格远高于或远低于短期限期权的执行价格，投资者可能就获得少量利润。但是，当股票价格接近该执行价格时，投资者会有一定损失。

（六）对角差价策略

牛市、熊市及日历差价策略均可以由一个看涨期权长头寸和一个看涨期权短头寸构成。在牛市与熊市差价策略中，两个看涨期权的执行价格不同而到期日相同；对于日历差价策略而言，两个期权具有相同的执行价格但有不同的到期日。在对角差价（diagonal spread）策略中，两个看涨期权的执行价格及到期日均不相同。这一交易策略所产生的盈利范围可能会更广。

三、组合期权的交易策略

组合期权（combination）是一种期权交易策略，包括对于同一种股票的看涨及看跌期权。此处重点讲解跨式组合（straddle）策略、序列组合（strip）策略、带式组合（strap）策略和异价跨式组合（Strangle）策略。

（一）跨式组合策略

跨式组合策略可由同时买入具有同样执行价格及期限的看涨期权和看跌期权来实现，盈利形式如图 12.19 所示，执行价格被记为 K。在期权到期时，如果股票价格接近于执行价格，跨式组合会引发损失。但是，股票在任何方向有一个大的变动，跨式组合都会带来一个较大盈利。跨式组合策略的收益如表 12.9 所示。

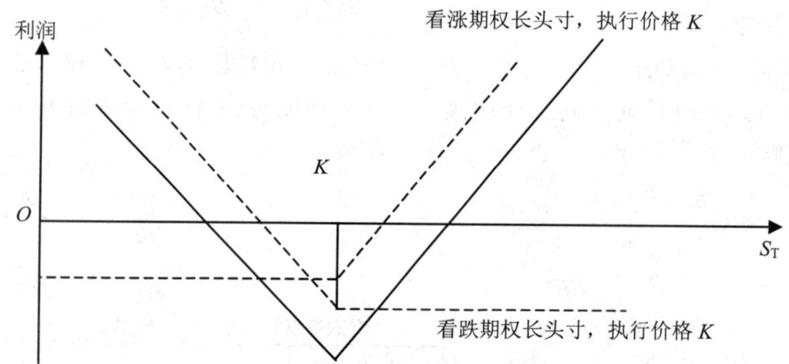

图 12.19　跨式组合策略的盈利

表 12.9　跨式组合策略的收益

股票价格范围	看涨期权收益	看跌期权收益	总收益
$S_T \leqslant K$	0	$K-S_T$	$K-S_T$
$S_T > K$	S_T-K	0	S_T-K

图 12.19 中的跨式组合策略有时被称为底部跨式组合（bottom straddle）或买入跨式组合（straddle purchase）。顶部跨式组合（top straddle）或卖出跨式组合（straddle write）的情形刚好相反。这种交易策略由卖出一个看涨期权和卖出一个看跌期权构成。该投资策略风险很大，如果在到期日股票价格接近于执行价格，投资者会有一定的利润。但是，股票价格大幅波动所带来的损失可能是无限的。

若投资者预测股票价格将有重大变动但又不确定变动方向时，可以采用跨式组合策略。某投资者认为一个当前价格为 59 美元的股票在 3 个月后价格会有重大变动，该投资者可以同时买入 3 个月期限的看涨和看跌期权，期权执行价格为 70 美元。假定看涨期权的成本为 4 美元，看跌期权的成本为 3 美元。如果股票价格保持在 69 美元不变，我们很容易得出这一交易策略给投资者带来的成本为 6 美元（初始投资为 7 美元，期权到期时，看涨期权价值为

0，看跌期权价值为 1 美元)；如果股票价格变为 70 美元，则会产生 7 美元的损失（这是可能会发生的最差情况)；如果股票价格上升到 90 美元，投资可获利 13 美元；如果股票价格降至 55 美元，投资者获利 8 美元。

（二）序列组合和带式组合策略

序列组合（strip）策略是具有相同执行价格和相同期限的一个看涨期权和两个看跌期权的组合；带式组合（strap）策略是具有相同执行价格和相同期限的两个看涨期权和一个看跌期权的组合。图 12.20 显示了序列组合策略和带式组合策略的盈利形式。

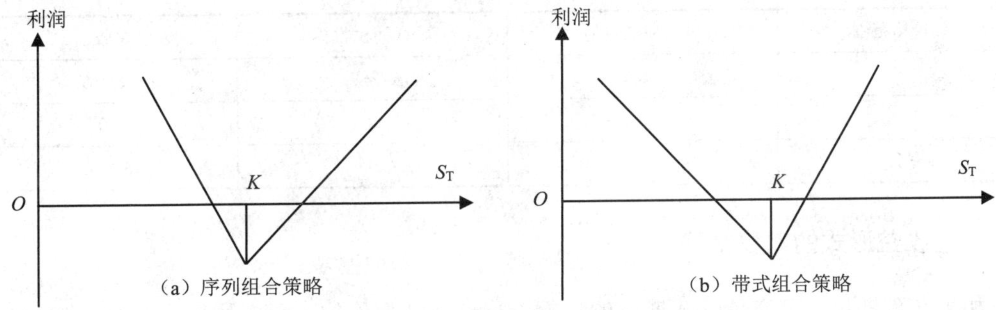

图 12.20　序列组合策略和带式组合策略的盈利形式

在序列组合策略中，投资者是对股票价格的大幅变动进行下注，此时投资者认为价格下降的可能性要大于价格上涨的可能性。在带式组合策略中，投资者同样是对股票价格的大幅变动进行下注，但此时投资者认为价格上升的可能性大于价格下降的可能性。

（三）异价跨式组合策略

异价跨式组合（strangle）策略，又被称为底部垂直组合（bottom vertical combination）策略。在这一交易策略中，投资者买入具有相同期限但不同执行价格的看跌和看涨期权。图 12.21 显示了其盈利形式。这里看涨期权的执行价格 K_2 大于看跌期权的执行价格 K_1。

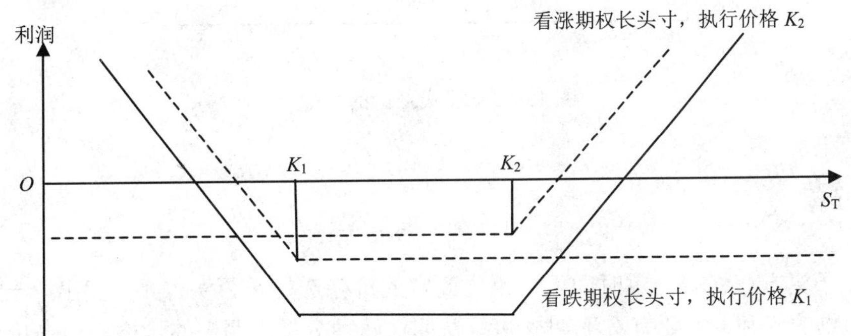

图 12.21　异价跨式组合策略的盈利形式

与跨式组合策略类似，异价跨式组合策略中投资者对于股票价格的大幅变动进行投注，但不确定朝哪个方向。比较图 12.21 和图 12.9，我们看到股票在异价跨式组合的变动要比在跨式组合的变动更大才能盈利。然而，当股票价格变动介于中间价格时，异价跨式组合的损失会更小。

表 12.10 显示了异价跨式组合的收益。异价跨式组合所取得的盈利与执行价格之间的距离有关。距离越远，潜在的损失越小，但为了获得盈利，价格的变动也必须很大。有时，卖出一个异价跨式组合也被称为顶部垂直组合（top vertical combination）。如果投资者认为股票价格大幅变动不太可能，他就可以采用这交易策略。类似于卖出跨式组合，这一交易策略的风险很大，投资者潜在的损失也为无限。

表 12.10　异价跨式组合策略的盈利

股票价格范围	看涨期权收益	看跌期权收益	总收益
$S_T \leqslant K_1$	0	K_1-S_T	K_1-S_T
$K_1<S_T<K_2$	0	0	0
$S_T \geqslant K_2$	S_T-K_2	0	S_T-K_2

四、其他收益形式的期权策略

如果在到期日，可交易欧式期权的执行价格可取任何价位，那么从理论上而言，我们可以取得任何形式的收益。说明这一点最简单的方式是借助一系列的蝶式期权，蝶式期权可以通过买入具有执行价格 K_1 和 K_3 同时卖出两个执行价格为 K_2 的期权来实现，其中 $K_1<K_2<K_3$，并且 $K_3-K_2=K_2-K_1$。图 12.22 说明了蝶式期权的收益。收益图形很像某种“尖刺”。当 K_1 与 K_3 离得越来越近时，这个尖刺变得越来越细。将一巨大数量具有尖刺收益的期权组合在一起，我们可以证明，任何形式的收益都可以近似取得。

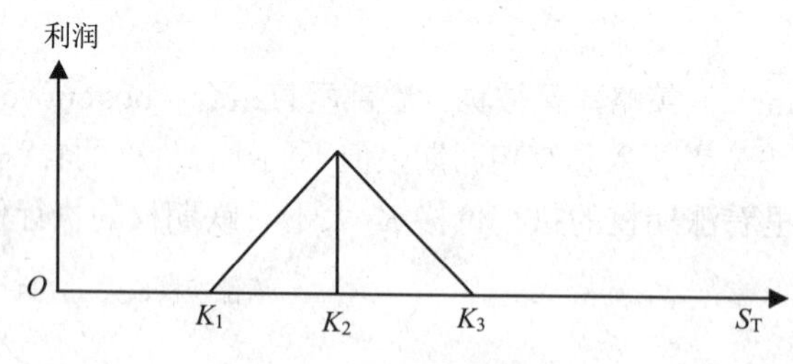

图 12.22　蝶式差价的收益

小　结

期权赋予买方在将来一定时间内以事先商定的价格选择是否买入（或卖出）一定数量和规格该标的物的权利，主要有看涨期权和看跌期权两种类型。期权的价格由内在价值和时间价值组成。影响期权价格的因素很多，如标的物价格、期权履约价格、距到期日的剩余时间、无风险利率等。布莱克-斯科尔斯定价模型和二项式定价模型是常用的期权定价模型。期权交易有四种基本的操作方式：买进看涨期权、卖出看涨期权、买进看跌期权、卖出看跌期权。

单一期权操作所带来的盈利有限，通过期权组合策略可以使盈利范围得到扩展。

案例分析

期权高手阴沟翻船

案例背景

1981 年，西里巴踏入芝加哥期权市场，在担任半年多文员职位之后，一位投资者对其委以重任，将 5 万元美元给西里巴作为投资资金。在两个星期之内，一连串的收益使资金账户增值到 75 000 美元，对于初入行的投资者来说，自然妙不可言。年轻气盛的西里巴被胜利冲昏了头脑，认为期权买卖易如反掌，自己天资胜人一筹。实际上，西里巴的入市方式是同时买入看涨期权及认沽看跌期权，博取波动大幅增加，从中图利。当市场转而趋向牛皮市、震荡幅度减小的时候，西里巴便会遭受巨大损失。

黑暗的日子终于来临，西里巴手上资金在 6 个星期之内急跌至只剩下 15 000 美元，反胜为败。当时，一架客机失事，机上乘客全部遇难。西里巴说："当时我的心情与客机失事可以互相比拟，简直痛不欲生！"

经历失败之后，西里巴发愤图强，终于成为成绩骄人的专业投资者。西里巴财富的主要来源是两三次大市的暴升暴跌，从这一角度看，西里巴事实上是一个机会主义者。但另一方面，西里巴平时的表现非常稳定，他曾经在 17 个月内连续取得不俗的投资成绩，其突出之处在于能够稳定求胜，长短兼备，在专业的投资者行列之中是罕有的杰出人才。早期投资失败的教训对于后来西里巴形成稳健的交易风格有着深远的影响。

案例解析

期权具有较高的投资杠杆，如果判断准确且采用了合适的交易策略，投资者有望获得一本万利的机会，但是，一旦市场行情偏离预期，甚至只是途中有较大的偏离，都可能导致显著损失，甚至被迫离场（期权的买方不会有被追缴保证金的担忧）。西里巴在早年投机生涯中，初露锋芒就顺风顺水，大有斩获，一时间自信心膨胀，不可一世，最终乐极生悲，账户资金在 6 个星期内损失近八成，由 75 000 美元跌到 15 000 美元。西里巴的案例告诉我们，在参与期权交易过程中，切不可因为短期的优良成绩而自信心膨胀，成功的策略也不会永远成功，任何策略都有其适用的市场环境，永远将风险控制放在首位，确保不出现显著亏损，导致元气大伤，在挫折后要不气馁，市场永远有机会。

（资料来源：http://www.qiquan china.com）

思考与练习

一、名词解释

期权　期权持有者　期权签发者　看涨期权　看跌期权　敲定价格　期权价格

欧洲式期权　美国式期权　现货期权　期货期权　实值期权　虚值期权　平价期权　内在价值　时间价值

二、简答题

1．期权的内在价值为什么不可能为负值?

2．时间价值的意义何在？即期权购买者为什么愿意付超过内在价值的期权费？

3．在期权合约到期前，即使期权为平价，甚至为虚值，其期权费为什么大于零?

4．市场价格与执行价格的关系怎样影响内在价值?

5．简述期权的定价模型。

6．期权交易的基本操作有哪些？内涵分别是什么？

7．简述期权交易的主要策略。

三、计算题

1．某投资者预计股市走势将趋于下跌，他便出售了 1 份将于 6 月份到期、执行价格为 144 点的约证券交易所综合股票指数期货合约的看涨期权，该期货合约交易单位为综合指数×500，支付期权费为 6000 美元，假设该期权到期时，出现三种情况：①综合股票指数期货合约的价格下跌至 128 点；②综合股票指数期货合约的价格上升至 170 点；③综合股票指数期货合约的价格基本不变。该投资者应如何操作？试说明理由。

2．有一投资者在某年 3 月初预计长期国债期货价格将大幅下跌，于是买进 1 份 6 月到期、协议价格为 89 美元的长期国债期货期权合约的看跌期权(合约规模为一张面值为 100 000 美元的长期国债期货合约)，支付期权费 1600 美元。假定到 6 月份有三种情况：①国债市场价格跌至 85 美元；②国债期货价格升至 90 美元；③价格不变。该投资者应如何操作？试说明理由。

课后阅读

1．奥姆斯特德．2013．期权入门与精通．梁彩云，天博译．北京：机械工业出版社．

2．赫尔．2014．期权、期货及其他衍生产品．9 版．王勇，索吾林译．北京：机械工业出版社．

第十三章

期货与期权的市场风险

学习目标

- 掌握期货与期权市场风险的定义
- 熟知期货与期权市场的常见风险
- 掌握期货与期权市场风险的识别技术
- 掌握期货与期权市场风险的定量评估

学习要点

- 期货与期权市场风险的识别
- 期货与期权市场风险的定量评估
- 期货与期权市场风险的测度方法

关键词

市场风险　事故树技术　风险识别　定量评估

导入案例

海升诉大摩案

海升是一家民营企业，其产品大量出口国际市场。为避免汇率损失，2008 年 7～8 月，海升与大摩国际订立了为期 5 年的两份外汇掉期合同。2008 年 9 月，离岸市场中美元与人民币远期汇率跌至 1∶7 左右，低于当期约定汇率，大摩亚洲首次通知海升支付现金保证金，但被海升拒绝；2009 年 4 月，大摩国际再次要求海升支付约 7000 万元人民币的保证金，海升再次拒绝支付，其理由是在合同编制及订立时，公司评级顾问大摩亚洲理应了解公司的财务状况及支付该保证金将对公司构成不利影响，但大摩国际与大摩亚洲均未曾知会或披露关于任何该保证金的条款及任何与亏损有关的风险。2009 年 4 月 2 日，海升以侵权为由，在西安市中级人民法院起诉大摩国际及大摩亚洲；而大摩国际则宣布提前终止合同，并依据合同的专属管辖权条款诉诸英格兰高等法院，追究海升的违约责任，索赔 2628 万美元（折合人民币约 1.8 亿元）。

（资料来源：http: //www.ftchinese. com）

第一节　期货与期权市场风险概述

一、期货与期权市场风险的定义

关于期货与期权市场风险的定义，至今没有一个统一的界定。在文献中比较常见的定义如下：期货与期权的市场风险是指期货、期权市场各种变化使得交易主体所面临的一种不确定性状态或遭受交易亏损的可能性。

二、期货与期权市场风险的分类

依据不同视角，常见的市场风险分类有以下几种。

1）按风险承担主体，可分为期货交易所的风险、结算所的风险、期货公司的风险、期货交易者的风险、国家的风险。

2）按系统的观点，可分为系统风险（又称为价格风险）与非系统风险。

3）按风险的可控程度，可分为可控风险与不可控风险。

4）按风险成因的属性，可分为政治风险、经济风险、法律与道德风险等。

5）按风险的直接原因，可分为价格波动风险、信用风险、结算风险、营运管理风险及操作风险等。

三、期货与期权市场的常见风险

（一）市场风险

市场风险是指在市场交易中，由于交易对象的价格、利率、汇率等发生变动而引致的未能预期的交易损失。一般来讲，市场风险的形成的原因主要有以下几个方面。

1）标的资产价格波动所引起的风险。在期货、期权市场上，标的资产价格与期货、期权合约价格之间是强相关关系。标的资产价格变动必然会引起合约价格变动，而且由于标的资产价格变动的诸多因素很难准确预期，因而导致合约价格变动无法准确预期。标的资产价格变动会给期货、期权交易带来不可避免的风险，而且这种风险是金融衍生品市场中最为普遍、最基本的风险。

2）期货、期权杠杆交易所引发的风险。由于衍生工具交易大多是保证金交易，交易者通过少量的保证金投入便可以进行交易金额多倍于保证金的期货或期权交易。如此，对于交易者的保证金来讲，交易品种价格的微小变动就会引发交易者保证金余额的大幅度增加或减少，这种基于保证金的高度杠杆性交易将标的资产价格波动的风险放大了数倍。标的资产市场和衍生品市场是紧密联系又相互独立的。衍生品的杠杆交易对投机行为有更强的激励效应，投机过度容易导致价格扭曲，衍生品市场价格反过来又会影响标的资产市场价格。

需要注意的是，市场风险的大小对于不同衍生品市场和不同交易者的影响是有差异的：在期货类和互换类衍生产品市场中，衍生品标的资产的价格变化直接影响交易双方的盈亏，

从而这类产品的交易双方都要承担较大的市场风险；在期权类产品市场中，理论上买方承担的风险有限，收益无限，而卖方则相反；在远期类产品市场中，交易双方签约的目的是为了未来某一时刻的实物交割，提前将不确定的价格确定下来，因此，双方可有效规避价格风险。对于套期保值者来说，其交易目的是为避免标的资产价格变化给自己造成损失，市场风险规避者属于“风险厌恶者”，他们参与市场更有利于市场稳定；对投机者来说，他们的交易目的是通过承担市场风险来赚取利润，是市场风险的“喜好者”，因此他们面对的市场风险较大。

（二）信用风险

信用风险是指期货、期权市场中交易一方出现违约行为而引致另一方交易受损的可能性。现阶段，每日无负债结算制度及相应的平仓制度有效地降低了信用风险。然而，交割风险和场外衍生品市场的信用风险仍需重视。信用风险评估应当从两方面考虑：一是评估双方违约的可能性；二是评估违约的损失大小。前者取决于交易双方的资信，后者取决于金融衍生工具的价值高低。

在不同的衍生品交易市场中，信用风险的表现不同。远期、期货交易相比期权交易具有更为突出的信用风险问题。这是因为在远期、期货等合约价格变化过程中，交易双方的利益变化是零和，任何一方通过违约为自己牟利必然导致对方亏损，因此交易双方都面临信用风险；在期权市场中，期权买方持有选择权，其行为只有执行合约和放弃执行合约，合约一旦形成，无论其如何选择，都不会对交易对方形成信用风险，而期权卖方只能无条件接受买方的选择，卖方一旦违约，买方就不能正常行使其选择权。因此，在期权交易中，买方和卖方面临的信用风险是不对等的。

场外市场中信用风险问题更为突出的主要原因在于场外交易的合约是非标准化的，没有保证金的强制性要求，没有每日无负债集中结算制度。场外市场中合约的执行完全取决于交易双方的意愿和履约实力，在信息不对称问题突出的情况下，交易双方面临信用风险也会更加突出。较之场外交易，交易所通过科学的制度安排有效降低了信用风险问题。首先，交易所实行会员制，有着严格的会员资格审查制度，进入交易所的交易者都具有相对较好的信用。此外，交易所的保证金交易制度、每日无负债结算、保证金追加制度、持仓限额制度和强行平仓制度等措施有效降低了信用风险。

（三）流动性风险

流动性风险是指由于缺乏交易对手，交易者因不能及时出售未结算合约而遭受损失的可能性。在衍生品交易市场中，如果参与者少、市场广度和深度不足，一旦市场价格发生巨幅波动，已建立头寸的合约持有者很难找到交易对手，如果发生亏损并不能及时止损，损失会不断扩大。实践中，如果期货合约设计不当，可能导致交易不活跃，产生“有行无市”的窘境。一般来讲，合约价值的高低是直接影响期货市场流动性的关键因素。合约价值越高，流动性越差。若合约价值过高，超过了市场大部分参与者的投资能力，会把众多参与者排除在市场之外；若合约价值过低，又势必加大保值成本，影响投资者利用期货避险的积极性。

此外，流动性风险的大小还取决于合约标准化程度、市场规模和市场环境变化。对于场内交易的标准化合约，市场规模大，交易者可随时根据市场环境变化处理头寸，因而流动性风险较小；在场外交易市场，衍生合约是非标准化的，可流通、转让的市场较小，因而流动性风险较大。

（四）操作风险

借鉴巴塞尔银行监管委员会的定义，操作风险是指由于不完善或有问题的内部操作过程、人员、系统或外部事件而导致直接或间接损失的风险。主要包括以下类型：①内部欺诈，因内部人员参与诈骗、盗用资产、违犯法律以及公司规章制度的行为；②外部欺诈，第三方的诈骗、盗用资产、违犯法律的行为；③风险事件，由于不履行合同，或者不符合劳动健康、安全法规所引起的赔偿要求；④客户、产品以及商业行为引起的事件有意或无意造成无法满足某一顾客的特定需求，或者是由于产品的性质、设计问题造成的失误；⑤有形资产的损失，由于灾难性事件或其他事件引起的有形资产的损坏或损失；⑥经营中断和系统出错，比如软件或者硬件错误、通信问题以及设备老化；⑦涉及执行、交割以及交易过程的风险。例如，交易失败、与合作伙伴的合作失败、交易数据输入错误、不完备的法律文件、未经批准访问客户账户，以及卖方纠纷等。

较之市场风险和信用风险，操作风险具有以下特点：①风险因素很大比例上来源于业务操作，属于交易可控范围内的内生风险。单个操作风险因素与操作损失之间并不存在清晰的、可以界定的数量关系。②从覆盖范围看，操作风险管理几乎覆盖了期货、期权经营管理所有方面的不同风险。③对于信用风险和市场风险而言，风险与报酬存在一一映射关系，但这种关系并不一定适用于操作风险。④业务规模大、交易量大、结构变化迅速的业务领域，受操作风险冲击的可能性最大。

（五）结算风险

简单来讲，结算风险主要有以下两种类型。

一类结算风险是指在合约结算时由于货款收付存在时间差而产生的风险，包括由于尚未支付货款的一方突然倒闭，或支付系统突然出现技术故障而引发的损失。前一种风险需要交易商在签署合约前评估合约双方的资信，此类结算风险在交易所交易中较小，而在场外交易中较大。这是因为在交易所交易中，交易双方之间并不直接执行结算，而是分别对交易所结算。交易所是经过上级监管部门严格立项、审批后建立的，资信度一般远远高于交易商的资信度。后一种风险一般可以通过保险的方式进行风险转嫁，风险可控。

另一类结算风险是指标的资产的价格波动直接影响衍生工具的清算价值，可能会给交易者带来损失。这种情况往往出现在临近合约交割前，交易双方（尤其是投机商）持有超出正常交割量的持仓量，这时合约产品相关的标的资产价格由于受到违规资金操纵，价格突然出现异常，造成交易一方的损失。

（六）法律风险

法律风险是指由于交易者不具备从事该项衍生工具交易的资格而导致合约无效，或者合

约条款不具备法律效力等原因，交易者无法履行合约所造成的损失。按照《巴塞尔新资本协议》的规定，法律风险是一种特殊类型的操作风险，包括但不限于因监管措施和解决民商事争议而支付的罚款、罚金或惩罚性赔偿所导致的风险敞口。

法律风险的形成主要有三个方面的原因：一是衍生合约确认文件不充分，交易商不具备法律授权或超越权限，或合约不符合法律规定，法院依据有关规定宣布衍生合约无效；二是交易商因财务危机不具有清偿能力，对其未清偿合约不能依法进行清仓，加大风险的暴露：三是各国对破产机构的资产负债处理没有明确规定。当投资机构宣布破产后，清算组往往只履行机构具有正值的衍生合约，而解除负值的衍生合约，迫使破产机构的交易对手暴露在风险之下。

第二节 期货与期权市场风险的识别

市场风险识别是期货与期权市场风险分析的重要内容，涉及辨识期货与期权市场中哪里有风险、什么时候有风险、什么性质的风险、谁有风险以及引致风险的原因何在。科学地风险辨识，可以为交易者在期货与期权交易中合理评估风险及有效控制风险提供依据。投资者可以借用事故树技术来识别期货与期权市场风险。所谓事故树技术，是一种从结果到原因逻辑分析事故发生的有向过程，遵从逻辑学的演绎分析原则（即从结果分析原因的分析原则）。该技术具有三大功能特点：①有助于市场参与者以演绎的方式迅速找出险因，识别具有系统性；②有助于市场参与者在某一时刻把注意力集中于某一特定的风险上，识别具有可操作性；③有助于为市场参与者作出合理的决策提供依据，识别具有实用性。

应用事故树技术辨识期货与期权市场风险，可分两步走：第一步是分析。按照演绎分析原则，从顶上事件起一级一级往下分析各自的直接原因事件，直至实现所有要求的分析深度和基本事件。第二步是做图。根据彼此间的逻辑关系，用逻辑符号联结上下层事件，最后形成一株倒置的逻辑树形图。做图的连接原则是：上层事件是下层事件的必然结果，下层事件是上层事件的充分条件。第一步分析是从顶上事件开始的，毫无疑问，这里的顶上事件是指期货与期权的市场风险，那么什么作为第一层次的事件为妥呢？考虑到不同市场参与者决策的需要，以及分析工作的系统性、完整性、有序性，须将风险承担主体放在第一层次，即市场风险是交易所的风险、结算所的风险、期货公司的风险、交易者的风险、国家的风险。基于当前国内普遍存在的结算机构未从交易所独立出来的情况，分析中将结算所的风险纳入交易所的风险。

一、交易所的风险

交易所的风险是指期货交易所在期货或期权交易运作中遭受损失的不确定性。我国期货交易所已由过去的投资获益型转型为规范的会员制服务型企业，因此投资收益风险应不予考虑。期货交易所的风险可划分为以下三类。

（一）管理营运风险

管理营运风险是指作为一个提供期货、期权交易场所并进行管理的机构，在营运过程中潜在的与出现的问题所引起的期货交易所必须认赔的风险，主要包括以下几个方面。

1. 业务风险

业务风险指期货交易所在业务处理上失误而引起的风险。这种风险的发生概率随着业务处理能力、人员素质、责任心等不断提高逐渐降低至最低程度。在实践中，业务风险主要涉及包括以下几个方面。

1）技术风险，是指期货交易所因交易系统、结算系统、数据传输系统不完善或出故障而引起的风险。自我国期货交易所开业以来，由于软件设计水平和硬件投入的限制，交易所与会员之间因错误成交、错误回报而引起的纠纷时有发生。

2）期货交易所因交易、结算、交割等规则、条例、办法不完善，执行不当或随意变更而引起的风险/

3）人员素质低或者责任心不强使业务处理上失误而引起的风险。过去有的交易所的工作人员将交易申报单的价格输入错误，交易员接单或漏单、或搞乱次序等引起纠纷。

2. 违规风险

违规风险指期货交易所从业人员在交易、结算、交割过程中违犯有关法规、规则而引起的风险。违规操作的手段有内幕交易、私下允许透支、在途资金开仓、巨额持仓、少收保证金等。导致违规现象的一个重要原因在于：过去一段时间内，我国期货交易所虽然改制工作已结束，但尚未建立起真正意义上的会员制。如此，期货交易所为了自身利益争夺客户，片面追求扩大交易量。1995 年“327”国债风波的操纵者透支 14 亿元进行巨额持仓，正是这种现象的一个缩影。

3. 监管不力或不严带来的风险

期货交易所交易监管的目的在于规范期货交易行为，确保各项规章制度顺利执行。若监管上出现不严或不力的情形，不仅削弱了法规制度的权威性，有碍期货市场功能发挥，而且会破坏市场的公平竞争环境，使部分交易者的既得利益受损，从而引发相应的纠纷。

（二）会员履约风险

会员履约风险是一种转移风险或者说间接风险，是由于会员无法交割或期货价格剧烈波动导致会员遭受巨大损失时无能力履约所发生并转移给交易所的风险。具体而言，会员履约风险细分为对冲平仓履约风险与交割履约风险。

1. 对冲平仓履约风险

对冲平仓履约风险的产生原因是多方面的，这里源于且责任在于交易所监管乏力、不到位或监控措施不完善、落后。

（1）交易所监管乏力、不到位的原因分析

导致期货交易所监管执行力度不够的原因主要来自以下 5 个方面。

1）法律、法规制度建设落后。我国期货市场的交易依据中国证监会及其他有关部门各自颁布的关于期货的管理规定和条例。单一、零散的法规无法从整体上全面地约束、规范市场参与者的行为。如果参与者试图垄断或操纵市场，意在制造市场不公平，这种做法在国外不仅会受到来自交易所层面的制裁，而且会诉诸法律，然而国内最重处罚莫过于“罚下场”，通常只要未产生轰动效应，多是放之任之。

2）缺乏健全的监管体系。纵观国际期货行业的发展历程，政府的职责主要在于制定和修改交易规则，监管交易所的行为，审查交易所的业务活动，在非常时期采取紧急措施等；期货行业自律协会的职责主要是审查专业期货人员的会员资格，审计监督从业人员的资本额、财务以及一般规则的执行情况，协调会员之间的矛盾纠纷，普及期货知识等；交易所的自身管理主要表现在负责交易场所的业务监管，确保各项规章制度的顺利执行，设立仲裁委员会处理纠纷等。然而，在我国，有关政府部门与行业自律协会尚未完善地发挥其应有的作用，监管有力、协调有方的监管体系架构尚未完善。

3）交易所的改制虽已结束，但真正意义上的会员制尚在建立初期，部分交易所依然热衷于争夺客户及扩大交易规模。

4）为便于操作与管理，交易所多是集中交易与结算于一身。结算机构未从交易所中独立出来并实行结算会员制，便不能形成会员、结算所、交易所之间的三角制衡模式，达到防范与控制市场风险的目的。

5）尚未真正建立风险分散机制。期货与期权市场的风险控制被动、随意性大、主观性强，交易所不愿承担风险。一旦市场出现风险并危及交易所时，我国期货交易所便会推出这样或那样的规则、政策和措施，如推出“协议平仓”来缓解风险，损害“三公”原则，引起纠纷。

（2）监控措施不完善、落后的原因分析

交易所的监控措施可分为两部分，一是会员资信监控，二是交易全过程监控。

1）会员资信监控。会员资信监控是交易所风险监控的重要环节，直接关系到会员的风险转移。会员资信监控又可分为交易前的会员资信审查与交易中的资信动态监控。

交易前的会员资信审查内容包括考查会员单位的财务状况、人员素质、商业信誉、经营业绩或交易业绩、风险管理水平以及确定其交易规模等。然而令人遗憾的是，过去有的交易所在发展会员时只把发展对象的财务状况作为唯一的考查指标，有的甚至到了只要能如数缴纳席位费及一定限量的保证金就能获得会员资格，就能代理客户交易的地步。其结果可想而知，会员的资信条件良莠不齐，给交易所埋下了极大的风险隐患。

会员的资信并不是一成不变的，因此交易所在交易过程中应时常评估会员的资信状况，即坚持对会员资信进行动态监控。在我国，交易所未能实行结算会员制，因而需要考查的会员面广，致使工作极易疏忽。此外，健全的财务制度是交易所管理信誉风险的关键所在，可是我国期货行业至今还没有一套标准的会计制度，这使得财务评估、审计和监控变得名不副实。

2）交易全过程监控。期货交易全过程监控从时间角度可划分为交易前监控、交易中监控、交易后监控三方面。

交易前监控的内容包括：第一，审查交易品种选择与标准合约设计合理与否。拟开发的交易品种除所应具备的基本条件外，还应属于市场交易量比较大的品种，否则可能遭到投机者的剧烈炒作；标准合约设计必须充分考虑促使期货市场最大限度地贴近现货市场，增强现货市场与期货市场的关联性。第二，审查会员类型与结构优化与否。优化会员结构、培养套期保值者是抑制投机、控制风险的重要对策。然而，当前套期保值的交易量较少，投机者与套期保值者比例相差太大是普遍现象。第三，考查交易规则健全与否。有些学者曾对郑州商品交易所和深圳有色金属交易所的交易规则进行对比，发现这两大交易所在交易规则和管理规范上存在着重大差异。虽然中国证监会已提出制定交易规则的指导原则，但应结合实践情形深入细致地制定具体的交易规则，并不断加以完善。第四，风险管理系统完善与否。风险管理系统不仅应包括已使用的交易所交易规则中的各项规章、制度以及上级监管部门颁布的条例、规定，还要包括正在研究的各项风险动态监控指标及预警系统。

交易中监控是一种动态监控，有三个方面的内容：一是保障风险管理系统的正常运行；二是密切监测预警系统中市场风险指标的变化，一旦出现险情及时应对以控制风险；三是根据交易的具体情况，判断风险管理系统量化指标的合理性，并适时调整。

交易后监控是指交易所结算机构的结算监控。交易后监控主要有两个目的：一是参考预警系统的初步结论，通过当日结算与进一步的统计分析、判断，明确下一日交易风险管理的重点。二是适时调整保证金水平，制定并实施可行的风险管理措施。保证金水平的合理确定是有效实施保证金制度、涨跌停板制度、交易头寸制度、最大持仓制度、逐日盯市每日无负债结算制度、强制平仓制度等的前提基础，是常规风险管理的核心所在。如果设置过高，则增加交易费用，影响交易规模；如果设置过低，又不易控制风险。芝加哥商业交易所开发了SPAN模拟计算系统，采用了16种方案计算每一个客户的最低保证金，有力证明保证金水平的确定关键在于对期货价格当前及未来波动性的分析和预测。

2. 交割履约风险

交割履约风险是指会员在交易的最终环节实物交割上无力履约，交易所不得不代为履约而给交易所带来损失的风险。会员交割违约的情形主要有：①买方实物交割的资金准备不足，即买方在最后交易日前为等待有利时机而一直持仓，造成被动交割；②卖方实物交割的实际货品准备不足；③合约设计不合理，交割品与现货关联度低，致使组织货源困难；④运输瓶颈，地区封锁及行业垄断致使交割品不能按时到库；⑤定点交割仓库管理不规范，货物不能顺利入库。

从交易所角度来看，上述会员交割违约情形的出现是因其管理上存在不足：①在交割月疏于对会员交割意向及能力的了解，交割风险管理措施不当或实施不力；②交易所未能明确定点仓库的责、权、利，对定点仓库的监督不力，导致定点仓库管理行为不规范。

（三）交易所信用风险

交易所信用风险是指交易所因不能偿还期货或期权交易造成的巨额亏损而倒闭的可能性。交易所信用风险的险因主要有4个方面：①管理与营运所导致的信用风险；②会员履约问题所引发的间接性信用风险；③风险基金制度不完善或执行力度不够所导致的信用风险；

④超范围经营、开展信贷业务。

二、期货公司的风险

期货公司具有双重“身份”，对交易所而言是参与交易的会员，对客户而言是代理交易的“交易所”。因此，期货公司面临的风险除上述交易所面临的风险外，还可能有以下几个方面。

1）资金不足或资金调配不及时引起的风险。期货公司一般是多个交易所的会员，须向多个交易所注入资金。若某一交易所的某品种交易爆热，众多客户趋之，但注入该交易所的资金不足或调配不及时，则或者使客户无法下单，或者被强制平仓，损害客户利益，期货公司被追究。

2）期货公司、经纪人、客户之间的委托代理关系不清晰、不明确引发的风险。这种风险又可分为：第一，我国期货公司与其经纪人员之间是聘用关系，后者是非独立民事主体，其职务行为中的过失由期货公司承担。在代理客户的交易中，委托代理关系不清晰或口头上全权委托，客户可能只认盈，而对做亏的单子提出种种理由抵赖，斥之以滥用代理权，有时期货公司不得不认赔。第二，委托代理协议中没有专设“委托划款员”与“指令下单员”，往往只指定客户单位法人或“指令下单员”，而并未明确授权给后者有权调度资金，因而若“指令下单员”调走资金，客户单位不承认，期货公司则承担风险。第三，客户在保险金的划入与划出中拨款单款项不清或含义混淆，或拨款有虚假，给期货公司带来风险。

3）资金结算以及一级结算同二级结算之间出现问题引起的风险，包括：第一，因结算方法和有关参数不当，或一级与二级结算之间的不平衡造成的风险；第二，风险率设置不当或执行不力引起的风险。

4）交易中的多户混码与交易通路有限或不畅引起的风险。多户混码可能引起风险主要是因为：第一，强制平仓过程中，交易所在合约选择上“张冠李戴”，不相匹配，致使应当平仓的合约未平，不该平仓的合约却被平掉。若客户因此有亏，则不认账。第二，客户不承认成交单是其所下单面引起的索赔风险。第三，交易所与期货公司平仓单不一致而引起的价差风险。

三、交易者的风险

交易者的风险是一种投资风险，指交易者投资于期货而遭受损失的可能性。因期货交易者认为投机者与套期保值者两大类，故可从投机者的风险、套期保值者的风险两方面进行分析。

（一）投机者的风险

依据风险性质的不同，投机者面临的风险可分为价格风险、流动性风险、交割风险、信用风险四大类。

1．价格风险

所谓价格风险，是指因价格波动，投资者的期望利益遭受损失的可能性。换言之，价格风险是由于价格变化方向与投机者的预测判断和下单期望相背而产生的。价格风险的险因可从投机者自身与价格波动两方面加以追索。

（1）投机者的自身因素

1）资金实力不足。投资者的资金实力虽不是决定交易成败的唯一因素，但也是关键因素，期货市场中价格振荡频繁，若没有足够的后继资金维持最低保证金额度，即使能成功地预测价格变动趋势，亦难以避免“爆仓”出场的厄运。

2）投资经验、风险管理水平与操作水平欠佳。一个成功的投资者不会将全部鸡蛋放进一个篮子里，也不会在市场上盲目跟风，对每一笔交易的实施都留有余地，以尽可能地将持仓风险控制在财力所能把持的范围内。

3）价格预测能力欠佳。投机交易是一种典型的价差投机，投机者力图通过对未来价格变动的正确判断和预测来赚取差价，因而价格预测能力是投机者成败的关键。

（2）价格波动因素

根据期货价格与现货价格的偏离程度，价格波动可区分为理性波动与非理性波动。

1）价格理性波动因素，主要包括基本因素与技术因素两大类。基本因素有供给因素、需求因素、货币因素、政治因素、政策因素、自然因素、理性投机与心理因素等；技术因素源于期货市场内部，只能对期货价格的短期变动有一定的影响，主要涉及期货合约的成交量、空盘量及现在与过去的期货价格资料等。

2）价格非理性波动因素。

① 政府管制因素。制定与修改交易法规、监督交易所行为、审查交易业务活动、在非常时期制定紧急措施是政府对期货市场管理的主要内容。若政府管理不当，极有可能给期货市场带来振荡。

② 来自交易所的因素。交易所的合约设计缺陷、会员结构不合理、交易规则执行不当等都可能成为价格非理性波动之源。国债“327 风波”、籼米事件、豆粕事件、红小豆风波等便是典型案例。

③ 非理性投机者的因素。投机者的非理性固然与投机者本身的素质、投机经验、操作水平有关。客观上讲，更重要的一点是投机者缺乏一套严格、科学的约束机制，以至于无法遏制投机者的不规范行为。

④ 联手操纵市场，有预谋地抬高或打压期货市场价格。

2. 流动性风险

通常情况下，交易场内的期货合约具有很好的流动性，但有时由于市场内外环境突变，期货合约的流动性暂时大为降低。在我国，因大户操纵市场，想买买不到、想卖卖不出的现象并不罕见。造成流动性风险的险因主要有以下几个方面。

1）交易合约设计不合理。合约品种选择、合约规模大小、交割方式等的不合理设计会降低现货市场与期货市场的关联性，给投机者操纵市场开启“绿灯”。

2）交易制度不健全，经常出台临时的政策与措施。

3）国家法规及经济政策变化或战略性调整、自然因素突然变化等带来的风险。

4）市场参与者试图垄断或操纵市场带来的风险。

3. 交割风险

投机者进行期货交易旨在承担价格风险，获取价差收益，但有时会出现由于期货市场上合约流动性差或者最后交易日前为等待有利的时机而一直持仓不平造成被动交割的情形。

卖方的交割风险包括：①因准备不足，或合约设计缺陷等造成现货组织困难；②运输瓶颈、地区封锁与行业垄断等造成难以按时到库；③交割仓库管理不规范，货物难以入库；④货物交割后无法得到款项；⑤货物质量不符，引起意外的质量贴水损失。

买方的交割风险包括：①因准备不足，货款组织困难；②付款后不能顺利提货或货物不符合要求。

4. 信用风险

投机者面临的信用风险主要指来自期货交易所、期货经纪公司的违约风险。期货交易所建立了较完善的损失赔偿准备制度，因此交易所倒闭而引起的违约风险罕见，但期货经纪公司破产或其他原因而引起的违约风险却并不少见，因此投机者选择期货经纪公司时还应对其资信进行评估。

（二）套期保值者的风险

美国著名期货经济学家沃金·霍尔布鲁克（Working Holbrook）指出，套期保值者的核心并不在于能否消除价格风险，而是能否通过基差变化或预期基差变化来谋取利润。约翰逊和斯坦恩对此做了更为精辟的诠释："套期保值者，与任何一个投资者进入任何一个市场一样。套期保值者也是为了在一定风险水平获得最大利益。"不过，套期保值者所面临的风险除包括投机者的风险外，还有品种选择风险、合约选择风险及保值数量的风险等。

1. 品种选择风险

在现货市场上生产经营某一具体品种，套期保值者在期货市场上买进或卖出的期货合约的标的品种应与之保持相同，方能实现理想的保值效果。但在实际操作中可能无法满足这一要求，这就出现了品种选择上的风险。

2. 合约选择风险

从理论上讲，套期保值者在期货市场上所选择的合约月份应与未来在现货市场上买进或卖出实货商品的具体时间相一致。但在实际操作中，由于未来现货市场上买进或卖出实货商品具体时间的不确定性或可供选择合约的有限性，往往会出现不一致的现象，这就为套期保值者带来了风险。

3. 保值数量风险

这是由于套期保值者的保值头寸与需要保值的实物数量不一致而引起的风险，即套保比率不佳。

四、国家的风险

期货交易给国家带来的风险主要表现在以下几个方面。

1）期货市场价格非理性波动扰乱生产秩序，误导资源配置，干扰国民经济正常运作带来的风险。

2）由于国家有关部门对期货交易监控不力以及期货交易所风险管理不严，当遭受外来冲击时，期货市场可能发生崩溃，从而给国家带来的风险。

第三节　期货与期权市场风险的评估

以往风险评估以定性方法为主，随着当前量化金融交易越发普遍，定量风险评估逐渐成为现代金融衡量风险水平的重要方法，也是未来风险评估的一种趋势。鉴于此，本节将主要介绍市场风险的定量评估方法。

一、市场风险的定量评估

评估市场风险需要解决两个问题：一是如何来表征和度量风险；二是如何对风险大小进行评价。定量评估模型正是基于这两个问题的逻辑所构建的。

以空头套期保值为例，其盈亏的数学表达式为

$$\pi_{t+1}{}^{*}=S_{t+1}{}^{*}\times Q_{s,t+1}-C\times Q_{s,t+1}+(F_{T,t}-F_{T,\ t+1}{}^{*})\times Q_{f,t} \tag{13.1}$$

式中，t、$t+1$ 分别表示基期和报告期；π 表示空头保值的盈亏；S_{t+1} 和 $Q_{s,t+1}$ 分别表示 $t+1$ 期现货卖出价格及卖出量；C 表示单位生产成本；$F_{T,t}$ 和 $F_{T,\ t+1}$ 分别表示 T 时刻到期的期货合约在 t 时刻和 t+1 时刻的对冲价格；$Q_{f,t}$ 表示 t 时刻的期货合约交易量。加*号的符号表示数值不确定，在 t 时刻入市，$S_{t+1}{}^{*}$和 $F_{T,\ t+1}{}^{*}$是未知的、不确定的，因而其收益 $\pi_{t+1}{}^{*}$也是不确定的，即具有风险。

考虑到标准商品现货价格 B_{t+1} 与一般商品现货价有严格的相关关系，即

$$S_{t+1}{}^{*}=B_{t+1}+\eta^{*}$$

式中，η^{*}表示期望不为零的随机变量，令 B_{t+1} 和 $S_{t+1}{}^{*}$的相关系数为 r，则有

$$\mathrm{Var}(\eta)=(1-r^{2})\times \mathrm{Var}(S)$$

令 $B_{t+1}=F_{t+1}$，有

$$S_{t+1}{}^{*}=F_{t+1}+\eta^{*} \tag{13.2}$$

将式（13.2）代入式（13.1），整理可得

$$\mathrm{Var}(\pi)=[r^{2}\times(Q_{s}-Q_{f})^{2}+(1-r^{2})\times Q_{s}{}^{2}]\times \mathrm{Var}(S) \tag{13.3}$$

式（13.3）表示期货盈亏总额的方差，即空头保值的风险。其中，Q_s 和 Q_f 在套保操作中已确定，r 可用历史数据计算而得，故风险仅取决于价格 S 的方差，因而也称为价格风险。从式（13.3）可以得知：当不做期货保值，即 $Q_f=0$ 时，风险最大；当套保比为 1，即 $Q_s=Q_f$，

风险最小。

运用同样的方法，可以构建多头保值者、投机者、期权购买者、期权出售者的风险评估模型，本书将这些模型作为作业留给读者自行推演。

二、市场风险的测度方法

可操作性较好且广泛应用的市场风险测度方法主要有方差法和在险价值法。

（一）方差法

假定期货或期权收益是随机变量 ξ，其数值近似服从正态分布，用 $E(\xi)$表示收益的期望值，则方差记为

$$D(\xi)=\sigma^2(\xi)=E[\xi-E(\xi)]^2$$

如果 ξ 取值比较集中，$D(\xi)$较小，则风险较小；反之，则风险较大。

对于离散型随机变量 ξ，其方差的计算式为

$$D(\xi)=\sum_{k=1}^{\infty}[\xi_k-E(\xi)]^2P_k \tag{13.4}$$

式中，$P(\xi=\xi_k)=P_k$，$k=1，2，3，\cdots$，表示 ξ 的分布概率。

对于连续型随机变量 ξ，其方差的计算式为

$$D(\xi)=\int_{-\infty}^{+\infty}[\xi_k-E(\xi)]^2f(\xi)\mathrm{d}\xi \tag{13.5}$$

式中，$f(\xi)$是 ξ 的概率密度函数。

根据数学期望的性质，随机变量 ξ 的方差 $D(\xi)$也可按下式计算：

$$D(\xi)=E(\xi^2)-[E(\xi)]^2 \tag{13.6}$$

虽然方差 $D(\xi)$或均方差 $\sigma(\xi)$虽然能够表达随机损失对期望损失的偏离程度，但在不同考查对象进行比较时，有可能方差相同而期望却不同，这时可进一步采用方差系数（又称风险系数、差异系数）来衡量风险：

$$\gamma=\frac{\sigma(\xi)}{E(\xi)} \tag{13.7}$$

γ 反映了随机损失对期望损失的偏离程度相对于期望损失的大小，即单位期望损失的偏离程度。

（二）在险价值法

根据摩根大通公司（J. P. Morgan Chase & Co.）开发的 Risk Metric 评估模型，线性衍生品的每日风险价值（daily value at risk，DVaR）可按下式计算：

$$\mathrm{DVaR}=\mathrm{MV}\times\delta\times x \tag{13.8}$$

式中，MV 表示线性衍生品（如期货合约）当期的市场价值；δ 表示衍生品价值变动对相关资产（如相关现货商品）价格变动的敏感程度；x 代表相关资产的每日波幅。以 F 表示期货价格，S 表示现货价格，δ 可表示为

$$\delta=\frac{\Delta F}{\Delta S}$$

鉴于衍生品并非每日都进行对冲，通常要经过持有期 T 后方可对冲，以 x_T 代表相关资产价格在期间 T 内的波幅，则 T 期的 DVaR 可表示为

$$\mathrm{DVaR}=\mathrm{MV}\times\delta\times x_T \tag{13.9}$$

由于 δ 取值不易获取，且价格波动不一定呈正态分布，因此在一般分布中，采用以下方法来计算在险价值。

假设投资的初始价值为 W_0，收益率为 R，则目标期末价值为

$$W=W_0(1+R)$$

令收益率 R 的期望值为 μ，波动率为 δ，在给定置信水平下该投资的最小价值为

$$W^*=W_0(1+R^*)$$

式中，R^*为这种情况下的最小收益率。在险价值 VaR 被定义为相对平均值的损失，即

$$\begin{aligned}\mathrm{VaR}&=E(W)-W^*\\&=E[W_0(1+R)]-W_0(1+R^*)\\&=W_0(1+\mu)-W_0(1+R^*)\\&=-W_0(R^*-\mu)\end{aligned}$$

有时候，在险价值被定义为相对于 0 的绝对损失，即

$$\mathrm{VaR}(0)=W_0-W^*=-W_0R^*$$

通常来讲，在险价值可以通过投资的未来价值的概率分布 $f(W)$求出，在给定置信水平 C 之下，W^*可表示为

$$C=\int_{W^*}^{\infty}f(W)\mathrm{d}W$$

或

$$1-C=\int_{\infty}^{W^*}f(W)\mathrm{d}W$$

这一方法适用于投资价值呈现任何分布的情形。

小　结

期货与期权的市场风险是指期货、期权市场各种变化使市场中各交易主体所面临的一种不确定性状态或遭受交易亏损的可能性。依据不同视角，市场风险有多种分类方法。期货与期权市场的常见风险有市场风险、信用风险、流动性风险、操作风险、结算风险、法律风险等。将风险承担主体放在风险识别的第一层次，市场风险是交易所的风险、结算所的风险、期货公司的风险、交易者的风险、国家的风险。随着量化金融交易越发普遍，定量风险评估逐渐成为现代金融衡量风险水平的重要方法，也是未来风险评估的一种趋势。

案例分析

中航油事件

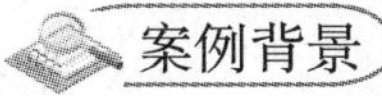

案例背景

2003 年下半年，中国航油公司（新加坡）（以下简称“中航油”）开始交易石油期权（option），最初涉及 200 万桶石油，中航油在交易中获利。2004 年第一季度，油价攀升导致公司潜亏 580 万美元，公司决定延期交割合同，期望油价能回落；交易量也随之增加。2004 年第二季度，随着油价持续升高，公司的账面亏损额增加到 3 000 万美元左右。公司因而决定再延后到 2005 年和 2006 年才交割，交易量再次增加。2004 年 10 月，油价再创新高，公司此时的交易盘口达 5 200 万桶石油，账面亏损再度大增。

2004 年 10 月 10 日，面对严重资金周转问题的中航油首次向母公司呈报交易和账面亏损。为了补加交易商追加的保证金，公司耗尽近 2 600 万美元的营运资本、1.2 亿美元银团贷款和 6 800 万美元应收账款资金。10 月 20 日，母公司提前配售 15%的股票，将所得的 1.08 亿美元资金贷款给中航油。10 月 26～28 日，公司因无法补加一些合同的保证金而遭逼仓，蒙受 1.32 亿美元实际亏损。11 月 8～25 日，公司的衍生商品合同继续遭逼仓，截至 25 日的实际亏损达 3.81 亿美元。12 月 1 日，在亏损 5.5 亿美元后，中航油宣布向法庭申请破产保护令。

案例解析

中航油在这场腥风血雨中其实从一开始就种下了毁灭的种子，因为其从事的做空期权交易面临的风险敞口是巨大的。国际上，期权的卖方一般是具有很强市场判断能力和风险管理能力的大型商业银行和证券机构，而中航油显然不具备这种能力。由于中航油从事的是场外期权交易（OTC 交易），交易双方必须承担比交易所衍生品交易更大的信用风险，然而中航油的交易对手是在信息收集和分析技术方面占绝对优势的机构交易者，其必然会充分利用自身的信息垄断地位来获利，几乎将信用风险全部转嫁到中航油身上。此外，中航油雇用的交易员竟然全是外籍交易员，机密全部暴露，营运风险加剧，在这种强势对手面前，中航油无疑处于绝对劣势地位。

中航油总裁陈久霖的贪婪心理导致了公司严重违规操作面临一系列的法律风险，因为其从事的石油期权投机是中国政府当时明令禁止的。1999 年 6 月，国务院发布《期货交易管理暂行条例》规定：“期货交易必须在期货交易所内进行。禁止不通过期货交易所的场外期货交易。”“国有企业从事期货交易，限于从事套期保值业务，期货交易总量应当与其同期现货交易量总量相适应。”2001 年 10 月，中国证监会发布的《国有企业境外期货套期保值业务管理制度指导意见》规定：“获得境外期货业务许可证的企业在境外期货市场只能从事套期保值交易，不得进行投机交易。”中航油的期权交易远远超过远期套期保值的需要，属于纯粹的投机行为。

（资料来源：http://finance. ifeng. com）

思考与练习

一、名词解释

市场风险　信用风险　流动性风险　操作风险　结算风险　法律风险

二、简答题

1．简述期货与期权市场风险概念的内涵。
2．期货与期权市场的常见风险有哪些？
3．如何理解期货与期权市场中交易所面临的风险？
4．如何理解期货与期权市场中期货公司面临的风险？
5．如何理解期货与期权市场中交易者面临的风险？
6．如何理解期货与期权市场中国家面临的风险？
7．简述期货与期权市场风险的定量评估模型。

课后阅读

1．沃特沙姆．2003．风险管理中的期货和期权．2 版．北京：北京大学出版社．
2．杨玉川，等．2002．现代期货期权创新与风险管理．北京：经济管理出版社．

参考文献

奥姆斯特德．2013．期权入门与精通．梁彩云，吴博译．北京：机械工业出版社．

蔡敬梅，强林飞，周海鹏．2013．中国股指期货与股票市场波动性关系的实证分析．统计与信息论坛，1：59-63．

常秉义．2007．股指期货获利诀窍．北京：中央编译出版社．

常清. 2001. 中国期货市场发展的战略研究. 北京：经济科学出版社.

陈晓红，杨艳军，等．2007．金融期货投资学．北京：清华大学出版社．

陈焱，李萍，刘涛．2013．股指期货与现货市场价格的互动、引导关系研究．中央财经大学学报，2：25-30．

郭鸿. 2002. 期货市场运作与投资. 北京：中国物价出版社.

赫尔．2014．期权、期货及其他衍生产品．9 版．王勇，索吾林译．北京：机械工业出版社．

黄彬勤．2013．外汇期货套保案例．中国外汇，17：49-50．

李一智，侯晓鸿．1998. 套期保期数量风险与控制．中国证券与期货（5）：9-11．

吕东辉，杨印生，王旭. 2005. 农产品期货价格形成机理研究. 农业技术经济，2：19-23.

墨菲．2015．期货市场技术分析．丁圣元译．北京：地震出版社．

钱海斌．2013．利用期货期权防范外汇风险的问题分析．中国外资，283（2）：144．

乔娟，等. 2008. 中国农产品期货市场功能研究与现货市场关系研究. 北京：科学出版社.

上海财经大学产业经济研究所．2005．中国期货业的产业组织分析．上海：上海财经大学出版社．

施兵超．2008．金融衍生产品．上海：复旦大学出版社．

施威格．2013．期货交易技术分析（修订版）．马龙龙．等译．北京：清华大学出版社．

石榴红，王万山. 2011. 网络价格. 西安：西安交通大学出版社.

田源. 1992. 中国期货市场. 广州：广东高等教育出版社.

童宛生. 1998. 中国期货价格形成理论与实证分析. 北京：中国财经出版社.

童宛生，常清，胡俞越．2006. 期货市场前沿问题研究．北京：中国商务出版社．

王敬．2013．国债期货仿真交易的合约设计合理吗．投资研究，2：20-22.

沃特沙姆．2003．风险管理中的期货和期权．2 版．北京：北京大学出版社．

杨玉川，等．2002．现代期货期权创新与风险管理．北京：经济管理出版社．

袁东．2003．论中国利率市场化进程与利率期货的推出．财贸经济，6：19-24．

张茂. 2005. 期货：财富永动机. 北京：中国经济出版社.

中国期货业协会. 2013. 期货市场教程. 8 版. 北京：中国财政经济出版社.

中国期货业协会. 2015. 法律法规汇编. 8 版. 北京：中国财政经济出版社.

中国期货业协会. 2015. 中国期货业发展报告（2014 年度）. 北京：中国财政经济出版社.

朱一平．2013．基于人民币汇率形成机制改革的我国外汇期货市场研究．上海金融，4：80-83．

馆藏